Zu diesem Buch

Die Laborschule Bielefeld steht nach wie vor für eine besondere Schulpädagogik und ist wohl das bekannteste Schulmodell in der Bundesrepublik. Das Buch zeigt prägnant, daß in einer modernen Schule Belehrung so weit wie möglich durch Erfahrung ersetzt werden kann und Schule weit mehr als Unterricht sein sollte. Aus dem Inhalt:

- Lernen, Leistung, Zeugnisse
- Erfahrungen mit integrativer Pädagogik
- Kritische Koedukation
- Fächergrenzen überwinden
- Ganzheitliche Gesundheitsförderung
- Pädagogischer Schwung – engagierte Lehrerinnen und Lehrer
- Nach dem Schulabschluß Rhythmisierung des Schulalltags
- Altersmischung von Anfang an
- Lernen in anderen Räumen – die Architektur

Susanne Thurn / Klaus-Jürgen Tillmann (Hg.)

Unsere Schule ist ein Haus des Lernens

Das Beispiel Laborschule Bielefeld

rororo

Rowohlt

rororo Mit Kindern leben
Lektorat Bernd Gottwald
Redaktion Susanne Klockmann

Originalausgabe
Veröffentlicht im Rowohlt Taschenbuch Verlag GmbH,
Reinbek bei Hamburg, Juni 1997

Umschlaggestaltung Peter Wippermann/Jürgen Kaffer,
Büro Hamburg (Illustration: Mike Loos)
Satz Sabon (Linotronic 500)
Gesamtherstellung Clausen & Bosse, Leck
Printed in Germany
1690-ISBN 3 499 60286 5

Inhalt

Reformpädagogik konkret

Rückfragen

Anhang

Einführung

Susanne Thurn, Klaus-Jürgen Tillmann

Die schulpädagogische Diskussion heute – und was die Laborschule dazu beitragen kann

Was ist eine humane Schule? Wie ist Selbstbestimmung inmitten von Systemzwängen denkbar? Wie ist es möglich, junge Menschen in einer Schule zu stärken und ihnen zugleich den Unterrichtsstoff zu erklären? Welche Lebensprobleme heutiger Kinder schieben sich vor ihre Lernprobleme? Pädagogische Fragen, die – vor vielen Jahren von Hartmut von Hentig gestellt – beteiligte und betroffene Menschen bewegen. Insbesondere seit Mitte der achtziger Jahre wird erkennbar, daß in allen Schulformen und -stufen engagierte Pädagoginnen und Pädagogen ihre eigene Schule weiterentwickeln wollen: Von «offenem Unterricht» in der Grundschule ist die Rede und von «Freiarbeit» auch in der Sekundarstufe, die Integration der «behinderten» Kinder schreitet voran und beschränkt sich längst nicht mehr auf die Primarstufe, Projektwochen und fächerübergreifende Unterrichtsformen finden immer mehr Nachahmer – die «Öffnung der Schule» wird an vielen Orten betrieben (vgl. Faust-Siehl u.a. 1996; Schnack 1996; Tillmann 1995). Gewiß: Wenn man diese Prozesse beschreibt, redet man nicht von der Mehrheit der Regelschulen, aber doch von einer respektablen Minderheit. So schätzt Wolfgang Klafki, daß inzwischen an etwa 25 % der Grundschulen mit Formen des «offenen Unterrichts» gearbeitet wird (vgl. Klafki in diesem Band).

Nachdem die schulpolitische Diskussion der 70er und 80er Jahre stark von der Strukturdebatte – vom Streit um das «richtige» Schulsystem – beherrscht wurde, hat sich seit Mitte der achtziger Jahre ein Themenwechsel durchgesetzt: Die Bedeutung der einzelnen Schule wurde hervorgehoben, die «Qualität der Schule» steht seitdem im Mittelpunkt schulpolitischer wie schulpädagogischer Diskussionen. Die Qualität einer Schule ist zwar nicht unabhängig von den Rahmenbedingungen (und das heißt auch: vom Geld), sie ergibt sich jedoch zuallererst aus dem Engagement, den Aktivitäten, der Kreativität der beteiligten Lehrerinnen und Lehrer. Etwa seit 1992 hat dieser Blick auf die Qualität, auf die Entwicklung der Einzelschule eine erweiterte Perspektive gewonnen – diskutiert wird seitdem über die «Schulautonomie»: Nicht wenige Kultusministerien wollen den einzelnen Schulen eine weit größere Selbständigkeit als bisher einräumen, die meisten Lehrerkollegien reagieren darauf bisher allerdings eher zögerlich. Einen zusätzlichen Antrieb hat diese Diskussion durch die 1995 veröffentlichte «Denkschrift» der NRW-Bildungskommission erhalten.

Schulqualität und Schulautonomie

Was die *Qualität der einzelnen Schule* angeht, so skizziert die Kommission ihre Vorstellungen unter dem eingängigen Bild vom «Haus des Lernens». Beschrieben wird dort eine schülerorientierte Schule, die sich von einem verengten Lernbegriff gelöst hat. In dieser Schule soll die Dominanz der 45-Minuten-Stunde fallen, statt dessen soll in flexiblen Zeitrhythmen gearbeitet werden; die Jahrgangsklasse wird in Frage gestellt, statt dessen soll in viel größerem Umfang mit altersgemischten Gruppen gearbeitet werden; mehr Gruppenarbeit, mehr Projektarbeit wird gefordert, um den herkömmlichen Frontalunterricht zurückzudrängen. Kurz: Reformpädagogische Erfindungen werden zu wichtigen Elementen in einem «Haus des Lernens». In der Laborschule sind diese Empfehlungen auf große Zustimmung gestoßen – nicht zuletzt deshalb, weil wir seit vielen Jahren in ähnlicher Weise arbeiten. Was die *Selbständigkeit der einzelnen Schule* angeht, so macht die Kommission sehr weitgehende Vorschläge für eine «teilautonome» Schule. Eine solche Schule entwickelt ihr eigenes Schulprogramm, sie darf dabei flexibel mit Stundentafeln und Lehrplänen umgehen, sie darf sich ihre Lehrkräfte selbst aussuchen und ihre Gelder selbst bewirtschaften. Auch diese Empfehlungen werden in der Laborschule überwiegend befürwortet: zum Teil, weil wir seit Jahren genauso arbeiten (etwa wenn es um die Unabhängigkeit von staatlichen Lehrplänen geht); zum Teil aber auch, weil wir solche Regelungen in der Laborschule selbst gern (wieder) hätten – etwa wenn es um die Auswahl der neuen Lehrkräfte geht.

Mit diesem Buch wollen wir zeigen: Aus der Reformarbeit der Laborschule können wir zu vielen der gegenwärtig diskutierten Themen interessante Beiträge leisten. In diesen Beiträgen verknüpfen sich die Praxiserfahrungen einer langjährigen Versuchsschularbeit mit den kritischen erziehungswissenschaftlichen Reflexionen, die in der pädagogischen Tradition Hartmut von Hentigs stehen. Dies gilt im übrigen nicht nur für die gerade angesprochenen Themen der «inneren» Schulreform, sondern auch für die (vielleicht vorschnell) beiseite gelegten Themen der «äußeren» Reform: Gerade weil gegenwärtig niemand die Strukturdebatte führen will (auch die NRW-Bildungskommission nicht), ist der folgende Hinweis wichtig: Die Laborschule ist auf *allen* Stufen eine integrierte Gesamtschule – sowohl in ihrer Grundschule (wie im übrigen ja alle Grundschulen Deutschlands) als auch in der Sekundarstufe I. Sie führt ihre Kinder ohne Aussonderung und ohne jede Form der äußeren Leistungsdifferenzierung erfolgreich zu den Schulabschlüssen der Sekundarstufe I. Damit ist die Existenz der Laborschule auch ein wichtiges Argument in der Strukturdebatte. Sie ist ein Ärgernis für alle, die auf das frühe Sortieren in unserem Schulsystem setzen, weil sie zeigt: Eine gemeinsame Schule für alle bis zum Ende der Sekundarstufe I ist mit Erfolg machbar! In diesem Buch geht es jedoch vor allem darum, die aktuelle Diskussion um die innere Entwicklung unserer Schulen aufzugreifen und dabei zu zeigen, welche Impulse die Laborschule dazu beisteuern kann. Dazu ist es zunächst erforderlich, knapp auf die Entstehungsgeschichte der Laborschule einzugehen.

Mehr als zwanzig Jahre Laborschule

«Nie wieder ein zweites 1933!» war eine, vielleicht die wichtigste Gründungsidee der Laborschule, als Hartmut von Hentig 1968 einen Ruf an die neugegründete Reformuniversität Bielefeld annahm, um dort den Fachbereich Pädagogik aufzubauen. Ein *Lebens- und Erfahrungsraum* sollte die neue Schule sein, eine Gesellschaft im kleinen, wo die Heranwachsenden im täglichen Leben die Tugenden mündiger Bürgerinnen und Bürger lernen können. Zugleich sollte sie ein *Laboratorium für die Erziehungswissenschaft* sein, ein Ort, wo Erkenntnis aus Erfahrung, aus Beobachtung und Kritik erwächst. Wie eine medizinische Fakultät selbstverständlich ein Klinikum hat, so sollte nach seinen Vorstellungen die Fakultät für Pädagogik eine Schule haben. In den 60er Jahren hatte von Hentig in «Systemzwang und Selbstbestimmung» (1968) bereits die Theorie einer zeitgemäßen Schule entworfen. Daraus wurde später die Theorie der Bielefelder Laborschule, formuliert vor allem in seinem Buch *Schule als Erfahrungsraum*? (1973). Zusammen mit seinen Mitarbeiterinnen und Mitarbeitern, von denen einige bis heute an der Laborschule arbeiten, hat Hartmut von Hentig dann eine entsprechende Schule entworfen, die am 9. September 1974 mit vorerst drei Jahrgängen eröffnet wurde. In der Eröffnungsrede wurde sie beschrieben als «eine Schule, die Fehler machen darf, weil man nur aus Fehlern wirklich lernen kann».

Die Aufbaujahre waren schwer. Die Kinder ließen sich nicht so einfach in die gedachten Strukturen und inhaltlichen Vorstellungen einpassen. Die Erwachsenen überforderten sich bisweilen mit ihren hohen Ansprüchen an radikaldemokratische Umgangsformen. Die leidenschaftlich geführten Diskussionen der siebziger Jahre über Chancengleichheit und die Förderung von Kindern aus «bildungsfernen» Schichten wurden nicht nur an der Laborschule geführt. Seltsam einig waren sich hingegen fast alle Mitarbeiterinnen und Mitarbeiter, wenn es um das Wohl der ihnen anvertrauten Kinder ging – nicht immer konnten daher Außenstehende erkennen, worin nun eigentlich die scheinbar unüberbrückbaren Differenzen im Kollegium lagen. Ein erstes Taschenbuch – ebenfalls im Rowohlt Verlag – mit dem Titel *Die Laborschule Bielefeld. Zehn Kollegen ziehen ihre Zwischenbilanz* (vgl. Lehrergruppe 1977) zeugt von dem schwierigen Anfang. In der Folgezeit beruhigten sich die kollegialen Auseinandersetzungen. Die veröffentlichten Meinungen fielen sachlicher aus. Jahr für Jahr gab es allerdings im Rahmen von Haushaltsdebatten des Landtages wiederkehrende Anfragen nach der Nützlichkeit des «teuren Experiments» Laborschule. Der ständige Legitimationsdruck nach außen band wertvolle Kräfte, die fruchtbarer für die notwendigen Weiterentwicklungen nach innen hätten eingesetzt werden können. Aktenordner über Aktenordner wurden mit Papieren gefüllt; diese verschwanden nur zu häufig unkommentiert in den Archiven der Administration. Durch die Hilfe bedeutender Bildungstheoretiker und Bildungsjournalisten, allen voran natürlich durch die Ausstrahlung und Überzeugungskraft Hartmut von Hentigs, gelang es dennoch immer wieder, die Schule zu sichern und weiterzubringen; allerdings konnte die personelle und materielle Ausstattung der Anfangsjahre nicht gehalten werden. Die Laborschule erhielt in den 80er Jahren die nötige Zeit, sich zu entwikkeln, neue Wege des gemeinsamen Lebens, Lehrens und Lernens zu gehen, diese in veränderten Zusammenhängen zu erproben, sie mit interessierten Besucherinnen und Besuchern zu diskutieren und schließlich die Ergebnisse der Öffentlichkeit vorzulegen. Dies beabsichtigen wir nun auch mit diesem Buch.

Die Laborschule als «Haus des Lernens»

Wenn man die «Denkschrift» der NRW-Bildungskommission (1995) liest, so stellt man fest: In vielen (nicht in allen) Punkten stimmen die Empfehlungen der Kommission mit den in Bielefeld erarbeiteten pädagogischen Ansätzen und Konzepten überein; denn in der Laborschule

- gehören Schulentwicklung und Profilierung zum ständigen Auftrag,

- besteht bereits eine weitgehende Selbständigkeit, so daß eigene Wege in der pädagogischen Arbeit gegangen werden können,
- werden neue und selbstgestaltete Lernmöglichkeiten erprobt,
- sind Fehler erlaubt, weil sie weiterführen können,
- wird nach der Lösung der pädagogischen Probleme gesucht, die sich durch veränderte Kindheiten ergeben,
- wird an der Ausgestaltung der «reflexiven Koedukation» gearbeitet,
- besteht eine ständige Berichtspflicht, die ernst genommen wird,
- werden Formen der Selbstevaluation und der externen Bewertung seit Jahren praktiziert,
- wird die Zusammenarbeit mit der Erziehungswissenschaft in Forschung und Entwicklung intensiv betrieben.

Die Bildungspolitiker des Landes NRW haben – so läßt sich im nachhinein sagen – in weiser Voraussicht bereits Jahre vor der Präsentation der Denkschrift genügend Reformmut gezeigt, um ein umfassendes, pädagogisch anspruchsvolles und dazu noch in wichtigen Bereichen selbständiges «Haus des Lernens» modellhaft erproben zu lassen. Die dabei gewonnenen Erkenntnisse können sehr nützlich sein, wenn es darum geht, Vorschläge der Kommission in die Praxis umzusetzen. Dabei ist die Laborschule natürlich nicht das einzig mögliche «Haus des Lernens» – etliche andere existieren, viele weitere sind denkbar. Aber sicher ist es kein Zufall, daß es in der Denkschrift heißt: «Grundlegende Erkenntnisse über Zielsetzungen, Rahmenbedingungen und Wirkungen von neuen und selbstgestalteten Lernmöglichkeiten sind auch durch die Bielefelder Projekte ‹Laborschule› und ‹Oberstufenkolleg› gewonnen worden» (Bildungskommission NRW 1995, S. 13). Daran anknüpfend möchten wir in diesem Buch zeigen, zu welchen Aspekten einer «guten Schule», zu welchen Elementen eines «Hauses des Lernens» wir Erfahrungen aufweisen und auf welche Fragen wir – mit allen Einschränkungen – mögliche Antworten geben können.

Die einzelnen Beiträge in diesem Band befassen sich vor allem mit den Erfahrungen, die die beteiligten Pädagoginnen und Pädagogen mit den unterschiedlichen Reformansätzen gemacht haben. Dazu gehören u. a. der Verzicht auf Ziffernnoten, die pädagogischen Vorteile des Lernens in altersgemischten Gruppen, ein gegenüber der

Regelschule veränderter Tagesrhythmus und fächerübergreifendes Lernen. Weitere Kapitel gehen auf den frühen und erweiterten Fremdsprachenunterricht ein, beschreiben an der Laborschule entwickelte Ansätze einer geschlechterbewußten Pädagogik und stellen dar, wie umfassend heute Gesundheits- und Bewegungserziehung gedacht werden muß. Nicht die einzelnen Vorhaben sind einzigartig; vieles davon läßt sich auch in engagierten Regelschulen finden – und einiges ist dort vielleicht sogar besser als an der Laborschule. Einzigartig ist allerdings die Summe dessen, was in ihr erprobt worden ist und werden kann. Einzigartig ist zudem, daß die Laborschule von Anfang an eine sich selbst entwickelnde und sich selbst reflektierende, von staatlichen Vorgaben weitgehend freigehaltene und damit teilautonome Schule war. Aber auch eine derartige Schule bleibt immer noch eine Schule. Sie muß gewährleisten, daß sie dem staatlichen Anspruch auf vergleichbare Standards genügt und daß die ihr anvertrauten Schülerinnen und Schüler ihre weiteren beruflichen und schulischen Wege ohne Benachteiligungen gehen können. Diese Ansprüche evaluieren Forscherinnen der Universität Bielefeld. Hartmut von Hentig beschreibt, wie unser «Haus des Lernens» gebaut wurde – und wie die Geschichte des Baus zugleich die des Ringens um eine «pädagogische» Architektur ist. Und wir gehen auch darauf ein, auf welchen Wegen ein Kollegium seine Forschungs- und Entwicklungsvorhaben findet, verhandelt, schließlich vereinbart – und woher der Schwung immer wieder kommt, diese Reformarbeit zu leisten. Im Anhang wird der pädagogische, strukturelle und organisatorische Rahmen dieser Schule im Überblick dargelegt.

Zukunftsperspektiven unserer Arbeit

Wenn ein Land seiner Versuchsschule über Jahre hinweg Ressourcen für seine Forschungs- und Entwicklungsaufgaben zur Verfügung stellt, wie dies wohl einmalig in Europa ist, dann hat es auch das Recht, immer wieder kritisch nach dem Auftrag der Schule zu fragen, denn die Laborschule hat ihren Versuchsauftrag nicht als Selbstzweck. Was also sind die bleibenden Aufgaben der Laborschule in den kommenden Jahren?

- Sie muß ein besonderes pädagogisches Konzept – die Laborschulpädagogik – ausfüllen und weiterführen, entwickeln und verbessern, und dies muß bedeutsam für die bundesweite und auch internationale Reformdiskussion sein.
- Sie muß neue Probleme im pädagogischen Alltag aufspüren, sich neuen pädagogischen Herausforderungen stellen und dort vorzeigbare Konzepte entwickeln und erproben.
- Sie muß mit ihrer Arbeit die Lehreraus- und Lehrerweiterbildung stützen, weiterentwickeln und reformieren helfen.
- Sie muß ihre Forschungs- und Entwicklungsarbeit so anlegen, daß ihre Ergebnisse in den erziehungswissenschaftlichen Diskurs eingebracht werden können.

Für die Bewältigung dieser Aufgaben ist es von großer Bedeutung, daß in der Laborschule künftige Entwicklungen und daraus sich ergebende Probleme frühzeitig bemerkt und pädagogisch verarbeitet werden, um dem Regelschulsystem nützlich zu sein. Nicht zuletzt deshalb ist sie kein zeitlich und inhaltlich begrenzter Schulversuch, sondern eine zeitlich und inhaltlich unbeschränkte Versuchsschule. Das vorliegende Buch legt Rechenschaft darüber ab, in welcher Weise die Laborschule ihre Aufgaben erfüllt hat. Am Ende führt Wolfgang Klafki mit uns ein Gespräch darüber, warum Versuchsschulen wie die Laborschule nötig sind und wem sie nützen.

Schließlich ist das vorliegende Buch ein konkreter Beleg für die Arbeits- und Kooperationsformen in der Laborschule: An diesem Buch sind 37 Autorinnen und Autoren beteiligt, davon 29 Lehrerinnen und Lehrer der Laborschule – und acht Personen aus dem Universitätsbereich. Das zeigt nicht nur, daß die Kooperation zwischen Universität und Laborschule auch in einem ganz praktischen Sinne gut funktioniert. Fast die Hälfte aller Lehrkräfte der Laborschule haben an diesem Buch mitgearbeitet und es damit zu einem Text gemacht, in dem sich in umfassender Weise die Erfahrungen und Reflexionen des Kollegiums spiegeln. Daß dabei auch mit Kritik nicht gespart wird, versteht sich bei diesem Kollegium von selbst.

Allerdings: Dieses Buch hätte nicht geschrieben werden können ohne die kontinuierliche Arbeit all derjenigen, die an der Laborschule beteiligt sind: Schülerinnen und Schüler, Eltern und Lehrkräfte, nicht-pädagogische Mitarbeiterinnen und Mitarbeiter – aber auch Studierende und Lehrende der Universität, die mit uns zusammenarbeiten. Eine von allen sei namentlich genannt: Regina Mahnke hat alle Manuskripte in die vorliegende Form gebracht, dabei viele Unzulänglichkeiten ausgeglichen und zugleich die 36 Autorinnen und Autoren auch in größter Hektik freundlich und gelassen behandelt. Ihr gilt unser besonderer Dank.

Unser Bielefelder Haus des Lebens und des Lernens ist nach vielen Erneuerungs- und Verschönerungsarbeiten ein modernes und zeitgemäßes Haus geblieben. Fertig werden wird dieses Haus allerdings nie, denn es ist vom Ansatz her als eine Art «ständige Baustelle» gedacht. Auch davon soll dieses Buch einen Eindruck vermitteln.

Die andere Schule

Hans-Joachim Knopff, Klaus-Dieter Lenzen

Mehr Erfahrung, weniger Belehrung

«School is out», prognostiziert ein amerikanischer Wissenschaftler (Perelman 1995). Das klingt bedrohlich, als ginge es um Kopf und Kragen. Nicht alle Prognosen über die Zukunft der Schule fallen derart düster aus; Einigkeit aber besteht in der Einschätzung, daß die öffentliche Schule sich in einer Krise befindet, daß sie ihrem Ende entgegengeht – wenn sie sich nicht ändert (Postman 1995). Ihre Zukunft hängt, so prophezeit auch der Bericht der Bildungskommission NRW, davon ab, ob es gelingt, sie von einer Einrichtung reiner Belehrung zu einem «Lern- und Lebensraum» (1995, S. XI u. a.) umzugestalten, d. h. zu einem Raum, der Schülerinnen und Schülern Platz für Lebenserfahrungen einräumt, der ihnen Zeit gibt, persönlichen Interessen nachzugehen, der ihnen Gelegenheiten bietet, sich wohl zu fühlen, der ihnen Lernangebote macht, die auf Gegenwartsfragen eingehen. Schule als «Lern- und Lebensraum», das ist eine Schule mit neuen Sinnperspektiven: «Die Rückkopplung der Lernprozesse an die Lebensproblematik von Kindern und Jugendlichen», so heißt es in der Denkschrift, «muß von der Schule angenommen und gesucht werden» (Bildungskommission NRW 1995, S. 40).

Terminologisch und konzeptionell greift die Kommission damit zurück auf Hartmut von Hentigs Vision der «Schule als Lebens- und Erfahrungsraum» (1973) sowie auf seinen Versuch, diesen «Lebens- und Erfahrungsraum» in der Laborschule Bielefeld modellhaft Wirklichkeit werden zu lassen. Dabei scheinen sich die Vorstellungen der Bildungskommission weitgehend mit denen von Hentigs zu decken. In den Abweichungen der Namensgebung («Lebens- und Erfahrungsraum», «Lern- und Lebensraum») klingt allerdings eine Differenzierung an: Ein «Lebensraum» soll die Schule beiden Konzepten zufolge sein. Nach von Hentig ist sie dazu ein «Erfahrungsraum»; den Vorstellungen der Bildungskommission zufolge ist sie außerdem ein «Lernraum». Während von Hentig auf einen reformpädagogisch inspirierten Gegenbegriff zurückgreift, auf Deweys Begriff der «Erfahrung», nimmt die Bildungskommission an dieser Stelle die klassische Funktion der Schule terminologisch bewußt auf, wohl um deutlich zu machen, daß es ihr um eine Weiterentwicklung der Schule geht, nicht um eine Gegenbewegung.

Begründet wird die Notwendigkeit einer Veränderung der Schule in beiden Konzepten ähnlich: Gesellschaftliche Veränderungen («Mediengesellschaft»), Veränderungen insbesondere in den Lebensabschnitten Kindheit und Jugend machen eine Neugestaltung der Schule unumgänglich. Von Hentig konstatierte: «Die Kindheit hat sich grundlegend geändert. So wird die Schule aus einer Anstalt, in der besondere, im Leben nicht ohne weiteres lernbare Fähigkeiten und Kenntnisse vermittelt werden, zu ‹a place for kids to grow up in› (Paul Goodman) und muß dem Rechnung tragen.» Als didaktische Aufgabe gefaßt, heißt diese Forderung «Soviel Belehrung wie möglich und sinnvoll durch Erfahrung ersetzen» (von Hentig 1995, S. 11).

«... Belehrung ... durch ... Erfahrung ... ersetzen»? – Soll Erfahrung also an die Stelle von Belehrung treten? Geht es um Erfahrung *statt* Belehrung? Kehrt hier das unproduktive, aus der «Dogmengeschichte» der Reformpädagogik (Oelkers 1989) bekannte Gegensatz-Denken wieder, wonach Schule nur Entweder-Oder sein kann: entweder offen oder geschlossen, entweder frei oder unfrei, entweder Bücherschule oder Erlebnisschule, entweder Anstalt oder Alternativschule, entweder Belehrungsanstalt oder Erfahrungsraum? Oder lassen sich die beiden Leitbegriffe dialektisch miteinander verknüpfen? Und was wird dabei unter Belehrung, was unter Erfahrung eigentlich verstanden? Ist mit Belehrung nur die von der Tafel aus gemeint, oder gibt es auch eine selbstbestimmte Belehrung durch Medien und Mitschüler? Sind mit Erfahrungen die gemeint, die Kinder und Jugendliche in die Schule mitbringen? Sind es die, denen wir sie durch die Schule in einer Schulklasse und Schulumgebung aussetzen, oder sind es die, die sie als Ergebnis von Arbeitsprozessen gewinnen? Geht es nur um unmittelbare «Erfahrungen aus erster Hand» oder auch um mediatisierte «Erfahrungen aus zweiter Hand»?

In unserem Beitrag werden wir zeigen, wie Belehrungen (verschiedenster Form) und Erfahrungen (verschiedenster Form) im «Lebens- und Erfahrungsraum Schule» in ein neues Verhältnis zueinander gebracht werden.

- Zunächst erläutern wir das die Laborschule tragende Konzept der «Schule als Lebens- und Erfahrungsraum».
- Danach zeigen wir anhand einiger Beispiele, inwiefern Schule tatsächlich mehr zu bieten hat «als nur Unterricht».
- In einem dritten Schritt erläutern wir, wie benachbarte reformpädagogische Schulkonzepte helfen können, das Konzept «Schule als Lebens- und Erfahrungsraum» weiterzuentwickeln.
- Abschließend skizzieren wir in einem phantastischen Entwurf, wie wir uns die nahe Zukunft einer «Schule als Lebens-, Lern- und Erfahrungsraum» vorstellen.

«Schule als Lebens- und Erfahrungsraum» – das Konzept

Die Laborschule will eine «Schule als Lebens- und Erfahrungsraum» sein; etwas schlichter gesagt: «ein guter Aufenthaltsort für Kinder». – Nicht nur für sie, denn «ein guter Aufenthaltsort für Kinder wird die Schule nur sein, wenn sie auch ein guter Aufenthaltsort für Erwachsene ist. Deren ‹Arbeitsplatz› muß anders aussehen als bisher: der Lehrertisch unmittelbar vor oder neben der Tafel und ein Schrankfach im Lehrerzimmer – dazwischen ein Gang durch die Flure und ein abschließbares Lehrer-Klo. Wer will da in der Schule verweilen und gar in ihr ein Gespräch mit Schülern suchen?» (v. Hentig 1993, S. 208f.). Der traditionelle «Aufenthaltsort» Schule wird in diesem Satz durch sein räumliches Arrangement und durch die entsprechend möglichen Tätigkeiten der hier Beschäftigten charakterisiert. Auch die Schule als ein «guter Aufenthaltsort» läßt sich offensichtlich von mehreren Gesichtspunkten aus beschreiben. Wir wählen im folgenden drei: den der Raumgestaltung, den der Tätigkeiten und den der Ordnungen.

Räume

Lehrer wie Schüler brauchen im «Lebens- und Erfahrungsraum» Schule Räume für Kommunikation, für gemeinsamen Sport, Rückzugsmöglichkeiten für einzelne und Kleingruppen, daneben den Raum für die ganze Schulgemeinde, für Feste, Konzerte und Theateraufführungen. Ausstellungsflächen für Schüler- und Lehrerarbeiten werden gebraucht, die Küche für ein Festessen, das Podium für einen Vortrag, ein Ruheraum zum Abschalten, die Bibliothek zur ungestörten Lektüre, Werkstätten und andere Funktionsräume und schließlich variierbare Reviere für die einzelnen Lerngruppen – insgesamt ein Raum, der in gemeinsamer Verantwortung verwaltet, gestaltet und in Ordnung gehalten wird. Zur Laborschule gehören in diesem Sinne eine Bibliothek, ein kleiner Zoo, der Schulgarten, ein Bauspielplatz, ein Beratungsraum für den schulpsychologischen und den sozialpädagogischen Dienst, eine Fahrradwerkstatt, das Computerzentrum, eine Medienstelle, die Schulküche, ein Schülercafé, eine Disco, die Sport- und Gymnastikhalle, ein Rollschuhplatz. Es gehören dazu die Funktionsräume für Musik und Naturwissenschaften und nicht zuletzt die «Flächen» für die einzelnen «Stammgruppen» (vgl. den Beitrag von v. Hentig in diesem Band). Verglichen mit den räumlichen Arrangements der traditionellen Schule – Tafel, Sitzreihen, Gang, Flure, Lehrerzimmer – bietet der Lern- und Erfahrungsraum mehr Offenheit, funktionale Differenzierungen, innenarchitektonische Variationen, die auf verschiedene Lernformen und Tätigkeiten hin gestaltet sind. Die Anordnungen der traditionellen Belehrungsanstalt sind aufgegeben; es wird nach neuen, variablen und offenen Arrangements für eine zugleich funktionale wie auch «bewohnbare» Lernumwelt gesucht.

Tätigkeiten

Es ist aber nicht allein die Ausstattung des Raumes, die – nur materiell – der Schule das Gesicht eines «Lebens- und Erfahrungsraums» verleihen kann; es sind vielmehr auch die Handlungen der hier Lebenden und Arbeitenden, die dem Schulraum seine Gestalt geben. In dem gesonderten Gebäude der Eingangsstufe (Vorschuljahr bis 2. Schuljahr) sind es Tätigkeiten wie:

- «zuhören, sich bewegen, sich in Szene setzen;
- zu zweit einer gemeinsamen Vorliebe nachgehen, sich gegenseitig etwas zeigen, dies miteinander besprechen;
- sich aus der Gemeinschaft zurückziehen;
- wenn das nicht anders geht: nach draußen in die Gartenhecke oder in ein Reich der Phantasie;
- buchstäblich mit den Elementen umgehen: ein Feuer machen und es hüten, Wasser stauen, ein tiefes Loch graben;
- eine Hütte bauen oder ein Beet bestellen oder ein Tier versorgen;
- miteinander kochen und das Gekochte gemeinsam essen;
- danach abwaschen;
- ruhen, still sein, konzentriert lesen;
- spielen;
- zärtlich miteinander sein;
- etwas beobachten, andere beobachten, seiner Neugier nachgehen;
- Feste feiern, etwas vorführen, gemeinsam singen, einander etwas schenken, das man selber gemacht hat ...
- und das alles neben den üblichen Schultätigkeiten: schreiben, lesen, rechnen, zeichnen, vortragen, aufräumen» (v. Hentig 1993, S. 206).

Verglichen mit den Tätigkeiten, die der «Aufenthaltsort» Schule traditionell zuläßt – eben schreiben, lesen, rechnen, zeichnen, vortragen und zuhören – sind die den «Lebens- und Erfahrungsraum» kennzeichnenden Tätigkeiten äußerst vielgestaltig. Sowohl die Tätigkeiten der Lehrenden als auch die der Lernenden wirken bisweilen schuluntypisch: Elementare kindliche Verhaltensformen, so die Spieltätigkeit, dürfen zum Ausdruck kommen und werden gefördert; ein Lehrer muß nicht nur Tafelanschriebe fabrizieren, sondern auch Feste organisieren, Theateraufführungen gestalten und Spielprozesse anregen können; dies gilt nicht nur für die Primar-, sondern auch für die Sekundarstufe. Viele Tätigkeiten sind hier nicht an die Benutzung von Schreibwerkzeug gebunden. Schule als «Lebens- und Erfahrungsraum» eröffnet den in ihr arbeitenden und lebenden Personen lebendige Formen der Interaktion und Kommunikation.

Ordnungen

Der «Lebens- und Erfahrungsraum» hebt die Regularien traditioneller Schulen auf, ohne auf Struktur zu verzichten. Er ist nicht einfach nur offen; auch er braucht Ordnungen, die dem Schuljahr eine Kontur, dem Schultag eine Struktur, der Unterrichtsstunde einen Zusammenhang geben. An der Laborschule sind es die «Erfahrungsbereiche», die dem «Lebens- und Erfahrungsraum» seine vertikale, die einzelnen «Stufen», die ihm eine horizontale Struktur geben, und Zeitpläne, die das Leben in diesem Raum rhythmisieren: Im Jahresplan werden die Projektwoche, die Reisezeiten und das Jahresthema festgelegt; der Stundenplan läßt Raum für Exkursionen und offene Gesprächssituationen. In der Sekundarstufe fällt dieser Plan detaillierter aus, in der Primarstufe ist er offener; in jedem Falle aber geht es um vereinbarte, niedergeschriebene und – mit guten Gründen – auch veränderbare Ordnungen. Verglichen mit den Ordnungen der traditionellen Schule – Klingelzeichen, Schulhofordnung, Verhaltenskanon, Pausenordnung – richten sich die Ordnungen des «Lebens- und Erfahrungsraumes» stärker an dem Lebensalter der Schülerinnen und Schüler aus. Sie sind mitbestimmungspflichtig und flexibel. Eine Schule als «Lebens- und Erfahrungsraum» fordert den Beteiligten – Lehrern und Schülern – mehr Verantwortung und Mitbestimmung ab; ihre Ordnungen sind weniger prinzipiell, deshalb aber vermutlich auch anfälliger für Störungen.

Der «Lebens- und Erfahrungsraum» Schule wird also durch die räumliche Gestaltung so strukturiert, durch Tätigkeiten so definiert, durch Ordnungen so gegliedert, daß er auch Erfahrungen offensteht, die in der Schule traditionell keinen Platz finden. Eine Schule als «Lebens- und Erfahrungsraum» zu gestalten, das ist daher ein großes, nicht einfach einzulösendes Programm. Es muß mit Widerständen rechnen: Räume können verwahrlosen, Ordnungen können fehlen, und Tätigkeiten können das Konzept des «Lebens- und Erfahrungsraumes» auch stören. In der Alltagswirklichkeit – auch der an der Laborschule – zeigt sich, daß das Konzept «Schule als Lebens- und Erfahrungsraum» weniger eine Zustandsbeschreibung als vielmehr eine Zielvorstellung ist. Jede Schule muß sich ihr immer wieder neu stellen, sich an ihr messen lassen. Das gilt auch für die Laborschule.

«Mehr als nur Unterricht» – Sechs Beispiele aus dem Schulalltag

Mit dem Begriff «Belehrung» verbindet man Assoziationen wie Tafel, Schulbücher, Frontalunterricht, erhobener Zeigefinger, Klassenzimmer, Langeweile, Zuhören, Abstraktion, über die Köpfe hinweg, leibfremd, Pauker. Mit «Erfahrung» verbinden wir Assoziationen wie: Neugier, tätig sein, ganzheitlich, Interesse, Unmittelbarkeit, persönlich Bedeutsames, Emotion, Anschauung und – nicht zuletzt – Lernen mit Kopf, Herz und Hand. Eine Schule als «Lebens- und Erfahrungsraum» zu schaffen hieße demnach, sich von der ersten Vorstellungswelt abzuwenden, um die zweite zu wagen. So sprunghaft kann ein Schulentwicklungsprozeß natürlich nicht gelingen. An den folgenden Beispielen interessiert uns deshalb weniger das Gegensätzliche als das Verbindende. Die Beispiele zeigen, daß sich Erfahrung und Belehrung nicht nur *ersetzen* müssen, sondern auch formenreich *ergänzen* können: Die Schule ist ein Lernraum *und* ein Lebensraum.

Beispiel 1: Jungen und Mädchen. Im Schulraum begegnen sich

Jungen und Mädchen. Die Schulzeit gibt ihnen Gelegenheit, Beziehungen zueinander zu erproben und zu klären. Hier werden Freundschaften geknüpft, erste Lieben erlebt. Kinder lernen, «Verliebtheit» zu signalisieren oder auch zu verbergen. Anna, ein 9jähriges Mädchen, nutzt sowohl Unterrichts- als auch Pausenzeiten dazu, «Jungen zu ärgern», Mitstreiterinnen für dieses Spiel zu finden und anderen Mädchen Verliebtheiten zu unterstellen. Einige Jungen reagieren darauf ihrerseits mit Spielvorschlägen wie «Anna ärgern» oder «Mädchen ärgern» oder damit, daß sie anonyme Liebesbriefe schreiben. Dieses Spielprogramm bestimmt eine Zeitlang die Atmosphäre in Annas Gruppe, einem vierten Schuljahr.

Eine «Schule als Lebens- und Erfahrungsraum» blendet die Beziehungen in der Lerngruppe nicht aus. Sie läßt sie zu und greift sie, wenn nötig und möglich, im Unterricht auf, nicht nur die Geschlechterbeziehungen. In wöchentlich wiederkehrenden «Betreuungsstunden» oder in der täglichen «Versammlung» lernen Kinder, Erlebnisse zu schildern, mit denen sie alleine schlecht fertig werden, und Fragen zu stellen, die sie persönlich bewegen. Dazu gehören die Mädchen-Jungen-Beziehungen ebenso wie alle anderen Ereignisse und Eindrücke, von denen Kinder und Jugendliche sich betroffen fühlen. Über die Krankheit des geliebten Hundes wird deshalb ebenso gesprochen wie über Arbeitslosigkeit und Alkoholismus, über den Streit der Eltern, über eine drohende Trennung, über Konflikte in der Gruppe und über herausragende Medienereignisse. In offenen Gesprächssituationen, Rollenspielen, Malaktionen, im Sprach- und im Sachunterricht, direkt und indirekt, kann persönliches Erleben in den Schulalltag einfließen. Mit anderen Worten: Der Unterricht im «Lebens- und Erfahrungsraum» Schule bleibt nicht unberührt von den persönlichen Erfahrungen, Ängsten, Hoffnungen und Wünschen der Kinder und Jugendlichen. Zur Arbeit des Lehrers gehört es, diese Zusammenhänge zu pflegen, statt sie zu unterdrücken.

Beispiel 2: Was in der Welt passiert. Die Politik hält sich nicht an den schulischen Stundenplan. Außergewöhnliche Ereignisse werden im «Lebens- und Erfahrungsraum» Schule thematisiert, auch wenn der Plan das eigentlich nicht vorsieht. Ein solches Ereignis war zum Beispiel der Golfkrieg. Auf dem Höhepunkt des Krieges wird von Schülerinnen und Schülern aller Jahrgangsstufen eine Projektwoche gestaltet. Da sie «aus aktuellem Anlaß» stattfindet, ist sie nur grob vorgeplant. Schüler und Lehrer bringen ihre Themenvorschläge spontan ein; im Kontext fast aller Wissensgebiete werden Arbeitsgruppen angeboten. Die Schüler der Sekundarstufe I haben die Möglichkeit zur freien Gruppenwahl und intensiver, selbstbestimmter Mitarbeit. Zum Gedenken an die sinnlosen Toten entsteht auf einer Grünanlage des Schulgeländes ein großes, weißes Holzkreuz. Bilddokumentationen, Gedichte und Protestschreiben werden verfaßt; Schülerinnen und Schüler arbeiten an Songs, TV-Sendungen, Radioberichten und Hörspielen. Podiumsdiskussionen mit Experten finden statt; Analysen von Giften werden durchgeführt. Im Unterricht geht es um Kriegsauswirkungen, um die Ölproblematik, um Begegnungen mit der arabischen Welt und mit Israel, um die Wirtschaftsinteressen Amerikas, um Napalm, Raketen und um Friedenschancen. Gearbeitet wird im Schulhaus, in der Universität und in der Stadt. Eigenarbeit, Teamgeist und Eigeninitiative werden großgeschrieben. Alle sind beteiligt an der Informationssuche, Auswertung und der öffentlichkeitswirksamen Abschlußdarstellung. Die Schule arbeitet als eine Lern- und Handlungsgemeinschaft. Mit anderen Worten: Der Unterricht im «Lebens- und Erfahrungsraum» Schule öffnet sich bedeutsamen Ereignissen auch spontan. Zur Arbeit des Lehrers gehört es, auf Aktuelles einzugehen statt darüber hinwegzugehen. Er muß entsprechende Initiativen aufgreifen können und sich selbst einmischen wollen.

Beispiel 3: Wechsel zwischen innen und außen. Ein Labyrinth soll auf dem Schulgelände errichtet werden: als Spielangebot für die jüngeren Schülerinnen und Schüler. Mathematik und naturwissenschaftlicher Unterricht, Technik- und Kunstunterricht sind an der Planung und Durchführung dieses Vorhabens beteiligt. Der Filmbericht über das Projekt (von Hentig/Kätsch/Kosiek 1988) führt vor Augen, wie die Schauplätze des Unterrichts wechseln. Zunächst ist es der Schulraum, in dem der Bau des Labyrinthes geplant wird; hier werden Zeichnungen angefertigt, Berechnungen angestellt, Modelle gebaut. Schon in der Planungsphase aber verlassen die Schülerinnen den Schulraum, vermessen den Bauplatz, suchen Museen und Fachbibliotheken auf, um sich kundig zu machen, welche

Labyrinthformen es gibt und wo man Labyrinthe besichtigen kann. Dann wird das Labyrinth aus Backsteinen tatsächlich gebaut. Dabei helfen Fachleute des Handwerkerbildungszentrums. Danach besuchen die Kinder eine Fabrik. Sie gewinnen Einblicke in den Produktionsvorgang eines Ziegelwerkes; ihr Lehrer ist jetzt ein Vorarbeiter. Im Anschluß an den Fabrikbesuch sind die Schülerinnen und Schüler wieder in der Schule anzutreffen, in den Labors, wo sie Experimente mit Kalk durchführen, Versuchsreihen aufbauen und ihre Beobachtungen aufschreiben. Mit anderen Worten: Der Unterricht im «Lebens- und Erfahrungsraum» Schule kennt verschiedene Lernorte. Er vernetzt Orte der Schule mit Orten außerhalb, die eigene Institution mit außerschulischen Institutionen, die Lehrer und Schüler mit außerschulischen Fachleuten. Zur Arbeit des Lehrers gehört es, diese Wechsel gemeinsam mit Schülern zu organisieren und für sich selbst dabei neue Rollen (Moderator, Organisator, Projektbegleiter) zu finden.

Beispiel 4: Leben in der Lerngemeinschaft. Im Mathematikunterricht macht eine Stammgruppe die leidige Erfahrung, daß es zwischen dem neuen Mathematiklehrer und der Gruppe «unüberwindliche Grenzen» des Verstehens gibt. Der Kollege unterrichtet stets frontal an der Tafel und fragt ab und zu nach, ob auch alle verstanden haben. Er verbittet sich alle über den jeweiligen Denkschritt hinausgehenden Bemerkungen der Schüler. So geht es im Stoff weiter, bis die Gruppe merkt, daß außer zwei «Mathegenies» keiner mehr Boden unter den Füßen hat. Man berät zunächst unter sich und beruft dann eine gemeinsame Sitzung mit dem Betreuungslehrer ein, der wiederum den betreffenden Kollegen zum gemeinsamen Gespräch einlädt. Das Gespräch wird offen, deutlich und ohne Ängste geführt. Der Kollege fällt aus allen Wolken, fühlt sich aber nicht gekränkt. Er bemüht sich, in dieser Gruppe künftig auf Frontalunterricht zu verzichten und Gruppenunterricht mit unterschiedlich leistungsstarken Besetzungen zu organisieren nach dem Motto: Starke Schüler helfen Schwächeren in der Tischgruppe.

Eine Schule, die sich auf den Weg macht, neue Lernweisen und Lehrstrategien zu erproben, bildet auch darin Traditionen aus. Haben die Schülerinnen und Schüler eine neue Ordnung erst einmal eingesehen und akzeptiert, so wird jeder Rückschritt von ihnen wahrgenommen, als negativ empfunden und bekämpft. Ein Kollege mit traditionellen Unterrichtsvorstellungen wird Schwierigkeiten haben, wenn seine Schülerinnen und Schüler erst einmal gelernt haben, politisch zu handeln und ihre Erfahrungen, Wünsche und Vorstellungen gemeinsam mit den Lehrern zu beraten. Mit anderen Worten: Nicht nur der transportierte Stoff, sondern auch die Umgangs-, die Lehr- und Lernformen sind im «Lebens- und Erfahrungsraum» Schule ein Thema. Zur Arbeit des Lehrers gehört es, die schulischen Umgangsformen in das Unterrichtsgespräch einzubeziehen und als veränderbar darzustellen.

Beispiel 5: Persönliche Interessen. Ulli, ein Schüler des 9. Jahrgangs, interessiert sich besonders für Weltraumfahrt. Er beschafft über das Bundesforschungsministerium eine Ausstellung zu diesem Thema. Nach Rücksprache mit der Schulleitung, bei der er freundliche Unterstützung findet, organisiert er schulintern Räumlichkeiten, Termine, Presseverlautbarungen und Einladungen. Er macht das völlig selbständig. Der Tag der Präsentation kommt, und mit ihm kommen Großmodelle von Raketen, Schautafeln, Anlagen zur Satellitenbeobachtung, eine funktionierende Bodenstation mit Antennen, Monitoren und Aufzeichnungsgeräten für den Wettersatelliten Meteosat. Schüler können nun per Monitor Informationen aus dem Weltraum abrufen. Interesse an Wetterkunde, Universum, Technik, Astronomie, aber auch an ökologischen Fragen wird durch die Ausstellung angeregt. Satelliten-Kommunikation wird erfahrbar. Die Schülerinnen und Schüler setzen sich mit einer Vielzahl von Medien und ihren Verbindungen auseinander. Die Ausstellung zeigt ihnen, wie intensiv die Vernetzung aller Lebensumstände auch auf die Schule künftig einwirken wird. So kontrovers diese Show von Lehrern und Schülern aufgenommen und diskutiert wird, sie ist doch ein lebendiger Anstoß. Mit anderen Worten: Die «Schule als Lebens- und Erfahrungsraum» gibt Schülerinnen und Schülern Gelegenheit, *ihren* Themen nachzugehen und sie, falls möglich, mit dem schulischen Curriculum zu verbinden. Zur Arbeit des Lehrers gehört es, die Schule als einen Raum begreiflich zu machen, in dem Schülerinnen und Schüler ihre Interessen formulieren und kultivieren können.

Beispiel 6: Lernen an unterschiedlichen Orten. Jonas hätte in der Pause auch auf den Bauspielplatz gehen können, in die Bibliothek, in den Computerraum, in den Schulgarten, zum Pausenwerken oder zum Spielen in die Sporthalle. Seit er zusammen mit seinem Freund Mark für die Pflege eines Kaninchens zuständig ist, besucht er in seiner Schulfreizeit jedoch regelmäßig den kleinen Schulzoo. Die beiden Jungen gehören hier zu einer Minderheit, denn der Zoo ist erfahrungsgemäß eine Domäne der Mädchen. Aber Jonas hat sich nun einmal für den Zoo entschieden. Allen Kindern steht es frei, ihre Pausenzeiten so zu verbringen, wie sie es möchten. Die Schule verfügt über eine Reihe von Angeboten – betreut teils von Lehrerinnen und Lehrern, teils von Sozialpädagogen und Erzieherinnen –, an denen man ganz unterschiedlichen Bedürfnissen und Interessen nachgehen kann. Wer Ruhe braucht, findet sie in der Bibliothek oder in der Teestube; wer sich austoben will, geht vielleicht lieber nach draußen oder in die Sporthalle. Als Ganztagsschule braucht die Schule solche Orte. Mit anderen Worten: Der «Lebens- und Erfahrungsraum» Schule macht Angebote, die über die Gestaltung des Unterrichts hinausgehen. Zur Arbeit des Lehrers gehört es, gemeinsam mit Schülerinnen und Schülern die Schule so zu gestalten, daß sich alle auch in ihrer Freizeit darin wohl fühlen können.

Die Beispiele zeigen, wie tiefgreifend sich der «Aufenthaltsort Schule» verändert, wenn er zu einem «Lebens- und Erfahrungsraum» wird; sie zeigen auch, daß dieser Umwandlungsprozeß kein äußerlicher, von den Personen abgelöster Prozeß ist. Den Schülerinnen und Schülern bietet der neue Raum Mitgestaltungs- und Mitbestimmungsmöglichkeiten an; er fordert ihr Engagement und ihren Gestaltungswillen. Den Lehrerinnen und Lehrern erlaubt er, sich außerhalb der klassischen Berufsrollen-Stereotype zu bewegen. Sie müssen mit Schülern persönliche Gespräche führen, den Schulraum mitgestalten, sich auch für außerschulische Lernprozesse interessieren und über die Grenzen von Fächern hinausdenken.

Stellt man nun über die punktuellen Beispiele hinaus systematischer zusammen, was die Einzelschule insgesamt lebensnah, erfahrungsoffen und lehrreich macht, so gewinnt man das reale Profil, das sie als «Lebens- und Erfahrungsraum» ausgebildet hat. In Form eines Jahresüberblicks (Eise/v. d. Groeben/Lenzen 1994), eines Tätigkeitsberichts (Tillmann/Thurn 1995) und eines Vergleichs mit anderen Schulen (Knopff/Rixius 1996) liegt für die Laborschule ein solches Teilprofil vor. Es ist ein buntes, ganz unterschiedliche Lern- und Erfahrungsfelder umfassendes Bild. Auslandsfahrten kommen darin ebenso vor wie Theateraufführungen und Feste, Basare und Museumsbesuche, Lesungen und Klassenfahrten. Das Bild zeigt neben vielen Stärken auch einige Schwachstellen.

Auf der Suche nach neuen Lern- und Erfahrungsräumen

Zu einem «Lebens- und Erfahrungsraum» wird die Schule nicht in einem einmaligen Einrichtungsakt. Notwendig ist vielmehr ein dauerhafter, von möglichst vielen Personen getragener Entwicklungsprozeß. In diesem Prozeß wird eine Schule, um gezielt an sich arbeiten zu können, ihre Stärken und Schwächen herausarbeiten, sich dabei Hilfe holen und von anderen schulreformerischen Konzepten inspirieren lassen. Auch die Laborschule muß sich weiterentwickeln, wenn sie der Vorstellung von einem «Lebens- und Erfahrungsraum» faktisch nahekommen will. Wir stellen diesen Anspruch deshalb zunächst an uns selbst und greifen im folgenden zwei Problembereiche auf, an denen wir im eigenen Haus weiterarbeiten sollten.

Öffentlichkeit und Öffnung

Es gibt in der Laborschule in jedem Schuljahr zahlreiche Veranstaltungen, die zu einer Kultur der eigenen Schulöffentlichkeit beitragen. Mit vielfältigen Aktionen tritt die Laborschule in die überregionale Öffentlichkeit. So ist das Konzept «Lebens- und Erfahrungsraum» bei uns zum einen auf die große weite Welt, zum anderen auf den eigenen Schulraum bezogen. Es fehlt unserer Schule aber, von vielen punktuellen Kontakten einmal abgesehen, eine stabile Einbettung in das unmittelbare, natürliche, kulturelle und soziale Umfeld. Als Entwicklungsaufgabe formuliert: Unsere Schule sollte in Zukunft daran arbeiten, die Verbindungen zu Erfahrungsräumen des unmittelbaren Umfeldes weiter auszubauen.

Anregen lassen werden wir uns bei dieser Entwicklungsaufgabe durch das Konzept «Gestaltung des Schullebens und Öffnung von Schule» (GÖS). Es basiert auf vier pädagogischen Elementen, die miteinander verbunden sind (vgl. Kultusminister NRW 1995).

– Die *gemeinwesenorientierte Schule* bedeutet: Es wird ein Beziehungsgefüge zwischen Schule und dem Gemeinwesen mit allen Untergliederungen wie Ämtern, Vereinen, Altersheimen, Nachbarschaften etc. hergestellt (Community Education). Die Schule wird als Begegnungsstätte verstanden, im Umfeld der Schule werden zahlreiche Lernorte entdeckt (vgl. Buhren 1994; Holtappels 1994; Reinhardt 1992).
– Unter *schüler- und erfahrungsorientiertem Unterricht* wird verstanden: Lernen ist ein Prozeß des Verstehens, in dem der Lernende selbst mit auswählt, organisiert, gestaltet. Die Schule ist eine Lerngemeinschaft, die Erfahrungen macht, sichtet, analysiert und zuordnet.
– Unter Schule als *sozialem Lebensraum* wird verstanden: Sie ist selbst eine «Probebühne» für das Leben; sie bietet vielfältige Möglichkeiten eigener Erprobung und sozialer Erfahrungen.
– Mit dem *Gestaltungsfreiraum* der Schule ist gemeint: Die Schule entwickelt ein eigenes Schulprofil; diese Entwicklung wird von allen Mitgliedern der Schulgemeinschaft getragen.

Das GÖS-Konzept hilft uns nachzuvollziehen, in welchen Bereichen unsere Schule sich bislang besonders engagiert hat und welche defizitär sind. Weiterentwickeln wollen wir den Bereich der lokalen Öffnung. Das Thema «Öffnung vor Ort» schlagen wir deshalb für die Laborschule als ein Jahresthema vor. Die Lehrerkonferenz beschließt, auch die bevorstehende Projektwoche unter dieses Thema zu stellen. Der «Lebens- und Erfahrungsraum» Schule wird auf diese Weise, so hoffen wir, seine Gestalt weiter verändern.

Authentische Erfahrung und mediatisierte Erfahrung

Im Begriff «Erfahrung» wird Authentizität immer unterstellt. Weil die «Erfahrungen aus zweiter Hand» zunehmen und «Erfahrungen aus erster Hand» mehr und mehr fehlen, soll Schule sich vor allem als ein unmittelbares Erfahrungsfeld bewähren (vgl. Rolff 1993, S. 15 ff.). Auch die Laborschule folgt dieser Vorstellung engagiert: mit der Installierung eines fließenden Unterrichtsbeginns, mit der Kultur offener Unterrichtsformen, mit dem Angebot außerschulischer Lerngelegenheiten, mit dem Aufwand jährlicher Projektwochen. Eine produktive Auseinandersetzung mit den neuen Medien fehlt jedoch – gerade deswegen – noch weitgehend. Die Einrichtung und Nutzung von Computerräumen geschieht ohne expliziten Bezug auf das Konzept der Versuchsschule (vgl. von Hentig 1993). Als Entwicklungsaufgabe formuliert: Unsere Schule sollte in Zukunft das Konzept «Schule als Lebens- und Erfahrungsraum» mit den Möglichkeiten mediatisierter Erfahrung stärker verbinden und sich vermehrt mit den neuen Medien auseinandersetzen.

Anknüpfen können wir dabei an das Konzept «Schule ans Netz» (Kultusministerium NRW 1995). Es soll allen Schulen der Sekundarstufe I den Zugang zur Telekommunikation ermöglichen. Weltweite Vernetzung eröffnet dem «Haus des Lernens» die Chance, Kontakte ohne große Zeitverzögerung zu knüpfen und zu pflegen, auf zahlreiche Informationspools zuzugreifen und eigene Informationen ins Netz zu geben. Ein zusätzlicher Multimedia-Arbeitsplatz mit Zugang zur Telekommunikation wird mit Hilfe von Sponsoren, der Landesregierung und der Telekom eingerichtet. Dann hat die Laborschule einen EURO-ISDN-Anschluß und eine E-mail-Anschrift. Datenautobahnen öffnen sich, die gewaltige Weite des Internets wird nutzbar. Es gibt neue Anlässe, fruchtbare Arbeit für die Schulgemeinschaft zu leisten: die Homepage der Schule zu erstellen mit einer Übersicht über das Schulprogramm, mit Informationen über Projekte, Feiern, Wünsche und Events. Die interkulturellen Kontakte mit Schweden, Finnland, Frankreich, Großbritannien und Polen werden vertieft. Zweisprachige E-mails, gegenseitige Zugriffe auf Programme der Partnerschulen, gemeinsame zeitliche Arbeit und Planung von Treffen, Projekten, Ausstellungen sind geplant. Lernt die Schule nun surfen?

Nur an zwei Beispielen wollten wir deutlich machen, in welche Richtung eine Weiterentwicklung der «Schule als Lebens- und Erfahrungsraum» möglich ist. Es sind freilich nicht die einzigen Ansatzpunkte. Ebenso wichtig wäre es zum Beispiel, anknüpfend an die gelungene Gestaltung der Eingangsstufenräume, über eine zugleich liebevollere und funktionalere Gestaltung des gesamten schulischen Innenraumes noch einmal nachzudenken. Gebraucht würden auch Ideen dazu, welche Veranstaltungskultur der Schulgemeinschaft zu mehr Lebendigkeit und Mitbestimmung verhelfen könnte (gemeinsame Feiern, regelmäßige Schulversammlungen, Einbeziehung von Schülerinnen und Schülern in die Initiativgruppen der Schule). An Anlässen für Weiterentwicklungen mangelt es nicht. Die Schwierigkeit besteht eher darin, entsprechende Innovationen methodisch so kreativ (und konsequent) anzugehen, daß sie nicht an vertrauten Diskussionsstereotypen scheitern müssen.

Schule der Zukunft – Schule als «Lern- und Lebensraum»

Als «Alternativschule» war die Laborschule gewiß nicht gedacht, doch ist das Denken dieser Bewegung – der Begriff der «Entschulung» zeigt dies deutlich – nicht spurlos an ihr vorübergegangen. So blieben die Verbindungen zwischen der «Schule als Lernraum» und der «Schule als Erfahrungsraum», zwischen Leben und Lernen, zwischen Erfahrung und Belehrung, zwischen «Pflicht und Kür» (von Hentig 1996b) brüchig. In dem «Haus des Lernens», das die NRW-Bildungskommission projektiert, soll dieses Entweder-Oder nun gänzlich vermieden werden. Wir haben uns deshalb abschließend gefragt, wie der «Aufenthaltsort Schule» aussehen könnte, wenn er die alte Denkweise in einander ausschließenden Alternativen in Zukunft überwinden würde. Das hat zu dem folgenden Text geführt, einem Zeitungsartikel aus dem Jahre 2002: Er soll deutlich machen, daß auch langjährig an der Laborschule beschäftigte Lehrer ihre Fähigkeit, von einer besseren Schule zu träumen, nicht verloren haben. Der Text beginnt mit einem Rückblick:

Schule neu gedacht und gestaltet

Dank ihrer Beharrlichkeit gelang es der Laborschule, sich von den regulativen Vorgaben des vergangenen Jahrhunderts und traditionellen Denkmustern zu befreien. Schulstrukturelle Vorgaben wie verbindliche Lehrpläne, Stundentafeln, Fächer, Zeitvorgaben, Vorstellungen vom gleichschrittigen Lernen etc. wurden als starre Systeme, die weder die Unterschiedlichkeit der Schülerpersönlichkeiten respektierten, noch auf Spontaneität und Aktualität reagieren konnten, verworfen. In dem schon 1995 von der Bildungskommission in NRW geforderten ‹Haus des Lernens›, dem die Laborschule Modell stand, sollten Fachlichkeit und überfachliches Lernen, individuelle und soziale Erfahrung, Praxis- und Theoriebezug miteinander verknüpft werden; das gesellschaftliche Umfeld sollte als schulischer Lernraum genutzt werden. Die alte Struktur des festen Wissenskanons und der auf seine Vermittlung hin organisierte Unterrichtsplan wurden zum hinderlichen Ballast. Die Schule wurde zu einem «Haus des Lernens», d. h. auch zu einer guten Lebenswelt.

Als Versuchsschule arbeitete die Laborschule dieses Konzept des «Lern- und Lebensraumes» in den Folgejahren weiter aus, wobei sie an das Konzept ihres Gründers, Hartmut von Hentig, anknüpfen konnte. Mit einem – gemessen am Durchschnittsalter des Kollegiums – beachtlichen Elan entwickelte die Versuchsschule ein offenes System freier Angebote, das in zeitlich weiten Einheiten «Lebensrealität zum Anfassen» vermittelt. Im «Haus des Lernens» wird auf das Lernen in Kurssequenzen nicht verzichtet; Lektionen in Mathematik, Geographie und in den Sprachen werden jedoch – in der Form von Vor- und Nachbereitungsphasen sowie von Begleitprogrammen – verstärkt den großen Zusammenhängen zugeordnet. Die Schülerinnen und Schüler arbeiten dabei sowohl innerhalb der Schulräume als auch im sozialen Umfeld der Schule. Innerhalb der Schule wird das gemeinschaftliche Leben insbesondere durch vermehrte Partizipation von Schülerinnen und Schülern sowie von schulexternen Fachleuten verstärkt. Auf der einst ziemlich schmuddeligen Schulstraße entstand auf diese Weise ein Schülercafé sowie eine Ausstellungsfläche, die wechselnde Präsentationen anbietet. Im Zuge eines vor Jahren schon geplanten Anbaus wurde der multifunktional verwendbare Versammlungsraum für die ganze Schulgemeinde endlich realisiert; hier geht mit Lesungen, Theateraufführungen und Diskussionsveranstaltungen das Kulturprogramm der Schule «über die Bühne». Einmal im Monat findet in jeder Schulstufe eine gemeinsame Versammlung statt, in der Schüler und Lehrer auf Probleme aufmerksam machen, über Arbeitsergebnisse berichten und sie vorstellen können. Außerdem wurde ein von Schülern wie Lehrern nutzbarer Ruheraum eingerichtet. Die Reinigung des Schulraumes wird inzwischen weitgehend von den Nutzern selbst übernommen; jede Lehrerin und jeder Lehrer ist für die Gestaltung eines Raumabschnittes der Schule mitverantwortlich, das gehört zu den übernommenen Dienstpflichten. Die Fahrradwerkstatt bietet Schülern und Lehrern einen preisgünstigen «Drahteselservice» an. Aus dem Kreis der an der Laborschule immer schon sehr engagierten Theater- und Zirkusaktivisten ist eine feste Theatergruppe hervorgegangen, die auch in anderen Schulen auftritt. Nach dem Vorbild der französischen Partnerschule wurde ein Projektbüro eingerichtet. Es ist paritätisch besetzt und verwaltet einen Teil des Schul- und des Spendenetats; Projektgruppen können sich hier beraten lassen und ihre Anträge auf finanzielle und personelle Unterstützung stellen.

Ergänzend zu solchen «Innenerfahrungen» werden von Schülerinnen und Schülern unterschiedliche «Außenerfahrungen» in die Schule getragen; dabei helfen neben den Lehrerinnen und Lehrern Experten aus der Region. Die UNESCO-Gruppe der Schule hat zwecks Abwicklung der zahlreichen Auslandsfahrten ein eigenes Reisebüro eingerichtet, das von Schülerinnen und Schülern geleitet, von einem professionellen Anbieter unterstützt wird. In Kooperation mit den Stadtwerken und dem Gewässerschutzamt arbeitet die Schule an neuen Energiesparkonzepten für das eigene Haus; die eingesparten Kosten werden dem Konto der Schule gutgeschrieben.

Der Stadtsportbund bietet im Rahmen des Sportangebotes der Schule die Qualifikation zum Übungsleiter an. Außer diesen regionalen Bezügen verfügen die Schülerinnen und Schüler mit Hilfe von Datenautobahnen und virtuellen Medien auch über weltweite Kontakte. Medien tragen auch erheblich dazu bei, daß die Schülerinnen und Schüler mehrsprachig lernen. Nachbarschaft und Betriebe des Umfeldes sind in einem Sponsorenboard eng mit der Schule verbunden, ganz gleich, ob es um eine gemeinsame Feier oder um finanzielle Zuwendungen für die außergewöhnlichen Vorhaben geht. Interessengemeinschaften von Schülerinnen, Lehrern, Nachbarn und Experten sind nicht mehr ungewöhnlich. Neben dem regulären Unterricht gibt es Selbstlern-Gemeinschaften, die nach dem System von Angebot und Nachfrage arbeiten und ihr eigenes Curriculum zusammenstellen. «Trotzdem sind und bleiben», so vertraute uns ein Lehrer der ersten Laborschulstunde an, «gewisse Anforderungen zur Erreichung bestimmter, (beständig revidierter) Lernziele bindend.» Die Wege dahin, so der inzwischen pensionierte Pädagoge, seien allerdings äußerst variabel und phantasievoll geworden (Neue Westfälische, vom 24.2.2002, S. 6).

Soweit der fiktive Bericht. Andere Lehrerinnen und Lehrer würden ihn mit anderen Visionen füllen. Immerhin zeigt er die Schule als einen «guten Aufenthaltsort», der gleichzeitig Lebens-, Lern- und Erfahrungsraum ist. In diesem Raum kommt es mehr auf das Stiften neuer Bezüge an – zwischen Nahem und Entferntem, zwischen Privatem und Öffentlichem, zwischen Mediatisiertem und Unmittelbarem, zwischen Erfahrung und Analyse, zwischen Leben und Lernen – als auf die einseitige Parteinahme. Um es abschließend auf die beiden Begriffe zu beziehen, von denen wir ausgegangen sind: Das «Haus des Lernens» bietet neben neuen *Erfahrungs*möglichkeiten auch neue *Belehrungs*möglichkeiten. Beide sind aufeinander angewiesen. Belehrung allein setzt kein Lernen in Gang, Erfahrung allein ebensowenig. Das Prinzip «soviel Belehrung wie möglich durch Erfahrung ersetzen» muß deshalb durch ein zweites, weniger populäres, ergänzt werden. Hartmut von Hentig selbst hat es zwar benannt, es blieb jedoch weitgehend unbeachtet. Er schrieb: «Der schon zitierte Grundsatz ‹Soviel Belehrung wie möglich durch Erfahrung ersetzen› wird durch den anderen Grundsatz ‹Erfahrung ins Bewußtsein heben› ergänzt: Das Erfahrene muß eingeordnet, die dabei gewonnene Erkenntnis oder Fähigkeit eingeübt und durch Übertragung auf andere Gegenstände verallgemeinert werden» (1995, S. 19; vgl. ders. 1996a).

Im «Haus des Lernens» – so ist auch unsere Vorstellung – werden beide Prinzipien vielfach variiert und in neuartige, kreative Spannungsverhältnisse zueinander gebracht, statt in ihrer Gegensätzlichkeit zu erstarren. *Belehrungen* gehen hier nicht nur von der Tafel aus; sie werden durch selbstbestimmte Mediennutzer angefragt, den jüngeren Schülern von älteren ebenso angeboten wie von außerschulischen Fachleuten den Lehrern. *Erfahrungen* werden hier nicht nur gesammelt, sondern auch entschlüsselt, analysiert, visualisiert, mit anderen Erfahrungen verglichen, also mit Formen des systematischen und exemplarischen Lernens verbunden. Erfahrungen werden mit Belehrungen verbunden, Belehrungen mit Erfahrungen. Davon, daß solche Verbindungen verstärkt glücken, wird die Lebendigkeit einer Schule auch in Zukunft abhängen.

Annemarie von der Groeben

Orientierung in der Welt – eine Schule bemüht sich um Bildung für alle

Die Atmosphäre ist zum Zerreißen gespannt. Man spürt, daß die in wohlgesetzten Worten geführte Diskussion zweier Pädagoginnen über die Grundsätze ihrer Arbeit an der gemeinsamen «Erziehungsanstalt» für Mädchen zugleich ein erbitterter persönlicher Machtkampf ist. Die eine: schön, sehr weiblich, mit anmutigen, fließenden Bewegungen und in ebensolche Gewänder gekleidet, den Kindern liebevoll zugewandt und von ihnen vergöttert. Die andere: hart, barsch, herrisch, von äußerster Strenge; die altjüngferlich-schrille Stimme, die starre, kerzengerade Haltung, das Hinken, der Stock, das harte Rostrot des Kleides – das alles verdichtet sich zum Bild einer wahrhaft gnadenlosen Machtbesessenheit. Die eine plädiert für eine «Pädagogik vom Kinde aus», die auf das einzelne Individuum zielt, die andere für Zucht, Ordnung und Gehorsam, für die bedingungslose Unterordnung des Individuums unter die Autorität von Staat, Gesellschaft und Kirche. Die eine kann sich gegen die andere nicht durchsetzen, weil jene das Sagen hat. Und so nimmt das Schicksal, von den Entscheidungen der Oberin gelenkt, seinen verhängnisvollen, mit dem Tod einer Schülerin endenden Lauf.

Wer die beiden sonst im Leben kennt, mag kaum glauben, was er da sieht. Sie sind 14 und 15 Jahre alt, Schülerinnen des 8. und 9. Jahrgangs, freundliche, vergnügte Mädchen. Claudia, die die Lehrerin spielt, ist ebenso beliebt wie begabt und zuverlässig; die strenge Oberin heißt in Wirklichkeit Janina, hat eine leise, etwas spröde Altstimme und gilt als ausgesprochen schüchtern. Soeben haben sie, zusammen mit den anderen aus ihrem Theaterkurs, einem staunenden Publikum gezeigt, was sonst noch in ihnen steckt.

Noch Jahre später werden sie rückblickend sagen, diese Theaterarbeit sei ein Höhepunkt in ihrer Schulzeit gewesen, mit das Beste, was sie je gemacht hätten. Pädagogen würden sagen: ein Bildungserlebnis.

Was ist und woran bemißt sich ein Bildungserlebnis?

Ist der Inhalt das Bildende? Hier also die Auseinandersetzung mit einem pädagogischen Grundsatzproblem oder der exemplarische Einblick in eine bestimmte Epoche der Geschichte, speziell der Frauengeschichte? Oder ist es das Theater als literarische Gattung? Oder das Theater als Mittel der Erschließung von Welt im modellhaften Gestalten und Spielen? Oder der Prozeß, den die einzelnen Individuen dabei durchlaufen? Oder alles zusammen? Wer unter den möglichen Antworten auswählt oder Prioritäten setzt, folgt mit seiner Entscheidung – bewußt oder unbewußt – einer Bildungstheorie. Wer beispielsweise dazu tendiert, Bildung generell an bestimmten, unsere Kultur in besonderer Weise repräsentierenden Inhalten festzumachen, würde aus der großen Fülle der Theaterliteratur sicher nicht dieses Beispiel auswählen; denn das Stück von Christa Winsloe «Mädchen in Uniform» dürfte kaum auf einem solchen Inhaltskanon zu finden sein. Auch wer Bildung primär funktional von den Bedürfnissen der Gesellschaft oder, allgemeiner, des Lebens ableitet, dürfte ähnlich urteilen. «Ausstattung mit Qualifikationen zur Bewältigung von Lebenssituationen» – nach dieser berühmt-pointierten Definition von Robinsohn (1971, S. 45) hätten die beiden Mädchen Besseres zu tun und zu lernen als solche Theaterkünste. Denn weder wollen sie später Schauspielerinnen werden, noch ist zu erwarten, daß die tragische Geschichte einer Schülerin in der Kaiserzeit irgendeinen anderen Nutzeffekt für ihr späteres Leben haben kann. Zu einem anderen Ergebnis einer solchen «Bildungsprüfung» gelangt, wer Bildung primär formal bestimmt, beispielsweise das Fach Deutsch nicht durch bestimmte Inhalte festlegt, sondern das Lesen von Gedichten und Geschichten und ebenso das Theaterspielen per se für bildend erklärt. Und vor allem jene, die – in der Nachfolge Rousseaus – das Individuum und die Förderung und allseitige Entwicklung seiner Anlagen in den Mittelpunkt ihrer Erziehungsarbeit stellen (oder, mit Humboldt, die Lernanlässe und -prozesse, in denen das Individuum sich die Welt aneignet), werden nicht zögern, die Leistung der beiden Mädchen als ein bedeutendes Bildungserlebnis zu würdigen.

Interessant wäre ein Streit zwischen einem – inzwischen ältlichen – Lehrer der 68er Generation, der seinen Jugendüberzeugungen treu geblieben ist, und einem konservativen Gegenspieler. Für den einen hat das Wort «Bildung» immer noch den Hautgout von repressiver Bürgerlichkeit; er spricht statt dessen lieber von Emanzipation und würde die Aufführung eines solchen Stückes vermutlich begrüßen, weil es zeigt, was Herrschaft ist und den Menschen antut und wie sie funktioniert. Sein Gegenspieler würde ihm vermutlich ein einseitiges, ja verzerrtes Verständnis von «Bildung» vorwerfen und mit eindrucksvollen Beispielen unserer kulturellen Überlieferung zeigen, daß Bildung nie nur und primär Einübung in und Abrichtung auf die bestehenden Verhältnisse war, sondern immer auch die dagegen haltende emanzipatorische Kraft. Angesichts der lebensbedrohenden Probleme unserer Welt, der Gefahr ihrer Zerstörung und damit des Untergangs jeder menschlichen Kultur kann man mit guten Gründen fragen, ob solches Streiten nicht müßig ist, ob man Bildung nicht radikal neu denken müsse. So fordert beispielsweise Ulf Preuss-Lausitz als deren Ziel eine «verbindliche Ethik der Friedensfähigkeit und -erhaltung» (1988, S. 31–35). – Ob die «Mädchen in Uniform» nach diesem Maßstab ein Bildungsgut sind, scheint fraglich. Der Streit darum, was Bildung sei, leisten solle und nach welchen Kriterien sich dies bemessen lasse, hat eine lange, ehrwürdige Tradition. Immer bewegt er sich um das «magische Dreieck» zwischen den Inhalten (wer legt sie fest und nach welchen Kriterien?), dem individuellen Prozeß der Aneignung und der Gesellschaft, ihrer kulturellen Überlieferung und ihren je aktuellen Bedürfnissen. Hier ist nicht der Ort, diese Geschichte auch nur halbwegs adäquat wiederzugeben. Einige Schlaglichter mögen genügen.

Als die Bielefelder Schulprojekte Laborschule und Oberstufen-Kolleg ihren zwanzigsten Geburtstag mit einer großen Tagung feierten, hielt das Publikum während einer Diskussion für einen Moment den Atem an. Soeben hatte Wolfgang Klafki den versammelten Gästen einen Festvortrag gehalten, und nun meldete Hartmut von Hentig sich mit einer kritischen Replik zu Wort. Diese betraf die von Klafki (1985) so genannten und in die Bildungsdiskussion eingeführten Schlüsselprobleme, an denen Lernprozesse sich orientieren sollen. Hentig nannte zwei Einwände dagegen: Erstens sei die Liste der Probleme nahezu beliebig erweiterbar und prinzipiell unabschließbar; zweitens sei nicht einzusehen, warum Bildung sich ausgerechnet an dem orientieren solle, was wir selbst nicht bewältigt hätten und nun der nachfolgenden Generation als lebensbedrohliche Hypothek für die Zukunft weiterzugeben uns anschickten. Wenn die Zuhörer erwartet hatten, die beiden würden diese Kontroverse nun mit der ihnen eigenen Kompetenz und der gebotenen Gründlichkeit austragen, so wurden sie alsbald enttäuscht. Vielmehr wies Klafki in seiner Antwort darauf hin, wie nahe im Grunde beider Vorstellungen von Bildung beieinanderlägen, wie sie insbesondere darin einig seien, daß der falsche Gegensatz zwischen materialer und formaler Bildung überwunden werden müsse. Und in der Tat sind die von Klafki benannten Schlüsselprobleme in der Unterrichtspraxis der beiden Bielefelder Schulen wie in vielen anderen selbstverständlich von zentraler Bedeutung, so wie umgekehrt Klafki natürlich mit Hentig darin einig ist, daß Bildung nicht durch die Anhäufung von Wissen zustande kommen kann, sondern nur durch dessen Aneignung. In der gegenwärtig geführten Diskussion dürfte wohl kaum jemand mehr einer *nur* material definierten Bildung das Wort reden; die explosionsartig sich vermehrende Fülle des Wissens zwingt zu strengerer Beschränkung und genauerer Begründung der Auswahlkriterien denn je. Auch ein *nur* formales Verständnis von Bildung, das die Inhalte als sekundär ansieht gegenüber den an ihnen zu lernenden allgemeinen und übertragbaren Fähigkeiten (im Sinne von Kerschensteiners berühmter Definition, Bildung sei das, was übrigbleibe, wenn man alles Gelernte wieder vergessen habe), kann angesichts der Probleme, die unsere Gesellschaft zu überwältigen drohen, kaum noch vertreten werden. Vielmehr geht es darum, sehr unterschiedliche und jeweils für sich begründbare Erfordernisse und Kriterien zu einem Ganzen, einer stimmigen Balance zu verbinden, indem Bildung nicht primär von anzueignenden Inhalten her bestimmt, sondern zugleich als offener Prozeß in einem sozialen Kontext gefaßt wird. Insofern geht die gegenwärtige Diskussion verstärkt auf Humboldt zurück, dessen Begriff von Bildung sich durch ebendiese Verbindung auszeichnet. Wie unterschiedlich gleichwohl die Akzentuierungen, wie konträr folglich die Positionen sein können, zeigen die zitierten Beispiele. Mit ihrer Denkschrift «Zukunft der Bildung – Schule der Zukunft» hat die nordrhein-westfälische Bildungskommission (1995) ein mögliches Konsensmodell für die bildungspolitische Entwicklung der kommenden Jahre vorgelegt. Darin wird die Bestimmung von Bildung explizit auf Humboldt bezogen: «Wilhelm von Humboldt hat noch immer recht. Für ihn ist der Gebildete derjenige, der ‹soviel Welt als möglich zu ergreifen, und so eng, als er nur kann, mit sich zu verbinden sucht›. Daher verbindet sich der Begriff der Bildung weiterhin mit dem Begriff der Orientierung. Beides gehört zusammen: als Lebensform oder in der Form eines Könnens, das Welt in sich zieht und Welt durch sich selbst ausdrückt.» (Bildungskommission NRW 1995, S. 30 f.) Die den Vorschlägen der Kommission zugrunde gelegte Definition von Bildung kann insofern als eine auf unsere Zeit und ihre Bedürfnisse ausgelegte Weiterführung und Neufassung des Humboldtschen Bildungsbegriffs angesehen werden:

«Bildung soll ... als individueller, aber auf die Gesellschaft bezogener Lern- und Entwicklungsprozeß verstanden werden, in dessen Verlauf die Befähigung erworben wird,

– den Anspruch auf Selbstbestimmung und die Entwicklung eigener Lebens-Sinnbestimmungen zu verwirklichen,
– diesen Anspruch auch für alle Mitmenschen anzuerkennen,
– Mitverantwortung für die Gestaltung der zwischenmenschlichen Beziehungen und der ökonomischen, gesellschaftlichen, politischen und kulturellen Verhältnisse zu übernehmen und
– die eigenen Ansprüche, die Ansprüche der Mitmenschen und die Anforderungen der Gesellschaft in eine vertretbare, den eigenen Möglichkeiten entsprechende Relation zu bringen.» (Ebenda, S. 31)

Mit seinem neuesten Buch «Bildung» (1996a) hat sich Hartmut von Hentig in die aktuelle Diskussion eingeschaltet. Darin wird dem Leser zunächst die Anstrengung zugemutet, sich auf verschiedenen Wegen dem Thema zu nähern, die immer wieder in Aporien enden: bei dem Versuch, Bildung *entweder* von einem vorgefaßten Menschenbild *oder* von den Inhalten und Kulturgütern und ihrem – vermeintlichen oder wirklichen – «Bildungsgehalt» *oder* von den Anforderungen der Gesellschaft und des Lebens in unserer Zeit *oder* vom Individuum und seiner Entwicklung her zu denken. Für Hentig ist gerade dieses Spannungsfeld ihr konstituierendes Merkmal: «Bildung bezeichnet selbst die Spannung zwischen ... tradierten Idealen und aktuellem Kompetenzbedarf, zwischen philosophischer Selbstvergewisserung und praktischer Selbsterhaltung der Gesellschaft. Ich hätte auch – mit Platons großem Gleichnis – sagen können: Bildung ist beides – Aufstieg ans Sonnenlicht und Abstieg in die Höhle. Das eine ist ohne das andere sinnlos und unbekömmlich» (Hentig 1996a, S. 58). Der Autor geht mit den Schulen ins Gericht, die aus Bildung Schulbildung gemacht haben, vor allem mit der unserem mehrgliedrigen Schulsystem zugrundeliegenden Vorstellung, einige Gegenstände eigneten sich (beispielsweise) eher für Hauptschüler, andere für Gymnasiasten; er erinnert an das Faktum, daß *alle* Menschen der Bildung bedürftig und fähig sind. Den Grundsinn von «Bildung» definiert er so: «Formen und (reflexiv) Sich-Formen; die Gestalt, die ein Bildungsgegenstand hinterläßt, ist das Entscheidende, nicht die Prozedur, nicht ihre Dauer und nicht der Gegenstand. Dieser ... ist nicht unwichtig, aber er setzt nicht das Maß» (ebenda S. 61). Diese Konsequenz gestattet zugleich, dem mühsamen Gerangel unterschiedlicher Bildungstheorien und ihrer Begründungen den Rücken zu kehren und dem Nachdenken über Bildung eine produktive Richtung zu geben. Statt alte oder neue Kanons von Inhalten, Tugenden, Werten usw. abzuhandeln, nennt Hentig einfache, an allen Schulen mögliche *Anlässe* für Bildung (Geschichten; das Gespräch; Sprache und Sprachen; Theater; Naturerfahrung; Politik; Arbeit; Feste feiern; Musik; Aufbruch) und ebenso einfache *Maßstäbe*, an denen diese sich bemessen läßt: «Abscheu und Abwehr von Unmenschlichkeit; die Wahrnehmung von Glück; die Fähigkeit und den Willen, sich zu verständigen; ein

Bewußtsein von der Geschichtlichkeit unserer Existenz; Wachheit für letzte Fragen; und – ein doppeltes Kriterium – die Bereitschaft zu Selbstverantwortung und Verantwortung in der *res publica*» (S. 75).

Zurück zu den beiden Mädchen. Welche Gestalt, um mit Hentig zu fragen, hat der Bildungsgegenstand Theater in ihnen hinterlassen? In einem rückblickenden Gespräch reflektieren sie die eigene Rolle, die Art, in der sie sich diese angeeignet haben, und das Ergebnis dieser Arbeit, die mittlerweile zwei Jahre zurückliegt. Für Janina, die strenge Oberin, war die Rolle gerade darum so reizvoll, weil niemand sie ihr zugetraut hätte, ihr, die gemeinhin als besonders schüchtern galt. «*Daß ich auch ganz anders sein kann, so ein richtiger Machtmensch*» – das wollte sie sich selbst und allen anderen zeigen. Für sie öffnet sich der Zugang zu einer Rolle nur über Einfühlung: «*Zuerst sucht man, was man selber mit der Rolle verbindet, was zwischen dir und der Rolle gemeinsam ist, damit man verstehen kann, wie die sich fühlt.*» Janina ist also nicht in eine fremde Haut geschlüpft, sondern sie hat die andere, die Fremde, in sich aufgespürt: «*Manchmal will man auch Macht haben. Es ist reizvoll, das auszuüben. Dann habe ich die gespielt und immer wieder gespielt und geguckt, wie ich das genau betone.*» Was sie, Janina, sonst im Leben denkt und tut und wie sie das Handeln der Oberin bewerten würde, die eine Schülerin in den Tod treibt, hat sie bewußt ausgeblendet: «*Ich fand es nicht grad toll, was ich da gesagt habe. Ich hab versucht, die Rolle zu sein und die anderen zu überzeugen.*» Darum sind es gerade die Extreme, die sie reizen, die in ihr liegenden, noch unentdeckten Möglichkeiten. Das ist ihr anläßlich einer anderen Theateraufführung klargeworden: «*Später war ich mal ein ziemlich lieber Mann, das war nicht so gut. Normale Personen kann ich nicht so gut.*» Daß ein solches Spiel mit den eigenen Möglichkeiten zugleich ein Blick in die Abgründe der eigenen Seele ist, wird ihr im Nachdenken über diese Rolle sehr bewußt: «*Ich könnte auch eine KZ-Aufseherin spielen. Wenn man dann Gemeinsamkeiten zwischen sich und der Person entdeckt, dann denkt man ja: Oh, was bin ich denn für eine!*» Den pädagogischen Grundsatzkonflikt zwischen der Oberin und der Lehrerin faßt sie so zusammen: «*Claudia war dafür, daß sich Kinder von selber entfalten müssen und man sie nicht niederdrücken darf, damit sie selbstbewußte, starke Menschen werden. Ich war dafür, daß das so wie beim Militär ist: Ich hab das Sagen, die anderen müssen das tun, was ich mache. Und da sie von allein nicht wissen, was richtig ist, muß ich es ihnen sagen, daß sie gehorchen.»*

Ganz anders ist Claudia an ihre Rolle herangegangen. Auch sie reizte die Herausforderung: «*Ich mag das gern, längere Texte auswendig zu lernen, zu sehen, wie weit ich damit komme und was ich jetzt schon alles kann.*» Sie ging sehr methodisch vor, nahm die Zwischentexte auf Band auf und ließ Lücken für die eigenen, so daß sie diese zugleich mit den Einsätzen üben konnte. «*Ich hab viel vor dem Spiegel ausprobiert, um zu gucken: was paßt denn jetzt zu der Rolle? Wie kann ich mich dazu bewegen? Wie kann ich dem noch mehr Ausdruck verleihen?*» Im Gegensatz zu Janina hat sie nicht die andere Person in der eigenen Seele gesucht und sich, obwohl sie ja von den beiden Protagonistinnen die viel sympathischere und in dieser gnadenlosen Erwachsenenwelt die einzig Menschliche war, mitnichten mit dieser Figur identifiziert, sie vielmehr kritisch-distanziert gesehen: «*Ihr Verhalten fand ich ziemlich merkwürdig. Ich hätte anders reagiert. Sie war so sentimental. Das war alles so versteckt. Klar ihre Meinung gesagt hat sie erst zum Schluß.*» Für sie bestand der Reiz dieser Arbeit darin, das Fremde verstandesmäßig zu durchdringen und zu gestalten. Sie hat sich in eine sehr fremde Zeit eingedacht («*Das ist ja so in der Zeit der Gouvernanten …, also immer streng und gerade und korrekt*») und so, über den Kopf, auch ihre Rolle erarbeitet: «*Es hat mir superviel Spaß gemacht, weil es was völlig anderes war. Es war eine Herausforderung; es war schwierig zu spielen und dieses rüberzubringen. Die Herausforderung war nicht das viele Auswendiglernen, sondern die Rolle zu dem zu machen, wie ich denke, daß die Rolle ist.*»

Hier liegt, wie man sieht, nicht *ein* Bildungserlebnis vor, sondern zwei sehr verschiedene, die sich aus dem gleichen Anlaß entwickelt haben und die gerade in ihrer Verschiedenheit zeigen, welche Bildungsmöglichkeiten dieser bereitstellt. Was Hartmut von Hentig über das Theater sagt, könnte ein direkter Kommentar zu dieser Aufführung der «Mädchen in Uniform» sein: «Ich behaupte …, daß das Theaterspiel eines der machtvollsten Bildungsmittel ist, die wir haben: ein Mittel, die eigene Person zu überschreiten, ein Mittel der Erkundung von Menschen und Schicksalen und ein Mittel der Gestaltung der so gewonnenen Einsicht ... Ich traue mir die Einrichtung einer alle Bildungsansprüche befriedigenden Schule zu, in der es nur zwei Sparten von Tätigkeiten gibt: Theater und *science*. Es sind die beiden Grundformen, in denen der Mensch sich die Welt aneignet: subjektive Anverwandlung und objektivierende Feststellung» (Hentig 1996a, S. 119f.).

Eine Schule für alle – eine Bildung für alle?

«Die Schulen haben aus Bildung Schulbildung gemacht» – das kritisiert sich leicht und ändert sich schwer. Wie sollen sie denn den vielen unterschiedlichen Individuen je eigene Wege der Erschließung von Welt und entsprechende Möglichkeiten der Entfaltung und Erprobung zugestehen, wenn sie zugleich gehalten sind, vorgeschriebene fachliche Inhalte in einer vorgeschriebenen Zeit in alle Köpfe zu befördern und dies zur Grundlage einer möglichst objektiven Bewertung zu machen? Wenn Bildung *per se* ein subjektiver, ein reflexiver Prozeß ist (sich bilden), wenn folglich, wie das Beispiel zeigt, die gleiche Sache ganz unterschiedliche Zugänge und Bildungserlebnisse ermöglicht, dann kann Bildung nicht verbindlich und genau für alle vorgeplant und schon gar nicht objektiv gemessen werden. Die gegenwärtige Schulentwicklung tendiert dahin, die Schulen aus diesem Dilemma zu erlösen, ihnen mehr Autonomie und Gestaltungsmöglichkeiten zuzugestehen. Im «Haus des Lernens» soll es viele Freiräume für unterschiedliche Bildungsprozesse geben, soll «... so gelernt werden, daß nicht nur vorrangig auf Prüfungen, Abschlüsse und Berechtigungen hingearbeitet wird, sondern das Lernen als eine das Leben insgesamt tragende individuelle und sozial orientierte Befähigung eingeübt und verstanden wird» (Bildungskommission NRW 1995, S. 85). Die Laborschule hat es in dieser Hinsicht aufgrund ihrer besonderen Bedingungen und ihres pädagogischen Profils besonders leicht und besonders schwer. Leicht, weil sie die Freiheit hat, ja gehalten ist, neue Formen des Lebens und Lernens zu erproben und zu entwickeln; schwer, weil sie den Anspruch, eine Schule für alle Kinder zu sein, konsequent einzulösen sich vorgenommen und es folglich mit extremen Unterschieden zu tun hat. Es gehört zu ihrem Selbstverständnis, Leben und Lernen, Erfahrung und Belehrung aufeinander zu beziehen und bewußt miteinander zu verbinden. Als Versuchsschule ist sie – ebenso wie alle Schulen, die so zu arbeiten versuchen – gehalten, überzeugende Konzepte für ein derartiges Lernen zu entwickeln. Im folgenden sei versucht, am Beispiel des klassischen schulischen Hauptfachs «Deutsch» zu zeigen, wie das im Alltag aussehen kann. Die Darstellung folgt zwei leitenden Gesichtspunkten: (1) wie die Laborschule versucht, traditionelle Fachinhalte so zu vermitteln, daß sie ihre bildende Kraft entfalten, zu Bildungsanlässen im Hentigschen Sinn werden können, und (2) wie sie versucht, solches Lernen *allen* Kindern zu ermöglichen. Die Darstellung orientiert sich an einigen der von Hentig genannten Anlässe, die gemäß der traditionellen Fächereinteilung mit einem hohen Anteil in «Deutsch» anzusiedeln wären (Geschichten, Gespräch und Theater), und will damit zugleich die Richtigkeit einer solchen Fächer-Zuordnung der Bildungsgegenstände in Frage stellen.

Theater

Vom Theater war schon die Rede. Selbstverständlich ist das Beispiel der beiden Mädchen nicht repräsentativ für alle Schülerinnen und Schüler; weder wählen alle den Leistungskurs Theater, noch sind alle in der Lage, so wie diese beiden eine Rolle zu erarbeiten und zu reflektieren. Neben dieser Tradition des Theaterspielens in Wahlgruppen gibt es an der Laborschule eine zweite: die des Theaters für alle. Mindestens einmal in ihrer Schulzeit sollen alle Kinder die Erfahrung machen, was es heißt, auf der Bühne zu stehen, und sei es in einer noch so kleinen Rolle. In diesen Theaterprojekten erleben die Kinder, wie aus einer Geschichte, einem Märchen oder auch einem

Unterrichtsgegenstand ein gemeinsames Fest der Darstellung werden kann, in dem nicht nur alle Kinder und Erwachsenen zusammenwirken, sondern auch alle Mittel der Verwandlung der gewohnten Welt in eine wunderbare neue führen: durch Schminke, Kostüme, Requisiten und Bilder, Musik und Tanz, stummes und dialogisches Spiel, Körpersprache und Schauspielkunst (vgl. Lenzen 1990, 1996; Völker 1994; Deterding u.a. in diesem Band). Theater kann in den unterschiedlichen Altersstufen sehr verschiedene Funktionen haben. Es kann ein Medium des Sachunterrichts sein, für Grundschulkinder ebenso wie für Ältere (etwa im Fremdsprachenunterricht), eine literarische Experimentalstation, eine Form der Auseinandersetzung mit den Lebensproblemen unserer Zeit und/oder mit der großen Literatur.

Geschichten

Es gibt in der Laborschule ein Schulfach «Deutsch», aber nur vom 5.–10. Schuljahr und mit nur zwei Wochenstunden. Dahinter steht folgende Logik: Gerade *wegen* ihrer Allgegenwärtigkeit will man Sprache, den Umgang mit ihr und den sprachlich überlieferten Kulturgütern nicht in wenige Wochenstunden stopfen; ursprünglich sollte es darum überhaupt kein «Deutsch» geben. Als sich zeigte, daß die damit verbundene Erwartung, in jedem Unterricht werde der Umgang mit Sprache und Literatur vermittelt, sich nur teilweise bestätigte, wurden die zwei Wochenstunden als Minimum reserviert – nicht, um das Konzept zu ändern, sondern um ihm bessere Bedingungen zu schaffen. Seither sieht die Praxis so aus: In der Eingangsstufe (Jg. 0–2) und in der Stufe II (Jg. 3 und 4) gibt es kein «Deutsch» auf dem Stundenplan. Es ist Aufgabe der Lehrerinnen und Lehrer, den Umgang mit Sprache und Literatur in altersgemäßer Weise in das Leben und Lernen der Gruppe zu integrieren. Geschichten und Gespräch spielen darin eine große Rolle und werden von den Kindern ganz selbstverständlich als Bestandteil des Alltags wahrgenommen. Bei den Kleinen beginnt jeder Morgen mit Vorlesen; das gemeinsame Erleben einer Geschichte stimmt die Kinder in den Tag ein. Bei den Älteren (bis hin zum Jahrgang 6, manchmal auch darüber hinaus) wird diese Tradition in doppelter Weise fortgeführt: durch das gemeinsame Vorlesebuch und die Vorstellung von Büchern, die die Kinder auswählen. Vorab wird festgelegt, wer wann an der Reihe ist, und natürlich gilt diese Aufgabe für alle. Eine reichhaltige Bibliothek mit vielfältigen Angeboten und einem kompetenten Beratungs-Service schafft es, nahezu alle Kinder zum Lesen anzuregen und zu regelmäßigen Nutzern dieser Einrichtung zu machen. Ein Schüler, der vor allem handwerklich-technisch interessiert ist, wird in seiner Gruppe vielleicht ein Sachbuch vorstellen und ein besonders lernschwacher vielleicht nur eine halbe Seite vorlesen. Durch die Wahrnehmung ihrer Unterschiedlichkeit ist den Kindern von Anfang an selbstverständlich, einander zu akzeptieren und die Leistung einzelner als solche anzuerkennen. Sie ist ein Grundgebot im täglichen Umgang miteinander. Die «große» Literatur im Sachunterricht anderer Fächer als Erlebnis- und Erkenntnisquelle zu nutzen bietet sich bei manchen Themen geradezu an. So ist die Geschichte der Griechen natürlich ein Anlaß, daß die Kinder auch deren Vorstellung von der Ordnung der Welt kennenlernen, ihren Glauben, ihre Sagen, insbesondere die großen Geschichten der Ilias und der Odyssee, ihre Kunst, ihre Schrift und einige Wörter ihrer Sprache, und zumindest eine Ahnung davon bekommen, daß und wie dies alles bis in unsere Zeit hineinwirkt. Andere Themen, etwa das Lesen von Balladen und anderen Gedichten, sind Sache des Deutschunterrichts oder, wie beschrieben, des gemeinsamen Lebens.

Es ist ein besonderes Anliegen der Schule, daß es in keinem Fall so etwas wie eine Hierarchie der Inhalte gibt, so daß – überspitzt gesagt – die «Besseren» eine Goethe-Ballade lesen, die anderen derweilen Rechtschreibung üben. In Gegenteil: Das Gedicht und seine Wirkung kann und soll ein gemeinsames Erlebnis sein, das Lernen und Üben der Rechtschreibung hingegen individuell unterschiedlich. Es gehört zu den wiederkehrenden Erfahrungen der Laborschule, daß auch sehr lernschwache Schülerinnen und Schüler mit großem Genuß große Literatur hören oder lesen, wenn daraus nicht ein «Stoff» gemacht wird, der von allen in der gleichen Weise und in vorgegebener Zeit zu «bewältigen» ist. Vielmehr kommt es – gerade in einer Schule mit extrem unterschiedlicher Klientel – darauf an, sehr unterschiedliche Zugänge und Formen des Umgangs mit Texten bereitzustellen. Am Beispiel der Ballade: Es ist eine gute, oft gewählte Möglichkeit, sie «nur» vorzulesen und es dabei bewenden zu lassen. Wenn dem eine vertiefende Beschäftigung mit dem Text folgt, kann für die Kinder das eigene Lesen, der Versuch eines wirkungsvollen Vortrags, der beste Weg des Verstehens sein, gerade wenn ein Gedicht zunächst fremd oder dunkel erscheint. Das gemeinsame Lesen in der Gruppe, der Vergleich unterschiedlicher Auffassungen können Anlaß zu Gespräch und gemeinsamem Nachdenken sein. Unterschiedliche Formen des Arbeitens am Text können sich anschließen. Etwa: Man entwickelt ein System von Markierungen (für Betonungen, Pausen usw.), die das Lesen leiten und erleichtern. Oder: Mehrere Gedichte werden nacheinander gelesen und nach Wahl der Schülerinnen und Schüler an einzelne oder Kleingruppen verteilt, die die Aufgabe haben, sie später vorzutragen. Daraus kann sich ein gemeinsames Projekt entwickeln, etwa die Herstellung einer Literaturkassette, die zu Weihnachten verschenkt oder auf dem Basar verkauft werden soll. Oder: Die gesammelten Gedichte werden gebunden und illustriert, so daß am Ende alle ihr eigenes Buch haben. Oder: Die Texte werden Anlaß zu eigenen Gestaltungsversuchen – sprachlichen, musikalischen, künstlerischen; sie können beispielsweise mit verteilten Rollen gelesen und/oder musikalisch unterlegt, zu einem Hörspiel umgearbeitet oder in Bilder umgesetzt werden. Oder: Im Gespräch über den Text entwickeln sich Fragen, die zu weiterem Nachdenken anregen; diese können ein Anlaß zur weiteren Beschäftigung mit einem Autor oder zur Vermittlung einfacher Techniken der Textanalyse und Interpretation sein. Im Sachunterricht können literarische Texte in ähnlich unterschiedlicher Weise als Quellen genutzt und mit anderen Darstellungsformen verbunden werden. Am Beispiel der Griechen: Die Kinder lesen einzeln oder in Kleingruppen griechische Sagen und stellen sie dann in der Gesamtgruppe einander vor. Ebenso können beispielsweise die Abenteuer des Odysseus zum gemeinsamen Erzählerlebnis werden. Parallel dazu arbeiten sie an unterschiedlichen Referaten, präsentieren die Ergebnisse ihrer Arbeit vielleicht in Wandzeitungen oder illustrieren Szenen aus dem

Trojanischen Krieg in einem gemeinsamen Wandgemälde, stellen Abbildungen der Götter und Göttinnen zusammen und berichten einander über deren besonderen Charakter, und die ganze Zeit über begleitet ein Vorlesebuch über die Erlebnisse eines Olympia-Kämpfers die Arbeit der Gruppe.

In ganz anderer Weise können Geschichten Bestandteil, ja Mittelpunkt des gemeinsamen Lebens – insbesondere der jüngeren Kinder – sein, wenn diese selbst zu Autorinnen und Autoren werden. Es gibt in der Laborschule eine über Jahre entwickelte, gefestigte und mehrfach beschriebene Tradition eines solchen Unterrichts. Wie Kinder über das Hören von Geschichten zum eigenen Schreiben kommen, was dies in ihnen freisetzt, welche Gespräche und Prozesse sich daraus in der Gruppe entwickeln können und wie aus diesem so ganz «unschulischen» Unterricht ein hohes Maß an Sensibilität für Sprache, Literatur und ihre Wirkungen erwachsen kann, zeigen beispielsweise Wiltrud Döpp (1988) und Heide Bambach (1995 a). Hier ist der Umgang mit Geschichten nicht, wie gemeinhin üblich, ein rezeptiver Vorgang, sondern umgekehrt ein Freisetzen subjektiver kreativer Kräfte. Heide Bambachs Buch zeige, so Hans Brügelmann in seinem Vorwort, «wie aus und um Literatur Leben und Lernen in der Schule wachsen ... Eine Methode läßt sich daraus nicht entwickeln. Es geht vielmehr um eine Haltung gegenüber Kindern (und Büchern), die ernst nimmt, was die Kinder selbst empfinden und denken, wenn sie Geschichten lesen und darüber sprechen» (Brügelmann 1994, S. 10). In den oberen Jahrgängen wird diese Tradition wiederaufgenommen und weitergeführt in Form eines Wahlangebots, eines sogenannten Leistungskurses Deutsch, in dem freies Schreiben und ein vorwiegend experimenteller Umgang mit literarischen Formen und Vorbildern im Mittelpunkt der gemeinsamen Arbeit stehen. Ebenso wie für die Kleinen ist auch für diese Jugendlichen das Schreiben nicht primär ein einsamer Vorgang, sondern auch und vor allem ein sozialer Prozeß: Die Rückmeldung der Gruppe, ihre Kritik und ihre Anregungen sind vermutlich ein ungleich wirkungsvolleres Mittel der «Spracherziehung» als die Vorstellungen und Korrekturen von Erwachsenen. Und die öffentliche Präsentation der Ergebnisse – regelmäßig veranstaltet der Leistungskurs Deutsch Lesungen oder Ausstellungen oder läßt die Gedichte und Geschichten der Schülerinnen und Schüler drucken und binden – ist ein Ansporn, den eigenen Text so gut wie möglich zu gestalten.

Gespräch

Daß das Gespräch in solchen Prozessen eine herausragende Rolle spielt, versteht sich von selbst. An der Laborschule wird ihm bewußt viel Zeit eingeräumt. Jeder Montag beginnt mit einer Betreuungsstunde, die der Gruppe für eigene Angelegenheiten zur Verfügung steht. Da das aber bei weitem nicht ausreicht, gibt es darüber hinaus von der Eingangsstufe bis zum Jahrgang 10 die Tradition der Versammlung, die – je nach Bedarf – zu unterschiedlichen Zeiten stattfinden kann. Bei den Jüngeren ist sie ein fester Bestandteil eines normalen Schultags. Hier werden Geschichten vorgelesen und besprochen, Erlebnisse erzählt, Konflikte ausgetragen, hier wird Streit geschlichtet und Frieden gestiftet, hier entwickelt sich – wenn überhaupt ein «Ort» dafür ausgemacht werden kann – eine Gruppe zu sich selbst. Vom Gelingen dieser Tradition hängt das Klima in einer Gruppe wesentlich ab, ihr soziales Gefüge und somit auch die Qualität der Beziehungen zwischen den Kindern und zwischen der Gruppe und ihren Erwachsenen. Diese Versammlungen werden von den Kindern nicht als Unterricht, sondern als *ihre* Zeit wahrgenommen. Gerade darum sind sie sprachpädagogisch bedeutsamer, als jeder Deutschunterricht es sein könnte: Die Art, wie man miteinander redet, bestimmt die Art des Umgangs miteinander. Denn es ist für eine Gruppe im Wortsinn lebenswichtig, daß alle gemeinsam eine Gesprächskultur entwickeln und einhalten, in der jeder zu seinem Recht kommt und in der sich alle wohl fühlen. Für einen gelungenen Unterricht im oben geschilderten Sinne ist das Gespräch ebenso «lebenswichtig». Beispielsweise müssen Geschichten ihre «bildende» Kraft entfalten können. Hier ist nicht das «gelenkte Unterrichtsgespräch» gemeint, in dem am Ende herauskommen soll, was der Deutschlehrer in seiner Vorbereitung als Lernziel festgelegt hat. Wer Unterricht so versteht, dürfte es an dieser Schule schwerhaben

– nicht nur wegen der enormen Unterschiede innerhalb der Gruppen, sondern auch wegen der in der Versammlungstradition gewachsenen Selbstverständlichkeit, mit der die Schülerinnen und Schüler das gemeinsame Gespräch als *ihre* Sache empfinden.

Gibt es eine Didaktik des Sich-Bildens?

Die Frage gibt den erwähnten Grund-Widerspruch wieder: Unsere Schulen sind ihrem Wesen nach belehrend, und Bildung ist ein reflexiver Vorgang. Wie geht das zusammen? Die Antwort kann nur ein Unterricht sein, der anders angelegt ist als der herkömmliche. Er muß davon ausgehen, daß unterschiedliche Menschen sich die Welt auf sehr unterschiedliche Weise aneignen können und daß dies gleichwohl an gemeinsamen Anlässen geschehen kann. Die Erfahrungen von der zunehmend größer werdenden Unterschiedlichkeit der Schüler läßt dies mehr oder weniger zum Anliegen aller Schulen werden. Wir brauchen eine *«Didaktik der Vielfalt»*, die die von Annedore Prengel (1995) so genannte «Pädagogik der Vielfalt» in Unterrichtskonzepte zu «übersetzen» gestattet, und einen, mit Wolfgang Schulz gesprochen, «Mut zur Bildung»: «Wir vermissen die Bildung in den Bildungsanstalten» (Schulz 1988, S. 9f.). Wir brauchen ein verändertes *Verständnis von Bildung im Fachunterricht* und durch ihn im Sinne von Ursula Baltz-Otto: «Bildung ist nicht eine fixierte Größe, kein feststehendes Ziel, sondern ein prozeßhafter Vorgang. Darum ist nicht vorher festlegbar, was beim Prozeß herauskommen muß, sondern diskutierbar ist allein, wodurch der Prozeß in Gang kommt und wohin der zielt» (1988, S. 20). Und wir brauchen ein *verändertes Verständnis von der Aufgabe der Lehrerinnen und Lehrer*; sie muß sich konzentrieren auf: «Ermutigung zu selbstverantwortlichem Sich-Bilden, ... auf die Methodik des respektvollen Dialogs, auf die selbstbewußte Interpretation des Fachstudiums im Dienste der Menschenbildung» (Schulz 1988, S. 9).

Die folgenden sechs Thesen sind der Versuch, auf der Grundlage des geschilderten Beispiels die wichtigsten Erfahrungen in Form verallgemeinernder Prinzipien zusammenzufassen, die die Laborschule mit ihrer bisher entwickelten Unterrichtskultur zu diesem Diskurs beisteuern kann:

1. Vieles von dem, was Unterricht in Belehrung verwandelt, kann dem Leben in der Schule zurückgegeben werden. Umgang mit Sprache und Literatur kann an dieser Schule gerade darum wesentlicher und «selbstverständlicher» Bestandteil des Alltags sein, weil der formalisierte Deutschunterricht sich auf ein Minimum zurücknimmt.
2. Das Leben in der Schule kann und soll in diesem Sinne auf Bildung angelegt sein: auf gemeinsames Gespräch, gemeinsames Entscheiden und Handeln, auf gemeinsames Erleben und Gestalten, das dem einzelnen genügend Freiraum läßt, um die eigene Rolle darin zu finden, zu erproben und zu gestalten.
3. Die Gegenstände des Lernens können ihre Bildungswirkung um so besser entfalten, je mehr sie vom Individuum in sinnvollen, für das eigene Leben bedeutungsvollen Zusammenhängen erlebt werden. Die Überwindung der Fächergrenzen, am Beispiel Deutsch die Integration in den Sachunterricht, ist ein Mittel dazu. Ein weiteres ist die Projektmethode, die gemeinsames Gestalten an die Stelle von Belehrung setzt.
4. Es ist möglich, die Fachsystematik auf ein notwendiges Minimum zu reduzieren, das von allen Schülerinnen und Schülern verstanden wird. Verstehen ist ein aktiver, subjektiver Prozeß der Aneignung, der sich in sehr unterschiedlichen Formen vollzieht. Ein Unterricht, der auf Bildung im Sinne von Sich-Bilden setzt, muß darum unterschiedliche Lernwege und Zugänge eröffnen. Dies erfordert, daß die Fachlehrerinnen und -lehrer sich in ihrer Rolle zurücknehmen, diese nicht primär aus dem Vermitteln von Inhalten, sondern aus dem Arrangieren von Lernsituationen und der individuellen Förderung ableiten.
5. Das Gelingen von Bildung als individueller und sozialer Prozeß ist wesentlich von den Bedingungen abhängig, unter denen er sich vollzieht, von einem ruhigen, entspannten Lernklima, in dem jedes einzelne Kind zuversichtlich seinen Weg gehen, seine

Möglichkeiten erproben, sich als «besonders» erleben und auf die Achtung der anderen zählen kann. Zeit- und Konkurrenzdruck sind dafür kontraproduktiv, normierende Zensurenzeugnisse ebenso.

6. Orientierung in der Welt gewinnt man nicht durch Belehrung über ihre Phänomene und ihr Wesen, sondern dadurch, daß man sie, wie Humboldt sagt, «ergreifen und mit sich zu verbinden sucht». Der heranwachsende Mensch lernt, *sich* zu orientieren, in dem Maße, wie er *sich* bildet.

Es wäre nun vermessen, zu behaupten, daß Unterricht an der Laborschule immer und in allen Fächern so wäre. Vielmehr dürfte die Aufgabe, eine solche Didaktik, die eine möglichst große Vielfalt und die Individualität von Aneignungsprozessen von der Fachsystematik abzuleiten und mit ihr zu verknüpfen weiß, eine Entwicklungsaufgabe für die kommenden Jahrzehnte darstellen – vielleicht die wichtigste und schwierigste überhaupt.

Die Beispiele in diesem Buch zeigen, wie die Laborschule gemäß ihrem Auftrag Entwicklungsarbeit leistet und damit zugleich Impulse für die generelle Schulentwicklung zu geben versucht. Sie sollen jedoch, wie gesagt, nicht darüber hinwegtäuschen, wieviel in Richtung auf eine Didaktik des Sich-Bildens noch zu leisten ist. Dazu noch einmal die beiden Mädchen. Gefragt nach Lernerlebnissen ähnlich dem des Theaterspielens, also Situationen, in denen ein Lerngegenstand zur eigenen, selbst erarbeiteten und angeeigneten Sache wird, differenzieren sie sehr genau zwischen Belehrung und selbsttätigem Lernen – als hätten sie soeben Hentig gelesen – und gehen dabei, vermutlich unbewußt, mit ihrer Schule kritisch ins Gericht. Claudia, die hervorragend Englisch spricht, schätzt dieses Fach nicht sonderlich: «*Da ist alles vorgegeben: Ihr müßt das Buch lesen, ihr müßt eine Inhaltsangabe dazu schreiben. Das ist wieder so eine Art Zwang. Dann macht man das nicht so gern.*» Und Janina, deren Theaterspiel eine so herausragende sprachliche Leistung war, urteilt über den Deutschunterricht, sie habe viel zuviel schreiben müssen und es sei allzuoft um «richtige Antworten» gegangen. «*Ich denke, wenn wir Bücher gelesen hätten und uns darüber unterhalten und unsere eigene Meinung dazu gesagt hätten, fände ich das auch besser.*« Paradoxes Ergebnis eines «entschulten» Unterrichts:

Das Theaterspiel und die vielfältigen Formen des Umgangs mit Sprache und Literatur werden von Janina – ganz im Sinne der Schule – nicht als solcher wahrgenommen. Sie identifiziert «Deutsch» mit Übung und spiegelt damit der Schule die Problematik eines Unterrichts wider, der, insbesondere unter dem Druck bevorstehender Abschlüsse und entsprechender Anforderungen, auf kompakte Wissensvermittlung setzt und damit in Verschulung umzukippen droht. Wie sehr dies zugleich das Problem aller Schulen ist, zeigt eine Äußerung von Claudia, die jetzt eine gymnasiale Oberstufe besucht. Gefragt nach Beispielen selbsttätigen Lernens aus ihrem derzeitigen Unterricht, antwortet sie mit einem verräterischen Versprecher: *«In meiner jetzigen Schule gibt es das eigentlich nicht, weil wir da strikt an unserem Stoff vorbei arbeiten.»*

Zum Glück gibt es natürlich, hier wie an allen Schulen, auch Gegenbeispiele. Für die beiden Mädchen sind es Kunst, Naturwissenschaft, Sport ... Vor allem aber heben sie die vielen Möglichkeiten nicht-fachlichen Lernens hervor, die die Schule ihnen geboten hat: die Projekte, die Praktika, die Reisen. (Janina: *«Bei Klassenfahrten habe ich mich immer ziemlich verändert. Da war ich von zu Hause weg und mußte mich allein durchfinden. Da hab ich immer viel gelernt über mich selbst.»*) Ein besonders gutes Beispiel selbsttätigen Lernens sind für die beiden Mädchen die Semesterarbeiten. Claudia: *«Da setzt man sich ein Thema, und dann guckt man: Wie pack ich das an? Wie gestalte ich das? Und hinterher kann man sehen, was man so alles geschafft hat. Das ist ein sehr gutes Gefühl.»* Für Janina war ihre Jahresarbeit zum Thema «Schule im Dritten Reich» mit einem Bildungserlebnis eigener Art verbunden, denn plötzlich erschlossen sich ihr bisher ungeahnte Zusammenhänge: *«Das war in der Zeit, als ich die Oberin gespielt habe. Und da habe ich so richtig gemerkt: Das war zwar noch vor der Zeit, diese Schule, aber daß da Parallelen waren – mit ‹Zucht und Ordnung› und ‹Wer nicht gehorcht, kann nicht befehlen›.»* Vielleicht wird in Janinas späterem Leben diese Erkenntnis ein Maßstab im Sinne von Hentigs sein: «Abscheu und Abwehr von Unmenschlichkeit». Vielleicht werden Menschen in dem Maße sensibel gegenüber Unmenschlichem, wenn sie es bewußt wahrzunehmen gelernt haben, auch und gerade in der eigenen Seele. Und in ähnlicher Weise dürfte dies für die übrigen Maßstäbe gelten: Verständigung, Verantwortung beispielsweise entwickeln sich in der Schule in dem Maße, wie sie dort gelebt und erfahren werden. Wenn Bildung wesentlich in solcher Art der Aneignung besteht, verfehlt ein Unterricht sie, der primär auf die Anhäufung von Wissen setzt. Umgekehrt sollte die Aufgabe, aus dieser Tatsache die Konsequenzen zu ziehen, der schulischen Entwicklungsarbeit für lange Zeit die Richtung weisen.

Susanne Thurn

Lernen, Leistung, Zeugnisse – eine Schule (fast) ohne Noten

«Ich vergleiche nie ein Kind mit einem anderen, sondern immer nur mit ihm selber» heißt der hohe Anspruch, den Pestalozzi bereits 1790 an sich stellt – und an diejenigen, die sich aufgemacht haben, eine Schule (fast) ohne Noten zu erproben. In der Laborschule wachsen Kinder und Jugendliche ohne Noten auf – wie sieht das aus? Was wird ihnen damit angetan? fragen die Kritiker, die überzeugt davon sind: «Ohne Noten geht es nicht!» Geht es denn mit Noten? Bereiten sie besser auf eine Zukunft vor, die neue und andere Fähigkeiten von denjenigen erwartet, die sie zu gestalten haben werden? Es geht auch ohne Noten: Die Erfahrungen und Einsichten der Laborschule können vielleicht reformwilligen Pädagoginnen und Pädagogen Anregungen geben und Mut machen.

Aufwachsen ohne Noten

Sophia wurde in die Laborschule aufgenommen, als sie fünf Jahre alt war. Nach ihrem ersten Schuljahr erhält sie von ihrer Lehrerin einen ausführlichen Brief, der ihr und ihren Eltern spiegelt, was sie in diesem ersten Jahr zusammen mit und in ihrer Gruppe erlebt hat, welche gemeinsamen Unternehmungen es gab, welche Höhepunkte wie Ausflüge und Feste, welche besonderen Unterrichtsvorhaben und welche alltäglichen Rituale das Jahr bestimmten. Dieser erste Brief an sie beschreibt vor allem, wie Sophia mit den neuen sozialen Herausforderungen fertig geworden ist, wie sie sich in die Schule und die Gruppe eingefunden hat, wie ihr der Übergang von der Familie und vielleicht dem Kindergarten in die jahrgangsübergreifende Gruppe der Eingangsstufe gelungen ist. In den kommenden beiden Jahren der Eingangsstufe erweitert sich der Brief ihrer Lehrerin an sie in dem Maße, in dem auch die Herausforderungen an sie wachsen. Hat Sophia gelernt, auf andere Rücksicht zu nehmen, ohne sich zu verstellen? Kann sie anderen helfen, ohne dabei Überlegenheit auszuspielen? Kann sie sich helfen lassen, vielleicht sogar von einem jüngeren Kind, das etwas kann, was sie noch lernen möchte? Wird sie damit fertig, daß andere so ganz anders sind als sie: anders aussehen, anders spielen, toben, sprechen, nachdenken, schreiben? Ist sie in der Lage, mit anderen Kindern zusammenzuarbeiten, Erfolge gemeinsam zu genießen, Mißerfolge gemeinsam zu ertragen? Die Lernangebote, Arbeitsvorhaben, Projektthemen spielen eine zunehmende Rolle: Wie liest, rechnet, schreibt, zeichnet, mißt, beobachtet und notiert Sophia, wie versorgt sie die Tiere, wie räumt sie auf, ordnet sie ihre Materialien – und wie weiß sie mit ihrem Körper umzugehen? Nicht nur die Wahrnehmungen ihrer Lehrerin spielen in diesen Berichten eine Rolle, auch die Erzieherin, bei der Sophia den Nachmittag verbringt, kommt zu Wort. Bei allem aber, was der Brief anspricht, ist sie selber der Maßstab, an dem ihr das vergangene Jahr in der Schule gespiegelt wird – sie selber und ihr Vermögen, nicht eine vorgestellte Norm.

Nach drei Jahren verläßt Sophia die altersgemischte Gruppe der Eingangsstufe und geht in ihr 3. Schuljahr über, kommt damit in die Gruppe, mit der sie nun bis zum Ende ihrer Schulzeit ohne jegliche äußere Leistungsdifferenzierung zusammenbleiben wird. Der Kreis der Erwachsenen, mit denen sie umgeht, erweitert sich. Fachunterricht – beispielsweise Englisch im Frühbeginn, Holzarbeiten in der Werkstatt oder Sport – kommt zu dem Unterricht bei ihrer Betreuungslehrerin hinzu, mit der sie den überwiegenden Teil ihres Schultages verbringt. Als besonders wichtig für die Entwicklung ihrer Persönlichkeit, ihrer Lernprozesse und ihres Wohlbefindens schätzen ihre Lehrerinnen und Lehrer das Zusammenwachsen ihrer neuen Stammgruppe ein, die sich aus Kindern unterschiedlicher Gruppen der Eingangsstufe zusammensetzt. Die Briefe, die sie darüber an alle Kinder der Gruppe gleichlautend schreiben, «wollen verstärken, was stärkenswert ist, sie wollen bekräftigen, was kräftiger werden soll, sie wollen abwenden, was Zusammenhalt und Arbeitsfähigkeit der Gruppe behindert» (Bambach 1996, S. 8 – dort sind zwei dieser Briefe an die Gruppe Violett abgedruckt). Erst dann richtet sich der Brief an Sophia und zeichnet ihre individuelle Entwicklung auf. Wenn er besonders gut gelingt, ist er ein «Kinderportrait», ein Versuch, «dem Kind ein Bild von sich selbst zu zeichnen, worin es sich wiedererkennt» (Bambach 1994, S. 13 – in diesem Buch finden sich eingebettet in beschreibende Geschichten Kinderportraits von sechs Kindern einer Gruppe in ihrer Entwicklung über zwei Jahre hinweg). Da Sophia auf ihrem Weg aber nicht nur von ihrer Betreuungslehrerin begleitet wird, sondern auch von weiteren Erwachsenen, werden deren Berichte eingearbeitet oder angehängt. Wie in der Eingangsstufe gehen die Berichte auch jetzt besonders auf Sophias soziale Kompetenzen ein, ihr Arbeitsverhalten spielt jedoch eine zunehmend größer werdende Rolle: Dazu gehört ihr Umgang mit ihren Leistungsmöglichkeiten und natürlich auch, wie sie mit gemeinsamen Vereinbarungen im Alltag umgeht. Während ihres 3. und ihres 4. Schuljahres bekommt sie nur am Ende des Schuljahres «Berichte zum Lernvorgang», zum Halbjahr werden sie durch ausführliche Gespräche mit ihren Eltern ersetzt. Ab dem 5. Schuljahr bekommt Sophia jedes halbe Jahr eine Sammlung von Berichten. Alle ihre Lehrerinnen und Lehrer schreiben für jeden Erfahrungsbereich und jeden Kurs zuerst eine Zusammenfassung dessen, was im vergangenen Halbjahr an Themen und Inhalten bearbeitet wurde und was an Fähigkeiten, Methoden und neuen Fertigkeiten gelernt werden konnte. Diese Beschreibung des Unterrichts lautet wieder für alle Lernenden der Gruppe gleich; ihr eigenes Lernverhalten wird Sophia dann auf drei Ebenen zurückgemeldet – in Hinblick auf ihr individuelles Lernvermögen, ihre Gruppe und die Sache (v. d. Groeben 1993 b). Wie ist Sophia mit den Herausforderungen umgegangen, wie hat sie die Lernprozesse in der Gruppe erlebt und mitgestaltet, wie angemessen hat sie die Sache für sich bearbeitet und bewältigt, welche sozialen und fachlichen Kompetenzen hat sie erworben oder auch: Auf den Erwerb welcher sozialen und fachlichen Kompetenzen hat sie ohne Not verzichtet, und wie kann sie sich dabei helfen oder helfen lassen, sie doch noch zu erwerben? Wieder ist sie selber der Maßstab, an dem sie gemessen wird – und nicht ein imaginierter Durchschnittsschüler ihres Alters. Sophias Mitschüler, der mühelos ein Einsergymnasiast sein könnte, kann z. B. kritische Berichte erhalten, die ihm spiegeln: Du kannst so viel mehr, als du zu leisten bereit warst! Und ein anderer Mitschüler Sophias, der sich stets bis zur Grenze seines Könnens anstrengt und dabei beachtliche Erfolge erzielt, die ihm jedoch keinesfalls mehr als ein Gnaden-Ausreichend garantieren würden, erhält Berichte, die ihm den großen Lernfortschritt aufzeigen und die ihm sagen: Deine Anstrengungen haben sich gelohnt, mach weiter so, du bist auf dem richtigen Weg, gemeinsam werden wir es schaffen! (Ein Beispiel, bestehend aus einer «Beschreibung des Unterrichts» und einem vollständigen Lernentwicklungsbericht, ist bei Thurn 1996 abgedruckt; weitere Beispiele finden sich bei von Hentig 1983, v. d. Groeben 1993 b und v. d. Groeben/Lenzen 1997.)

Je älter Sophia wird, um so intensiver setzen sich die Berichte mit ihrem *Arbeitsverhalten* auseinander – offenbar sehen ihre Lehrerinnen und Lehrer die damit verbundenen Kompetenzen wie Anstrengungsbereitschaft, Ausdauer, Konzentrationsfähigkeit, Selbständigkeit, Sorgfalt, Pflichtbewußtsein, Mitarbeit, Interesse, Aufmerksamkeit und Sachangemessenheit als wichtige Voraussetzungen für den Erwerb spezieller fachlicher Kompetenzen an. Durchgängig spielt das *Sozialverhalten*, definiert als Hilfsbereitschaft, Rücksichtnahme, Einfühlungsvermögen, Kompromißbereitschaft, Toleranz, Konfliktverhalten, Kooperations- und Interaktionsfähigkeit, Integrationsfähigkeit, Verantwortungsbewußtsein, Disziplin und Selbstbewußtsein in den Berichten weiterhin eine große, aber im Vergleich zu den ersten Schuljahren eine geringere Rolle. Daneben beschreiben die Berichte *spezielle fachliche Kompetenzen* und gehen auf den Umgang mit *institutionellen Normen* ein. (Die genannten vier Dimensionen der Analyse hat Lübke [1996] ihrer umfangreichen empirischen Studie zu den Berichten zum Lernvorgang an der Laborschule zugrunde gelegt.) Auch in den Stufen III und IV erhält Sophia zu den Einzelberichten einen Bericht ihrer Betreuungslehrerin, in dem die Gespräche aller Lehrerinnen und Lehrer zur Gruppe und zu Sophia zusammengefaßt werden.

Erst in ihrem 9. Schuljahr an der Laborschule erhält sie dann ein

Notenzeugnis (vgl. Heuser 1991; Lütgert 1992a). Zu diesem Zeitpunkt muß sich auch die Laborschule in das Berechtigungssystem dieser Gesellschaft eingliedern. Ist dies nun der reichlich verspätete Abschied von der Insel der Glückseligen – und damit für Sophia ein Schock? Wenn alles gut gelaufen ist, nicht. Dann weiß Sophia bei einem «ausreichend» auch dann, wenn ihre Berichte vor allem lobend, ermutigend und fördernd abgefaßt waren, daß ihr Lernweg mühsam und schwer war und daß Freundinnen weitaus leichter mit den Anforderungen der Schule fertig wurden als sie. Aber über wichtige Entwicklungsjahre hinweg wurde sie als Person gestärkt, wurden ihre Fortschritte wahrgenommen, war das, was sie konnte, wichtig – war sie wichtig. Und so ist ihr Selbstbewußtsein zu diesem Zeitpunkt, an dem sie die schwierigste Phase ihrer Pubertät hinter sich hat, ausreichend gestärkt, sich dem Vergleich – und dem relativen Mißerfolg – zu stellen. Nun ist sie eben in manchen schulischen Bereichen nicht erfolgreich, aber deshalb mußte sie sich nicht zugleich über Jahre hinweg als Person minderwertig fühlen. Nach der empirischen Studie von Karin Kleinespel können Laborschülerinnen und Laborschüler – in deutlichem Unterschied zu Jugendlichen aus Vergleichsgruppen – ihren Selbstwert unabhängiger von ihren Schulleistungen bestimmen und sind damit für ihr Leben gestärkt (1990, S. 100). Zu ihrem ersten Zeugnis erhält Sophia weiterhin ihre Berichte zum Lernvorgang, die die Noten interpretieren können. Am Ende des 10. Schuljahres bekommt sie, zusammen mit dem Abschlußzeugnis, einen Bericht ihrer Betreuungslehrerin oder ihres Betreuungslehrers, der Sophias Entwicklung und ihren Lernweg in der Laborschule zusammenfaßt. Er kann beinhalten, welche besonderen Begabungen, Fähigkeiten, Interessen und Neigungen Sophia auf den unterschiedlichen Gebieten hat und wie sie diese weiterentwikkelte, beispielsweise durch die von ihr gewählten Kurse, die zusammengenommen ihr eigenes Lernprofil ausmachen. Er kann enthalten, welche besonderen Leistungen, Tätigkeiten und Produkte sie vorzuweisen hat – von ihren Semesterarbeiten bis hin zu Auftritten in Theaterstücken, von ihren Austauschfahrten in andere europäische Länder bis hin zur Leitung eigener Lerngruppen als Tutorin, von der Übernahme politischer Verantwortung in Mitbestimmungsgremien bis hin zur Organisation von Projekten und Festen.

Er zeigt auf, welche Berechtigungen sie erworben hat – vom Latinum über den Mofaführerschein, vom goldenen Schwimmabzeichen bis hin zu einem Maschinenschein der Werkstatt. Wenn sie mag, kann sie ihren Bericht ihren Bewerbungen als Ergänzung zum Abschlußzeugnis beifügen, obwohl er dafür nicht geschrieben wurde. Sicherlich zeichnet er ein sehr viel umfassenderes Bild von ihr als das Notenzeugnis. Aber bis Sophia ihre Schule verläßt – und oft noch darüber hinaus –, werden ihre Eltern, ihre Lehrerinnen und Lehrer und natürlich sie selber immer wieder mit kritischen Nachfragen konfrontiert worden sein.

«Ohne Noten geht es nicht!»

Die Kritiker (u.a. Schröter 1981, Steinthal 1983, Giesecke 1996) halten die Art und Weise, wie Sophia in der Schule aufwächst, für bedenklich, ja grundsätzlich falsch, und sie begründen ihre Einwände etwa so: Seit es Schule gibt, wird in ihr gelernt, werden die Ergebnisse des Lernens kontrolliert und an die Lernenden zurückgemeldet – möglichst ohne Ansehen der Person, der Herkunft, der Rasse, des Geschlechts und so gerecht wie möglich. Praktikablerweise geschieht dies in numerischer Form, in «Noten» also. Sind die Ausgangsbedingungen für alle Lernenden gleich, so sind es auch ihre Chancen für gute Leistungen und entsprechende Erfolgserlebnisse. Da es Menschen nun einmal eigen ist, sich miteinander zu vergleichen, ist der daraus entstehende Wettbewerb Ansporn für weitere, bessere Leistungen und erzeugt erhöhte Bereitschaft, diese zu erreichen. Darauf ist eine Gesellschaft angewiesen, die aus der Konkurrenz vieler miteinander den größtmöglichen Nutzen für alle ziehen will. Die gesellschaftliche Funktion von Schule ist dabei, die Chancen für dauerhaften Erfolg gerecht zu verteilen, allen ihr anvertrauten Schülerinnen und Schülern gleichermaßen die Möglichkeiten zu geben, den ihnen höchstmöglichen Ausbildungsabschluß zu erreichen. Neben den mitgebrachten individuellen und gesellschaftlichen Voraussetzungen spielt die Bereitschaft, sich den vorgefundenen Bedingungen gemäß einzugliedern, anzupassen und sich anzustrengen, eine große Rolle. Beides gilt es zu erkennen, zu fördern und der Gesellschaft nutzbar zu machen, denn diese Gesellschaft ist auf die Ausschöpfung ihrer «Humanressourcen» dringend angewiesen. Die *Eltern* sind für die Vorbereitung, Begleitung und Überwachung der zu erbringenden Anstrengungen verantwortlich. Die *Schule* hat für die optimale Vermittlung des notwendigen Wissens und der zu erwerbenden Fertigkeiten und Fähigkeiten zu sorgen. Weitere ihr zugeschriebene Funktionen überläßt sie sinnvollerweise anderen Institutionen, die qualitativ besser dafür gerüstet sind, nicht gelungene Sozialisationsprozesse aufzufangen und möglichst zu korrigieren, damit nicht die Beeinträchtigungen des Lebens und Lernens einzelner das Fortkommen vieler behindern. Der *Lehrer* ist mit der Beherrschung seiner Fachinhalte und dem Versuch, in seinen Fächern den neuesten Stand der Forschung wenigstens noch ansatzweise wahrzunehmen, mehr als ausgelastet. Darüber hinaus wird ihm schließlich noch abverlangt, seinen Stoff so auszuwählen und zu vermitteln, daß er von möglichst vielen Schülern optimal rezipiert werden kann. Ein Psychologe und Sozialarbeiter, ein Erziehungsberater und vielleicht sogar noch Freizeitentertainer kann er darüber hinaus nicht auch noch sein wollen oder müssen, ohne sich grenzenlos zu überfordern und seine Kompetenzen zu überschreiten. Unserer Gesellschaft kann nicht damit gedient sein, daß der Unterricht durch maßlos überzogene Ansprüche an unsere Lehrer schlechter wird, sie auf Dauer nicht mehr genügend Stoff auf höchstem Niveau vermitteln können und somit unsere Kinder in dieser Welt zukünftig nicht mehr konkurrenzfähig sind. Vernünftigerweise wird in einem gestuften System von Schule unterrichtet, und vernünftigerweise werden die zu erbringenden Leistungen offengelegt, geprüft und zensiert, so gerecht und so objektiv, wie dies eben möglich ist, gegebenenfalls in zentralen Prüfungen unter Ausschluß der Beziehungsstrukturen zwischen Lehrern und Schülern. Außerdem wollen die Schüler selbst Noten und den Vergleich: als Anreiz, sich der Mühen des Lernens überhaupt zu unterziehen. Eltern wollen das Beste für ihr Kind, und das ist nun einmal der höchstmögliche Bildungsabschluß – auch sie wollen daher Noten, um frühzeitig intervenieren oder sich beruhigt zurücklehnen zu können. Lehrer wollen Noten, denn diese sind gerecht, nachvollziehbar, justitiabel und zudem entlastet von Beziehungsaspekten, da sie die Einmischung in die Privatsphäre der Schüler und ihren Charakter nicht erforderlich machen.

Geht es denn mit Noten?

Eine solche systematische Vorstellung über die Zwecke von Schule, die nach Luhmann (1996, S. 287 f.) ohne Selektion und damit Diskriminierung nun einmal nicht denkbar ist, wäre in sich schlüssig, in den Folgerungen konsequent und leuchtete daher unmittelbar ein – wenn nicht drei wichtige und zugleich sehr unterschiedliche Einwände auf der Grundlage vorliegender Forschungsergebnisse die Logik dieser Argumentation empfindlich stören würden …

… wenn nicht *erstens* Ziffernnoten nachgewiesenermaßen als Instrument der Leistungsbeurteilung die berechtigten Ansprüche an Objektivität, Reliabilität und Validität gar nicht einlösen könnten (u. a. Ingenkamp 1989; Kalthoff 1996); und wenn nicht längst nachgewiesen wäre, daß weder die Zeugnisse der Grundschule noch die Abschlußzeugnisse im Blick auf weiterführende Schulen und spätere akademische Prüfungen von hinreichender prognostischer Gültigkeit wären (Lübke 1996, S. 22–32). Längst ist der Glaube an die Objektivität von Noten obsolet geworden (Schwarzer 1983) – nicht zuletzt durch die offensichtlichen und verräterischen Vorgaben, die durch den «Markt» gegeben werden: Bei zu hoher Bildungsnachfrage werden die Zensuren nachweislich schlechter, bei knapper bessern sie sich bis hin zur beklagten Zensureninflation (Titze 1981). Dem theoretischen Wissen aller pädagogisch Ausgebildeten über die Fragwürdigkeit der Zensurengebung steht jedoch zugleich ein geradezu blindes Vertrauen in die Zensuren gegenüber: «Die Aufgeklärtheit über die Fehler der Zensurengebung ist praktisch folgenlos» (Becker 1983, S. 24). Jedenfalls kann aus der Auseinandersetzung mit der Literatur das Fazit gezogen werden, daß Schülerinnen und Schüler durch Noten nur ausschnitthaft und perspektivisch verzerrt wahrgenommen werden. «Hart formuliert heißt dies, daß die Ziffernnoten als Meßinstrument dazu führen, Jugendliche in ihren Entwicklungsmöglichkeiten zu behindern» (Lübke 1996, S. 25).

... wenn nicht *zweitens* Untersuchungen aus der pädagogischen Psychologie die alarmierenden Wirkungen der klassischen Leistungsbeurteilung immer wieder bestätigen würden, die vor allem darin bestehen, daß frühe und dauerhafte Mißerfolgserlebnisse bzw. die beständige Erfahrung, «nur mal so eben hinzureichen», die Entwicklung des Selbstwertgefühls, des Selbstvertrauens, der Lernfreude und der Erfolgszuversicht verstellen (vgl. z. B. Hurrelmann 1990, S. 135). Angst vor schlechten Noten verursacht Schulunlust sowie Prozesse der Verdrängung, Resignation und Aggression: «Gefühle werden als Tauschwert für Noten angeboten» (Steiner 1981, S. 101). Häufig werden auf diese Weise die später diagnostizierten Versager und Verlierer erst zu solchen gemacht (Ramseger 1993, S. 6), denn die klassische Versagerkarriere folgt dem Zirkel: geringes Selbstwertgefühl – schlechte Leistungen – noch geringeres Selbstbewußtsein – noch schlechtere Leistungen.

... wenn nicht *drittens* die Wirtschaft inzwischen Schlüsselqualifikationen fordern würde, die sich schwer mit überwiegend individualistischen, wettbewerbs- und konkurrenzorientierten Leistungsvorstellungen in Einklang bringen lassen: In hochkomplexen Zeiten werden Innovationen in der Regel durch Teams erbracht, müssen Gruppen kreativ und kooperativ ohne Leiter arbeiten, zeigen sich Hierarchien zunehmend als hinderlich (vgl. Tillmann 1994a). «Unsere Gesellschaft braucht, um die Anforderungen der Zukunft bewältigen zu können, wache, kreative, kooperationsfähige Menschen», so beispielsweise Reinhard Mohn (1996) in der *Deutschen Lehrerzeitung*. Diese Qualifikationen aber lassen sich bisher nicht in justitiable Noten kleiden.

Folgt man den dargestellten Ergebnissen der Schulforschung zur numerischen Leistungsbewertung, dann verliert das System Schule als Ort der Qualifikation und der Verteilung von Lebens- und Sozialchancen auch systemimmanent an Überzeugung und Glaubwürdigkeit. Wenn hinzukommt, daß offenbar selbst die sozioökonomische Zukunft neuer Tugenden bedarf, dann muß genauer bestimmt werden, was Lernen, was Leistung heute bedeutet und wie beides unter den veränderten Bedingungen beurteilt werden kann. Damit ist zugleich die Frage nach zeitgemäßeren pädagogischen Aufgaben und Zwecken von Schule gestellt – jenseits aller Polemiken, wie sie unter anderem von Giesecke (1996) und selbst von Luhmann (1996) kommen. Bisher kann noch nicht schlüssig nachgewiesen werden, daß Verbalzeugnisse Konkurrenz- und Leistungsdruck mindern, sachorientiert motivieren und ermutigend wirken, wie nachgewiesen werden kann, daß Ziffernnoten dies behindern. Natürlich unterliegen auch schriftlich ausgeführte Rückmeldungen der subjektiven und gelegentlich ungerechten Bewertung, und unter Umständen erzeugen sie neue Probleme, so etwa, wenn sie standardisierte Sätze mit unterschiedlichen Adjektiven oder Adverbien anreichern und damit mehr verletzen, als eine sachlich nackte Ziffer das könnte. Aber sind dies schon ausreichende Argumente gegen eine pädagogisch motivierte Form der Leistungsbewertung? Zumal – so meine harte These auf der Basis der letzten Abschnitte – der Verzicht auf Ziffernnoten selbst in einem systemimmanenten Diskussionszusammenhang als funktional begründet werden kann. Auch die NRW-Bildungskommission (1995) wendet sich gegen ein überwiegend individualistisches, wettbewerbs- bzw. konkurrenzorientiertes Leistungsverständnis, bei dem der Sinn des Lernens bereits in der vergleichenden Bewertung aufgeht. Demgegenüber möchte die Kommission die Planung des Lernens und seine Reflexion in den Mittelpunkt stellen, wozu auch gehört, daß aus Fehlern und Irrtümern gelernt werden darf, sie nicht einer vergleichenden Bewertung wegen stets vermieden werden müssen, weil dadurch gelungene Lernsituationen mitunter eher verhindert als gefördert werden. Partnerschaftlicher Umgang und gegenseitige Hilfe, individuelle Begleitung der Lehrenden, Vertrauen in die eigenen Fähigkeiten des Lernens sowie Rückmeldungen über Lernprozesse und Lernresultate sollen danach integraler Bestandteil der Tätigkeit der Lernenden und Lehrenden sein. «Im ‹Haus des Lernens› soll deshalb so gelernt werden, daß nicht nur vorrangig auf Prüfungen, Abschlüsse und Berechtigungen hingearbeitet wird, sondern das Lernen als eine das Leben insgesamt tragende individuelle und sozial orientierte Befähigung eingeübt und verstanden wird» (Bildungskommission NRW 1995, S. 85). Folgt man diesen Empfehlungen, dann wird es im Rahmen von Schulentwicklung nicht nur nötig, sondern möglich sein, neue Wege der Leistungsbewertung zu entdecken und zu erproben, die nicht nur die Produkte des Lernens, sondern auch die Lernprozesse und die individuellen Kompetenzveränderungen in die Wertung einbeziehen. Um Leistungszuwächse und Kompetenzveränderungen aber erfassen zu können, müssen Schulen ein praktisch verwendbares Instrumentarium erarbeiten, zu dem die Schulung von Selbstbeobachtungen, Selbstzuschreibungen und selbststeuernden Eingriffen sowie der Erwerb von Beobachtungs- und Beurteilungskompetenzen auf seiten der Lehrenden und der Lernenden gehören. Hier können Erfahrungen und Einsichten der Laborschule aus den vergangenen 22 Jahren für andere Schulen hilfreich sein, die sich auf neue Wege der Leistungsbewertung einlassen möchten.

Ohne Noten – Erfahrungen und Einsichten

Wie gesellschaftsfern, ja geradezu utopisch ist es, sich Schule ohne Noten vorzustellen? Beispiele kennen wir aus privaten und freien Schulen, aus reformpädagogisch arbeitenden Schulen wie Montessori-, Peter-Petersen- und Waldorfschulen. Skandinavische Länder leben seit Jahren vor, daß es möglich ist, auch weit in die Sekundarstufenzeit und zum Teil darüber hinaus ohne Noten auszukommen (vgl. Meyer 1996). Mehr und mehr Schulen in Hamburg und Bremen kommen in Schulversuchen ohne Noten aus, und viele integrierte Gesamtschulen des Landes Niedersachsen machen von ihrer Möglichkeit Gebrauch, Notenzeugnisse in der Sekundarstufe durch Lernentwicklungsberichte bis zum Ende der 8. Klasse zu ersetzen (vgl. Schittko 1995). In dem 1996 erschienenen Handbuch «Gesamtschule in Nordrhein-Westfalen» wird auch für dieses Bundesland gefordert, pädagogische Entwicklungsberichte als prozeßorientierte Beschreibung des Lernens an die Stelle von Noten bis einschließlich Klasse 8 zu ermöglichen (Röken 1996, S. 141). Vielversprechender und inzwischen auch flächendeckender ist die Entwicklung im Grundschulbereich. Betrachtet man jedoch die neuste Aufstellung über den gesetzlichen Stand der Zeugnisregelungen in den Bundesländern (vgl. Barnitzky 1996), so mag man in der Tat denken, der Fortschritt sei nur eine Schnecke – immerhin aber bewegt sie sich überhaupt. Was die Schnecke am nachhaltigsten zu bremsen scheint, ist die variationsreich formulierte Sorge von Bildungspolitikern und Journalisten, von Lehrern und Eltern: «… wann muß und beginnt denn endlich der Ernst des Lebens, wann lernen die Kinder, sich an Vergleich und Konkurrenz, das Unvermeidliche also, zu gewöhnen – und wie verhindert man, daß sie sich nicht oder zu spät daran gewöhnen und so vielleicht gegenüber den zensurengewohnten Kindern im Gymnasium ins Hintertreffen geraten?»

Mit der Abschaffung der Noten allein ist es nicht getan. Zuerst und vorrangig muß die Abschaffung der Noten pädagogisch gewollt sein. Horst Barnitzky stellt eindrücklich dar, daß die Abschaffung der Noten allein keine pädagogische Reform ist. Sie besteht in der veränderten Einstellung zu Kindern – und die zeigt sich an jedem Schultag. Wo Lehrerinnen weiterhin uniforme Normen setzen, werden sie auch – etwa durch Standardformulierungen mit abstufenden adverbialen Zusätzen – ihre Berichte konkurrenzorientiert formulieren, um einer vordergründigen abstrakten Gerechtigkeit und kinderunfreundlichen Vergleichbarkeit zu genügen. Barnitzky weist auf eine Gefahr hin: «Ohne Noten kann mit dem alten norm- und vergleichsorientierten Leistungsdenken möglicherweise noch mehr Schaden angerichtet werden, als mit Noten, weil Noten inhaltlich stumpf sind. Erst die Worte machen das unpädagogische oder pädagogische Denken offenkundig. Eigentlich sollten deshalb notenfreie Zeugnisse nur Lehrerinnen und Lehrer schreiben, die eine pädagogische, also förderliche Einstellung zu Kindern haben. Alle anderen sollten lieber bei Zensuren bleiben, besser noch: Sie sollten umlernen oder sich umschulen lassen. Denn so taugen sie zu Lehrerinnen und Lehrern, zumal für Grundschulkinder, nicht»

(1995, S. 11). Wie aber kann ein «schulpraktisch verwendbares Instrumentarium» zur Erfassung von Leistungszuwächsen und Kompetenzveränderungen aussehen, für dessen «Ausbildung konsensfähiger Routinen» der Bildungskommission zufolge «ähnliche Mühe investiert werden [muß], wie in den Bereich der Curriculumentwicklung» (1995, S. 99)?

Lernentwicklungsberichte sind nicht gleich Lernentwicklungsberichte: Unter dieser Bezeichnung finden sich zum Beispiel pädagogisch-förderliche Berichte, wie sie seit mehr als 25 Jahren in der Georg-Christoph-Lichtenberg-Gesamtschule Göttingen-Geismar geschrieben werden (vgl. Weiland 1994). Dort fassen die Tutorenlehrerinnen und -lehrer die individuellen Rückmeldungen aller Lehrkräfte während des Schulhalbjahres in ausführlichen Berichten für ihre Schülerinnen und Schüler zusammen, die sodann von diesen kommentiert werden. Wie in Göttingen-Geismar sind auch in einigen anderen Schulen Schülerberichte fester Bestandteil der Lernentwicklungsberichte, die auf der Grundlage der zuvor ausgeteilten Tutorenbriefe oder -berichte verfaßt werden. Ebenso hat die Odenwaldschule in Oberhambach langjährige Erfahrungen mit Schülerberichten (vgl. Berichte 1960), und auch für die Nachbarschaftsschule in Leipzig sind Eigenbeurteilungen der Schülerinnen und Schüler selbstverständlicher Bestandteil aller Berichte (vgl. Marlow 1995). Unter dem Namen «Lernentwicklungsberichte» (LEB) finden sich andernorts Diagnosebögen, in denen zu gemeinsamen Anforderungs- und Beobachtungsprofilen mehrere allgemeine Sätze stehen, für die jeweils drei Bewertungsstufen gelten, mit denen das Arbeits- und Sozialverhalten durch Ankreuzen rückgemeldet wird, beispielsweise: «So bearbeitest Du Deine Wochenplanaufgaben: Du arbeitest selbständig und planvoll – Es gelingt Dir, Zusatzaufgaben zu lösen – Laß Dir nicht zu schnell helfen, plane vorher – Deine Arbeit ist zu selten vollständig. Löse alle Pflichtaufgaben» (Brinkkötter/Jahn 1996, S. 210).

Der Name «LEB» scheint somit wenig genau und reicht für eine inhaltliche Bewertung nicht aus. Auch wenn umfangreiche und hochdifferenzierte Bewertungsskalen gefunden werden, sehe ich in standardisierten Ankreuzvorgaben nur eine sehr halbherzige Reform. Wenn sie dann noch in Kategorien wie «Lernziele erreicht –

zum Teil erreicht – nicht erreicht» oder «sehr erfolgreich gelernt – ohne größere Probleme gelernt – hin und wieder Probleme gehabt – große Schwierigkeiten gehabt» münden, wird damit die Eindimensionalität der reinen Noten allenfalls etwas erweitert, ohne sie grundlegend dahingehend zu verändern, daß das Kind ausschließlich an sich selbst – und nur daran – gemessen wird. Uns haben Erfahrungen der ersten Laborschuljahre mit dieser Form der verbalen Rückmeldung gelehrt, daß die Adressaten – Schülerinnen, Schüler, Eltern – weniger die Inhalte der mit so viel Zeit und Mühen gefundenen Bewertungssätze lasen, als vielmehr die Anzahl der Kreuzchen «links – mittig – rechts» zählten, addierten und schließlich mittelten, ganz wie sie dies bei Noten getan hätten. Andere Reformversuche versuchen, die Notenzeugnisse durch erläuternde Briefe zu ergänzen. Bei dieser Form bleibt die Frage unbeantwortet, wie erklärende, fördernde und ermutigende Sätze wirken, wenn sie dennoch mit einem rigiden «mangelhaft» verbunden werden? Die Helene-Lange-Schule in Wiesbaden beispielsweise hat ihre Zeugnisse viele Jahre hindurch durch Tutorenbriefe ergänzt und schließlich – nicht zuletzt durch großes Engagement der Schülerinnen und Schüler – damit begonnen, die Zeugnisse im fünften und sechsten Schuljahr ganz abzuschaffen (vgl. Becker u. a. 1997).

Die im ersten Teil beschriebene Form, die die Laborschule für sich gefunden hat, ist natürlich nicht die einzig mögliche und nun für alle Zeiten gültige. Das widerspräche dem Auftrag und der selbstgestellten Aufgabe der Schule, die ihre Praxis beobachten, über sie in kritischer Absicht nachdenken und sie gegebenenfalls verbessern will. Die empirische Studie von Lübke (1996) wird dazu ausreichende Grundlagen geben, denn neben einer überwiegend positiven Bilanz weist sie nach, daß die Laborschule ihren eigenen Ansprüchen nicht durchgängig gerecht wird: So läßt sich in manchen Berichten der Stufe IV zeigen, daß erbrachte Leistungen nicht mehr allein am individuellen Leistungsvermögen des einzelnen, sondern auch am Leistungsstand der Stammgruppe und an Abschlußstandards gemessen und verbalisierte Anlehnungen an die Ziffernbenotung sichtbar werden (vgl. S. 151–153). In den letzten Jahren vor dem Abschluß spielen zudem selbst in der Laborschule überkommene Fachtraditionen eine größere Rolle: Es gibt Fächer, bei denen

«Leistung» eine dominante Rolle spielt – etwa Mathematik (S. 189): Es gibt überraschend (und beängstigend) viele kritische Sätze (etwa 50 %) in Französisch, in Mathematik liegen sie noch bei etwa 40 %. Es gibt also auch in der Laborschule hierarchische Fachwahrnehmungen (S. 196). Obwohl die Lernberichte der Laborschule vorwiegend als Instrument der Ermutigung verwendet werden, finden sich dennoch Berichte, die entmutigen können (S. 210 f.). Die Schule wird sich demnächst auch damit auseinandersetzen müssen, daß in ihr – trotz zahlreicher Bemühungen und ausgewiesener Erfolge im Bereich Koedukation – geschlechtsrollenerweiternde Möglichkeiten der Berichte noch zuwenig genutzt werden: «Jungen sind maßgeblich für die inhaltliche Entwicklung des Unterrichts verantwortlich, während die Mädchen das soziale Miteinander in der Gruppe gewährleisten» (S. 216, vgl. auch S. 177 f.). Auch an der Laborschule bekommen Jungen in den Erfahrungsbereichen Sport und Mathematik quantitativ umfangreichere und ermutigendere Lernberichte, Mädchen hingegen in den Erfahrungsbereichen Wahrnehmen und Gestalten und in den Sprachen (vgl. S. 202). Zum letzten Mal hat das Kollegium im Schuljahr 1993/94 die Reflexion der eigenen Lernberichtspraxis zum Jahresthema aller Konferenzen und schulinternen Fortbildungsveranstaltungen gemacht. Am Ende eines intensiven Diskussions- und Aushandlungsprozesses stand ein Konsenspapier, das den momentanen Stand unserer Praxis zeigt. In diesen Vereinbarungen heißt es:

«Die Berichte sind ein wichtiger Bestandteil der gesamten pädagogischen Arbeit der Schule und nur vor diesem Hintergrund zu verstehen. Das heißt:

- Sie enthalten *nichts wesentlich Neues*, sondern dokumentieren und fassen zusammen, was den Schülerinnen und Schülern bereits bekannt ist: was und wie sie gearbeitet haben und wie die Lehrerinnen und Lehrer dies beurteilen.
- Sie beschreiben das Kind oder den Jugendlichen und seine Leistungen vor dem Hintergrund seiner *Entwicklung*: Sie beziehen sich auf das, was war, und sind auf die Zukunft gerichtet.
- Sie beschreiben und bewerten nicht nur, sondern geben auch *Beratung, Unterstützung, Hilfe, Ermutigung*.

– Sie dürfen *nie ver-urteilen*, also nichts fest-schreiben, was das Kind als unabänderlich verstehen muß, z. B. Charaktereigenschaften. Sie beschreiben und würdigen vielmehr einen Lern- und Entwicklungs*prozeß* (‹Berichte zum Lern*vorgang*›)
– Sie sind Bestandteil und Ergebnis eines kommunikativen Prozesses zwischen Erwachsenen und Kindern und können als solche auch *veränderbar* sein.» (v. d. Groeben / Lenzen 1997)

Durch Noten werden Unterschiede bestraft, nicht anerkannt und ernst genommen – daher ist die fehlende Vergleichbarkeit der Berichte zum Lernvorgang in der Laborschule nicht ein Argument gegen sie – sie ist vielmehr das Ziel. Und wenn Sophia eines Tages ähnlich antwortet, wie die von Kleinespel (1990, S. 292) befragten Absolventinnen und Absolventen der Laborschule, dann wird für sie der Verzicht auf Notengebung der entscheidende Beitrag zum nahezu angstfreien Lernen gewesen sein und bewirkt haben, daß vielleicht auch sie als leistungsschwächere Schülerin ein positives allgemeines Selbstwertgefühl entwickeln konnte.

Irene Demmer-Dieckmann, Rolf Werning

Eine Schule ohne Aussonderung – Erfahrungen mit integrativer Pädagogik

Kinder werden in unserem Schulsystem nach Alter und Leistung sortiert: in Grund- und Sonderschüler, in Gymnasiasten, Haupt- und Realschüler und in unterschiedlich «leistungsstarke» Kursteilnehmer. Dahinter steht der Mythos, daß Unterricht am besten in homogenen Lerngruppen stattfindet. Die Laborschule stellt diesem Mythos eine Pädagogik entgegen, in der die Vielfalt (des Alters, des Geschlechts, der Leistung, der Lernfähigkeit, der kulturellen Herkunft) als Chance und Bereicherung gesehen wird. Deshalb verzichtet die Laborschule auch – als eine besonders konsequente Gesamtschule – auf jede Form der äußeren Leistungsdifferenzierung (vgl. Hentig 1995, S. 21). In dem folgenden Beitrag wollen wir darstellen, unter welchen Bedingungen und mit welchen Konzepten Schülerinnen und Schüler mit Lern- und Verhaltensschwierigkeiten ihren Platz in dieser Schule finden.

Von der Schule ohne Aussonderung zu einer Schule für alle

Die Laborschule hat von Anfang an den Anspruch vertreten, den verschiedenen und vielfältigen Bedürfnissen all ihrer Schülerinnen und Schüler gerecht zu werden. Es soll nach Möglichkeit kein Kind, das aufgenommen wurde, an eine Sonderschule überwiesen werden. Werden bei Schülern umfassende Lern- oder Verhaltensprobleme offensichtlich, verbleiben sie in ihren Gruppen und werden dort gefördert. In den 22 Jahren seit ihrer Gründung hat die Laborschule vielfältige pädagogische Konzepte für heterogene Lerngruppen erarbeitet und realisiert. In ihr wurden von Anfang an jene Formen des Lernens entwickelt und erprobt, die auch für die Förderung von Kindern und Jugendlichen mit Lern- und Verhaltensproblemen unerläßlich sind: erfahrungsbezogenes Lernen, Lernen in Projekten, selbstbestimmtes Lernen und geöffnete Unterrichtsformen bieten Raum für individualisiertes Lernen. Differenzierte Unterrichtsangebote ermöglichen es lernschwachen und lernbegabten Kindern, miteinander in einer Gruppe zu arbeiten. Die Gruppengröße in der altersgemischten Eingangsstufe beträgt 15 Kinder im Jg. 0–2 und ca. 20 Kinder im 3. bis 10. Schuljahr. Dies läßt individuelle Lernwege und Lernrhythmen zu; Stärken und Schwächen, unterschiedliche Fähigkeiten und Interessen können berücksichtigt werden. Die Lehrer und Schüler orientieren sich an den Fortschritten des einzelnen, und nicht an einer Jahrgangsnorm. Ziffernzensuren, Versetzungsentscheide und damit ein Sitzenbleiben gibt es nicht; vom dritten bis zum Ende des zehnten Schuljahres bleiben die Kinder in einer Stammgruppe, die ihnen Rückhalt und Sicherheit vermittelt. Eine stundenweise Auflösung der Stammgruppen erfolgt nur in Form von Wahlkursen, in denen die Schülerinnen und Schüler ihren Neigungen und Interessen nachgehen können. Die positiven Erfahrungen mit dieser Arbeitsweise führten dazu, über die Weiterentwicklung des Profils einer «Schule für alle» nachzudenken und sich um sonderpädagogische Kompetenzen zu bemühen. Die Auseinandersetzung mit der bundesweit seit Anfang der siebziger Jahre wieder verstärkt geführten Diskussion zur Integration von behinderten und von Behinderung bedrohten Kindern und Jugendlichen führte dazu, daß sich auch die Laborschule gezielt mit der Förderung der Schülerinnen und Schüler befaßt, die im Regelschulwesen als «lernbehindert» oder «verhaltensgestört» gelten. Seit dem 1.8.1995 besteht in der Primarstufe und seit dem 1.8.1996 in der Sekundarstufe I ein Schulversuch «Gemeinsamer Unterricht von behinderten und nichtbehinderten Schülerinnen und Schülern». Damit verbunden ist eine Intensivierung der Forschungs- und Entwicklungsarbeit in diesem Bereich der Integrationspädagogik. Mit Einrichtung der Schulversuche wird allerdings keine veränderte Schülerschaft an der Laborschule aufgenommen. Die Schulversuche beziehen sich vorrangig auf die Schülerinnen und Schüler, die Unterstützung in den Bereichen des Lernens, des Verhaltens und der Sprache benötigen. Mit den sogenannten lernbehinderten Schülerinnen und Schülern erfaßt der Schulversuch die größte Gruppe von Kindern mit sonderpädagogischem Förderbedarf. Der Anteil an Schülern mit «Erziehungshilfebedarf» ist an der Laborschule fast so hoch wie der mit Lernbehinderung und liegt damit weit über dem Landesdurchschnitt. Sinnesgeschädigte, körperbehinderte und geistig behinderte Schülerinnen und Schüler werden zur Zeit nur vereinzelt aufgenommen. Eine Schule für alle Kinder ist die Laborschule deshalb noch nicht, aber sie ist auf dem Weg dorthin.

Die gegenwärtige integrative pädagogische Arbeit baut somit auf den langjährigen Erfahrungen im Umgang mit heterogenen Lerngruppen auf. Die Weiterentwicklung des Gemeinsamen Unterrichts ist eine konsequente Fortsetzung dieses Ansatzes. Dabei setzt unsere Arbeit daran an, die Förderbedürfnisse der Schüler und die Kompetenzen der Schule so miteinander in Beziehung zu setzen, daß eine angemessene pädagogische Unterstützung erreicht werden kann. Folgende Orientierungen leiten dieses Vorhaben:

Die Schüler werden in ihrer biographischen Entwicklung und ihrer lebensweltlichen Einbettung wahrgenommen.

Diese Perspektive setzt sich bewußt und radikal von einer allein individuumzentrierten Sichtweise von Schülern mit Lern-, Leistungs- und Verhaltensauffälligkeiten ab. Statt dessen steht die Wahrnehmung der Person in der biographischen Entwicklungsgeschichte und in der lebensweltlichen Einbettung im Mittelpunkt. Damit betont dieser Ansatz die ökosystemische Einbettung der Person (vgl. Hildeschmidt/Sander 1994). Erst die Analyse der Beziehungsstrukturen zwischen dem Kind und seiner je individuellen Lebenswelt in Familie, Schule, Freundesgruppe und Wohnort gibt Aufschlüsse über Bedingungsfaktoren, die die kindliche Entwicklung beeinträchtigen, aber auch fördern. Informationen über somatische, psychische und soziale Entwicklungsbedingungen und -beeinträchtigungen müssen miteinander in Beziehung gesetzt werden (vgl. Werning

1996a, S. 146ff.). Diese Form der pädagogischen Beobachtung darf sich nicht allein auf die Störungen, die Defizite und Unzulänglichkeiten beschränken. Eine solche Defektorientierung behindert den Blick auf ein umfassendes Bild vom Kind in seinem lebensweltlichen Kontext (vgl. Milani-Comparetti/Roser 1987, S. 89). Sie ist zudem wenig geeignet, Fördermöglichkeiten für Schülerinnen und Schüler zu entwickeln. Effektive Förderung von Kindern und Jugendlichen mit besonderen Bedürfnissen muß neben der Erfassung der Problembereiche ein besonderes Augenmerk auf vorhandene Potentiale, Fähigkeiten und Ressourcen des Kindes in seiner Lebenswelt legen. Durch die Wahrnehmung, Unterstützung, Aktivierung und Begleitung dieser entwicklungsfördernden Bedingungen wird die «Förderung von Normalität» (Milani-Comparetti/Roser 1987) und nicht die Behandlung der Auffälligkeit zur Aufgabe einer integrativen pädagogischen Arbeit. Die Laborschule will deshalb Kindern und Jugendlichen mit besonderem pädagogischem Förderbedarf keinen Sonderstatus verleihen. Statt sonderpädagogischer Gutachten werden Kinder- bzw. Jugendlichenportraits geschrieben, die anonymisiert sind. In ihnen werden möglichst ganzheitlich und konkret die Stärken, Schwächen und Eigenheiten beschrieben und der aktuelle Entwicklungs- und Lernstand benannt. Darauf aufbauend werden die Förderschwerpunkte expliziert.

Die kollegiale Kooperation und Koordination wird professionalisiert.

Eine der zentralen Chancen und Herausforderungen integrativer Pädagogik stellt die Entwicklung kooperativer Arbeitsstrukturen dar. Integrative Förderung aller Kinder in heterogenen Lerngruppen erfordert die Zusammenarbeit von Pädagogen mit unterschiedlichen Kompetenzen. Dazu gehören Regel- und Sonderschullehrer wie auch Sozialpädagogen. Die Chance liegt hier in der Erweiterung professioneller Kompetenzen und Handlungsfähigkeiten, in der Überwindung der Rolle des Lehrers als «Einzelkämpfer» und auch in der Erleichterung der Arbeit. Gemeinsam eröffnen sich vielfältige Lern-, Anregungs- und wechselseitige Entlastungsmöglichkeiten bei der alltäglichen Bewältigung der Aufgabe, alle Schüler auf ihren jeweiligen Entwicklungsniveaus zu fördern, Förderpläne zu erstellen und zu reflektieren, Lernprozesse in der Lerngruppe anzuregen und zu unterstützen. Für eine gelingende Kooperation ist es erforderlich, die professionelle Identität mit der Bereitschaft und Fähigkeit zu verbinden, Übertritte disziplinspezifischer Grenzen und Zuständigkeiten zu akzeptieren. So müssen z. B. bei der Abstimmung der pädagogischen Arbeit im Klassenteam die verschiedenen Wahrnehmungen über Kinder in ihren sozialen und räumlichen Umwelten zusammengetragen werden. Nicht die Durchsetzung einer «richtigen» Sichtweise ist hier das Ziel. Vielmehr können die verschiedenen Perspektiven verknüpft werden, um ein «kollektives Bild» als Grundlage für die gemeinsame pädagogische Arbeit zu entwerfen (vgl. Werning 1996 a, S. 154 ff.).

Pädagogische Beobachtung und pädagogische Förderung werden verknüpft.

Für die integrative Förderung ist die kontinuierliche Begleitung der Lern- und Entwicklungsprozesse aller – insbesondere jedoch der Kinder mit besonderem Förderbedarf – notwendig. Nicht das einmalige Feststellen eines Förderbedarfs oder das Festschreiben eines Förderplans ist hierbei sinnvoll, sondern das prozeßbegleitende Zusammenspiel von verschiedenen Aktivitäten: Dazu gehört die sensible Beobachtung und die Reflexion der Beobachtungen (möglichst im kollegialen Austausch). Daraus ergeben sich Hinweise zur Bildung von Hypothesen über Entwicklungspotentiale, die dann in einer Planung und Realisierung pädagogischer Fördermöglichkeiten konkret umgesetzt werden können. Die Auswirkungen dieser Arbeit müssen wiederum beobachtet und reflektiert werden, um die Fortführung, Veränderung oder völlige Neukonzipierung der Fördermaßnahmen zu gewährleisten. Pädagogische Beobachtung, Hypothesenbildung und pädagogische Förderung sind damit im Rahmen eines spiralförmig zu denkenden Prozesses wechselseitig aufeinander bezogene Dimensionen des pädagogischen Handelns.

Im folgenden sollen nun Aspekte der integrativen pädagogischen Arbeit in der Primarstufe und der Sekundarstufe I skizziert werden.

Konzeption und Erfahrungen in der Primarstufe

Die integrative Kraft der Gruppe

Mit Beginn des Schulversuches standen der Primarstufe sonderpädagogische Ressourcen zur Verfügung (vgl. Demmer-Dieckmann u.a. 1996). Für 5–6 % der Schülerinnen und Schüler wurde auf der Basis von Kinderportraits ein sonderpädagogischer Förderbedarf festgestellt; zur Zeit stehen der Primarstufe (320 Kinder) pro Woche 42 Stunden Sonderpädagogik zur Verfügung. Die Laborschule nimmt die Kinder als Fünfjährige, also im Vorschulalter auf; die Kinder verbleiben – in der Regel für drei Jahre – in der altersgemischten Eingangsgruppe; dies gilt auch für Kinder, bei denen ein sonderpädagogischer Förderbedarf festgestellt wurde. Die Integration von Kindern mit Lernproblemen wird unterstützt durch die jahrgangsübergreifende Lerngruppe, die überschaubare Gruppengröße von 15 Kindern, die Handlungs- und Erfahrungsorientierung des Unterrichts und die abwechslungsreich gestalteten Unterrichtsflächen; so ist ein Spielen und Lernen auf verschiedenen Entwicklungsstufen und Lernniveaus möglich. Wenn die individuelle Situation eines Kindes es erfordert, kann es auch ein viertes Jahr in der Eingangsstufe bleiben und erst dann in die neue Gruppe des dritten Jahrganges mit nun 20 Kindern wechseln. Bei der Zusammensetzung der Gruppen des 3. Schuljahres achten wir besonders darauf, daß in jeder Gruppe eine tragfähige Gemeinschaft entstehen kann. In den Gruppen der 3. und 4. Jahrgänge arbeiten kontinuierlich Erzieher und Sozialpädagogen im Anerkennungsjahr mit, die die Kinder in den außerunterrichtlichen Zeiten betreuen und auch während des Unterrichts als zusätzlicher Erwachsener tätig werden; in der Eingangsstufe teilen sich mehrere Gruppen eine Praktikantin. In 11 der 19 Gruppen der Primarstufen befinden sich zur Zeit in der Regel ein oder zwei Kinder mit sonderpädagogischem Förderbedarf; prinzipiell sind alle Gruppen in den Schulversuch

«Gemeinsamer Unterricht» einbezogen. Dies ist wohlüberlegt, denn die Laborschule setzt nicht auf möglichst viele Stunden Doppelbesetzung durch die Sonderschullehrer, sondern auf die *«integrative Kraft der Gruppe»* (Bambach 1995 a, S. 235). Die Einbindung in die Kindergruppe ist das erklärte Ziel. Pädagoginnen und Pädagogen können nicht «von oben» ein Kind in die Gruppengemeinschaft integrieren, aber es ist ihre Aufgabe, hilfreiche Bedingungen für eine solche Einbindung zu schaffen. Dies haben Laborschullehrerinnen und -lehrer in den vergangenen 22 Jahren immer wieder getan. Im Laufe der Jahre haben sich viele spezifisches Wissen und besondere Fähigkeiten angeeignet, um mit Kindern, die langsamer lernen oder spezifischer Zuwendung bedürfen, erfolgreich zu arbeiten. Die Lehrkräfte sind daher in der Lage, bestimmte Förderungen selbst durchzuführen, und müssen diese nicht an die Sonderpädagogen delegieren. Eine hohe Qualifikation im Umgang mit Lern- und Entwicklungsschwierigkeiten heißt aber nicht, daß keine Unsicherheiten, Gefühle von Überforderung oder Fragen bezüglich der Förderung von Kindern mit sonderpädagogischem Förderbedarf vorhanden wären. Auf eine sonderpädagogische Beratung und *Verdoppelung der pädagogischen Kraft* kann nicht verzichtet werden: In bestimmten Phasen muß die Kraft der Gruppe und die Kraft des Betreuungslehrers durch die *Kraft eines zweiten Pädagogen* ergänzt werden, um den Belangen aller Kinder gerecht werden zu können. Dieser zweite Erwachsene muß nicht in jedem Fall ein Sonderpädagoge sein, es kann auch ein Grundschullehrer oder Sozialpädagoge sein. Denn: «Nicht jede pädagogische Tätigkeit im gemeinsamen Unterricht ist eine sonderpädagogische» (Ministerium für Schule und Weiterbildung 1995, S. 5).

Eine wesentliche Aufgabe der Pädagoginnen und Pädagogen ist, das Selbstvertrauen der Lernenden zu stärken. Kinder mit Lernproblemen, egal welcher Art, haben häufig aufgrund ihrer Mißerfolgserlebnisse ein geringes Selbstvertrauen und ein negatives Selbstkonzept entwickelt; Versagensängste und Zeitdruck blockieren das Lernen. Deshalb ist es notwendig, die Kinder in besonderer Weise zu ermutigen, sie nicht nur zu unterrichten, sondern auch aufzurichten, ihnen Lernerfolge zu vermitteln, statt an ihren Defiziten anzusetzen. Förderunterricht meint keinen kleinschrittigen, in isolierte

Teilaufgaben zerlegten Belehrungsunterricht; statt dessen müssen Themen, die für das Kind bedeutsam sind und eine Herausforderung darstellen, in den Vordergrund gestellt werden (vgl. Brügelmann 1996, S. 2). In diesem Sinne meint Förderung, An-Forderungen und Heraus-Forderungen zu stellen. Ein guter Unterricht ist dadurch gekennzeichnet, daß er jeden Schüler und jede Schülerin fordert und dadurch fördert. Die Lehrerinnen und Lehrer an der Laborschule suchen deshalb anspruchsvolle Aufgaben, die eine Herausforderung für die Kinder bedeuten; dies sind z. B. die Themenhefte, deren Inhalte die Kinder nach ihren Interessen auswählen (z. B. Fußball, Pferde, Wale und Delphine, das Weltall etc.). Für diese Arbeit gehen die Schülerinnen und Schüler in die hauseigene Bibliothek und wählen passende Materialien und Bücher aus, sie betrachten Bilder, tauschen sich hierüber aus, sie lesen und entnehmen Sachinformationen. Wichtiges schreiben sie in ihr Heft, sie machen Zeichnungen und Skizzen, kleben kopierte Bilder ein und illustrieren ihre Texte. Angeregt durch das Sachthema, entstehen häufig kleinere oder längere Geschichten. Manche Kinder bereiten einen kleinen Vortrag oder einen Fragenkatalog vor. An solchen Arbeiten setzt unsere Förderung ganzheitlich und vielfältig an.

Die sonderpädagogische Arbeit

Für den Einsatz der beiden z. Zt. vorhandenen Sonderpädagogen gibt es folgende Überlegungen: Schwerpunktmäßig – so eine Absprache innerhalb des Primarstufenkollegiums – arbeiten sie in den 3. und 4. Jahrgangsgruppen mit. Die neu zusammengesetzten altershomogeneren Gruppen des Jahrgangs 3 bedürfen einer intensiven Unterstützung und Betreuung. Die Verteilung der Stunden erfolgt in Abhängigkeit von den konkreten Erfordernissen der gesamten Lerngruppen: d. h., eine tragfähige, stabile und beruhigte Gruppe erhält ein geringeres Stundenkontingent als eine weniger tragfähige Gruppe. Dies bedeutet, daß wir die Stunden nicht gleichmäßig über alle Gruppen verteilen, denn ein Einsatz von drei bis vier Stunden in den elf Gruppen, in denen zur Zeit Kinder mit sonderpädagogischem

Förderbedarf unterrichtet werden, erscheint uns pädagogisch wenig sinnvoll. Diesen Überlegungen folgend arbeiten die Sonderpädagogen in zwei oder drei Gruppen mit ca. fünf bis acht Unterrichtsstunden pro Woche. Je nach Absprachen kann dies eine doppelt besetzte Stunde pro Tag oder aber zwei bis drei Zeitblöcke pro Woche bedeuten. Darüber hinaus stehen die Sonderpädagogen den Grundschullehrern und Gruppen ohne sonderpädagogische Doppelbesetzung beratend zur Verfügung.

An der Laborschule haben sich vier verschiedene Kooperationsformen bewährt:

- sonderpädagogische Doppelbesetzung
- Arbeit mit Halb- oder Kleingruppen
- Doppelbesetzung mit zwei Grundschullehrern
- Sonderpädagogische Beratung

Sonderpädagogische Doppelbesetzung

Bewährt hat sich die Mitarbeit der Sonderpädagogen während der täglichen Arbeitszeit. Unserer Vorstellung von «Förderung» entsprechend sind die Förderinhalte (fast) immer an denen des Gesamtunterrichts orientiert und werden durch Maßnahmen der inneren Differenzierung realisiert (vgl. Demmer-Dieckmann 1991). Eine stundenweise Zusammenfassung von Kindern mit sonderpädagogischem Förderbedarf war bisher nicht erforderlich und ist innerhalb des Laborschulkonzeptes wenig wünschenswert. Notwendige Förderungen binden wir in die normalen Arbeiten und Aufgaben der Kinder ein: An ggf. aufbereiteten Sachtexten, die das Kind interessieren und deren Inhalt zum Beispiel für die Arbeit am Themenheft Wale und Delphine wichtig ist, üben wir das Lesen; mit einem Mikrofon und ggf. mit Kassette üben wir das Vorlesen eigener Geschichten für die Stammgruppen- und Jahrgangsversammlungen oder für einen Eltern-Kind-Nachmittag; kleine Briefe, die eigenen Geschichten der Kinder oder Texte zu ihrem Sachthema können je nach individuellen Fähigkeiten mehr oder weniger lauttreu aufgeschrieben oder einem anderen diktiert werden. Neben der Differenzierung nach Interesse sind besonders solche Arbeiten geeignet, die sich «von allein differenzieren» (Selbstdifferenzierung), weil die Kinder die Aufgaben auf ihrem jeweiligen Lernniveau bearbeiten können. Bei lernschwachen Kindern reichen quantitative Differenzierungsmaßnahmen (Stoffumfang oder Zeitaufwand) häufig nicht aus. Notwendig sind qualitative Differenzierungsformen: Differenzierungen des Niveaus der Anforderung und des Komplexitätsgrades. Insbesondere im mathematischen Bereich müssen die Kinder vielfältig mit konkreten und didaktischen Materialien handeln, bevor sie auf die Ebene von Bildern und graphischen Darstellungen wechseln können. Neben didaktisch-medialen Hilfen (Materialhilfen), mit denen sie möglichst selbständig arbeiten können, sind lernstrukturelle oder auch personelle Hilfen bedeutsam. Sind zwei – oder mit Berufspraktikant drei – Pädagogen anwesend, verdoppeln oder verdreifachen sich die Kräfte: Mehr Kinder haben die Möglichkeit, individualisierte Hilfen zu erhalten. Die Lehrkräfte müssen sich absprechen: Wer hilft welchem Kind, damit eine bestimmte Aufgabe kontinuierlich bearbeitet und auch beendet werden kann, ohne daß unnötige Personenwechsel erfolgen. Zwischen notwendiger Förderung (aus Lehrersicht) und dem Selbstkonzept von Kindern besteht ein sensibles Spannungsverhältnis. Zuviel und zu häufige Lehrerhilfe kann bei Kindern auch die Selbsteinschätzungen befördern: Ich brauche immer Hilfe, ich kann nichts allein! Dieser Teufelskreis ist – wenn er einmal aufgebaut ist – nur schwer zu unterbrechen. Statt der Hilfe durch einen Erwachsenen kann in vielen Fällen die «Kraft der Gruppe» genutzt werden: Häufig sind Kinder untereinander sehr gute Helfer, und manchmal sind sie auch die besseren. Der Betreuungslehrer unterstützt die Kinder mit sonderpädagogischem Förderbedarf auch in den Stunden, in denen der Sonderpädagoge nicht anwesend ist. Deshalb kann es – jeweils abhängig von den Kindern und der spezifischen Situation – sinnvoll sein, wenn er dies auch dann tut, wenn der Sonderpädagoge anwesend ist. Betreut der Sonderpädagoge in den Arbeitszeiten überwiegend die zahlenmäßig größere Gruppe der Kinder, die relativ selbständig arbeiten und nur punktuell Unterstützung benötigen, hat der Grundschullehrer Zeit und Ruhe, um ungestört mit Kleingruppen oder individuell mit einzelnen Kindern zu arbeiten. Insgesamt ist uns ein fließender Rollentausch von Regel- und Sonderpädagogen wichtig. Gelingt der Austausch von Kompetenzen und der Tausch der unterrichtsleitenden und stützenden Funktion, erkennt der Betrachter von außen nicht, welcher Pädagoge welche Ausbildung hat.

Arbeit mit Halb- oder Kleingruppen

Da uns ein «normaler» Unterricht sehr wichtig ist, in dem kein Kind besonders, keines isoliert gefördert wird, hat es sich bei uns sehr bewährt, mit wechselnden Halbgruppen zu arbeiten. Mit Halbgruppen können handlungsorientierte Aktivitäten unternommen werden, für die eine ganze Gruppe zu groß ist, z. B. wöchentliches Kochen und Backen, regelmäßige Entspannungseinheiten oder eine Einführung in den Umgang mit dem Computer. Darüber hinaus bieten Stunden, in denen mit Teilgruppen gearbeitet werden kann, günstige Möglichkeiten, um innerhalb eines Vorhabens oder Projektes arbeitsteilig vorzugehen: Für eine Aufführung der Geschichte von «Swimmy» als musikalisches Schattenspiel erarbeitet eine Gruppe die musikalische Umsetzung, während die andere sich schwerpunktmäßig um die Kulissen kümmert. Für eine Zirkusvorführung können in verschiedenen Gruppen die einzelnen Nummern gezielter geübt werden. Während einige Kinder für ein Gruppenfest eine von allen erarbeitete Ausstellung zu einem Projektthema vorbereiten, organisieren andere eine Schatzsuche. Attraktive Vorhaben tragen zur sozialen Integration bei. Die Motivation beim handelnden Lernen ist meistens so groß, daß die Kinder sich auch auf Partner einlassen, mit denen sie sonst eher weniger zu tun haben. Jeder Schüler und jede Schülerin kann sich mit den eigenen Fähigkeiten und Fertigkeiten einbringen und individuell neue Fertigkeiten erlernen. Arbeiten ohne (oder mit nur wenig) Papier und Bleistift, also Arbeitsformen, die für Kinder mit Förderbedarf in besonderer Weise sinnvoll sind, sind in Form von Team-Teaching deutlich leichter zu realisieren. Formen arbeitsteiliger Doppelbesetzung bedeuten ein hohes Maß an Normalität beziehungsweise Normalisierung.

Doppelbesetzung mit zwei Grundschullehrern

Unseres Erachtens muß die Doppelbesetzung nicht in allen Gruppen durch Sonderpädagogen erfolgen (dies negiert sonderpädagogische Kompetenzen nicht). Stunden aus dem Pool für sonderpädagogische Doppelbesetzung können auch von einer zweiten Grundschullehrkraft wahrgenommen werden. Rollentausch und «normale» Unterrichtssituationen bedeuten für uns auch, daß die Sonderpädagogen allein verantwortlich den Unterricht durchführen, nicht nur bei Krankheit oder in Ausnahmefällen, sondern ganz regulär im Stundenplan verankert. Nur so erleben die Sonderpädagogen die Gesamtgruppe in der Alltagssituation, die sonst nur der Stammgruppenlehrer erfährt. Diese «normalen» Unterrichtssituationen geben wiederum Anlässe, um sich über die gesamte Gruppensituation auszutauschen und um gemeinsam realistische Unterrichtsplanungen zu erstellen. Unterrichtet ein Sonderpädagoge z. B. in einer Gruppe drei Stunden allein und fünf Stunden gemeinsam mit einer Grundschulkollegin, reduziert sich in der Folge auch die Anzahl der Gruppen, in denen der Sonderpädagoge tätig wird.

Sonderpädagogische Beratung

Die vierte Kooperationsform umfaßt die – sich an Unterrichtshospitationen anschließende – sonderpädagogische Beratung von Grundschullehrerinnen und -lehrern, in deren Gruppen Kinder sind, die Unterstützung und besondere Betreuung benötigen. Hierbei ist es unwesentlich, ob es sich um Kinder mit festgestelltem Förderbedarf handelt oder ob es um präventive Maßnahmen geht.

Integrative Perspektiven in der Sekundarstufe I

Die integrative Orientierung in der Sekundarstufe I stellt besondere Herausforderungen an die pädagogische Arbeit (vgl. Maikowski 1994). Dazu zählt, daß die fachbezogenen Ansprüche zunehmen und mehr Lehrerinnen und Lehrer in den Stammgruppen unterrichten. Hinzu kommt, daß die Pubertät die sozialen Beziehungen zwischen den Jugendlichen – insbesondere zwischen den Geschlechtern – verändert (vgl. Tillmann 1992). Auch in der Laborschule gibt es immer wieder Unsicherheiten über die Realisierung einer integrativen pädagogischen Arbeit, die möglichst allen Schülerinnen und Schülern einer Lerngruppe gerecht werden soll. Fragen bestehen ferner bezüglich der institutionellen Rahmenbedingungen und Koordination der pädagogischen Förderung in einer Stammgruppe. Ausgehend davon wurde in den letzten Jahren in der Laborschule ein Modell der kooperativen Lernbegleitung erarbeitet, in dem es darum geht, konkrete Fördermöglichkeiten für Schüler im Kontext ihrer Stammgruppe zu entwickeln (vgl. Werning 1996c, Heuser/Schütte/Werning 1997). Dieses Modell soll im folgenden konkretisiert werden.

Kooperative Lernbegleitung

Das von einigen Lehrern entwickelte Konzept der kooperativen Lernbegleitung umfaßt einen Stufenplan. Er beinhaltet die Vorstellungskonferenz, eine Informationsphase, die Förderkonferenz, die Umsetzung des Förderplans und die prozeßbegleitende Reflexion der Förderung. Der erste Schritt zur Bearbeitung einer pädagogischen Problemsituation ist die *Vorstellungskonferenz.* Sie wird einberufen, wenn eine Lehrkraft bei einem Schüler der Stammgruppe einen deutlich erhöhten Förderbedarf wahrnimmt. Im Rahmen dieser Konferenz wird versucht, die Entwicklung des Schülers nachzuzeichnen. Dazu werden alle ehemaligen und gegenwärtigen Lehrerinnen und Lehrer eingeladen. Die mehrperspektivische Auseinandersetzung mit der biographischen Entwicklung, den besonderen Schwierigkeiten, aber auch den Fähigkeiten und Potentialen dieses einen Kindes (bzw. Jugendlichen) steht im Mittelpunkt. Den Abschluß bildet ein Brainstorming über Fördermöglichkeiten für den Schüler. Zur Strukturierung der Konferenz sind die folgenden Leitorientierungen entwickelt worden:

Leitorientierungen für die Förderkonferenz

Fähigkeiten des Kindes	Schwierigkeiten des Kindes
Unterstützende Bedingungen in der Schule	Hemmende Bedingungen in der Schule
Unterstützende Bedingungen in außerschulischen Bereichen (z. B. Familie, Peer-group)	Hemmende Bedingungen in außerschulischen Bereichen (z. B. Familie, Peer-group)
Bisher eher hilfreiche Fördermaßnahmen	Bisher eher kontraproduktive Fördermaßnahmen

Nach der Vorstellungskonferenz werten der Stammgruppenlehrer, der Sonderpädagoge und ein weiterer Lehrer gemeinsam die Ergebnisse aus, diskutieren und entscheiden über das weitere Vorgehen. So wird gefragt, ob Unterrichtsbeobachtungen und/oder förderdiagnostische Verfahren angezeigt erscheinen oder ob Gespräche mit den Eltern, dem Kind selbst bzw. mit externen Beteiligten (z. B. therapeutischen oder sozialpädagogischen Fachkräften) sinnvoll sind. Bei jeder der antizipierten Möglichkeiten ist immer zu fragen: Wie notwendig sind sie für die pädagogische Förderplanung, und welche «unerwünschten» (z. B. stigmatisierenden) Nebenwirkungen können sie hervorrufen? Zu berücksichtigen ist ferner, daß der Schüler nie isoliert, sondern immer im Kontext der Lerngruppe bzw. der familiären Einbettung gesehen werden muß. Es geht nicht um eine individuumbezogene Defizit-Behebung, sondern um die Optimierung der Lern- und Lebensbedingungen in der schulischen und außerschulischen Lebenswelt. Nach der *Informationsphase* werden die gesammelten Erfahrungen zusammengestellt. Hieran schließt sich eine *Förderkonferenz* an, an der alle Unterrichtenden der Klasse teilnehmen. Nun wird gemeinsam ein *Förderplan* erstellt, der sowohl Maßnahmen der individuellen Förderung des Kindes als auch Veränderungen der für das Kind relevanten Rahmenbedingungen der schulischen (evtl. auch außerschulischen) Lebenswelt beinhalten kann. Dieser Förderplan wird mit dem Kind (bzw. Jugendlichen), den Eltern und anderen betroffenen Personen (Therapeuten) besprochen. In der gemeinsamen Arbeit ist dann immer wieder zu überprüfen, ob die entworfenen pädagogischen Maßnahmen sinnvoll sind oder wieder verändert werden müssen. Die Persönlichkeit des Kindes, seine Beziehungen in seiner Lebenswelt wie auch das familiäre, schulische und außerschulische Umfeld verändern sich im Laufe der Zeit. Dies bedeutet, daß sich auch die pädagogische Förderung ständig mit den gegebenen Bedingungen auseinandersetzen muß. In diesem Konzept der kooperativen Lernbegleitung ist es deshalb vorgesehen, in regelmäßigen Abständen von drei Monaten gemeinsam im Klassenteam die integrative Förderung zu reflektieren.

Das Beispiel Tom

Beispielhaft sollen einige Förderorientierungen vorgestellt werden, die für Tom, Schüler im 7. Jahrgang, entwickelt worden sind. Bisher konnten bei ihm die gravierenden Schwierigkeiten im Schriftsprachbereich nicht überwunden werden. Toms Leistungen liegen ca. drei Jahre hinter denen seiner Mitschüler und Mitschülerinnen zurück. Das soziale Klima seiner Lerngruppe ist sehr positiv. Dies ist eine wichtige Voraussetzung für den Förderprozeß; denn Tom fühlt sich hier akzeptiert und eingebunden. Er erhält den Rückhalt und die Sicherheit, die er braucht, um sich auf den erneuten Lernprozeß einzulassen. Im Rahmen unserer intensiven Arbeit bei der kooperativen Lernbegleitung sind drei zentrale Perspektiven der pädagogischen Unterstützung entwickelt worden:

Förderung eines positiven Selbstwertgefühls

Entscheidend hierfür ist es, die eigenen Handlungs- und Problemlösungskompetenzen im gemeinsamen Unterricht zu erfahren. Dies wird zum Beispiel durch die Förderung von Eigentätigkeit im Rahmen von projektorientiertem Arbeiten und durch Formen des entdeckenden Lernens angestrebt. Die Erfahrung «Ich mit meinen Fähigkeiten habe das geschafft!» bzw. «Wir haben das Problem zusammen gelöst!» ist notwendig für die Förderung und Stärkung eines positiven Selbstwertgefühls. Besonders wichtig ist die Planung und Gestaltung von Gruppenaufgaben, von Partnerarbeit und von Tischgruppenarbeit, bei der alle Schülerinnen und Schüler – und somit auch Tom – aktiv und möglichst selbständig arbeiten und sich gegenseitig unterstützen können. Weiterhin wird mit Tom vereinbart, ein Lerntagebuch anzulegen, in das gemeinsam erreichte Lernerfolge unterschiedlichster Art eingetragen werden. Zudem sollen regelmäßige Gespräche über seine Lernfortschritte geführt werden. Mit den Fachlehrerinnen und -lehrern wird vereinbart, im Unterricht besonders auf Toms Stärken (er kann z. B. gut mündlich erklären, Zeichnungen und Skizzen anfertigen) einzugehen.

Unterstützung und Stärkung durch die Eltern

Eine weitere wichtige Förderperspektive ist die Elternarbeit. Die Eltern sollen ermutigt werden, Toms Stärken und Fähigkeiten verstärkt wahrzunehmen und auch kleine Lernfortschritte zu beachten. Ferner ist zu besprechen, welche Anforderungen zur Zeit an Tom gestellt werden können und wie wichtig positive Rückmeldungen und Zuwendung sind, um sein Bild vom «Versager» abzubauen. Auch hier geht es darum, den Wandel von einer Defizit- zu einer Fähigkeitenorientierung anzuregen, um so auch im familiären Bereich eine lern- und entwicklungsförderliche Konstruktion der Wirklichkeit zu erzeugen.

Individualisierte Förderung

Durch spezielle Medien (Kassettenrecorder, Bildmaterial) bzw. Arbeitsaufträge, die nicht an Lesen bzw. Schreiben gebunden sind, soll die Mitarbeit an gemeinsamen Aufgabenstellungen – auch im Fachunterricht – ermöglicht werden. Ferner muß die Passung zwischen dem erreichten Lernniveau im Schriftsprachbereich und der konkreten Förderung optimiert werden. Zu denken ist hier an den Einsatz von förderdiagnostischen Verfahren (z. B. das Inventar impliziter Rechtschreibregeln von Probst [1988]), um angemessenes Fördermaterial für Tom zusammenzustellen, das er im Rahmen der Wochenplanarbeit möglichst selbständig benutzen kann. Dazu gehört die Arbeit mit einer Rechtschreibkartei, mit Kassettendiktaten, tägliche Leseübungen mit einfachen, aber altersgerechten Texten (mit der Lehrerin oder einem Mitschüler) sowie die Arbeit mit der Schreibmaschine. Dabei tippt er eigene, zunächst noch sehr kurze, freie Texte nach der Korrektur durch die Lehrerin ab, um sie dann in einem Ordner zu sammeln. Dieser «Fall» verdeutlicht die personenbezogenen Möglichkeiten der Konstruktion von lern- und entwicklungsförderlichen Bedingungen im Kontext von Tom, seinen Eltern und der Schule. Aus unserer Arbeit in der Sekundarstufe I und den Erfahrungen mit gemeinsamem Unterricht in der Primarstufe haben sich wichtige weiterführende Perspektiven entwickelt, die zum Abschluß skizziert werden sollen.

Ausblick

Wir gehen in unserer Arbeit davon aus, daß eine gute Schulpädagogik gleichzeitig eine gute Integrationspädagogik ist. Die «Pädagogik der Vielfalt in der Gemeinsamkeit» (Preuss-Lausitz 1993, S. 142) kommt allen Schülerinnen und Schülern zugute, denn sie unterstützt und forciert pädagogische Konzepte wie: Binnendifferenzierung, Individualisierung und Orientierung an den Fähigkeiten der Schüler, Offenheit für Eigeninteressen, Sinnlichkeit, Handlungs- und Projektorientierung, Kooperation (bei Schülern wie bei Lehrern), Ganzheitlichkeit etc. (vgl. Preuss-Lausitz 1993; T. Knauf 1995; Werning 1996b). Aus unseren Erfahrungen ergeben sich drei weiterführende Orientierungen:

Sonderpädagogische Grundausstattung sichern
Im Rahmen der integrativen Pädagogik an der Laborschule war es uns ein zentrales Anliegen, individualisierte sonderpädagogische Gutachten und die damit verbundene Etikettierung von Kindern und Jugendlichen zu vermeiden. Wir betrachten es deshalb als Teilerfolg, daß zur Feststellung des sonderpädagogischen Förderbedarfs anonymisierte Kinder- bzw. Jugendlichenportraits geschrieben werden können. Unser Ziel ist es jedoch, auch auf dieses Verfahren zu verzichten und statt dessen eine sonderpädagogische Grundausstattung anstelle der kindbezogenen Stundenberechnung für Sonderpädagogen zu erreichen. Sonderpädagogischer Förderbedarf im Lern-, Verhaltens- und Sprachbereich ist als eine Systemeigenschaft heterogener Lerngruppen anzusehen (vgl. Wocken 1996). Die Bereitstellung sonderpädagogischer Kompetenzen für diese heterogenen Lerngruppen sollte nicht mehr an individuelle diagnostische Etikettierungen (Lernbehinderung, Verhaltensauffälligkeit, Sprachbehinderung) gebunden sein, sondern zur normalen Ausstattung von Schulen gehören.

Altersheterogene Lernmöglichkeiten ausweiten
Wenn man gemeinsamen Unterricht ernst nimmt, muß die Schule sich gegenüber den individuellen Besonderheiten der Schüler öffnen. Kinder und Jugendliche in einer Lerngruppe lernen nicht mehr alle möglichst das gleiche, sondern sie lernen und arbeiten so oft wie möglich miteinander an gemeinsamen Aufgabenstellungen auf der Stufe ihrer je individuellen sensorischen, motorischen, sozialen und kognitiven Entwicklung. Diese Orientierung weiterzuführen bedeutet, über die Ausweitung altersheterogener Lernmöglichkeiten nachzudenken. Denn hierin können wichtige Chancen liegen, Verschiedenheit und Gleichheit im solidarischen Zusammenleben zu erfahren (vgl. den Beitrag von Althoff u. a. in diesem Band).

Teamstrukturen realisieren
Integrative Pädagogik erfordert kooperative Arbeitsstrukturen. Die positiven Erfahrungen der beschriebenen Forschungs- und Entwicklungsarbeit in der Sekundarstufe I haben deutlich gemacht, wie wichtig der kollegiale Austausch und die kooperative Ausrichtung

von Förderkonzepten ist. Um diese sinnvollen und hilfreichen Ergebnisse der kooperativen Lernbegleitung zu sichern, ist die Entwicklung und Förderung von Teamstrukturen notwendig. Hierin liegt die Chance, Überforderungsgefühle, die sich aus einer «Einzelkämpfersituation» ergeben, zu bearbeiten und zu überwinden. Gemeinsam eröffnen sich vielfältige Lern-, Anregungs- und wechselseitige Entlastungsmöglichkeiten bei der alltäglichen Herausforderung, alle Schülerinnen und Schüler auf ihrem individuellen Entwicklungsstand zu fördern.

«Im Haus des Lernens» – so die Bildungskommission NRW (1995, S. 249) – «sollen behinderte Kinder und Jugendliche ihren Platz finden.» Die Laborschule als Schule ohne Aussonderung von Schülern, die Unterstützung in den Bereichen Lernen, Sprache und Verhalten benötigen, hat bereits vieles verwirklicht, was sie diesem Ziel näher bringt. Ob sie sich zu einer Schule weiterentwickelt, die offen ist für wirklich *alle* Kinder und Jugendlichen – also auch solche mit geistiger Behinderung –, wird von den Diskussionen und Entscheidungen der nächsten Zeit abhängen.

Klaus-Jürgen Tillmann

«Autonomie» – eine Schule regelt ihre Angelegenheiten selbst

«Der Alltag der Laborschule ist voll von Problemen, die in Konferenzen verhandelt, aber nicht gelöst werden können.» (Hartmut von Hentig)

Die Diskussion über «Autonomie» der Einzelschule

Was die schulpolitische Diskussion angeht, so dominiert in den 90er Jahren nicht die Strukturdebatte, nicht die Curriculumdiskussion, nicht der Streit um das «richtige» Bildungskonzept. Vielmehr beherrscht seit einigen Jahren die Diskussion um die sogenannte Schulautonomie das Feld. Der Begriff – wörtlich genommen – ist irreführend, denn eine Schule – zumal im staatlichen Schulsystem – kann nicht «autonom» werden. Aber ihre Abhängigkeit von staatlichen Vorgaben und von zentralen Regelungsmechanismen kann erheblich reduziert werden. Und genau darum geht es in dieser Diskussion – um die größere Selbständigkeit der Einzelschule. Die nordrhein-westfälische Bildungskommission (1995) spricht hier von einer «teilautonomen Schule» (S. XXV), in der es zu einer «Balance zwischen eigenverantworteten Entscheidungen vor Ort und weiterhin bestehender staatlicher Gesamtverantwortung» kommen soll. Die größere Gestaltungsfreiheit wird von der Bildungskommission, aber auch von anderen Autoren (vgl. z. B. Furck 1993, Rolff 1995; Tillmann 1995 a, S. 31 ff.) vor allem in drei Bereichen gesehen:

- Die einzelne Schule soll in noch höherem Maße als bisher über ihre *pädagogische Arbeit* selbst entscheiden und auf diese Weise ein unverwechselbares Profil gewinnen. Zentrale Vorgaben – z. B. Lehrpläne, Stundentafeln, Differenzierungserlasse – sind entsprechend zurückzufahren.
- Die einzelne Schule soll einen Einfluß bei der Auswahl des *pädagogischen Personals* erhalten. Statt von zentralen Zuweisungsverfahren abhängig zu sein, sollen Schulen Stellen ausschreiben und entsprechend ihrem Profil und ihren spezifischen Bedürfnissen besetzen können.
- Die einzelne Schule soll die zugewiesenen *Finanzmittel* selbst verwalten können. Diese Selbstbewirtschaftung soll die bisher übliche zentrale Fremdbewirtschaftung (beim Schulträger, beim Land) ablösen.

Die Protagonisten dieses Konzepts gehen davon aus, daß die größere Kompetenz zur Lösung von Problemen nicht in der ministeriellen Zentrale, auch nicht bei der regionalen Schulaufsicht, sondern bei den Beteiligten «vor Ort» liegt. Und sie erwarten, daß durch eine solche Kompetenzverlagerung die Entscheidungen in den Schulen «paßgenauer» werden, daß die Motivation der Beteiligten steigt, daß auf diese Weise ein erheblicher Beitrag zur pädagogischen Qualitätsverbesserung geleistet wird. Diese Annahmen sind nicht unumstritten – insbesondere die Lehrerverbände befürchten einen Rückzug des Staates aus seiner Verantwortung für die Schule (vgl. z. B. Böttcher 1995). Mit einem solchen Konzept der «teilautonomen» Schule wird die bisherige Rolle der Schulaufsicht massiv in Frage gestellt – bis hin zu Überlegungen, sie völlig aufzulösen (vgl. Hoffmann 1995). «Qualitätssicherung» – bisher als Aufgabe einer kontrollierenden Schulaufsicht verstanden – soll künftig institutionell ganz anders verankert werden: Die einzelne Schule soll in systematischer Weise die Qualität ihrer pädagogischen Arbeit selber beobachten (Selbstevaluation). Und sie soll sich in gewissen Zeitabständen der Analyse und Bewertung externer Experten im Zuge einer «Fremdevaluation» stellen (vgl. Rolff 1993, S. 193 ff.; Landesinstitut NRW 1996 a).

Gewiß – dies ist für das Regelschulwesen weitgehend noch Zukunftsmusik, doch die Weichen werden zunehmend in diese Richtung gestellt: In Bremen und Hessen sind die Schulgesetze bereits entsprechend novelliert, in Niedersachsen wird gerade die «schlanke» Schulaufsicht eingeführt, in NRW überlegt die Landesregierung, wie die Empfehlungen der Bildungskommission umgesetzt werden können. Kurz: In verschiedenen Bundesländern werden mehr oder weniger tastende Schritte unternommen, um von der zentral geregelten Schule zur «teilautonomen» Schule zu kommen. All diese Bemühungen haben aber mit dem Problem zu kämpfen, daß es im deutschen Staatsschulsystem für «Autonomie» keine Vorbilder gibt, daß also stets Neuland betreten werden muß. Und genau an diesem Punkt soll hier mit folgender These angeknüpft werden: *Die Laborschule arbeitet seit ihrer Gründung als eine «teilautonome» Schule im staatlichen Schulsystem, so daß langjährige Erfahrungen vorliegen, die die aktuelle Debatte mit einigen praxisgesättigten Anregungen versehen können.* Diese These soll im folgenden gestützt werden, indem zunächst einmal skizziert wird, in welchen Bereichen und in welchem Ausmaß die Laborschule als «teilautonome» Schule bezeichnet werden kann – und in welchen Bereichen nicht. Sodann wird dargestellt, welche Erfahrungen (ermutigende und problematische) mit dieser selbständigen Regelung der eigenen Angelegenheiten gemacht wurden.

Die Laborschule als «teilautonome» Schule: der rechtliche Rahmen

Um die Freiräume der Laborschule zu bestimmen, ist es zunächst notwendig, sich ihren rechtlich fixierten Standort in der Schullandschaft klarzumachen. Zuallererst: Die Laborschule ist keine Schule in «freier Trägerschaft» (wie etwa die Odenwaldschule, die Waldorfschulen), sondern sie ist eine *staatliche* Schule. Sie wird getragen und finanziert vom Land Nordrhein-Westfalen und untersteht auch – freilich in besonderer Weise – der staatlichen Schulaufsicht.

Sie ist eine Versuchsschule mit einem auf Dauer gestellten Entwicklungs- und Erprobungsauftrag; sie ist kein zeitlich begrenzter Schulversuch. Bereits daraus ergibt sich, daß die Laborschule nicht «autonom» sein kann: Sie ist vor allem abhängig von dem Willen der Landesregierung, diese besondere Schule weiterzuführen. Und sie ist abhängig davon, daß das Kultusministerium ihr den notwendigen Versuchs- und Handlungsspielraum einräumt. Die institutionelle Verfaßtheit der Laborschule als staatliche Schule hat somit rechtlich zwei Seiten: Zum einen ist sie – in ihrer besonderen pädagogischen Prägung, in ihrer speziellen Organisationsform – eine Schule *wie keine andere;* und als solche ist sie von ganz vielen zentralen Vorschriften freigestellt. Zum anderen ist sie aber Schule *wie jede andere*, in der Kinder ihre Schulpflicht erfüllen und Lehrerinnen und Lehrer ihren Unterricht erteilen. Deshalb gelten eine Vielzahl schulischer Rechtsverhältnisse (und damit zentraler Vorgaben) in der Laborschule genauso wie in jeder Grundschule und Gesamtschule des Landes. Beide rechtlichen Seiten der Laborschule sollen im folgenden skizziert werden.

Eine Schule wie keine andere

Die Laborschule wurde 1974 aufgrund der Initiative von Hartmut von Hentig als Versuchsschule des Landes an der Universität Bielefeld gegründet und war zunächst im Geschäftsbereich des Wissenschaftsministeriums (nicht des Kultusministeriums) angesiedelt. Als von Hentig Ende der 80er Jahre als Professor (und erster Wissenschaftlicher Leiter der Laborschule) emeritiert wurde, erfolgte eine Neuordnung der Zuständigkeiten, die dann Anfang der neunziger Jahre festgeschrieben wurde. Die gegenwärtig gültigen rechtlichen Regelungen (insbesondere der «Grundlagenerlaß» von 1992) sind im Rahmen dieser Umstrukturierung entstanden. Kernpunkt dabei ist die Aufgliederung der Laborschule in zwei rechtlich selbständige, aber eng miteinander kooperierende Einrichtungen: die Laborschule *als Versuchsschule* (im Geschäftsbereich des Kultusministeriums) und die *Wissenschaftliche Einrichtung Laborschule* (als

Institut der Universität Bielefeld, damit im Geschäftsbereich des Wissenschaftsministeriums). Was die Laborschule als «Versuchsschule» ist, läßt sich relativ leicht beschreiben: Es handelt sich hierbei um die real vorhandene Schule auf dem Universitätsgelände mit ihren 660 Kindern, ihren etwa 70 Lehrerinnen und Lehrern, ihrem weiteren pädagogischen und administrativen Personal, ihren Eltern, ihrer Schulleitung: eine Schule mit einem besonderen pädagogischen Ansatz und besonderen Räumlichkeiten. Aber was ist die Laborschule als «Wissenschaftliche Einrichtung»? Die Antwort ist nicht ganz einfach: Die Laborschule als Schule an einer Universität hat einen Erprobungs- und Versuchsauftrag, den sie in enger Kooperation mit der Erziehungswissenschaft durchführen soll; und diese Erziehungswissenschaft soll dabei an reflektierter Praxiskompetenz gewinnen. In dieser Eigenschaft – als *Universitätsschule* – ist die Laborschule wie keine andere (deutsche) Schule – sie steht hier in einer Tradition, die von John Dewey und Peter Petersen begründet wurde (vgl. Kleinespel 1996). Die «Wissenschaftliche Einrichtung» (WE) ist der Ort, an dem diese praxisorientierte Forschung in Kooperation zwischen Lehrern und Wissenschaftlern betrieben wird. Die WE ist ein Institut der Bielefelder «Fakultät für Pädagogik» – also Teil der Universität – mit eigenem Personal und eigenen Finanzen. Innerhalb der WE arbeiten Lehrkräfte (die dafür stundenweise entlastet werden) und Hochschulangehörige an gemeinsamen Projekten, die sich alle auf die Laborschulpädagogik, ihre kritische Analyse und ihre Weiterentwicklung beziehen. Die Forschungs- und Entwicklungsarbeit der Laborschule wird von einem «Wissenschaftlichen Beirat» kritisch begleitet, der lange Jahre von Wolfgang Klafki (Marburg) und seit 1996 von Ariane Garlichs (Kassel) geleitet wird (vgl. das Interview mit Klafki in diesem Band). Was die Laborschule als «Wissenschaftliche Einrichtung» und damit als Universitätsschule angeht, haben wir es hier mit einem Strukturelement zu tun, das auf andere Schulen nicht übertragbar ist. Zugleich liegt damit aber ein reicher Erfahrungsschatz vor, der sehr gut in die aktuelle Diskussion um Selbst- und Fremdevaluation eingebracht werden kann.

Doch der Grundlagenerlaß regelt nicht nur die Kooperation zwischen Schule und Wissenschaftlicher Einrichtung, er legt noch weitere Besonderheiten der Laborschule fest: Er bezieht sich explizit auf die Grundelemente der Hentigschen Laborschulpädagogik (Stufung, Erfahrungsbereiche, Lernberichte statt Zensuren, Forschung durch Lehrkräfte etc.) und sichert damit den besonderen pädagogischen Ansatz dieser Schule auch juristisch ab. Zugleich wird über den Forschungs- und Entwicklungsauftrag klargestellt, daß die Schule selbst in wissenschaftlich reflektierter Weise ihre Veränderung betreiben soll. Festgelegt wird auch der besondere Einfluß der Laborschule auf die Auswahl des eigenen Personals; dies wird weiter unten genauer beschrieben. Schließlich ist noch die besondere Einbindung der Laborschule in die staatliche Schulverwaltung zu erwähnen: Die unmittelbare Schulaufsicht liegt (wie bei anderen Gesamtschulen auch) bei der Schulabteilung des zuständigen Regierungspräsidenten (RP). Aufgrund der besonderen Stellung der Laborschule werden grundsätzliche Angelegenheiten in der Regel jedoch eher mit RP und Kultusministerium gemeinsam verhandelt. Und noch eine spezielle Regelung: Die Zuständigkeit für die «äußeren» Schulangelegenheiten – also die Schulträgerschaft – liegt nicht bei der Stadt Bielefeld, sondern wird vom Kanzler der Universität wahrgenommen. Daraus ergeben sich einige Besonderheiten, vor allem bei der Verwaltung der Sachmittel, die allerdings nicht durchgängig als «größere Autonomie» gewertet werden können. Soweit also zunächst einmal die besonderen Strukturen, die besonderen rechtlichen Regelungen, die für die Laborschule existieren. Unter dem Autonomie-Aspekt können diese Regelungen eine ganz unterschiedliche Bedeutung haben: Sie können den Freiraum der Laborschule (verglichen mit den Regelschulen) definieren und damit die «Teilautonomie» absichern. Sie können aber auch klare Vorschriften machen und damit die «Teilautonomie» begrenzen. Insbesondere der zentral bedeutsame Grundlagenerlaß wirkt in beide Richtungen: So sichert er auf der einen Seite die Befreiung von allen staatlichen Lehrplänen und von den Regelungen zur Zensurengebung. Zugleich schreibt er aber fest, daß am Ende der Sekundarstufe I die üblichen Abschlüsse – einschließlich Ziffernnoten – zu vergeben sind. Bevor dies im einzelnen ausgeführt wird, ist jedoch die «andere Seite der Medaille» zu skizzieren: Wo gelten in der Laborschule die gleichen Regelungen wie an anderen Schulen?

Eine Schule wie jede andere

Die Kinder, die die Laborschule besuchen, unterliegen der staatlichen Schulpflicht. Die Lehrerinnen und Lehrer, die dort unterrichten, haben fast alle eine 1. und 2. Lehrerprüfung absolviert und den Beamtenstatus erworben. Sie unterrichten im übrigen die gleiche Stundenzahl wie Lehrkräfte an den entsprechenden Regelschulen (Grundschule, Gesamtschule). Lehrkräfte, die in Forschungsprojekten der WE mitarbeiten, erhalten dafür jedoch eine Entlastung. Die Regelungen für die Finanzierung der Lehrmittel, für den Fahrtkostenzuschuß, für die Beurlaubung von Lehrkräften, für die Beihilfe im Krankheitsfall gelten an der Laborschule wie an jeder anderen Schule des Landes. Die in NRW berühmt-berüchtigte «BASS» – die dicke Sammlung sämtlicher Erlasse für die Schulen des Landes – steht auch bei der Schulleiterin der Laborschule griffbereit. Und in dem bereits mehrfach zitierten Grundlagenerlaß ist in einigen Fällen explizit angegeben, welche Gesetze, Erlasse, Verordnungen *auch* für die Laborschule gelten:

– die «Allgemeine Dienstordnung für Lehrer und Lehrerinnen, Schulleiter und Schulleiterinnen an öffentlichen Schulen»;
– die «Allgemeine Schulordnung»;
– der Erlaß über «Organisation und Geschäftsverteilung für Gesamtschulen»;
– das «Schulmitwirkungsgesetz», das insbesondere die Beteiligung der Eltern und die Kompetenzen der Schulkonferenz regelt, findet in leicht modifizierter Form Anwendung.

Darüber hinaus gibt es eine Vielzahl von Bestimmungen, die für alle Beamte, alle Lehrkräfte, alle Schulen – und also auch für die Laborschule – gelten, weil diese generellen Regelungen durch den Grundlagenerlaß nicht berührt werden. Dies mag trivial klingen, ist für die angemessene Einordnung dennoch wichtig: Ob es um die Bezahlung der Lehrkräfte, die feuerpolizeilichen Vorschriften oder die Genehmigung einer Lehrerfortbildung geht – hier ist die Laborschule – was die rechtlichen Regelungen angeht – eine Schule wie jede andere (staatliche) Schule.

Autonomie konkret: Handlungsspielräume in der Praxis

Aus der bisherigen Skizzierung ist deutlich geworden: Die Laborschule ist eine staatliche Versuchsschule, für die aber dennoch ganz viele Regelungen des «normalen» Schulwesens zutreffen. Zugleich gibt es aber Kernbereiche, in denen die Laborschule von den üblichen Vorgaben freigestellt ist, in denen sie eine weit größere Selbständigkeit besitzt als jede andere Regelschule. Dies bezieht sich vor allem auf die *pädagogische Gestaltung* der Schule: Die Laborschule hat den Auftrag, neue Lern- und Arbeitsformen zu erproben; dies schließt Verfahren der Selbstevaluation ein. Dies bezieht sich aber auch auf die Auswahl des *pädagogischen Personals,* weil der Laborschule auch hier ein erweiterter Einfluß zugestanden wird. Beide Felder der gegenwärtigen Autonomie-Diskussion sollen im folgenden – konkretisiert auf die Laborschule – behandelt werden. Auf die Behandlung des dritten Feldes (die selbständige Verwendung von *Finanzmitteln*) wird hier nicht eingegangen, weil es hierzu in der Laborschule allenfalls erste Ansätze gibt (vgl. Landesinstitut 1996b).

Pädagogische Autonomie

Der große Handlungsspielraum der Laborschule in pädagogischen Fragen wird im Grundlagenerlaß abgesichert. Dies bedeutet vor allem, daß die Laborschule frei ist in der Bestimmung ihrer Fächer, ihrer Curricula, ihrer Unterrichtsformen, ihrer Zeitgestaltung, ihrer Leistungsbewertung – und in der Verwendung (der allerdings begrenzten) Lehrerstunden. Dieser pädagogische Handlungsspielraum hängt eng mit dem Forschungs- und Entwicklungsauftrag der Schule zusammen. Die Laborschule – so der Grundlagenerlaß – hat die Aufgabe, «neue Möglichkeiten des Lernens und Zusammenlebens in der Schule zu entwickeln und zu erproben». Damit sind alle

Versuche, neue Wege zu gehen, neue Inhalte zu erproben, rechtlich abgesichert. Sie bedürfen nicht der Genehmigung der Schulaufsicht, sondern lediglich der Absprache innerhalb der Laborschule. Aus Überlegungen und ersten Versuchen in der Alltagspraxis der Lehrkräfte entstehen oft umfassendere Vorhaben. Wenn sie dann als Projekte in das Arbeitsprogramm der «Wissenschaftlichen Einrichtung» aufgenommen werden, erhalten sie auch eine entsprechende Unterstützung durch Entlastungsstunden für projektbeteiligte Lehrkräfte und durch stundenweise Zuarbeiten von studentischen Hilfskräften. Ingesamt bedeutet dies: Die Diskussion um die pädagogische Weiterentwicklung ist in der Schule selbst zu führen und auch dort zu entscheiden. Weder verbietet das Ministerium die Realisierung einer neuen Idee, noch fordert es zu ganz bestimmten Entwicklungen auf. Allerdings erwartet es, daß die Laborschule im Rahmen ihrer Versuchsarbeit zu vorzeigbaren Ergebnissen kommt, die für das Regelschulwesen bedeutsam sind. Um die «pädagogische Autonomie» der Laborschule angemessen einordnen zu können, muß man sich vergegenwärtigen, daß diese hohe Selbständigkeit von Anbeginn an mit einer Art pädagogischer Selbstbindung verbunden war. Die Freisetzung von staatlichen Vorgaben war (und ist) verknüpft mit einem spezifischen «Schulprogramm», mit Hartmut von Hentigs Entwurf einer Schule als «Lebens- und Erfahrungsraum» (vgl. v. Hentig 1995). Mit diesem Konzept wurde die organisatorische Gliederung der Schule festgelegt, zugleich enthält es Grundorientierungen für die pädagogische Arbeit. In seinem vorwärtsweisenden, utopischen und auffordernden Gehalt war und ist dieses Konzept immer wieder auch eine Reibungsfläche für die Lehrkräfte. Gerade in den Anfangsjahren hat es hier viele Auseinandersetzungen gegeben (vgl. Lehrergruppe Laborschule 1977), die jedoch zu einem weitgehenden Grundkonsens geführt haben: Die «Schule ohne Aussonderung», die «Schule als Erfahrungsraum», die «Schule als Polis» wird als Richtungsangabe für die eigene pädagogische Arbeit im Kollegium akzeptiert; gestritten wird jedoch immer wieder neu um die Konkretisierung und Weiterführung dieser Vorstellungen. Schaut man sich unter diesem Gesichtspunkt einmal die pädagogische Entwicklungsarbeit der letzten Jahre an, so kann man – zumindest analytisch – zwei Stränge voneinander unterscheiden: Zum einen geht es (immer wieder neu) darum, an den «alten Aufgaben» zu arbeiten: Wie läßt sich auch im Mathematikunterricht projektorientiertes Arbeiten realisieren (vgl. Wildt 1996), wie lassen sich «Lernberichte» optimal in den pädagogischen Prozeß einbringen (vgl. Bambach 1994; Lübke 1996), wie kann auch der Anfangs-Lateinunterricht erfahrungsorientiert gestaltet werden (vgl. Hansen/Nadolph 1996)? Zugleich geht es in vielen Aktivitäten darum, neu aufkommende Probleme, neue pädagogische Diskussionen aufzunehmen und entsprechende Entwicklungen an der Laborschule zu betreiben. Dies gilt für so unterschiedliche Felder wie die Mädchen- und Jungenarbeit (vgl. Biermann/Schütte 1995; Schmerbitz u.a. 1996) auf der einen Seite, dem Lernen im «Internet» auf der anderen (vgl. den Beitrag von Knopff/Lenzen in diesem Band). Hier zeigt sich dann, daß die pädagogische Grundorientierungen der Laborschule keineswegs hinderlich sind, sich neuen Problemen zuzuwenden und neue Arbeitsformen zu entwickeln.

Festzustellen ist somit: Auch mehr als zwanzig Jahre nach ihrer Gründung wird die «pädagogische Autonomie» der Laborschule von ihren Lehrerinnen und Lehrern intensiv genutzt, um die eigene Praxis voranzutreiben – und damit zugleich Anregungen für das Regelschulsystem bereitzustellen. Die meisten Lehrkräfte, die in diese Arbeit eingebunden sind, arbeiten seit mehr als zehn Jahren an der Laborschule – einige von ihnen sind gar seit dem Start (1974) dabei. Damit stellt sich zunächst einmal die Frage: Wie konnte es gelingen, die Motivation, die Bereitschaft zur konkreten schulischen Reformarbeit immer wieder wachzuhalten? Weil diese eher subjektbezogene Frage von zwei langjährigen Laborschullehrerinnen ausführlich beantwortet wird (vgl. den Beitrag von Döpp/Schulz in diesem Band), kann ich mich im folgenden auf die eher systemische Frage konzentrieren: Welche Unterstützungsnetze und welche kollegialen Arbeitsformen wurden gefunden, um die «pädagogische Autonomie» im Alltag handhabbar und damit pädagogische Entwicklungsarbeit immer wieder möglich zu machen? Hier sind drei Elemente der Laborschulpraxis besonders wichtig:

– Zum einen geht es um die Träger der pädagogischen Entwicklungsarbeit, um die Lehrerinnen und Lehrer: Sie müssen den größeren pädagogischen Handlungsspielraum füllen; dazu bedarf es Zeit und Raum für Diskussionen, Verständigungen, Entscheidungen. Deshalb soll zunächst die *Diskussions- und Konferenzkultur* des Kollegiums dargestellt werden.

– Pädagogische Entwicklungsarbeit bedarf aber auch der systematischen Unterstützung. Als laborschulspezifische Form finden sich hier die Projekte der «Wissenschaftlichen Einrichtung». Dabei geht es um *Forschung, Entwicklung und Evaluation.*
– Auch die Schulleitung hat die Aufgabe, Innovationsprozesse zu stützen, anzuregen, dafür zu motivieren. Für die Ausgestaltung der «pädagogischen Autonomie» ist daher das Verhältnis von *Schulleitung und Kollegium* von großer Bedeutung.

Im Wechselspiel dieser drei Elemente – Kollegium, Schulleitung, Wissenschaftliche Einrichtung – wird in der Laborschule die pädagogische Entwicklungsarbeit betrieben. Dies soll im folgenden skizziert werden.

Diskussions- und Konferenzkultur

Eine Schule, die über die Gestaltung ihrer eigenen Arbeit weitgehend selbst entscheiden kann, die zur ständigen Reflexion des Erreichten (und des Nicht-Erreichten) aufgefordert ist, benötigt Orte der Diskussion und Verfahren der demokratischen Entscheidungsfindung. Beides bedeutet gegenüber der «normalen» Schule zunächst einmal eins: mehr Zeit für Gespräche, mehr Zeit für Konferenzen. An der Laborschule gibt es zunächst die Konferenzen, die für jede Schule in NRW vorgeschrieben sind: die Lehrer- und Lehrerinnenkonferenz, die Schulkonferenz. Wichtig – und laborschulspezifisch – sind die zusätzlich eingerichteten *Teil*konferenzen der Lehrkräfte. In den «Stufenkonferenzen» treffen sich die Lehrerinnen und Lehrer, die in der gleichen Altersstufe unterrichten. Bei Bedarf kann dies weiter in «Jahrgangskonferenzen» unterteilt werden. In den Konferenzen der «Erfahrungsbereiche» treffen sich die Lehrkräfte, die bestimmte Fächer(gruppen) unterrichten. Solche Konferenzen gibt es für Naturwissenschaft, für Mathematik, Sprache, Sozialwissenschaft, Sport, Wahrnehmen und Gestalten. Jede

Lehrkraft gehört mindestens zwei Teilkonferenzen an: einer Stufenkonferenz und einer Erfahrungsbereichs-Konferenz. Jeder Dienstagnachmittag ist für Konferenzen reserviert, die in einem jeweils für das ganze Schuljahr festgelegten Rhythmus tagen. Nimmt man hinzu, daß es neben diesen Konferenzen noch eine ganze Reihe von Arbeitsgruppen gibt (z. B. die Projektgruppen der Wissenschaftlichen Einrichtung), so wird verständlich, warum auch an den Dienstagen die Schule nachmittags nie leer ist.

Diese Teilkonferenzen sind wichtige Basisgruppen und Diskussionsforen für die pädagogische Entwicklungsarbeit. Zum Teil werden dort je «spezielle» Probleme verhandelt: So wird im Erfahrungsbereich Mathematik diskutiert, warum sich nicht alle Lehrkräfte an das verabredete «Kerncurriculum» halten. Und in der Konferenz der Stufe IV geht es wieder einmal um die schwierigen terminlichen Abstimmungen bei den Auslandsreisen der verschiedenen Gruppen. Diese Teilkonferenzen haben aber auch ihre Bedeutung, wenn es um allgemeinere Entwicklungsaufgaben der Schule geht. So fand im Schuljahr 1993/94 eine grundlegende Diskussion über die bisherigen Erfahrungen mit den «Lernberichten» statt. Darüber diskutierte jede Teilkonferenz aus ihrer Perspektive, um dann jeweils einen Erfahrungsbericht zu erarbeiten, der dem Gesamtkollegium in einer «Pädagogischen Konferenz» vorgestellt wurde. Auf dieser Basis wurde dann ein gemeinsames Verständigungspapier verabschiedet: Was wollen wir an unserer bisherigen Praxis beibehalten, was soll geändert werden (vgl. den Beitrag von Thurn in diesem Band)? Diese Arbeitsform ist keineswegs einmalig, sondern wird kontinuierlich betrieben: Jedes Jahr einigt sich das Kollegium auf ein «Jahresthema», das in allen Teilkonferenzen – und abschließend auf einer «Pädagogischen Konferenz» – bearbeitet wird. Sehr häufig sind darin dann Aufgaben- und Fragestellungen formuliert, die in die Arbeit der Wissenschaftlichen Einrichtung einmünden. Die Praxis dieser Konferenzarbeit stößt im Kollegium nicht nur auf Zustimmung, sondern durchaus auch auf Kritik. Ganz ohne Zweifel ist sie zeitaufwendig; sie ist auch nicht immer effektiv und spannend; Leerlauf ist nicht immer zu verhindern. Eine gegenwärtig laufende Untersuchung über «Kommunikation und Kooperation» im Kollegium soll hierüber weiteren Aufschluß geben – und möglicherweise auch Veränderungen anstoßen (vgl. Liermann 1996). Bei aller Kritik im einzelnen läßt sich aber feststellen: Die Ausfüllung der «pädagogischen Autonomie» durch Entwicklungsarbeit, durch Erfahrungsreflexion und schließlich durch Entscheidungen ist ein Prozeß, an dem sich nach wie vor die große Mehrheit des Kollegiums beteiligt.

Welche Folgerungen für die gegenwärtige «Autonomie»-Diskussion lassen sich aus diesem Aspekt der Laborschulerfahrungen ziehen? Zunächst einmal wird deutlich: Eine Schule, die ihre pädagogische Arbeit in umfassender Weise selbst gestaltet, benötigt Zeit für Diskussions- und Aushandlungsprozesse. Wichtig ist nun aber, *wie* diese kollegialen Prozesse organisiert werden. Die Laborschule hat dafür die beschriebene Organisationsform gefunden, andere Schulen werden zu anderen Lösungen kommen. Jede Praxis der kollegialen Kommunikation sollte sich jedoch an zwei (gelegentlich nur schwer zu vereinbarenden) Prinzipien orientieren: Demokratie und Effektivität. Zum einen muß sich eine demokratische Kommunikationskultur herausbilden, so daß für Lehrerinnen und Lehrer immer wieder erlebbar wird, daß die Diskussionen und Entscheidungen in den Konferenzen auch reale Konsequenzen haben. Zum anderen muß immer wieder gefragt werden, wie diese Diskussionsprozesse so effektiviert werden können, daß möglichst selten der Eindruck von «Zeitverschwendung» auftritt: Wie können Mehrfachdiskussionen vermieden werden, wie können Sitzungen (etwa durch schriftliche Vorlagen) optimal vorbereitet werden, wie kann eine Ballung von Konferenzterminen zu bestimmten Zeitpunkten verhindert werden? Unter beiden Aspekten – dem Demokratie- und dem Effektivitätsanspruch – wird die Konferenzpraxis der Laborschule von den Lehrkräften auch immer wieder kritisiert. Daher ist es *auch* Aufgabe einer selbstreflexiven Schule, die eigene Konferenzpraxis immer wieder kritisch in den Blick zu nehmen und über Verbesserungen nachzudenken.

Forschung, Entwicklung, Selbstevaluation

Eine Besonderheit der Laborschule besteht darin, daß Lehrerinnen und Lehrer hier die Möglichkeit haben, ihre eigene pädagogische Praxis durch kooperative Forschungsarbeit kritisch zu prüfen und weiterzuentwickeln. Die Ressourcen für diese Forschungs- und Entwicklungsarbeit sind in der «Wissenschaftlichen Einrichtung» (WE) gebündelt: In Kooperation zwischen Schule und Universität wird jeweils für zwei Jahre ein «Forschungs- und Entwicklungsplan» erarbeitet. Unter zuvor beschlossenen Schwerpunkten (z. B. «Öffnung der Schule», «Mädchen-Jungen-Arbeit») können sowohl Lehrkräfte als auch die Angehörigen der WE Projektanträge stellen. Wird ein Projekt genehmigt, so erhalten die beteiligten Lehrkräfte eine angemessene Unterrichtsentlastung («Forschungsstunden») – außerdem kann ein solches Projekt stundenweise eine studentische Hilfskraft beschäftigen. Über die Projektanträge wird im Kollegium ausführlich diskutiert, die Gesamtkonferenz gibt dazu ein Votum ab. Sodann werden die Anträge dem Wissenschaftlichen Beirat vorgestellt, der auf einer zweitägigen Sitzung mit allen Antragstellenden diskutiert und dann Empfehlungen ausspricht. Auf der Basis beider Voten wird dann der endgültige «Forschungs- und Entwicklungsplan» aufgestellt. Weil alle Projektanträge im Kollegium diskutiert werden und weil das Votum der Lehrerkonferenz für die weitere Entscheidungsfindung bedeutsam ist, heißt das auch: Das Kollegium muß sich in diesem Prozeß darüber verständigen, *welche* pädagogischen Entwicklungen, *welche* Analysen es für wichtig hält. Doch nicht nur die Kollegiums-Perspektive wird hier eingebracht: Weil alle Projektanträge auch dem Wissenschaftlichen Beirat vorgelegt werden, wird auch ein kritischer Blick von außen auf die Anträge geworfen. Hier müssen die Antragstellenden vor allem verdeutlichen, in welchem schulpädagogischen Diskussionskontext sie ihr Projekt ansiedeln – und welche Bedeutung die von ihnen angestrebten Arbeitsergebnisse für das Regelschulwesen haben können. Am Ende dieses Entscheidungsprozesses bilden sich Projektgruppen, die für zwei Jahre ein Thema bearbeiten. Diese Gruppen bestehen meist aus zwei oder drei Lehrkräften, häufig werden sie durch einen universitären Wissenschaftler ergänzt. In dem jetzt laufenden «Forschungs- und Entwicklungsplan» (1995–1997) gibt es 18 Projekte, in denen insgesamt 38 Lehrerinnen und Lehrer der Laborschule arbeiten – mit ihnen kooperieren insgesamt 14 Hochschulangehörige. Das bedeutet: Mehr als die Hälfte des Kollegiums ist gegenwärtig in diese Forschungs- und Entwicklungsarbeit eingebunden – sie arbeiten als «Lehrer-Forscher» (vgl. von Hentig 1989; Döpp 1997). Als Themen werden dabei z. B. bearbeitet:

- Werkstattangebote in der altersgemischten Eingangsstufe;
- Lehrerbildung in der Primarstufe: Kooperation mit der Lernwerkstatt in der Universität;
- Integration von Kindern mit «sonderpädagogischem Förderbedarf»;
- «Learning for Europe»: Weiterentwicklung des Reisecurriculums;
- Dokumentation von Projekten im sozialwissenschaftlichen Unterricht;
- Persönlichkeitsstärkung «unauffälliger» Kinder;
- Absolventenbefragung: Wie wird die Laborschule bewertet?

Die Arbeitsformen und das methodische Vorgehen in diesen Projekten sind sehr unterschiedlich, doch stets finden sich auch evaluative Elemente. Solche Formen der Selbstevaluation beginnen bei Projekten, die auf die Dokumentation und Entwicklung von Curricula angelegt sind: Indem Lehrerinnen und Lehrer neue Inhalte und Arbeitsformen erproben, indem sie Unterricht gemeinsam planen und durchführen, ihre Erfahrungen aufzeichnen und miteinander diskutieren, betreiben sie zugleich eine kritische Bewertung ihrer eigenen Arbeit. Sie tragen zudem zum curricularen Wandel an der Laborschule bei (vgl. z. B. Lenzen 1993; Hollbrügge/Kraaz in diesem Band). In anderen Projekten wird die pädagogische Entwicklungsarbeit mit methodisch ausgewiesenen Formen der Unterrichtsanalyse verknüpft. So wurden z. B. im koedukativen Sportunterricht systematische Interaktionsbeobachtungen durchgeführt, die dann zu einem veränderten Curriculum führten (vgl. Schmerbitz/Schulz/Seidensticker 1993). Schließlich gibt es Projekte, die auf die «Evaluation institutioneller Handlungsbedingungen und -folgen» (Döpp 1997) angelegt sind; bei ihnen tritt der Entwicklungsaspekt –

zumindest vorübergehend – in den Hintergrund. Zu solchen Projekten ist z. B. die – seit 1985 jährlich – durchgeführte Absolventenstudie zu rechnen (vgl. Wischer 1996; Kleinespel/Wischer in diesem Band). Die Bewertungen und Einschätzungen, die die Laborschule hier durch ihre Absolventen erhält, sind ein wichtiger Gradmesser für die Qualität ihrer Arbeit. Nun fallen diese Rückmeldungen aber nicht nur positiv auf, sondern verweisen gelegentlich auch auf Schwachpunkte. Wenn z. B. ein Fach in der Beliebtheit der Absolventen von Jahr zu Jahr sinkt, so wird damit auf Probleme verwiesen, die zu analysieren und zu beheben wären. Die Selbstevaluation – von der NRW-Bildungskommission (1995, S. 191 ff.) massiv in die Diskussion gebracht – ist somit seit vielen Jahren integraler Bestandteil der Laborschularbeit. Sie läßt sich weit überwiegend dem Evaluationstyp des «Entwicklungs-, Planungs- und Revisionsmodells» (Dalin 1996, S. 313 ff.) zuordnen, weil die Selbstevaluation in den eigenen Schulentwicklungsprozeß eingebunden ist. Die meisten der in der Laborschule angewandten (oder auch weiterentwickelten) Verfahren sind – bei entsprechender fachlicher Beratung – von den Lehrkräften selbst zu handhaben. Eine gesonderte sozialwissenschaftliche Kompetenz muß erst dann dauerhaft hinzugezogen werden, wenn (wie etwa bei der Absolventenstudie) mit komplexen Formen der Datenerhebung und -analyse gearbeitet wird.

Zusammenfassend läßt sich hier feststellen: Was die Ausfüllung der «pädagogischen Autonomie» angeht, so verfügt die Laborschule durch ihre «Forschungs- und Entwicklungspläne» über ein versuchsschulspezifisches Instrument, auf das andere Schulen nicht zurückgreifen können. Dennoch sind bestimmte Arbeitsansätze und -erfahrungen für die Regelschulen – wenn sie denn selbständiger werden sollten – durchaus interessant. Das gilt z. B. für die zeitlich begrenzte Installierung von Projektgruppen, die ein spezifisches Entwicklungsproblem der Schule bearbeiten. Auch die (selbständiger gewordene) Regelschule wird begrenzte Möglichkeiten haben, den Lehrkräften, die in solchen Gruppen mitarbeiten, Stundenentlastungen zu gewähren. Bewährt hat sich in der Laborschule die präzise Benennung des Entwicklungsauftrags und ein ausreichend definierter Zeitrahmen. Danach kann das Kollegium dann erwarten, daß differenzierte Entwicklungs- und Erprobungsergebnisse vorgelegt werden. Bewährt hat sich auch die Kooperation zwischen Lehrkräften und Wissenschaftlern in solchen Projektgruppen. Dies ist an einer Universitätsschule natürlich besonders leicht herzustellen, ist jedoch auch für viele andere Schulen möglich: Wer z. B. die eigene Schule für die Praxisbetreuung von Hochschullehrern öffnet, hat ganz gute Chancen, die Wissenschaftler(innen) auch für eine Projektberatung zu gewinnen. Bescheidene finanzielle Ressourcen (etwa für Fahrtkosten, für schulinterne Lehrerfortbildung) lassen sich nicht selten durch Nachfragen bei der Schulaufsicht, bei den Landesinstituten oder auch bei den Hochschulen auftreiben. Künftig wird die (selbständiger gewordene) Einzelschule hierfür über einen eigenen Etat verfügen. Was die Verfahren der Selbstevaluation angeht, so sind in jüngerer Zeit mehrere Erfahrungsberichte und Handreichungen erschienen, in denen Methoden dargestellt werden, mit denen auch «normale» Lehrkräfte ihre eigene pädagogische Arbeit kritisch analysieren können (vgl. Kroath 1991; Altrichter/Posch 1994; Beck/Scholz 1995). Kurz: Die Idee, die eigene Schulentwicklung durch «Lehrer-Forscher» anzuregen und voranzutreiben, ist für die Regelschule sehr wohl adaptierbar, auch wenn gerade hier die Bedingungen der Laborschule so sehr anders sind.

Schulleitung und Kollegium

Eine Schule braucht einen festen Organisationsrahmen; innovative Entwicklungsprozesse, die auf eine veränderte Praxis zielen, setzen hingegen flexible Strukturen voraus. An diesem Widerspruch scheitern in vielen Schulen Reformansätze; auch die Laborschule muß mit diesem Widerspruch umgehen: Zum einen sind Routinen auszubilden, ist der Alltagsbetrieb zu sichern, finden sich auch in der Laborschule immer wiederkehrende Normalitäten. Auf der anderen Seite dürfen diese Routinen und Normalitäten nicht so dominant werden, daß sie das Reformengagement behindern oder gar Innovationen blockieren. Mit diesen widersprüchlichen Anforderungen müssen alle Laborschul-Beteiligten leben, eine besondere Herausforderung steckt darin jedoch für die Arbeit der Schulleitung. Das ist in der Laborschule ein Team von fünf Personen, das in der alltäglichen Arbeit etwa von folgendem Rollenverständnis ausgeht: Der Alltagsbetrieb ist zu organisieren – gewiß; doch zugleich geht es immer auch darum, innovativen Prozessen zuzuarbeiten, sie anzuregen und zu koordinieren. Dies schließt ein, auch administrative Umsetzungsprozesse so weit wie möglich in das Kollegium zurückzubinden, den immer wieder zu vollziehenden Balanceakt zwischen «Sicherung des Alltagsbetriebs» und «Unterstützung von Innovationen» möglichst breit abzusprechen. In der Laborschule fungiert als Steuergruppe für solche Prozesse die «Koordinationskonferenz» – dort ist jede Teilkonferenz (Stufen, Erfahrungsbereiche) vertreten. Bei ihr gehen z. B. alle Vorschläge zur Unterrichtsverteilung, zur Terminplanung, zur Verteilung von Haushaltsmitteln ein. Diese Konferenz tagt in der Regel einmal im Monat mit der Schulleitung – und zwar stets in dem Bemühen, Probleme einvernehmlich zu regeln.

Die Rolle der Schulleitung bei Entscheidungsprozessen zu pädagogisch-organisatorischen Fragen läßt sich an einem Beispiel aus dem Schuljahr 1995/1996 gut verdeutlichen: Auch die Laborschule ist – wie alle anderen nordrhein-westfälischen Schulen – von Verschlechterungen in der Lehrerversorgung betroffen. Weil bei gleichbleibender Schülerzahl ein rechnerischer «Lehrerüberhang» von fünf Stellen abzubauen war, galt es, das Programm der Schule entsprechend umzubauen. Dies hört sich zunächst eher stellentechnisch an, hat jedoch erhebliche pädagogische Konsequenzen; denn es stellt sich damit die Frage, welche Elemente der Laborschulpädagogik beibehalten werden sollen und welche aufgrund verschlechterter Lehrerversorgung aufgegeben werden müssen. Um gegenüber einem so einschneidenden Problem rechtzeitig konzeptionelle Vorstellungen zu entwickeln, legte die Schulleitung dem Kollegium im Sommer 1995 mehrere Modelle vor: größere Lerngruppen oder weniger Unterrichtsstunden oder weniger betreute Freiarbeit – oder von allen Maßnahmen etwas. Diese Vorschläge wurden zunächst in den meisten Teilkonferenzen diskutiert, bevor eine Gesamtkonferenz dazu stattfand. Dort wurde diskutiert, welche Elemente der Laborschulpädagogik keineswegs preisgegeben werden dürfen, an welchen anderen Stellen hingegen Einsparmöglichkeiten gesehen werden. Es zeigte sich, daß hierzu im Kollegium äußerst unterschiedliche Meinungen vertreten wurden, an die sich auch Fach- und Stufeninteressen knüpften. Angesichts dieser kontroversen Diskussion wurde die sofortige Einführung eines der vorgeschlagenen Modelle abgelehnt. Vielmehr wurde für das laufende Schuljahr eine pragmatische Übergangslösung gefunden; zugleich wurde beschlossen, die Entwicklung eines neuen Konzepts zum «Jahresthema» des nächsten Schuljahrs zu machen. Gegenwärtig befindet sich die Schule in diesem Diskussionsprozeß; ein Konferenztag dazu hat bereits stattgefunden. Inzwischen zeichnen sich einige neue Vorschläge ab – so z. B. eine weitgehende Autonomie der Jahrgangsteams in der Verfügung über das ihnen zustehende Stundenkontingent. Die Schulleitung steuert diesen Prozeß z. B. durch Einberufung von Konferenzen, durch Formulieren von Anträgen und durch die Weitergabe von Zwischenergebnissen. Sie bringt auch eigene Vorlagen ein und wirbt um Mehrheiten dafür. Zugleich ist sie aber auch bereit, eigene Vorstellungen zurückzustellen, wenn die Mehrheit des Kollegiums ihnen nicht zustimmt. Auf jeden Fall sorgt sie dafür, daß zu einem bestimmten Zeitpunkt eine mehrheitlich getragene Entscheidung vorliegt.

Welcher Bezug zur aktuellen Diskussion über «Schulautonomie» läßt sich hier ziehen? Diese öffentliche Diskussion erweckt gelegentlich den Verdacht, daß es nicht um die Stärkung der einzelnen Schule, sondern vor allem um eine Stärkung der Schulleitungs-Macht geht (vgl. z. B. Arbeitsgruppe Niedersachsen 1996). Doch eine Schule, in der lediglich die Schulleitung stärker wird, ohne daß das Kollegium erweiterte Handlungsfähigkeiten und Kompetenzen entwickelt, wird sich nicht auf Experimente und Neuerungen einlassen (vgl. Rolff 1993, S. 192). Hier können die Formen, die in der Laborschule für das Zusammenspiel zwischen Kollegium und Schulleitung gefunden wurden, als Gegenbeispiel dienen: eine «pädagogische Autonomie», die – in je unterschiedlichen Rollen – von Kollegium und Schulleitung gemeinsam gestaltet wird.

Personelle Autonomie

Als die Laborschule 1974 gegründet und weiter ausgebaut wurde, wurden die Lehrerstellen (die zugleich als Forscherstellen verstanden wurden) bundesweit ausgeschrieben. Die Bewerberinnen und Bewerber stellten sich in mehrtägigen Kolloquien der Auswahlkommission. Dabei ging es vor allem darum festzustellen: Sind die künftigen Lehrkräfte bereit, das besondere pädagogische Konzept der Laborschule zu tragen und weiterzuentwickeln, sind sie an der Forschungs- und Entwicklungsarbeit interessiert? Die Entscheidungen der Auswahlkommission wurden von der Einstellungsbehörde auch dann akzeptiert, wenn die Bewerber(innen) keinen «normalen» Lehramtsabschluß vorweisen konnten. Auf diese Weise wurde das Kollegium durch Theaterpädagogen, Künstler, Pfarrer, Literaturwissenschaftler «angereichert» – einige von ihnen sind noch heute an der Laborschule tätig. Für die siebziger Jahre läßt sich wohl sagen, daß so etwas wie eine «personelle Autonomie» bestanden hat. 1978 war die Laborschule voll ausgebaut, von dem Zeitpunkt an bestand lediglich noch ein Ersatzbedarf: Nur wenn jemand die Schule verließ, wurde eine neue Lehrkraft eingestellt. Schließlich ist anzumerken, daß seit den 80er Jahren auch in Nordrhein-Westfalen eine massive Lehrerarbeitslosigkeit herrscht, die zu zunehmend engeren Regelungen führte und auch die Einstellung in der Laborschule eng an die Kriterien zentraler Verteilungen (Notenschnitt etc.) band. Betrachtet man die rechtliche Lage heute, so hat die Laborschule aufgrund des Grundlagenerlasses einen – allerdings bescheidenen – Einfluß bei der Stellenbesetzung: Freie Stellen sollen innerhalb Nordrhein-Westfalens ausgeschrieben werden. In Kenntnis der Bewerbungsunterlagen – und auf der Basis von Bewerbungsgesprächen – hat die Laborschule (genauer: haben der Wissenschaftliche Leiter und die Schulleiterin) das Recht, einen Besetzungsvorschlag vorzulegen. Die Entscheidung über die Besetzung trifft dann die Schulaufsicht. Wie eine optimale Nutzung dieser bescheidenen Rechte aussieht, läßt sich an einem Beispiel verdeutlichen: Ende 1996 fand im Rahmen der Besetzung der stellvertretenden Schulleitung ein schulöffentliches Hearing statt, in dem sich die

Bewerber(innen) vorstellten. Über die Eindrücke bei dieser Vorstellungsrunde wurde anschließend von Schülern, Lehrern und Eltern gemeinsam diskutiert. Vor diesem Hintergrund formulierten Wissenschaftlicher Leiter und Schulleiterin ihren Besetzungsvorschlag, der jetzt der Schulaufsicht vorliegt. Bei einem solchen Verfahren hat die Laborschule zwar einen gewissen Einfluß, aber keine Entscheidungskompetenz. Viele Lehrerinnen und Lehrer sind der Meinung, daß die jetzige Form der Stellenbesetzung weit hinter die «basisdemokratischen» Verfahren der Anfangszeit zurückfällt. Insbesondere wird kritisiert, daß dem *Kollegium* überhaupt kein formeller Einfluß mehr eingeräumt wird. Insofern hat die Laborschule hier an «Autonomie» deutlich verloren – geblieben ist aber: Die Leitung der Laborschule hat bei der Auswahl ein Wort mitzureden – gegen ihr ausdrückliches Votum wurde bisher niemand an der Laborschule tätig.

Mit der Skizzierung dieser Situation wird eine Problemlage deutlich: Schulexperimente wie die Laborschule sind darauf angewiesen, daß engagierte Lehrerinnen und Lehrer diesen Versuch tragen und weiterentwickeln. Nur wenn ein Kollegium sich dauerhaft mit dem eigenen Reformkonzept identifiziert, wird eine Versuchsschule erfolgreich arbeiten können. Deshalb muß eine Versuchsschule ein elementares Interesse daran haben, sich ihre Lehrkräfte selbst auswählen zu können. Es wäre daher ein großer Fortschritt, wenn einige der Vorschläge, die die NRW-Bildungskommission gemacht hat, auch in der Laborschule bald verwirklicht werden könnten:

- Die Personalauswahl und -entscheidung findet in der Schule – und nicht in übergeordneten Verwaltungen – statt.
- Versetzungen und Abordnungen werden zwischen den beteiligten Schulen geregelt.
- Schulleitungsmitglieder werden – bei großem Einfluß des Kollegiums – auf Zeit gewählt (vgl. Bildungskommission NRW 1995, S. 326 ff.).

Aufgrund der Altersstruktur des Kollegiums wird auch in der Laborschule etwa vom Jahr 2005 an eine Pensionierungswelle einsetzen; spätestens dann sind Personalentscheidungen in großer Zahl zu treffen. Die Laborschule wird aus diesem Generationenwechsel nur dann neue Kraft schöpfen können, wenn es gelingt, kompetente, engagierte und reformfreudige Lehrerinnen und Lehrer zu gewinnen, die diese Versuchsschule weiterentwickeln *wollen*. Für eine solche Auswahl ist jedes zentrale Verfahren ungeeignet; hier ist vielmehr dringend erforderlich, daß der Schule Kompetenzen zurückgegeben werden, die sie in ihren Anfangsjahren schon einmal besaß.

Fazit

Wolfgang Klafki führt in seinem Interview (in diesem Band) aus, daß die nordrhein-westfälische Bildungskommission bei ihrer Empfehlung für eine größere Selbständigkeit der einzelnen Schule sich durch erfolgreiche Reformschulen – so auch durch die Laborschule – angeregt und bestätigt gesehen hat. Eine genauere Betrachtung der Laborschule zeigt, daß eine solche Einschätzung völlig zutreffend ist – allerdings nur für eines der drei gegenwärtig diskutierten Felder von «Autonomie»: für die *pädagogische Selbständigkeit*. Hier hat die Laborschule gezeigt, daß sich eine vorzeigbare Pädagogik entwickeln läßt, gerade *weil* die bekannten staatlichen Vorgaben – vom Lehrplan über die Stundentafel bis zu den Zeugnisregelungen – fehlen. Und es konnte gezeigt werden, mit welchen Formen der kollegialen Kooperation und der Selbstevaluation ein solcher Handlungsspielraum ausgestaltet werden kann. Weit weniger umfassend sind die Erfahrungen in den beiden anderen Feldern von «Autonomie»: Der Einfluß auf die *Auswahl des eigenen Personals* wurde deutlich zurückgeschraubt, Bemühungen um eine größere *finanzielle Selbständigkeit* sind noch sehr in den Anfängen. Nun öffnet jedoch das NRW-Bildungsgutachten die Perspektive, daß sich gerade in diesen Feldern im Schulwesen insgesamt etwas verändern könnte. An diesen Veränderungen würde auch die Laborschule gern partizipieren.

Hartmut von Hentig

Lernen in anderen Räumen – die Gebäude der Laborschule

Erste, nicht verwirklichte Vorstellungen

Wenn ich einen Gast durch die Laborschule geführt habe, bleibt davon meistens irgendwo auf einer Tafel eine merkwürdige Figur zurück: ein Gebilde, das aussieht wie einer der Pappkämme, mit deren Hilfe wir als Kinder Muster auf die mit Kleisterfarbe bedeckten Bögen malten. Der Kamm an der Tafel ist mein Versuch, dem Besucher zu erklären, wie es zu dem so offenkundig anfechtbaren Gebäude der Laborschule gekommen ist. Als 1970 die Ur-Planer der Schulprojekte (die Planungsgruppe Oberstufen-Kolleg + Laborschule, abgekürzt POL) ans Werk gingen, war ihre erste Aufgabe, einen Entwurf der beiden Schulen vorzulegen, auf den hin die Genehmigung zur Weiterplanung erteilt werden sollte. Aus diesem Entwurf sollte gleichzeitig die Ausschreibung für die Architekten hervorgehen. Denn – das war das Neue – während die Schulen gebaut würden, sollte ihre pädagogische und wissenschaftliche Arbeit vorbereitet werden – in den Aufbaukommissionen, die aus künftigen Lehrern bestanden. Als ich die Idee der Schule entwarf, hatte ich auch eine Vorstellung davon, wie diese gebaut sein müsse. Jene Vorstellung hat schon die zweite Phase der Planung nicht überlebt. Die Hoffnung, sie könne in der dritten wieder lebendig werden, war eitel – eitel im doppelten Sinn des Wortes, denn ich war und bin noch immer ein wenig verliebt in sie und bediene mich ihrer, wenn mich der mitleidige Blick der Besucher trifft, die ich umherführe. Der Blick sagt: Wenn du jene Schule willst (die du mir da erklärst), warum, in aller Welt, hast du sie ausgerechnet so gebaut?

Die Sache ist kompliziert.

Die Laborschule sollte vor allem eine pädagogische Schule werden, soweit sich das irgend machen ließ. «Pädagogisch» heißt: für Kinder und für das gewünschte Lernen bekömmlich. Verwaltung, Wissenschaft, Ästhetik, Architektur, die Lehrerbildung, die Öffentlichkeit und ihre Erwartungen sollten dem dienstbar sein. Die Laborschule sollte außerdem mit neuen, auch gänzlich ungewöhnlichen und also riskanten Möglichkeiten experimentieren, sofern sie pädagogisch plausibel zu begründen waren. Wenn nun unser Schulgebäude die folgenden drei Bedingungen erfüllte, wäre es sowohl offen für weitergehende Versuche als auch erheblich «pädagogischer» als alle anderen mir bekannten:

– Erstens muß jede Lerngruppe die Möglichkeit haben, sich mit ihrer Aufgabe an einen vor Störung und, wenn nötig, Einblick geschützten, sagen wir «neutralen» Lernort zurückzuziehen.
– Zweitens kann jede Lerngruppe diesen Lernort jederzeit wieder verlassen und die Arbeit unterbrechen, hat also, herkömmlich gesprochen, die Möglichkeit, «Pause zu machen», ohne daß die Arbeit der anderen Lerngruppen beeinträchtigt wird.
– Drittens kann jede Lerngruppe mit jeder anderen oder jeder Zahl von anderen «unter Dach» oder «draußen» zusammenkommen.

In einer Skizze, die die *Idee* veranschaulicht, nicht etwa die ja noch zu findende *architektonische Lösung*, sieht das so aus:
– wie ein grober Kamm.

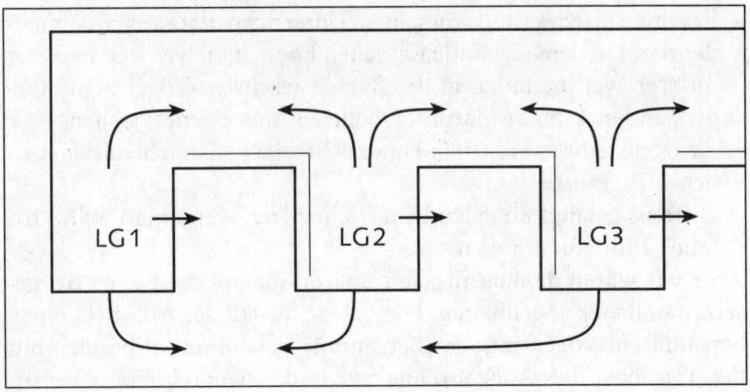

Wäre diese Idee erfüllbar gewesen, ich wäre in die Geschichte der Pädagogik als ein radikaler Reformer eingegangen. Ich hätte das Grundgesetz gebrochen, das alle Schulen beherrscht: daß alle Schüler zur gleichen Zeit lernen und zur gleichen Zeit Pause machen. Die Folge dieses Gesetzes sind gleich lange Unterrichtseinheiten (von 45 oder 50 oder 60 Minuten) mit gleichzeitigen und gleich langen Zwischenphasen. Seit Jahrhunderten geht darum eine große – vielleicht sogar die größte – Anstrengung der Lehrer in das Kunststück ein, den Gegenstand so zu stauchen oder so zu strecken, daß er in diese Einheit paßt – eine Bemühung, die weder dem Gegenstand noch der Pädagogik zugute kommt. Die Verwirklichung meiner Idee war angeblich sowohl zu teuer als auch an dem 1971 neu festgelegten Standort nicht möglich: Es durfte kein geschichteter Bau sein. Immerhin: im kleinen Haus erkennt man noch die Spuren davon, insbesondere wenn man das Gebäude aus der Luft oder vom 7. Stockwerk der Universität aus betrachtet.

Die zweitbeste Lösung – sie kam erst in der Auseinandersetzung mit den Architekten zur Sprache, schien mir diese zu sein: Baut mir eine große Halle – «wie die Montagehalle eines Volkswagenwerks» hatte ich unvorsichtigerweise gesagt –, ungegliedert, ein Schutz gegen unser unfreundliches Klima und billig, so nämlich, daß wir die an der Außenhülle gesparten Mittel für eine von uns selbst zu schaffende, veränderbare Binnengliederung und Möblierung verwenden können. Wiederum habe ich drei Bedingungen gestellt – diesmal sogar schriftlich:

- Erstens soll jedes Kind von seinem Unterrichtsplatz aus (wo immer der dann in dem Gebäude ist) sehen können, daß es sich in dieser unserer Welt befindet, in der Bäume wachsen, Vögel herumfliegen, andere Häuser (darunter vielleicht sein eigenes) stehen.
- Zweitens gibt es an jedem Unterrichtsplatz ausreichendes natürliches Tageslicht.
- Drittens gelangt an jeden Unterrichtsplatz, wenn man will, «frische» Luft von draußen.

Aber wir waren damals allesamt unerfahren mit deutschen Baugesetzen und Gepflogenheiten. Die Tatsache, daß der Architekt einen bestimmten Prozentsatz der Bausumme bekommt, verbunden mit der Tatsache, daß Außenarchitektur und Innenarchitektur bei öffentlichen Bauaufträgen stets getrennt vergeben werden, führte dazu, daß die «billige Hülle» aufwendig wurde, für die Innenausstattung fast kein Geld übrigblieb und auch die ausdrücklich abgelehnte Gliederung im Inneren fest eingebaut wurde. Statt

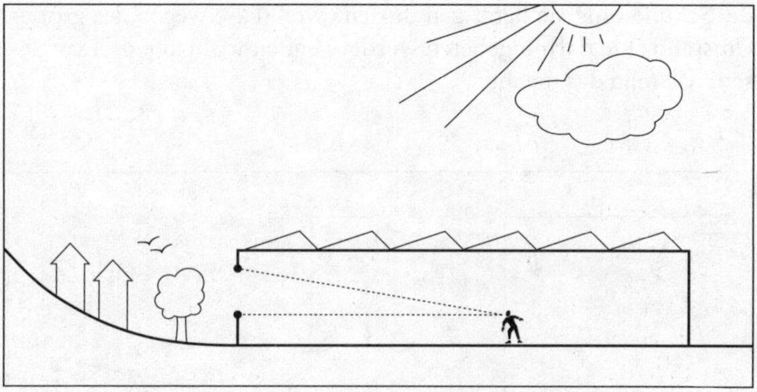

– bekamen wir

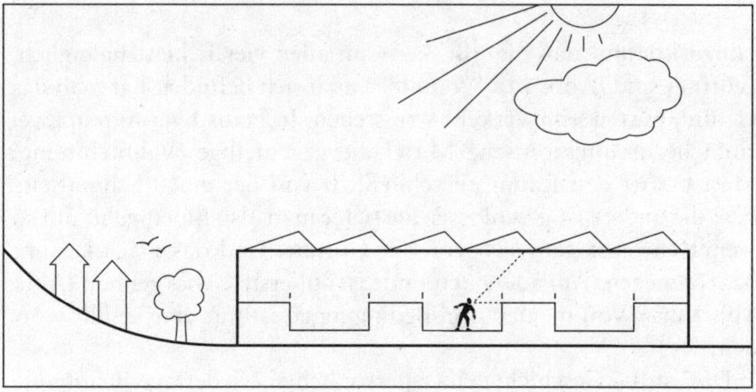

eine Auf-und-Ab-Montagehalle mit drei Trocken-Swimming-Pools, aus denen Ausblick nur für sehr große Menschen und nur hier und da gewährt wird, bei guter Zufuhr von Tageslicht und einer nicht ebensolchen von Frischluft, weil die automatische Temperatursteuerung durch das Öffnen der vorhandenen Dachklappen durcheinandergebracht wird – mit der Folge, daß nur Gottvater, der Hausmeister und die Schulleitung sie betätigen dürfen. Weil diese wegen des großen Umstands nie darum gebeten werden, haben wohl alle drei vergessen, wie man das macht.

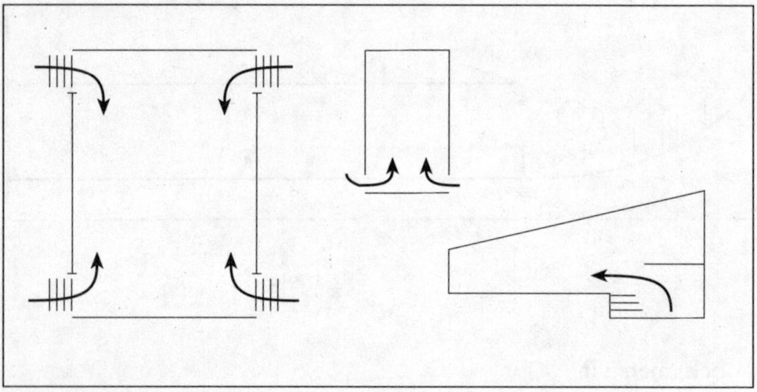

Hinzu kommt, daß die «Becken» an allen vier Ecken zugänglich, geöffnet sind (Abb. 4a). Wo immer man sich befindet, hat man das Gefühl, mitten «im Verkehr» zu stehen. In Haus I vermitteln zwei einfache architektonische Mittel die gegenteilige Wahrnehmung. Man betritt den Raum ausschließlich von der einen Schmalseite her; die andere ist geschlossen; je tiefer man also hineingeht, um so weiter entfernt man sich von der Unruhe. Und das Dach kommt dem entgegen: Am äußersten Ende ist äußerste Geborgenheit (Abb. 4b). Kurz: Von meinen drei Bedingungen ist nur eine erfüllt worden.

Das ist die Geschichte einer persönlichen Niederlage. Ich *wußte* ja, wie wichtig das Haus für die Pädagogik ist, die darin gemacht werden soll. Ich hätte meine Nase viel tiefer hineinstecken, viel zäher auf Erklärung, Veranschaulichung, Begründung und Auswahlmöglichkeiten drängen, viel entschlossener kämpfen sollen. Vieles hat mich daran gehindert, vornehmlich aber das Bedürfnis, die Kollegen zu ihrem Teil entscheiden und Verantwortung tragen zu lassen. Die Baukommission hatte besondere Aussicht, ihre Sache gut zu machen, und ich wurde ja an so vielen anderen Fronten gebraucht. Hat das Unverständnis, haben die Mißverständnisse einen bestimmten Grad erreicht, werden aus Problemen Kampffronten. In einer frühen Darstellung für die Zeitschrift «Bauwelt» kann man nachlesen, welche «Planungsgrundsätze der Architekten» aus den «Planungsgrundsätzen der Pädagogen» geworden sind:

– Einhaltung des Finanzierungsrahmens (240 DM/m^3)
– Begrenzung der Betriebskosten (keine Klimatisierung) natürliche Belichtung (500 lx) und Ausblick von jedem Punkt der Unterrichtsflächen
– Werkstatt-Charakter der Unterrichtsflächen: Konstruktionen und Installationen sichtbar, einsichtig und lehrhaft machen

etc. bis hin zu

– Benutzbarkeit aller Oberflächen
– keine Vortäuschung architektonischer Lebendigkeit durch Design, sondern Vor- und Freihalten der Raumbegrenzung für die Aktivitäten, die aus dem Unterricht kommen
– Einbeziehung von Bau- und Raumteilen wie Wand, Boden, Decke, Treppe, Rampe, Straße, Hof in die Erfahrung der Umwelt.

Dies ist mehr als die Übersetzung unklarer idealistischer Wünsche in die Gußformen und Ökonomie einer funktionalistischen Architektur, es ist die Kapitulation der demokratischen Laiengremien vor den Baulöwen, vor Ungeheuern wie der Nordrhein-Westfälischen Hochschulbau- und Finanzierungsgesellschaft m.b.H. und der Landesentwicklungsgesellschaft Nordrhein-Westfalen; es ist vor allem auch eine Folge des Ausscheidens des phantasievollen, empfindsamen und darum für die Gesellschafter unbequemen Architekten Ludwig Leo.

Der Großraum – die Idee und die Funktion

Nach den Plänen des Planungskollektivs Nr. I Berlin (Geist, Göpfert, Maier, Moldenschardt, Spangenberg, Vogt, Werhan) haben ihn sich wohl nur wenige genau vorstellen können. Vielleicht erklärt das die Erlösung, die sich auf den Gesichtern und in den Gesprächen ausdrückte, als wir im Herbst 1973 den unfertigen Bau zum ersten Mal betraten. Was für einen Unterricht wir hier abhalten würden, war ohnehin noch unklar, und so war viel gewonnen, wenn der Raum als solcher angenehm war, nicht nur offen, sondern unsere Einbildungskraft öffnend und belebend. Er war es in hohem Maß – weit, licht, von einem Ende zum anderen überschaubar. Auf einem «Wich» stehend, sah ich sogar den geforderten Baum vor der entfernten Fensterwand. Noch gab es keine Geländer, keine Installationen, keine Farben und natürlich noch keine Möbel; alles atmete Gestaltungsfreiheit, wirkte groß und großzügig. Nur dem Miesepeter oder dem, der eine genaue andere Vorstellung gehabt hatte, kamen Einwände. Und es gab natürlich alsbald lauter gute Gründe, mit denen diese aus dem Felde geschlagen werden konnten. Was ich die «Trockenschwimm-Bassins» genannt habe, ist (a) notwendig, weil man sonst alles hätte unterkellern und überhaupt zweistöckig hätte bauen müssen: Zugänge, Klos, Garderoben, Lagerräume, Verteiler für Heizung und Luft mußten ja irgendwo sein; die dadurch entstehenden «Wichs» (b) – so nennen die Architekten die erhöhten Galerien, die die «Felder» umgeben, in Analogie zu den Aufhäufungen, die einen Acker begrenzen, und die in einigen Teilen Deutschlands Knicks oder auch Feldrain heißen – sind psychologisch wichtig, geben Übersicht, machen aus einer Ebene eine Landschaft, eine «Lernlandschaft», womit das Wort geboren war, das den Enthusiasten ebenso wie den Kritikern half, mit ihren Emotionen fertig zu werden.

Ein Jahr später ging es um die Farben. Orangerote Geländer und Heizungen, braunrot getönter Teppichfußboden, weiße Bausteine und grauer Sichtbeton. Nur mit großer Anstrengung und Konfliktbereitschaft war zu verhindern, daß im Großraum weitere Farben verwendet wurden, womöglich Schreifarben, wie sie damals Mode waren. Man trug in jenen Jahren den Mut zur Farbe wie den Mut zum Fortschritt. Meine Vorstellung war: die Kinder, die Projekte, die Tätigkeiten sind bunt, und ihre Buntheit wird schön, wenn sie auf einem neutralen Hintergrund erblüht. Eine besondere Anfechtung waren die bundespostgelben Blechschränke – nur aushaltbar, solange sie in den Gängen unter den Wichen standen. Später wurden sie zur Binnengliederung (und besseren Überwachung) auf die Felder geholt. In meinem Herzen habe ich jedem Schüler, der einen von ihnen zur Strecke brachte, fünf Mark gegeben.

1974 im Herbst dann der Einzug: Glückliche Erwachsene (weil es nun endlich losging), 120 glückliche Kinder (weil das Los sie unter Hunderten ausgewählt hatte) wohnten sich auf zwei Feldern des großen Hauses ein – auf natürliche Weise, indem sie das Mobiliar aufstellen, die ersten Ordnungen herstellen, die Reviergrenzen festlegen; etwas künstlich, indem sie Stufen, Klos, Türen, Mülltonnen zählen, die Längen, Breiten und Höhen von allem ausmessen, Ausgänge ausfindig machen. Ich erinnere hieran, weil wir damals einen tiefen Affekt für diesen Raum gefaßt haben, der uns solche Gestaltungsmöglichkeiten einräumte. Wir haben darüber – und wegen der spontanen Identifizierung der Laborschul-Pädagogik mit dem Großraum – verdrängt, daß dieser einen ganz anderen Grund und alsbald auch ganz andere Folgen hatte. Der eigentliche, der beim Erfinder der Laborschule durchschlagende Grund war, daß diese Experimentalstation der Erziehungswissenschaft Versuche mit den wichtigsten, damals als variabel erkannten Bedingungen vornehmen sollte. Lloyd Trump hatte in den USA die Theorie von der Notwendigkeit ganzer «didaktischer Systeme» aufgestellt. Das hieß nichts anderes als: Um einen Unterricht zu machen, der nicht nur (unterschiedliches, aber im wesentlichen in Wörtern aufzubewahrendes) Wissen «vom volleren Gefäß in das leerere umfüllt», um mich des deutlichen Bildes des Sokrates zu bedienen, sondern auch praktische Fertigkeiten, Einstellungen, Erfahrungen vermittelt, muß man mehr als nur ein Element – den Gegenstand und mit ihm den Fachlehrer – wechseln: die Dauer, den Ort, die Mittel, die Abfolgen, die Verfahren, den Stil des Unterrichts und nicht zuletzt die Anordnung der Personen und die Gruppengröße. Die deutsche Schulklasse und der in ihr abgehaltene

Unterricht sehen in der Grundschule und auf der Oberstufe, in Französisch und in Physik, beim Begegnen mit dem Gegenstand wie beim Üben in der Regel gleich aus. Wann wäre es für das Lernen der Sache X, für das Wohlbefinden, die Gerechtigkeit, die Ökonomie, die Nutzung einer besonderen Lerngelegenheit und die gegenseitige Schonung besser, allein oder zu zweit oder zu zwölft oder zu sechzig Personen zu sein? Niemand hatte damit Erfahrungen, und niemand konnte sie haben, weil unsere Schulen nach einheitlichen Richtlinien für Klassen zwischen 25 und 35 gebaut sind. Sollte die Laborschule hier praktische Erkenntnisse einbringen, mußte sie große Räume haben, die man allenfalls unterteilen kann, nicht kleine Standardräume, deren Wände man einreißen müßte – von meinem Blick auf den Baum da draußen ganz abgesehen. Aber auch die Anordnung der Räume, das Verhältnis von allgemein nutzbaren zu spezialisierten Flächen konnte pädagogisch wichtig werden: Weil große Wasserbecken und ein für Wasser unempfindlicher Fußboden, weil elektrische Stecker und stapelbare Holzpodeste, weil Stellwände und das «Gefälle» vom Wich zum Feld vorhanden sind, kann die sogenannte Stammfläche (auf der eine Gruppe zu Hause ist) zum Theater, zur Apfelgelee-Fabrik, zu einem Ausstellungsgelände, zu einer Zeitungsredaktion, zur Vorlese-Ecke mit Teeküche werden – und so für die ganze Zeit des «Projekts» bleiben, ein wenig, gewiß, zu Lasten der Gruppe, die hier «wohnt», aber auch in ihrem Schutz. Auf der Stammfläche können die Elternabende stattfinden (mit den Kindern zusammen sind es selten weniger als 40 Personen), wozu man ein Stück des Nachbargebiets hinzuerbittet; ja, es kann der ganze Jahrgang Versammlung auf der Fläche abhalten und etwas vorführen. Im sogenannten Grünen Buch (von Hentig u.a. 1971), das neben der ersten umfassenden Beschreibung der Laborschule vor allem den Stellen-, Zeit-, Flächen- und Flächennutzungsplan enthält, wurde eine noch viel kühnere Hypothese zur Erprobung gestellt:

> «In Block I wird aller Unterricht auf der Stammfläche erteilt. In Block III sind fast alle Tätigkeiten auf spezialisierte Funktionsflächen verteilt. Den Übergang bildet Block II mit Stammflächen und Funktionsflächen» (ebenda, S. 59).[1]

Hier verlangte die «Stufung» vom Lebensraum Schule über die Erfahrungsbereiche (die eine erste Untergliederung der erfahrbaren Welt vornimmt) zur Ausbildung der wissenschaftlichen Disziplinen oder «Schulfächer» eine völlig andere Raumgestalt – eine, in der für 24 Stammgruppen unterschiedliche Übergangsformen nebeneinander möglich sind, jedenfalls bis zur Widerlegung der Hypothese von den Vorteilen dieses Systems. All diese mit dem Experimentalauftrag zusammenhängenden Gründe für einen Großraum hatten – über die Brücke der pädagogischen Idee – eine Nähe zu dem, was ich ohne Abschätzigkeit die Ideologie des Großraums nenne. In den endsechziger Jahren wurden alte Gehäuse aufgebrochen, die man unbedacht oder ängstlich in die neue Zeit gerettet hatte und in denen jedenfalls die Jüngeren sich eher eingeengt als richtig untergebracht fühlten. «Die Wand» war das Symbol von falscher Eingrenzung, von Trennung, von Hierarchie und unaufgeklärtem, unpolitischem Fürsichseinwollen. «Kommunikation», «Transparenz», «Mobilität», «Flexibilität» waren nicht nur Glaubens- und Kampfwörter, sie trugen der neuen Gesellschaft, dem Gesetz ihrer wirtschaftlichen, wissenschaftlichen, sozialen Entwicklung Rechnung. Wer sich nur von der Bevormundung durch die sogenannten herrschenden Schichten befreien und nicht auch von alten Ordnungssystemen, Einteilungen, Schutzbedürfnissen «emanzipierte», hatte die entscheidenden Veränderungen verpaßt. («Wand» wurde später zu einem Schlüsselwort der LS-Pädagogik: etwas, was Schutz gibt, Anlehnung gewährt, Widerstand leistet, Grenzen setzt.) Der Großraum war nicht nur Sinnbild, sondern vielmehr die Erfüllung einer neuen, auf Verständigung, «Konfliktaustrag», gegenseitige Beobachtung angelegten Lebensform. Aber je nachdem, ob man «gegenseitige Beobachtung» mit «Achtung» oder mit «Kontrolle» übersetzt, wird etwas völlig anderes daraus. Ich habe mich lange weder für noch gegen den Großraum als Lern- und Lebensraum entscheiden können. In einer Zeit leidenschaftlicher Parteinahme für oder gegen neue Ideen wirkte das wie eine blamable Schwäche. Wenn ich auf die Gründe zurückgreife, die die Versuchsschule für den Großraum geltend macht, bin ich kein guter Anwalt der Versuchsschule, zumal nicht, seit feststeht, daß wir dem Versuch in die Falle gegangen sind: Aus diesem Gebäude kommt die Laborschule nicht mehr heraus! Es ist also wichtig, daß diese

Hypothese bejaht wird, wie immer die Wirklichkeit aussieht. Die Hypothese (nicht die Ideologie) hat vier zum Teil von mir aus den USA importierte, zum Teil selbst ausgedachte, zum Teil von der Planungsgruppe POL entwickelte Elemente:

Erstens (das habe ich bei Jan Jacobs in seinem Buch «Tod und Leben großer amerikanischer Städte» gelernt) hat die Öffentlichkeit eine zivilisierende Wirkung: Wo das Auge vieler jederzeit hinreicht, geht es human zu. (Noch immer hat es genügt, wenn ich mein Fenster geräuschvoll öffnete und dadurch die Schüler auf dem Spielplatz vor der Laborschule daran erinnerte, daß sie beobachtet wurden, um ärgerliche Grobheiten und Drangsalierungen zu beenden; wenn zwei Schüler in der Schule miteinander kämpften – was täglich vorkam – und ich nicht auf den ersten Blick ausmachen konnte, ob es ernst war, blieb ich einfach stehen und schaute zu; ich habe daraufhin nie eingreifen müssen; meistens sagten mir die umstellenden Schüler: «Du kannst ruhig weitergehen, Hartmut, hier passiert nichts!» oder meine Anwesenheit hatte für sich schon die Kampfwut gedämpft.) In der Großraumschule gibt es unter dem öffentlichen Auge und Ohr keine brüllenden Lehrer und keine Schüler, die sich so benehmen, daß dem Lehrer nur der verzweifelte Aufschrei bleibt. In den hochberühmten Gymnasien, an denen ich Schüler und Lehrer – und beides gern – war, gab es hinter verschlossener Tür oft laute, unwürdige, unglückliche Dramen, und nie kam ein Kollege einem anderen zu Hilfe; das wäre ja für diesen beschämend gewesen, wie es das kunstvoll herbeigeführte Einschreiten des Direktors war. Befreiend wirkte auch dieses nicht, und darum wäre es doch letztlich gegangen!

Zweitens will die Laborschule ihre Schüler «auf die Welt vorbereiten, wie sie wirklich ist, ohne sie ihr zu unterwerfen, wie sie wirklich ist». Ein großer Teil des Lebens des größeren Teils dieser Schüler wird sich in Situationen abspielen, die denen des Großraums der Laborschule ähneln. (Einem Klassenzimmer ähnelt nichts außer einem Klassenzimmer!) Man muß sich in Anwesenheit anderer, die anderes tun, konzentrieren können, ein gewisses Maß an Bewegung und Geräusch hinnehmen und insbesondere sich selbst so verhalten, daß man die übrigen nicht stört. Ich nenne das: lernen, sich gemeinsame Verhältnisse, Mittel und Güter zu teilen. Die Zeit, der Raum, die Stille, die Aufmerksamkeit der anderen sind solche Güter. Eine

Schwester der Wahrnehmung der anderen und ihrer Bedürfnisse ist die Konzentration auf die jeweilige eigene Sache. Die Lehrer wie die Schüler müssen sich diese an der Laborschule mit einiger Anstrengung sichern. Aufmerksamkeit wird ihnen und ihrem Gegenstand nicht von allein zuteil – beispielsweise dadurch, daß nichts anderes zugelassen worden ist. Im alten Klassenraum «herrschte» die Stimme des Lehrers buchstäblich; im Großraum müssen sich die Lehrenden die Zuwendung der Schüler mit Blick und Geste, Bewegung und Tonfall zuziehen – und die Schüler auch. Es entsteht so zwischen Perioden der Distanz und Entspannung eine besondere Intensität des gegenseitigen Austauschs – gefördert durch eine entsprechende Sitzordnung, beispielsweise im engen Sitzkreis auf dem Fußboden, so daß niemand lauter reden muß, als er zu seinem Tischnachbarn redet. Wer in unserer bewegten und lärmerfüllten Welt nicht gelernt hat, sich sein Stück Ruhe zu erobern – durch verständige Absprache mit den anderen oder durch innere Schutzvorkehrungen –, der wird es schwer haben: *Andere* werden ihm die Stille der Library of Congress nicht bereiten.

Drittens hatten wir die Hoffnung, es werde sich die Geborgenheit in der kleinen Stammgruppe mit der Öffnung zur größeren Gemeinschaft – den zum gleichen Jahrgang gehörenden Gruppen, der Stufe, der Schule insgesamt – verbinden; ja, wie uns die Kinderpsychologie lehrt: aus der Sicherheit im «Ställchen» (= auf der heimischen Fläche) soll sich die Neugier für die Welt entwickeln, und umgekehrt: aus der Unbegrenztheit Freude und ein deutliches Verantwortungsgefühl für das eigene hervorgehen. Am leichtesten ist dies heute im Haus I bei den Kleinen zu beobachten, wo die Stammgruppe sich mal ganz fest zusammenschließt, sich mal auflöst, so daß einzelne Schüler verschiedener Gruppen sich mischen, und sich mal absichtsvoll und geordnet mit den anderen Stammgruppen versammelt. Die Schüler sollten sich zu dem Lehrer und der Gruppe begeben, deren didaktischer Stil ihnen je am meisten zusagt. Das bedeutet zugleich: die eigene Gruppe während dieses Unterrichts verlassen und damit ein beachtliches Stück «Verselbständigung» wagen. Diese Erwartung hat sich auch sonst nicht erfüllt. Für die ersten sechs Jahrgänge der Laborschule (die samt und sonders «Seiteneinsteiger» waren) hat das Bedürfnis nach Stammgruppen-Geborgenheit das Bedürfnis nach Steigerung und angemessenem Unterrichtsverfahren bei weitem überwogen. Für die späteren Jahrgänge kam ein solcher Gruppenwechsel schon deshalb nicht in Frage, weil die Gruppen fast nie zur gleichen Zeit das gleiche machen oder aber strenge Tischgruppensysteme herrschen, die auch innerhalb der Stammgruppe die Beweglichkeit einschränken. Neben den Argumenten von der humanisierenden Öffentlichkeit, der Unterstützung des Stufungs- und Realitätsprinzips und der Emanzipation auch von der eigenen Gruppe gab es ein Mischargument für den Großraum:

Viertens ist es sowohl pädagogisch wie ökonomisch begründet, daß die «Verkehrswege» in die Lernflächen einbezogen werden. Man gewinnt einerseits die vielen Quadratmeter Schulkorridor, die am Tage nur für wenige Augenblicke benutzt werden, man gewinnt andererseits etwas, was ich zunächst nur abstrakt mit «Bewußtsein vom Ganzen» benennen und später anhand von Ludwig Leos Entwurf veranschaulichen kann (siehe unten). In Wirklichkeit hat uns die Einbeziehung der Verkehrswege nur wenig eingebracht; sie erfüllen auch an der Laborschule die Funktion, die sie anderwärts haben; sie dienen als Verteiler zwischen den Unterrichtsstunden; sie sind von den Unterrichtsflächen deutlich getrenntes «Niemandsland», auf dem man sich ohne Rücksicht auf die eigene oder die fremde Gruppe treffen kann; sie sind, wie mir scheint, nur unwesentlich kleiner als an anderen Schulen.

Nachteile, Nebenwirkungen, Nichtvorhersehbares

Den aufgeführten Chancen des Großraums stehen offenkundig oder gar direkt mit ihnen verbundene Nachteile gegenüber. Wenn die Erziehung zur Rücksicht *nicht* gelingt (sie kommt ja nicht automatisch durch den sie verlangenden Raum zustande), dann hat man eine dreifache Einbuße: Es wird weniger – beispielsweise – Latein gelernt, als man vorhatte; es kommt nicht zu der gewünschten sozialen Erfahrung (etwa von der gegenseitigen Rücksicht); man hat schließlich das Gefühl, in einer verkehrten Einrichtung zu sein – einer Einrichtung, die über ihre eigenen Voraussetzungen schlecht verfügt. Und das macht mißmutig. Der Lärm *ist* zuweilen schwer erträglich. Kommt er irgendwo auf, bemächtigt er sich meistens des ganzen Hauses. Aber in der Mehrzahl der Stunden an der Mehrzahl der Tage in der Woche ist das Haus ruhig, herrscht eine unverkrampfte, gelassene, freundliche Arbeitsatmosphäre. Es ist deutlich, daß der Großraum die Gruppen- und Einzelarbeit begünstigt. Er bringt gleichsam die ihm angemessene Didaktik hervor: zu Beginn der Stunde die Erklärung des neuen Phänomens, eine Probelösung der mit ihm gestellten Aufgabe, Einteilung der Personen und Anweisung für die Arbeit, Rückfragen – und dann geht es in die Klein- oder Kleinstgruppen, und der Lehrer leistet ambulante Hilfe. Dies muß nicht so sein; viele Lehrer verfahren anders – aber nicht ohne Einbuße und Schwierigkeit.

Daß man nichts abschließen kann, daß also alle Dinge jederzeit Beute der anderen Kinder werden können, hat nicht dazu geführt, daß diese nichts Kostbares, Verletzliches, Privates mehr aufstellen. Im Gegenteil: Von Jahr zu Jahr hat sich der Respekt vor den Sachen der anderen erhöht. Es ist bewegend zu sehen, mit welchem Vertrauen manche Gruppen und Lehrer auf ihren Flächen und Plätzen Bilder, Pflanzen, Modelle, Geräte, Bücher, Ordner stehenlassen. Es gibt Übergriffe, aber es gibt auch die deutliche Erfahrung: Je sorgfältiger ein Bereich geordnet, eine Karte gemalt, eine Tafel beschrieben, eine Pflanzenkultur gepflegt ist, um so besser schützt sie sich selbst. Eine Zeitlang hatten die Stammgruppen das Bedürfnis, ihr Revier lückenlos gegen das der anderen abzugrenzen, es möglichst uneinnehmbar zu machen. Die Schränke, in denen die Schüler ihre Sachen unterbringen, wurden aus den Gängen herauf auf das Feld geholt und zu chinesischen Mauern zusammengebaut. Die von unten aus Haus I Heranwachsenden haben dieses laborschulwidrige System gebrochen und mit Hilfe der Jahrgangsversammlung die Offenheit wenigstens auf ihrem Feld wiederhergestellt. Auf den anderen Feldern hat die Verwaltung, man weiß nicht ob aus eigenen Stücken oder von Eltern dazu aufgefordert, erst unzulässige Phonstärken gemessen, dann während der Ferien Zwischenwände und schalldämpfende Soffitten eingezogen – gegen unseren Protest. Die

Erwartung, die Wände könnten mehr Schall schlucken, als die Kinder hervorbringen würden, wenn man ihnen die gegenseitige Rücksicht abnimmt, haben wir nicht geteilt. Nur eines gewährt auf die Dauer Schutz gegen den Lärm im Großraum: wenn ich *sehe*, daß es andere gibt, die mein Gelächter, Gejohle und Geklappere jetzt stört.

Kurz: die Schwierigkeiten des Großraums sind nicht nur überwindbar, sie sind ein wichtiger Anlaß zu wichtiger Pädagogik. Unvermutet war, daß auch der Großraum an dem teilhaben würde, was ich den heuristischen Versuchsauftrag der Laborschule genannt habe. Kaum hatten wir die Schule bezogen, brach die Budenepidemie aus. Ich zitiere aus einem früheren Text:

> «Auf den Flächen haben die Kinder Buden gebaut. Dies geschah schon am zweiten Tag, so daß man nicht sagen kann: dies sei die verständliche Folge des Großraums. Eher ist es wohl so, daß der Großraum Buden zu bauen erlaubt – und das nicht nur physisch. Man kann sich hier von den anderen in einer Bude absetzen, ohne sich von ihnen zu isolieren. Die Buden müssen nach der Vorstellung der Kinder uneinsehbar und schwer zugänglich sein und (genau wie die von der einen Stammgruppe eingerichtete Diskothek und Coca-Cola-Bar) fast vollkommen dunkel» (von Hentig 1976, S. 69 f.).

Die Buden haben nicht nur den Seelenzustand der Kinder aufgedeckt, die aus anderen Schulen und unserer fast schon *brave new world* zu uns kamen – den Seelenzustand des unbehausten Menschen der Moderne überhaupt, der in die Höhlen der Vorzeit, den dunklen Mutterschoß zurückkriechen will –, sie haben auch den Großraum und unseren Umgang mit ihm auf die Probe gestellt.

Alles, was nicht «Stammfläche» ist

Neben den alten Unterscheidungen zwischen gut und böse, wahr und falsch, männlich und weiblich, natürlich und künstlich, oben und unten kommt heute die zwischen *allgemein* und *spezialisiert* den Menschen am häufigsten in den Sinn und in die Quere. Sie ist theoretisch und praktisch (eine nicht minder geläufige Unterscheidung!) schwierig. Nicht zuletzt deshalb und weil es wichtig ist, daß Menschen verstehen, daß sie keine Wahl zwischen beidem haben und welche Gewalt das eine über das andere übt und wieviel politische und philosophische Hexerei damit getrieben wird, haben wir das Verhältnis von «allgemein» und «spezialisiert» zum Grundpensum beider Schulprojekte gemacht. So steht es in den Gründungsschriften; die Gemeinsamkeit von Laborschule und Oberstufen-Kolleg springt dort noch mit der Eindringlichkeit frischer Systematik ins Auge. Im Bewußtsein der Lehrer an der Laborschule ist wenig davon geblieben. Am Oberstufen-Kolleg lebt das Problem in den noch ungelösten Aufgaben des Ergänzungsunterrichts weiter. An dieser Stelle ist davon die Rede, weil das Flächenprogramm eine Unterscheidung trifft, die hierin, wenn nicht ihren Ursprung, so doch eine Stütze hat: zwischen Stammflächen und Funktionsflächen. Stammflächen (das sieht man daran, daß die Stufe I ganz auf solchen untergebracht ist) sind jedenfalls nicht besonderen Aufgaben zugewiesen; Funktionsflächen (das sieht man an Stufe III[2]) gehen je in einem Unterrichtsfach auf. Auch architektonisch sollte das zum Ausdruck kommen:

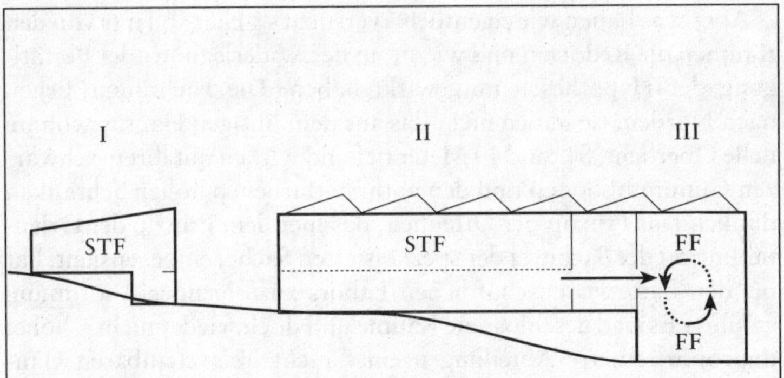

Am Hang oben Stufe (oder Haus) I, ohne direkten Zugang zu Funktionsflächen, in der Mitte Stufe II auf Stammflächen mit direktem Zugang zu Funktionsflächen und unten von Funktionsfläche zu Funktionsfläche wandernd die Großen der ehemaligen Stufe III (Jahrgänge 7 bis 10). Das Lernen sollte nun der Gliederung und den Gesetzen der Sachen unterworfen werden. Daß diese, dem abfallenden Gelände folgend, in zwei Stockwerken übereinander untergebracht sind und sich dabei in einer plausiblen Anordnung folgen:

– unten: Metall- und Holzwerkstätten/Physik/Chemie/Biologie
– oben: «Projektfläche» (bildende und darstellende Künste) Musik
– davor gelagert: Foto- und Drucklabors,

scheint auszudrücken: Dies alles treibt der Mensch mit Erfolg, macht es sich und seinen Zwecken dienstbar, aber um den Preis, daß er es trennt, daß er nicht am selben Ort Mechanik und Musik, Biologie und Bühnenkunst treiben kann. Daß die Großen auch eine Stammfläche brauchen, war im Grunde schon nicht mehr zu übersehen, als die ersten Jahrgänge im 7. Schuljahr eingezogen und zwei Jahre weiter waren. Die hartnäckige Hoffnung, das pädagogische Prinzip der Stufung rein zu verwirklichen und dies in einer entsprechenden Nutzung des Gebäudes zum Ausdruck zu bringen (oder sich von ihm bestätigen zu lassen), hatte sich zunächst an die Tatsache geklammert: Diese Schüler, die sechs Jahre lang von anderen Schulen geprägt waren, könnten wohl nicht ohne «Stammfläche» auskommen; die späteren eigenen Schüler würden es können. Hier hat der Versuch die Idee eindeutig widerlegt.

Aber was haben wir eigentlich «versucht»? Hier soll nur von den Räumen die Rede sein und wie sie an der Widerlegung oder Bestätigung der Hypothesen mitgewirkt haben. Die Fachräume liegen nach Norden, sie haben nicht das aus dem übrigen Haus gewohnte helle Oberlicht. Sie sind 10 Meter tief und wirken mit ihrem schwarzen Gummifußboden und den anthrazitfarbenen hohen Schränken dunkel. Das Prinzip der Offenheit, das hier dem Prinzip der Orientierung an der Sache, ja der spezialisierten Sache, entgegensieht, hat bei den naturwissenschaftlichen Labors zu folgender Anordnung geführt: Es sind geschlossene Räume und doch wieder nicht – hohe, unproportionierte Abteilungen eines nicht überschaubaren Ganzen, kein Ort, der zum Verweilen einlädt, ja, dies ist das Ärgste:

außer den Installationen (eingebauten Tischen und Becken mit Wasser- und Gasanschlüssen) verraten sie nicht, welcher Sache Domizil sie jeweils sind. Die Erstausstattung ist von den Fachleuten sorgfältig ausgedacht, ausgesucht und beantragt worden: gut und teuer. Aber (hier spielt die Offenheit ihren zweiten Streich) in den nicht abschließbaren Räumen konnten die kostbaren Geräte und Schauobjekte nicht aufbewahrt werden. Für Glasschränke – das sind «Möbel», und die kommen aus einem anderen Titel – war kein Geld da. So sind sie alle in den Blechschränken verschwunden, die uns die Universitäts-Einkaufsstelle in großer Zahl in Standardgrau geliefert hatte. Es gibt hier also nichts zu sehen, was Kinder anzieht, neugierig macht, festhält. Und was sie einmal in einem Unterricht aufgebaut haben, muß meistens am Ende der Stunde wieder verschwinden, nicht nur, weil andere Gruppen anderes in dem Raum vorhaben, sondern weil es (hier folgt der dritte Streich) zwar zugänglich, aber nicht durch das *public eye* geschützt ist. Kurz: Die naturwissenschaftlichen Labors sind von den Schülern (und Lehrern) nicht wirklich angenommen worden, sie liegen abseits, gehören allen und darum niemandem – und sie geben nicht wieder, was diese Tätigkeiten ausmacht: sorgfältige Präparate, kunstvolle Konstrukte, entstehende und sich lösende Rätsel. Die anderthalb Räume für Musik und die Projektfläche haben andere Probleme. Die Architektur hat hier der Pädagogik nichts erschwert (außer indem sie Abdunklungsmöglichkeiten versagt hat); besonders geholfen hat sie freilich bei der Wahrnehmung des Verhältnisses von «Allgemein» und «Spezialisierung» auch nicht. Das Allgemeine enthält das Spezialisierte immer schon. Alle «Funktionen» der Stufen II, III und IV sind auf den unspezialisierten Flächen der Stufe I auch enthalten, aber in einem Zusammenhang untereinander, nicht isoliert und kaum isolierbar: Kochen und Eiermalen; Meerschweinchen und Waage, Thermometer/Metermaß; Leseecke und Plattengerät; Theatergarderobe und Nähmaschine – sie passen und gehören dort zusammen. In den Fachräumen der oberen Stufen sind sie getrennt, gesteigert, verschieden kombinierbar, aber ohne Anspruch aufeinander.

Spezialisierung müßte den Schülern als kunstvolle Aufhebung des natürlichen Zusammenhangs und ebenso kunstvolle Begrenzung zugunsten der Wirksamkeit erscheinen, nicht als die gegebene Ordnung der Dinge. Was für eine Chance, das in der Schule räumlich-sinnlich-anschaulich zu erfahren und den Preis zu erkennen, den man dafür zahlt: Tierhaltung an sich, Musik an sich, Chemie an sich! Ja, die Möglichkeit zu haben, die Spezialisierung rückgängig zu machen und zu sehen, was auch das wieder kostet! Dies war ja in dem Konzept eines allgemeinen naturwissenschaftlichen, eines allgemeinen gesellschaftswissenschaftlichen, eines allgemeinen sprachlichen Unterrichts (general science, general humanities, general linguistics etc.) – über die Fächereinteilung her – vorgesehen. Muß nicht ein Musikraum schon als solcher deutlich machen: Hier waltet ein anderes Sachgesetz als in einem Labor? – hier wird nicht nur etwas präpariert, beobachtet, gemessen, sondern hier wird etwas hervorgebracht, das Wirkungen über sich hinaus tut, und zwar in erster Linie auf Menschen? Eine kleine Aufforderung zu verweilen, eine Andeutung von Festlichkeit, eine Geste der Besinnlichkeit hätte den «Aufbewahrungsraum für Musikgerät» zu einem Ort der Musen zu verwandeln geholfen. Und ist die «Funktion» der Projektfläche, für alle «Funktionen» tauglich zu sein, nur durch Größe auszudrücken? Ein Hauch von Atelier, eine Wand mit Türen, die der Phantasie hilft, sich eine Bühne vorzustellen, die Möglichkeit, einen Vorhang zu ziehen, hätten dem Zweck gutgetan. Ludwig Leos Entwurf (vgl. 1973) sah vor, daß jedes Laborschulkind auf dem Weg vom Eingang bis zu seinem «Arbeitsplatz» wenigstens einmal täglich die Schule als Ganzes erfährt – daß es sieht, was überall geschieht, «über» ihm bei den Großen, so daß es sich darauf freut oder daran mißt, und «unter» ihm bei den Kleinen, so daß es seinen eigenen Fortschritt daran einschätzen kann. Alle Fachräume waren bei Leo durch große Glaswände einsehbar. Übriggeblieben sind von dieser pädagogischen Idee ein paar architektonische Effekte: Mauerabschnitte aus undurchsichtigem Glasbaustein.

Das Umfeld der Gebäude

Zwar sollte die Laborschule ein Beobachtungs- und Experimentalfeld für die Erziehungswissenschaften der Universität sein, aber das heißt nicht, daß sie auf dem Gelände der Universität liegen mußte. Wichtiger war, daß die Schülerinnen und Schüler den Zusammenhang von Leben und Lernen erfahren, also von «der Stadt», in der sie, ihre Eltern und Freunde wohnen, und «der Schule», in der sie elf Jahre lang den größten Teil ihres Tages verbringen; sie sollten mit ihren Kameraden kommen und heimgehen, ihre in der Schule geknüpften Beziehungen und begonnenen Unternehmungen zu Hause fortsetzen können; sie sollten in der Schulpolis die Vorform der großen Polis sehen lernen. Es wurde ein Gelände gefunden, das dieser Erwartung entsprach und sogar an das Universitätsareal angrenzte: das Gebiet zwischen dem Aufbau- und Verfügungszentrum (AVZ) und der Wertherstraße. Der Standort versprach der Schule die Schülerklientel, die sie für ihren Versuchsauftrag brauchte. Ein von der Stadt projektierter öffentlicher Spiel*platz* im Osten sollte in ein der Laborschule gehörendes Spiel*gelände* überleiten. Zum AVZ hin lagen die Sporthalle und der Sportplatz der Laborschule und sollten der Öffentlichkeit zugänglich sein. Haus I hatte schon in diesem Plan sein eigenes abgeschlossenes Freigelände im Westen der Schulgebäude (Richtung Voltmannstraße). Dort sollten drei vorhandene Häuser übernommen werden und als «Schuppen» erhalten bleiben. Meine Überlegungen hierzu, in die sich der für die Laborschule ausersehene Architekt Ludwig Leo mit buchstäblich überwältigender Einbildungskraft eindachte, lauteten:

> «Wenn Lernen vornehmlich durch Erfahrung geschieht und wenn Erfahren die selbständige Auswahl der Wahrnehmung und die praktische Erprobung des Handelns einschließen soll, dann müssen die Architekten hierfür einen Raum schaffen, der anders aussieht als alles, was wir bisher als ‹Schule› kennen. In der neuen ‹Schule› muß man Gegenstände entdecken, erproben und wieder verlassen können; man muß Gruppen aufsuchen und wechseln

dürfen; man muß Tätigkeiten erfinden, Zwecke setzen, Handlungen entwerfen und in immer neuen Ansätzen ausfahren können. Also: Viel ‹rohes› Gelände; Schutz vor Wetter und aufgeregten Ordnungshütern; Schuppen, Schuppen, nochmals Schuppen; Materialien und Funktionen, die sichtbar und zugänglich sind; Personen in vielfältiger Funktion und Zusammensetzung und in Situationen, die nicht immer schon Pädagogik zum Zweck haben; Räume, die weder Idylle noch Bahnhofshalle sind, also weder nur Geborgenheit oder nur Offenheit gewähren, die aber darüber belehren, warum man sie jeweils braucht und wann man sie lieber verläßt» (Leo 1973, S. 92).

Auf dem Universitätsgelände, auf das die Laborschule durch Erlaß des neugegründeten Wissenschaftsministeriums zusammen mit dem Oberstufen-Kolleg verwiesen wurde, sind die gewünschten Schuppen nicht gebaut worden; das Freigelände für das große Haus teilt sich in drei ganz verschiedene Bereiche: einen Tummelplatz mit höchst vergnüglichen, vom Erfahrungsbereich Körpererziehung, Sport und Spiel ausgesuchten Bewegungsgeräten, einen «Bauspielplatz» – ein umzäuntes, von Gebüsch durchzogenes Rohgelände, auf dem alles erlaubt ist: Hütten oder Wolkenkratzer zu bauen, tiefe Löcher zu graben, Feuer zu machen, im Floß über den Tümpel zu setzen oder diesen auch zu durchwaten, sofern eine Aufsicht dabei ist –, und einen «Altenheim-Garten» mit Bänken und gepflasterten Wegen, der zum Teil, gottlob, einmal einem großen, von einer Projektgruppe errichteten Labyrinth gewichen ist. Das Oberstufen-Kolleg hat den Kleinen von Haus I in einem eigenen pädagogischen Projekt zu einem wunderbaren Spielgelände verholfen; die Hecken, die es umgeben, sind zu phantastischer Dichte angewachsen, in denen die Kinder geheimnisvolle, nur ihnen zugängliche Höhlen und Tunnel haben; mehrere asphaltierte Areale geben ihren Rollschuh- und Skateboard-Künsten statt; die Universität mit ihrer stets menschengefüllten großen Halle, mit Geschäften und Restaurants, mit Aufzügen und Treppentürmen ersetzt die Stadt, die nun nicht mehr Umgebung der Laborschule ist, sondern ein gelegentliches Ziel von Exkursionen. «Die-in-die-Stadt-hinein-Schule» hat man diese Unternehmungen genannt und sie alsbald durch «Die-

in-den-Teutoburger-Wald-hinein-Schule» ergänzt. Beide existieren neben der «Stadt-in-der-Schule» und der «Lernlandschaft LS« (und werden von den Besuchern naturgemäß nicht leicht wahrgenommen). Auch die letzteren bilden freilich eine noch recht schulische Schule, gemessen an den Entwürfen von Ludwig Leo. In diesen kamen Kühe und Gabelstapler, Wigwams und Ver-Kriechkeller, Materiallager und physikalische Großexperimente, Bibliotheken und Buden vor – nicht nur als Symbole für die gedachte Vielfalt und Offenheit des Lebens- und Erfahrungsraums (eines «Hauses des Lernens», wie man heute vielleicht sagen würde),
sondern als Hinweis des Architekten: Ich habe so gebaut, daß all dies *möglich* ist.

Der Schuppen, an dem ich am wenigsten getan habe, ist eure offenste Lerngelegenheit: Hier ist nichts – hier könnt ihr noch alles! Eure Schule wird leben, so scheint der Architekt zu sagen, wenn ihr selbständig an ihr weiterbaut, euch nicht mit den Bezeichnungen und gewohnten Nutzungen der gegebenen Gebäude zufriedengebt, euch nicht von der Architektur habt einmauern lassen.

Anmerkungen

1 Die Häßlichkeit des Wortes «Block» war uns bewußt. Das heute an der Laborschule durch Beschluß eingeführte Wort «Stufe» wurde damals absichtsvoll vermieden, um zu verhindern, daß die Behörden und Architekten, an die sich dieses Dokument in erster Linie richtete, darunter die Stufen des herkömmlichen Bildungswesens verstanden. Für diese gibt es gerade für den Schulbau jeweils unterschiedliche Maßgaben. Der Ausdruck ist dann beibehalten worden. Nichts ist so dauerhaft wie ein einmal gedruckter Begriff. Aus den drei Stufen des «Grünen Buches» wurden später vier.

2 Das Grüne Buch (vgl. von Hentig u. a. 1911) sah nur drei Stufen vor. Die heutige – zwei Jahrgänge umfassende – Stufe II ist nach fünf Jahren hinzuerfunden worden, als sich herausstellte, daß der Übergang von Haus I zum großen Hause, die Umgruppierung *und* die Einführung der Erfahrungsbereiche von den Schülern nicht auf einmal verkraftet werden konnten. Stufen III und IV wurden je um ein Jahr verkürzt.

Reformpädagogik konkret

Gudrun P. Althoff, Gudrun Husemann,
Susanne Thurn

«Wir werden immer größer ...» – Altersmischung von Anfang an

In vielen Dörfern Kretas stehen die kleinen Schulhäuser in der Nähe der Kirche. In der Mitte der kleinen Gebäude die Eingangstür unter der Fahnenstange, ihr gegenüber das Zimmer des Schulleiters und der Lehrerin, vielleicht noch der Kindergärtnerin, ausgestattet mit einigen Lehr- und Lernmaterialien sowie dem Kaffeekocher. Links ein Klassenraum, rechts ein Klassenraum: In dem einen werden die Klassen eins, drei und vier, in dem anderen die Klassen zwei, fünf und sechs von morgens um acht bis mittags um eins unterrichtet. Die Kinder einer Altersstufe sitzen in getrennten Bankreihen. In der Reihe der Zweitkläßler sitzt auch ein schon ziemlich ausgewachsener junger Mann, der offenbar den notwendigen Stoff noch nicht beherrscht, um in die Nebenreihe rücken zu dürfen. Während zwei Klassenstufen an unterschiedlichen Aufgaben – jedes Kind für sich – arbeiten, steht der Lehrer vor der dritten Bankreihe und hält Unterricht: fragt Hausaufgaben ab, stellt Fragen, erzählt den Inhalt des neuen Stoffes, erklärt an der Tafel, bringt die Mädchen und Jungen auf den Weg, läßt sie das Neuerworbene üben, nachlesen, schreiben. Dann wendet er sich der nächsten Bankreihe zu. Wenn es – begünstigt durch Tourismus und größeren Wohlstand – wieder mehr Kinder im Dorf gibt, wird vielleicht ein Anbau entstehen. Dann kann endlich die sechsklassige Grundschule drei Räume beanspruchen, in denen je zwei aufeinanderfolgende Klassen unterrichtet werden. Zwergschule in Kreta, aber die Schule bleibt im Dorf. Sie ist Mittelpunkt neben der Kirche, Gemeindetreffpunkt, Versammlungsort – nicht nur bei politischen Wahlen aller Art. Die Schule gehört ins Dorf. Das war auch in Deutschland bis weit ins 20. Jahrhundert nicht anders. Erst mit der industriellen Arbeitsteilung, mit den höheren Anforderungen an die Grundbildung des Volkes lösten allmählich die Jahrgangsklassen den Unterricht in den altersgemischten «Klipp- und Zwergschulen» ab. Fortschrittlich schien dies, war es vermutlich auch. Und nun soll es wieder «Zwergschulen» geben, ein- oder zweiklassige Dorfschulen? In den neuen Bundesländern beispielsweise und anderen strukturschwachen Gebieten, in denen weite Landstriche kinderarm geworden sind? Rückschritt mitten in Deutschland am Ende des 20. Jahrhunderts? Oder werden schon die Sechsjährigen mit Bussen zu Schulzentren gebracht? Rückschritt oder Fortschritt? Altersmischung – der Not gehorchend oder als neue Chance für eine veränderte Pädagogik? (vgl. A. Knauf 1996).

Altersmischung in der Diskussion

Geht es um Sparen, könnte in vielen Gegenden Deutschlands gespart werden: durch die Auflösung von Vorschulklassen und Schulkindergärten beispielsweise, wenn noch nicht schulreife Kinder einfach in die Schule aufgenommen werden müßten, die Grundschule mit entsprechendem Angebot darauf zu reagieren hätte (zu Einschulungs- und Übergangsproblemen vgl. Struckmeyer 1995; Faust-Siehl u. a. 1996, S. 139 ff.). Eine neue Chance?

Schade, wenn erst die Not der besseren Pädagogik eine Chance gibt – aber doch gut, wenn es diese Chance gibt! Und so ist es nicht verwunderlich, daß Altersmischung als der möglicherweise pädagogischere Umgang mit Kindern das Interesse von Bildungstheoretikern und Bildungspolitikern erweckt, daß sich Lehrerinnen und Lehrer plötzlich für die Praxis von Altersmischung interessieren und sich auf Reformpädagogen besinnen, die sie begründeten, theoretisch fundierten und in ihren Schulen umsetzten: Ellen Key, Berthold Otto, Maria Montessori und Peter Petersen waren von diesen sicherlich die bedeutendsten. Jenseits ihrer unterschiedlichen pädagogischen Auffassungen stimmten alle darin überein, daß der Unterricht in Jahrgangsklassen künstlich herbeigeführt und unnatürlich sei. Lebten die Kinder außerhalb von Schule nicht in altersgemischten Gruppen mit ihren Geschwistern und ihren Spielgruppen zusammen, entwickelten sie sich nicht oft quer zu ihrem Geburtsalter, und lernten sie nicht voneinander, wie die Welt um sie herum zu entdecken, zu verstehen, zu erleben war? Und war es da nicht geboten, dies auf die Schule zu übertragen, für diese nutzbar zu machen? Für die individuellen und die sozialen Kompetenzen, die das Leben von ihnen forderte? (vgl. auch Claussen u.a. 1989). *Berthold Otto* nannte seinen altersgemischten Unterricht «Gesamtunterricht», an dem alle Kinder der ganzen Schule, angefangen von den 6jährigen bis hin zu den 17jährigen, teilnahmen (Otto 1901/1963). Anders *Maria Montessori*: Sie empfahl, daß Kinder dreier Altersgruppen zusammen in einer Stufe zu betreuen seien. «Dieser Altersunterschied und diese Mischung verschiedener Entwicklungsstufen ist eine der *Grundlagen* für die Selbsterziehung» (1923, zitiert nach: Hellmich/Teigeler 1995, S. 67). Ihre eigenen Schulen dienten ihr als Beweis dafür, daß in altersheterogenen Klassen die Zusammenarbeit und Hilfsbereitschaft unter den Kindern verstärkt wird. *Peter Petersen* nennt dies «natürliches Lernen». Gemeint hat er damit, daß die Lernbedingungen des Alltags – insbesondere der Familie – auf Schule zu übertragen sind. Natürliches Lernen läßt sich demzufolge nur in Gruppen realisieren, die auch in bezug auf das Alter der Schüler heterogen sind. «Mit Bestimmtheit müssen wir erklären, daß das Beste die Mischung der Schüler nach verschiedenen Jahrgängen, selbstverständlich mit beiden Geschlechtern (...) sowie allen Ständen und Begabungen ist» (Petersen 1980, S. 26). In den Niederlanden gibt es eine Reihe von Grundschulen, die nach dem Jena-Plan von Peter Petersen arbeiten, einige wenige auch in der Bundesrepublik. Montessori-Schulen mischen je drei Jahrgangsstufen, die Reformschule in Kassel will die Altersmischung in ihrer Sekundarstufe fortführen, und die Laborschule Bielefeld arbeitet mit unterschiedlich abgestuften Modellen der Altersmischung, wie wir dies ausführlich darstellen werden. Neu gegründete Versuchsschulen in den neuen Bundesländern (z. B. in Jena, Leipzig, Lübbenau, Makersbach und Rostock) haben die Altersheterogenität zu einem bedeutsamen Thema gemacht (vgl. Laging 1995). Wie viele Schulen es inzwischen sind, die mit unterschiedlichen Formen der Altersmischung arbeiten, zeigt auch die Dokumentation zum Sonderpreis «Innovative Schulen» im Rahmen des Carl-Bertelsmann-Preises 1996 (Schule neu gestalten 1996) – und es scheint so, als würden es täglich mehr.

Die Diskussion um Altersmischung wird auf drei Ebenen geführt:

- Altersmischung, um die Schullandschaft in bestimmten Gebieten zu erhalten – allein in Brandenburg sind durch den Geburtenrückgang 200 Grundschulen von der Schließung bedroht, wenn das Prinzip der Jahrgangsklassen weiterhin dominiert (A. Knauf 1995, S. 54). Kleine überschaubare Grundschulen mit altersgemischten Gruppen könnten statt dessen den Kindern Sicherheit und Geborgenheit geben und darüber hinaus auch noch Transportkosten und Schulbaumaßnahmen in Grenzen halten.
- Altersmischung, um die Probleme im Zusammenhang mit dem Eintritt in die Schule bei den Sechsjährigen zu entkrampfen – gerade in der heutigen Zeit werden Kinder mit so zunehmend unterschiedlichen Lebensvoraussetzungen und -erfahrungen eingeschult, daß ihr Geburtsdatum bald am wenigsten den entscheidenden Schulreifegrad erkennen läßt. Altersgemischte Gruppen zu Beginn der Schulzeit bieten da entscheidende pädagogische Vorteile (Struckmeyer 1995, S. 22 ff.).
- Altersmischung, um einer pädagogischen Idee und der Überzeugung willen, daß sie Kindern am ehesten gerecht wird, denn «solange mit Altersmischung nicht die entschlossene Öffnung des Unterrichts für die je eigenen Stärken und Schwächen, Interessen, Bedürfnisse und Entwicklungen einzelner Kinder einhergeht, ist sie eine pädagogisch nützliche Maßnahme zur Stärkung sozialer Tugenden, zur Rettung kleiner Schulen, zur Gliederung großer Klassen, zur Bereicherung des Schullebens und zur Entlastung der Lehrer, nicht aber jene innere Reform, die wir vollziehen müssen, wenn es uns ernst ist mit dem Anspruch, jedem einzelnen Kind gerecht werden zu wollen» (Bambach 1995 b, S. 40).

Schade, daß es gerade Not zu sein scheint, die der besseren Pädagogik nun eine Chance gibt – gut, daß es eine Chance gibt.

Altersmischung in der Laborschule

Die Laborschule wollte und will eine Schule für alle Kinder sein. Dieser Anspruch erfordert einen Aufnahmeschlüssel, der gewährleistet, daß sie tatsächlich in etwa in der Mischung in die Schule aufgenommen werden, in der sie sich in der Welt finden. Erfahrungen, Beobachtungen und Überlegungen gingen und gehen davon aus, daß Kinder von unterschiedlicher Herkunft derart unterschiedlich aufwachsen und derart unterschiedliche Lebenserfahrungen in ihren ersten fünf Lebensjahren gemacht haben, daß sie bei ihrem Eintritt in die Schule so «verschieden» voneinander sind wie später nicht mehr, wenn die gemeinsamen Schulerfahrungen ihnen gemeinsame Entwicklungsmöglichkeiten anbieten. Ein Unterricht mit gleichen Anforderungen für alle konnte und kann diesem Maß an Unterschiedlichkeit nicht gerecht werden. Der altersgemischte Eintritt in die Laborschule gehörte daher von Anbeginn an zur Konzeption der Schule und sollte ursprünglich sogar «zeitversetzt» und einzeln jeweils um den fünften Geburtstag herum erfolgen (vgl. Harder/Callies 1974). Davon sind wir später abgekommen.

Die Eingangsstufe

Wenn nun also Jahr für Jahr 60 Fünfjährige in die Schule aufgenommen werden, dann sind darunter einige wenige, die längst lesen können, bisweilen sogar flüssig, die ihren Namen schreiben und feinmotorisch geschickt zeichnen können. Andere haben kaum je einen Stift in der Hand gehalten, kennen Bücher nicht und selten Papier, sind jedoch verwegen fit auf ihren Skateboards und Fahrrädern. Einige haben bereits mit fünf Jahren alle möglichen Familiendramen durchlitten und sind an ihnen geworden, was sie sind – andere kennen nur ihre kleine heile Welt und die von Bullerbü. Was sie voneinander lernen können, ist so viel wie das, was sie von den Größeren oder den Erwachsenen lernen können, die sie von nun an begleiten. Natürlich mischen sich die Unterschiede, wenn die 60 neuen Laborschulkinder auf dreizehn vorhandene Gruppen so aufgeteilt werden, daß wieder insgesamt 15 Kinder in einer Gruppe sind. Dort treffen sie auf Kinder, die bereits ihr erstes Jahr oder schon zwei Jahre hinter sich haben. Als Fünfjähriges finde ich Kinder vor, die als meine «Paten» Schutz und Orientierungshilfen bieten, schon etwas können, was sie mir beibringen, denen ich aber nach einiger Zeit auch von mir etwas bieten kann. Ich kann sogar einem «Zweier» beim Lesenlernen helfen, wenn ich es als «Nuller» schon kann – und ihm damit zeigen, wie wichtig er für mich war, als ich jemanden brauchte, der mich beim Rollschuhfahren festhielt, ohne sich über mein Kleinsein und Nichtkönnen lustig zu machen. Ein Jahr später erlebe ich, wie die «Großen» meiner Gruppe, die jetzt zu «Dreiern» geworden sind, nachdem sie noch drei Tage im Anschluß an die Sommerferien bei uns waren, mit einem Fest verabschiedet und in das große Haus geleitet werden und wie die Vorbereitung auf die neuen «Kleinen» die Gruppe beschäftigt: Briefe kann ich ihnen schon schreiben, damit sie ihre Angst verlieren und uns kennenlernen, eine Schultüte für sie gestalten, ein Namensschild malen, den Frühstückstischschmuck basteln, meine Rolle für das Begrüßungstheater üben, zusammen mit einem «Zweier» Pate sein. Nun bin ich als «Einer» ein Kind, das sich schon recht gut auskennt, das schon fast zu den Großen zählt, das viel Neues gelernt hat und das den neuen Kleinen Hilfe sein kann. Wieder ein Jahr später verabschiede ich meine Freunde und trauere vielleicht heftiger, weil sie mir näher waren, betrachte mir interessierter, wo sie hingehen und wie es ihnen da ergeht, stelle neue Fragen, bin zugleich wichtiger Partner für meine Lehrerin, wenn es um die Betreuung der neuen «ganz Kleinen» geht. Rituale, aber auch vieles aus dem Alltagsleben meiner Gruppe, meiner beiden Nachbargruppen auf der gleichen «Fläche», erlebe ich ein drittes Mal – mit Sicherheit, inzwischen jedoch auch mit beginnender Gewohnheit und Wiederholung, die mich neugierig und bereit für ganz neue Herausforderungen machen. Viele Kinder wollen nach drei Jahren «endlich» in das große Haus überwechseln, einige aber brauchen den Schutz der Gruppe und der Erwachsenen, denen sie vertrauen konnten, für ein viertes Jahr in der Eingangsstufe, um sicher genug – nicht zuletzt in den Grundfertigkeiten des Lesens, Rechnens und Schreibens – zu werden (vgl. Lenzen/Strüwe 1982).

Die Stufe II

Für den Jahrgang 3 der Laborschule werden die Kinder aus den 13 Gruppen der Eingangsstufe in drei neue, altersgleiche Stammgruppen von je 20 Kindern zusammengesetzt, in denen sich die Unterschiede zwischen ihnen in Geschlecht, sozialer Herkunft, Verhalten und Können wiederfinden, aber auch gewachsene Bindungen bewahrt bleiben. War ich zuvor als «Zweier» groß, bin ich nun als «Dreier» wieder klein. Zwar sind mir im neuen Haus bereits einige Kinder durch die Eingangsstufe gut bekannt – oft sitzen sie im Großraum neben meiner Gruppe, wieder ein Stück Vertrautheit – aber zunächst ist nun das große pädagogische «Programm», eine Gruppe unter «Gleichen» zu werden, unter diesen meinen Ort zu finden, neue Konkurrenzen zu ertragen, Positionen zu beziehen, mich anders gespiegelt zu erleben und ganz neu wahrzunehmen. Endlich habe ich unter den Gleichaltrigen mehr Auswahl, Freundinnen zu finden, als ich es zuvor hatte, war ich doch in der 15er Gruppe vielleicht nur mit einem weiteren gleichaltrigen Mädchen zusammen – mit dem ich vielleicht noch dazu oft Streit hatte oder das einfach ganz anders und anderes spielte als ich. Nun gibt es neun andere Mädchen, die als mögliche Freundinnen in Frage kommen. Nach unseren Erfahrungen ist dieser Übergang eine große Herausforderung für die Kinder, nimmt sehr viel ihrer Zeit und Kraft in Anspruch: notwendige Zeit und gut eingesetzte Kraft. Nicht nur, um mit den schwierigen, sich teilweise widerstreitenden Anforderungen – von Individuum versus Gruppe, hilfsbereit sein versus sich durchsetzen lernen, tolerant werden versus sich behaupten – zurechtzukommen, sondern auch, weil dies nun die Gruppe ist, mit der jedes Kind bis zum Ende des 10. Schuljahres ohne äußere Leistungsdifferenzierung zusammenbleiben wird, unabhängig davon, ob es die Schule mit einem schwachen Hauptschulabschluß oder einem gymnasialen Spitzenergebnis verlassen wird. Gelingt dieser Gruppenbildungsprozeß, ohne dem einzelnen Kind ein Stück Selbstverleugnung zuzumuten, dann trägt die Gruppe über die Sekundarstufenzeit hinweg – auch gegen Erwachsene, die mit dem Maß an Unterschiedlichkeiten weniger gut zurechtkommen als die Kinder der Gruppe und die von diesen erst darauf hingewiesen werden müssen, daß Hans noch nicht gut lesen kann und daher andere Hilfen braucht als Grete, die sich langweilt, wenn an der Tafel zum dritten Mal für alle gleich etwas erklärt wird (vgl. Lenzen 1988; Bambach 1989).

Die Stufe III

Im 5. Schuljahr beginnt die Altersmischung wieder – zwar nur für einen Kurs, aber doch mit dem Nutzen, daß Schülerinnen und Schüler voneinander lernen, was «große Lerneffekte (hat), denn erwiesenermaßen lernen diejenigen Schülerinnen und Schüler, die anderen etwas vermitteln, selbst besonders gut. Das Bedürfnis, es denen gleichzutun, die schon etwas wissen oder können, kann zusätzliche Lernmotivation bei den anderen fördern und als Integrationskraft genutzt werden» (Bildungskommission NRW 1995, S. 99 f.). Die sogenannten Wahlgrundkurse werden aus dem Bereich praktisches Lernen angeboten: «Wir machen unsere Kosmetik selbst» oder «Wir bauen eine Leselampe» heißen die Kurse, «Schreiben mit dem Computer», «Seidenmalerei», «Kerzenständer aus Metall gehämmert», «Neue Sportspiele», «Italienisch Kochen», «Schachspielen mit System», «Mädchenstärkung», «Gärtnern, aber ökologisch» und vieles mehr. Jedes halbe Jahr wählen alle Schülerinnen und Schüler der Stufe III, also der Jahrgänge 5 bis 7, neue Kurse und lernen dadurch nicht nur vielerlei praktische Fertigkeiten, sondern zugleich viele andere Jungen und Mädchen kennen. Die Sache und die in ihr liegende Herausforderung für ihre Bearbeitung oder Bewältigung steht nun allerdings mehr im Mittelpunkt als die Gruppe, denn diese setzt sich ja jedesmal neu zusammen. Aber wieder bedeutet es für mich als «Fünfer», daß ich mit den oft bewunderten, manchmal gefürchteten, fast schon erwachsen wirkenden «Siebenern» zusammen bin. Und als «Siebener» weiß ich, daß ich mich als «Fünfer» gefürchtet, die Größeren bewundert habe, und dies stärkt mich als «Siebener» in meinem Erwachsenwerden, weil ich mich ein bißchen überlegen und ein bißchen gebraucht fühle: als der Lebenserfahrenere beispielsweise, und das tut gut. Ich vertiefe mein Wissen und Können, indem ich es weitergebe, und auch das tut mir gut. Ich erlebe, daß ich nicht automatisch als «Siebener» schon alles besser kann, daß «Fünfer» vielleicht viel geschickter mit der Säge in der Werkstatt umgehen, als ich es je fertigbrächte, und das lerne ich zu ertragen, zu nutzen, anzuerkennen – vielleicht macht es mich ein wenig bescheidener, wenn mir statt dessen im Lateinunterricht alles zufliegt, und großzügiger mit meinen Hilfsangeboten im Unterricht meiner Stammgruppe (vgl. v. d. Groeben 1991).

Die Stufe IV

In der Stufe IV der Laborschule, die die Jahrgänge 8, 9 und 10 umfaßt, erweitert sich das altersgemischte Angebot. Nun kommen zu den inzwischen einjährigen Wahlkursen noch die Leistungskurse hinzu. Bei diesen handelt es sich nicht – wie der irreführende Name vermuten lassen könnte – um eine Leistungsdifferenzierung, sondern um den Aufbau eines je eigenen Leistungsprofils, das für den Abschluß von besonderem Gewicht ist. Daher muß ein Leistungskurs mindestens zwei Jahre lang belegt werden. In dem so gewählten eigenen Schwerpunkt vertiefen die Schülerinnen und Schüler einen ihnen besonders wichtigen Lernbereich. Wählen sie beispielsweise Englisch als ihren Leistungskurs, besuchen sie ihn zusätzlich zu ihrem Pflichtunterricht in der Sprache, insgesamt nimmt somit Englisch einen Anteil von mehr als einem Fünftel ihrer Schulwoche ein. In einem Bereich wenigstens kann ich mein Wissen gründlich vertiefen, eigenen Forschungsfragen nachgehen, besonders interessante, dem Lehrplan aber nicht unbedingt zugehörige Themen bearbeiten. Als «Achterin» in einen solchen Kurs zu kommen ist beängstigend aufregend, zugleich aber auch herausfordernd: Werde ich es in «meinem» Lieblingsbereich schaffen? Sind die anderen unerreichbar weit von mir entfernt? Werden sie mir helfen? Hat meine Freude an der Sache vielleicht gar dazu geführt, daß ich bestehen kann, mitmachen kann, auch was kann? Werden mich die Großen wahrnehmen, anerkennen, bei sich aufnehmen – und sind sie dann vielleicht auch in den Pausen weniger unerreichbar fern entrückt? Und als «Zehner» mit der Erfahrung, daß ich es im Alltag meiner Gruppe mit dem Lernen eher schwer hatte, merke ich nun an den «Achtern», wieviel ich ja doch in den letzten Jahren dazugelernt habe, von dem ich weitergeben kann. Natürlich spielt auch jetzt die Gruppe, spielt das Lernen voneinander eine große Rolle. Regelmäßig übernehmen beispielsweise im Leistungskurs Ökologie «Zehner» eine eigene kleine Projektgruppe, planen selbständig das gesamte Projekt: von der Idee bis zur Durchführung, von den Vorgehensweisen bis zu den Mitteln, von der Erarbeitung bis zur Ergebnispräsentation für die Schulöffentlichkeit. Dies erfordert eine neue Gruppenwahrnehmung, läßt den Lehrer noch mehr zurücktreten in eine andere Rolle, vertieft für diejenigen, die nun die Verantwortung für das Lernergebnis übernehmen, den eigenen Lernprozeß, denn sie müssen die «Sache» verstanden haben, sie als ihre eigene so annehmen und durchdringen, daß sie sie überzeugend den Jüngeren vor- und darstellen, diese wirklich motivieren können. Zudem treten sie in Reflexionen über ihr eigenes Lernen und Lernen überhaupt ein. Wahlgrundkurse, Wahl- und Leistungskurse werden aus allen Erfahrungsbereichen der Laborschule gebildet. Bei nur 60 Schülerinnen und Schülern pro Jahrgang wäre das Angebot an möglichen Kursen ohne eine Altersmischung sehr eingeschränkt. Für 180 Jugendliche einer Stufe aber kommt schon Beträchtliches an Auswahlmöglichem zustande. Dieser pragmatische Grund für eine fortgeschriebene und ausgeweitete Altersmischung in der Laborschule ist eher marginal und tritt deutlich hinter den beschriebenen pädagogischen und didaktischen Vorzügen altersgemischten Lernens zurück (vgl. Völker 1991).

Altersmischung konkret: Die Eingangsstufe der Laborschule

Schulanfang

«Wir werden immer größer jeden Tag ein Stück ...», so klingt es durchs ganze Haus, 60 Sonnenblumen, 60 Vorschulkinder im Mittelpunkt, drumherum zahlreiche Eltern, Großeltern, Tanten, Freunde und Freundinnen ..., viele Neugierige aus dem Haus II (Jg. 3–10) und natürlich das ganze Haus I (Jg. 0–2) lassen die Einschulung alle Jahre wieder zu einem unvergeßlichen Fest werden. Fieberhafte Vorbereitungen auf diesen Tag bieten den Kindern der einzelnen Gruppen die Möglichkeit, sich intensiv auf die neue Situation einzustimmen. Die Erleichterung ist jedesmal groß, wenn alles gut geklappt hat, und niemand denkt in diesem Moment an den nun beginnenden mühsamen Prozeß der erneuten Gruppenfindung. Der beginnt gleich am nächsten Tag, dann nämlich, wenn jedes Kind anfängt, sich tatsächlich in seine neue Rolle hineinzufinden. Die nun zu «Einern» und «Zweiern» gewordenen Kinder übernehmen für einige Wochen in Form einer Patenschaft die Betreuung der neuen Kinder. Neben der Lehrerin ist noch jemand da, der sich auskennt und Orientierungshilfe geben kann. Den älteren Kindern kann diese neue Situation helfen, Selbstsicherheit und Mut für neue Anforderungen zu gewinnen. So war es zum Beispiel für Dejan sehr wichtig, endlich Verantwortung übernehmen zu dürfen. Zu Hause war er der Jüngste, fand dort jedoch wenig Beachtung und wurde kaum gefordert. Dazu kamen Sprachstörungen und die Neigung, Konflikte häufig durch Gewalt zu lösen. In seinem zweiten Laborschuljahr hat er gewagt, die Patenschaft für Jens zu übernehmen. Alle hatten ihm dies zugetraut, und wahrscheinlich hat er genau deshalb diese verantwortungsvolle Aufgabe so besonders gut bewältigt. Nie werden wir den Tag vergessen, als Jens kurz vor einer Schlägerei mit einem Kind aus einer anderen Gruppe stand. Dejan fühlte sich verantwortlich – früher hätte er sicherlich mitgemischt –

und hielt sein Patenkind zurück. Dies war eine von vielen Erfahrungen, die für den Aufbau seiner Ichstärke wichtig waren und sein Verhalten im Zusammenleben mit anderen Menschen veränderten – die Gruppe von Kindern verschiedener Lebensalter hat sie ihm geboten.

Tageslauf

Es ist 8.00 Uhr. Gleitender Schulanfang. Nina (Jg. 2) ist – wie fast immer – die erste. Heute ist es besonders wichtig für sie, daß sie ihre Lehrerin noch ein bißchen für sich alleine hat. Ihr Meerschweinchen ist in der Nacht gestorben, und sie braucht ein wenig Zuspruch. Wenig später kommt Kilian (Jg. 0), erkennt die Situation und hilft beim Trösten. Die Lehrerin kann sich kurze Zeit später aus der Situation zurückziehen. Wie gut, daß es in unserer Schule einen gleitenden Schulanfang gibt: Er bietet Möglichkeiten zu vielfältigen Aktivitäten und Interaktionen: Puzzeln, erzählen, Memory spielen, schreiben, bauen, Fußball spielen, rechnen, sägen, lesen ... allein, zu zweit, zu dritt ...

Es ist 8.30 Uhr. Inzwischen sind alle Kinder angekommen, und es ist Zeit für die *kleine Versammlung.* Alle zusammen sitzen auf dem bunten Teppich oder in der Sofaecke, erzählen und hören einander zu: Maria hat ein neues Kuscheltier bekommen. Stolz zeigt sie es der Gruppe. Nina ist noch nicht ausreichend getröstet. Fraukes Eltern haben sich gestritten. Jedes Kind nutzt dieses Forum seinen eigenen Möglichkeiten entsprechend. Die «Großen», die oft schon recht redegewandt vor der Gruppe sind, ermuntern die Jüngeren zum Erzählen und lernen, geduldig zuzuhören, auch wenn deren Formulierungen manchmal noch etwas holprig und ungeschickt sind. So haben sie es selbst erlebt, als sie die Jüngsten waren. Die kleinen Kinder erfahren von den Älteren, daß diese am Anfang zum Teil auch sehr schüchtern waren und daß das ganz normal ist.

Es ist 9.00 Uhr. Jetzt beginnt die *Arbeitszeit.* Aber – wie lernen Kinder in altersheterogenen Gruppen eigentlich das Lesen, Schreiben und Rechnen? Darüber ausführlich weiter unten.

Es ist 10.00 Uhr. Zeit zum gemeinsamen Frühstück. Jonas (Jg. 2) frühstückt ziemlich schnell, er hat etwas Wichtiges vor. Joe (Jg. 0) hat sich auch sehr beeilt, er wischt noch schnell seinen Tisch ab und geht gemeinsam mit Jonas zu Kindern der Nachbargruppe, mit denen sie sich schon morgens vor der kleinen Versammlung zum Fußballspielen verabredet hatten. Luisa (Jg. 1) dagegen zelebriert das Frühstück gemeinsam mit ihren Freundinnen Fatma (Jg. 1), Melanie (Jg. 1) und Rahel (Jg. 1). Die verbleibende Pausenzeit nutzen sie am liebsten für Aktivitäten im Haus. Sie malen, basteln, plaudern und spielen. Ganz allein am großen Tisch sitzt Maria (Jg. 0) und arbeitet unbeirrt in ihrem Rechenheft. Sie möchte es heute unbedingt noch «durchkriegen». Dejan (Jg. 2), Astrid (Jg. 2), Judith (Jg. 1), Ralf (Jg. 1), Lilli (Jg. 2), Ibrahim (Jg. 0), Majid (Jg. 0) und Hendrik (Jg. 1) haben sich zum Busspielen verabredet. Sie brauchen dafür etwas Platz auf der Fläche, jede Menge Stühle und einen alten drehbaren Hocker, der herumsteht. Natürlich bietet die Pausenzeit noch ganz andere Möglichkeiten: Rollschuh laufen, Fahrrad fahren, auf Bäume klettern, im Sand buddeln, Buden bauen, Wassertiere im selbst angelegten Teich beobachten, hämmern, sägen, malen, basteln ...

Es ist 10.40 Uhr. Heute ist Montag, da gibt es auf der vierten Fläche (eine Fläche umfaßt drei bis vier Gruppen) fast immer eine *große Versammlung*, an der alle Gruppen der Fläche teilnehmen. Ibrahim (Jg. 0) und Rahel (Jg. 1) stellen fest, welche Kinder der Fläche fehlen. Bernd (Jg. 2), Frauke (Jg. 1) und Laurent (Jg. 0) zeigen allen Kindern, was sie gebaut haben. Hartmut (Jg. 1) fragt, ob jemand sein rotes Stirnband gesehen hat. In dieser Woche hat Ninas Gruppe Versammlungsleitung. Die Kinder haben sich das «Radio-Spiel» gewünscht. In der großen Versammlung wird alles besprochen, gezeigt und vorgeführt, was für die Großgruppe wichtig sein könnte. Es werden Geburtstage gefeiert, gemeinsame Aktionen besprochen oder ganz persönliche Anliegen vorgebracht.

Es ist 11.00 Uhr. Jetzt beginnt die *Gruppenzeit*, die sehr unterschiedlich aussehen kann. Es ist eine Zeit für Sachthemen und Projektaufgaben, für Sport und Musik, für Erkundungen in der näheren und weiteren Umgebung, für die Arbeit und die Entdeckungen im Schulgarten, für Zeichnen, Werken, Basteln. In dieser Zeit wird auch die Gruppenecke – die für Laborschulkinder ein Stück Lebensraum bedeutet – verschönert oder aufgeräumt. Manchmal sind die Angebote gruppenübergreifend, und die Kinder wählen aus, manchmal werden Themen durch die Kinder und ihre Interessen entdeckt, manchmal entsteht daraus ein Projekt, manchmal bringen die Lehrerinnen ein Projektangebot mit in die Schule. Frauke zum Beispiel hat in der Kleinen Versammlung vom Besuch einer Walausstellung erzählt. Daraus entwickelte sich ein reges Gespräch über diese interessanten Tiere, und es gab viele Fragen. Frauke, Nina und Viktor mußten sofort zur Schulbibliothek, um ihren Wissensdurst zu stillen. Die Bücher, die sie mit in die Gruppe brachten, lösten eine Kettenreaktion aus. Andere Kinder interessierten sich auch für Wale, Bernd wollte etwas über Haie wissen, Petra über Delphine. Da die Gruppe zu dieser Zeit an keinem größeren Thema arbeitete, konnten wir schnell in die Planung des Projektthemas «Meerestiere» einsteigen. In diesem Fall waren alle Kinder daran interessiert und beschlossen, sich als ganze Gruppe damit zu beschäftigen – ein andermal arbeitet vielleicht nur eine kleine Gruppe zu einem Thema. Auffällig bei unserer Arbeit an Sachthemen und in Projekten ist, wie sachgerecht die Kinder damit umgehen, daß ihre Fähigkeiten und Fertigkeiten auf so unterschiedlichem Niveau sind; und wie selbstverständlich die Kinder, die noch nicht lesen und schreiben können, mit einbezogen und von den anderen unterstützt werden – um der Sache und des gemeinsamen Ergebnisses willen (vgl. den Beitrag von Deterding u. a. in diesem Band).

Es ist 12.00 Uhr. Für einige Kinder endet jetzt der Schultag, doch mehr als die Hälfte der Kinder nimmt an der *Nachmittagsbetreuung* teil. Die Kinder einer Fläche werden immer zu einer Nachmittagsgruppe zusammengefaßt, die von Erzieherinnen, Sozialpädagoginnen oder Sozialpädagogen betreut wird. In der Mensa wird gemeinsam gegessen. Danach wechseln sich Spiel- und Ruhephasen ab. In ihren Spiel-Räumen sind die Kinder «unter sich» – Große und Kleine setzen ihre ganze Fantasie und Kreativität ein, um ihre Frei-Räume auszufüllen und zu gestalten. In den größeren *Nachmittagsgruppen,* die ja aus mehreren Lerngruppen zusammengesetzt werden, finden sie zusätzliche Möglichkeiten, neue Freundinnen und Freunde kennenzulernen – der Blick über den «Tellerrand» strahlt auf den Vormittag aus. Oft planen die «Nachmittagskinder» schon frühmorgens gruppenübergreifende Aktivitäten für den Nachmittag oder nachmittags für eine große Versammlung am nächsten Vormittag.

Kinder lernen von Kindern

Neben allen gruppen- und sogar flächenübergreifenden Angeboten bildet doch das jahrgangsübergreifende Lernen in der eigenen Stammgruppe den Mittelpunkt des Alltags. Dabei dient die tägliche *Arbeitszeit* überwiegend dem Erlernen der Kulturtechniken. Eine «Momentaufnahme» zeigt, wie vielschichtig in altersgemischten Gruppen gelernt werden kann: Zu Beginn der Arbeitszeit holt jedes Kind seine Arbeitsmaterialien aus seinem Fach und sucht sich einen Platz. Luisa (Jg. 1) hatte schon gestern mit einer Geschichte begonnen und schreibt jetzt erst einmal – in Schreibschrift – weiter. Laura, Luisas Freundin (ebenfalls Jg. 1), hat auch Lust aufs Geschichtenschreiben bekommen. Sie bittet ihre Lehrerin um ein extra «Geschichtenheft», wie Luisa schon eines hat, und legt sofort los. Natürlich sitzen die beiden zusammen. Majid (Jg. 0) hat gestern ganz viel zu Hause gerechnet: freiwillig, denn Hausaufgaben gibt es bei uns nicht. Er wollte seinen Rechenlehrgang unbedingt fertig machen. Ganz hat er es nicht geschafft, deshalb hat er sich gleich heute morgen, als er kam, hingesetzt und weitergearbeitet, während die meisten anderen Kinder noch gespielt haben. Nun ist Majid fertig. Er ist ganz stolz, zeigt der Lehrerin sein Heft und gibt es ihr ab. Als Vorschulkind dürfte er die Arbeitszeit durchaus auch zum Spielen nutzen, statt dessen arbeitet er ein Heft nach dem anderen durch, gönnt sich kaum Pausen. Obwohl ihm das Lernen nicht leichtfällt, kann er mittlerweile Additionen und Subtraktionen im Zahlenraum bis 10 sicher durchführen. Natürlich möchte er jetzt sofort ein neues Heft haben. Als er es schließlich bekommt, sagt Melanie (Jg. 1): «Das Heft kenne ich, dabei kann ich dir helfen.» Schon sitzen die beiden zusammen, und Melanie erklärt, wie die erste Seite geht. Sie erklärt es richtig, ein wenig umständlich zwar, aber Majid versteht sie. Für Melanie ist diese Situation besonders wichtig, sie müßte vom Alter her eigentlich schon weiter sein, vermutlich wird sie ein viertes Jahr in der Eingangsstufe bleiben, denn sie braucht mehr Förderung als die anderen Kinder. Das Lernen fällt ihr schwer, sie leidet unter Wahrnehmungsstörungen, sie vergißt schnell, und sie läßt sich leicht ablenken. In den zwei Jahren, die sie jetzt bei uns ist, hat sie jedoch eine erstaunliche Entwicklung durchgemacht, die vor allem auf die besonders gute Zusammenarbeit zwischen Schule und Elternhaus zurückzuführen ist. Jonas (Jg. 2) und Astrid (Jg. 2) haben heute keine Lust auf ihr Mathebuch, wollen aber trotzdem rechnen. Sie nehmen sich eine «Rechenpyramide» (Additionen im Zahlenraum bis 100) und suchen sich einen freien Platz auf dem Teppich. Ibrahim (Jg. 0) möchte gerne mitmachen. Jonas erklärt ihm, daß diese Pyramide noch zu schwierig für ihn sei. Er sucht ihm eine andere Pyramide heraus (Subtraktionen im Zahlenraum bis 10) und fragt Maria (Jg. 0), ob sie nicht mit Ibrahim zusammenarbeiten möchte. Fatima (Jg. 1) brütet über ihrem Rechenbuch. Eigentlich würde sie viel lieber lesen oder schreiben, das kann sie schon besonders gut, sogar in deutsch *und* türkisch. Im Rechnen hingegen hat sie große Schwierigkeiten. Sie hat selbst gemerkt, daß jüngere Kinder ihr hier teilweise überlegen sind. Diese Tatsache hat sie kurzfristig entmutigt. Da sie ein sehr offenes Kind ist, hat sie über dieses Problem mit ihren Freundinnen und mit ihrer Lehrerin gesprochen. Alle haben ihr Mut gemacht und ihr erklärt, daß nicht alle Menschen alles gleich gut können. Ihre Stärken liegen eindeutig im sprachlichen Bereich. Kein Grund, den Kopf hängen zu lassen. Gerade im Rechnen kann man mit Übung eine Menge erreichen. So kommt es, daß Fatima sich jetzt meistens zuerst ihr Rechenbuch vornimmt. Heute sitzt sie neben Judith (Jg. 1), die eine ausgezeichnete Mathematikerin ist. Judith hat es inzwischen gelernt, mit ihren guten Leistungen nicht mehr anzugeben, sondern ein bißchen von ihrem Wissen weiterzugeben. War sie anfangs noch ungehalten, wenn jemand eine «dumme» Frage stellte, kann sie mittlerweile geduldig helfen. Die Lehrerin wird in dieser Situation von den Kindern kaum in Anspruch genommen. Sie nutzt die Gelegenheit zu Beobachtungen. Bei Dejan fällt ihr auf, daß er schon wieder kleine Fortschritte gemacht hat und demnächst ein neues Leseheft bekommen kann, das seinem jetzigen neu erworbenen Könnensstand optimal gerecht werden wird. Sie findet sogar die Zeit, sich eine kurze Notiz darüber zu machen.

Die Diskussion ist nicht abgeschlossen

Altersmischung – eine pädagogische Chance. Aber was sind die Probleme im Alltag? Natürlich organisieren die Kinder ihr Lernen nicht an jedem Tag so selbständig, wie in der hier zwar alltäglichen, aber doch ideal beschriebenen Arbeitszeit. Manchmal kann die Lehrerin sich vor Fragen kaum retten, manchmal ist sie mit Disziplinproblemen mehr als ausgelastet. Dann müssen die Kinder sich in Geduld üben, Rücksicht aufeinander nehmen, Hilfe leisten, ein Stück mehr Selbständigkeit lernen – ertragen, daß die Lehrerin nicht für mich da ist, und sich freuen, daß sie dann nur für mich da ist. Das fällt vielen Kindern heutzutage besonders schwer. Mitunter aber verringern sich Lern- und Verhaltensprobleme durch die Art, wie Kinder von anderen Kindern lernen – nicht zuletzt, weil sie sich in ihren Denkwegen und Verstehensmöglichkeiten näher und daher oft bessere Lehrer sind.

Hinter einem idyllisch anmutenden Vormittag in der Eingangsstufe steckt harte Arbeit – das merken manche Besucherinnen und Besucher der Laborschule nicht, die durch fordernde Gespräche mit der Lehrerin das Gleichgewicht stören und sich wundern, wenn es zerbricht. Und neue Lehrerinnen und Lehrer der Schule merken es erst im Laufe eines ersten schweren Jahres, wenn das Lernen voneinander – das gegenseitige Helfen – das Aufeinander-Rücksicht-Nehmen – das geduldige Warten - das selbständige Arbeiten – das selbstverantwortete Lernen … sich keineswegs naturwüchsig herstellen, sie neidvoll und mit sinkendem Selbstvertrauen auf die Nachbargruppen blicken. Viel Zeit und Kraft der Lehrerinnen und Lehrer geht in die Suche nach Materialien ein, die individualisiertes Lernen ermöglichen, verschiedene Zugänge anbieten und so gewährleisten, daß die Kinder ihre Lernfortschritte und -erfolge selbst kontrollieren können. Nicht immer kann dabei auf Schulbücher und Arbeitshefte zurückgegriffen werden, die sich im Handel befinden. Nicht nur für Vorschulkinder findet man dort wenig Geeignetes. Überwiegend sind die angebotenen Materialien – ob mehr oder weniger ansprechend und motivierend – aus Papier und erwarten also ruhige Auseinandersetzung damit. Viele Kinder aber sind besser über andere Materialien, mit denen sie handelnd umgehen können, zu erreichen. Außer den Montessori-Materialien gibt es noch nicht so viel, was für einen veränderten Unterricht brauchbar ist. Ständig ist es nötig, differenziertes Unterrichtsmaterial selbst zu entwickeln oder zu erstellen – und auch dabei endet die Kreativität bisweilen bei der Herstellung von Arbeitsblättern. Die Lernfortschritte eines jeden Kindes immer im Blick zu behalten, zu verhindern, daß ein Kind öfter in den freien Arbeitszeiten deutlich weniger arbeitet, als für es nötig und richtig wäre, erfordert viel aufmerksames Hinsehen. Manchmal kommen dabei Lehrgangslernen, systematisches Einführen neuer Inhalte und konzentriertes, ausdauerndes Üben zu kurz. Es gibt Kinder mit besonderen Schwierigkeiten, die sehr schnell eine Meisterschaft entwickeln, in den freien Arbeitszeiten Freiräume zu suchen, um Schwierigkeiten aus dem Weg zu gehen. Eine Lehrerin allein in einer Gruppe kann damit bisweilen überfordert sein. Die Vor-, vielleicht mehr noch die Nachbereitung des Unterrichts für altersgemischte Gruppen ist sicherlich bedeutend aufwendiger als für Regelschulklassen. Da alle Kinder der Eingangsstufe in ihren je eigenen Rhythmen lernen, sind sie auch nicht auf einem irgendwie vergleichbaren «Stand», wenn sie in das dritte Schuljahr übergehen. Das Übergangsjahr ist nicht zuletzt deswegen schwierig, weil das Maß an nötiger Binnendifferenzierung bei nunmehr zwanzig Kindern, von denen noch längst nicht alle etwa über schriftliche Arbeitsanweisungen zu erreichen sind, erheblich ist. Damit potenzieren sich die Probleme, die sich bereits durch den beschriebenen Gruppenwerdungsprozeß ergeben. Sie könnten aber unter Umständen durch eine fortgeführte Altersmischung reduziert werden.

Bei der Diskussion einer Ausdehnung der Altersmischung in der Sekundarstufe I haben wir nach «Vorbildern» gesucht – und bisher nicht ausreichend überzeugende gefunden. Noch kennen wir keine Schule, die die Altersmischung konsequent fortführt, die altersgemischten Gruppen nicht in allen «wichtigen» Fächern auflöst – und das sind auch in diesen Schulen die «klassischen» Fächer wie Mathematik, Fremdsprachen und sogar Deutsch. In Jahrgangsgruppen wird dann eine scheinbare Homogenität hergestellt, die zuvor doch mit guten Gründen bestritten wurde. Wir sehen darin einen grundlegenden Widerspruch zur Theorie; denn Altersmischung müßte auch und vielleicht gerade dem Fortschreiten in denjenigen Fächern nützlich sein, die auf Progression beruhen, nicht nur in jenen, die mehr praktisches Tun oder projektähnliches Lernen erlauben. Damit aber fühlen sich die meisten Lehrerinnen und Lehrer verständlicherweise überfordert. Einige Leistungskurse an der Laborschule haben mit eben diesen Schwierigkeiten zu kämpfen. Zugleich sind sie überzeugende Beispiele, wie Altersmischung auch dann gelingen kann. Viele Argumente für Altersmischung sprechen zugleich für die Integration von Kindern, die in vielfältiger Hinsicht besonderer Förderung bedürfen – und viele Argumente für Integration sprechen zugleich für Altersmischung. Der Weg dahin ist jedoch nicht einfach. Gelernte, tradierte und liebgewordene Lehrerrollen müssen abgelegt, und ein verändertes Verständnis von Unterricht muß erst noch gefunden werden. Nun ist die Lehrerin als Begleiterin von Lernprozessen gefragt, die eine anregende Lernumwelt schafft, differenzierte Angebote bereitstellt, behutsam fordert, jedes Kind in seinem Lernfortschritt jederzeit im Blick behält und selbst aushält, nicht mehr «vorne» zu stehen. Selbständiges Lernen zu lernen, voneinander und von der Unterschiedlichkeit zu lernen bedarf vieler Mühen – nicht nur auf seiten der Schülerinnen und Schüler. Ein solches verändertes Verständnis von Unterricht ist nicht notwendigerweise an Altersmischung gebunden, aber Altersmischung hilft nicht zuletzt, die Verschiedenheit von Kindern bewußter anzunehmen, sich nicht mehr dem Trug hingeben zu können, die Kinder einer Altersgruppe wären eine wie auch immer geartete homogene Gruppe. Eine solche Wahrnehmung und ein darauf bauendes Lehrerhandeln verbieten sich durch die Altersmischung von allein.

Wir sind davon überzeugt, daß sich trotz der beschriebenen Probleme der Einsatz für altersgemischtes Lernen lohnt. Sprechen dann nicht die positiven Erfahrungen, die wir in diesem Beitrag aufgezeichnet haben, dafür, die in der Eingangsstufe der Laborschule begonnene Altersmischung auf der gesamten Primarstufe konsequent fortzuführen und auch in den Stufen III und IV noch weiter auszubauen, gegebenenfalls das beschriebene Mischmodell aufzugeben? Neben den unbestreitbaren Vorteilen von Altersmischung wollen wir ein uns vorläufig noch wichtiges Argument gegen eine allzu umfassende weitere Ausweitung am Ende dieses Beitrages vortragen. Die Stammgruppe von 20 Schülerinnen und Schülern, die acht Jahre in der Schule zusammen verbracht hat und dabei lernen konnte, mit den Unterschieden zu leben, ja diese als ein Gut zu schätzen, bleibt sich in einem Maße über Jahre und Jahrzehnte hinweg wichtig, wie wir dies von anderen uns bekannten Gruppen jenseits von Familie nicht kennen. Im Dezember 1995 haben beispielsweise 9 von 10 ehemaligen Schülerinnen der Gruppe «malve 1985» nach 10 Jahren mit zahlreichen Treffen, Briefwechseln, Besuchen und Hochzeitseinladungen ein gemeinsames Wochenende in jener Hütte miteinander verbracht, die sie in ihrem fünften und sechsten Schuljahr bei ihren Gruppenfahrten kennenlernten – und den zehn Schülern einen ausführlichen Brief geschrieben. Die Biologin und die Sekretärin, die promovierte Juristin und die Erzieherin, die Maschinenbauingenieurin und die Sozialarbeitstudentin, die Lehrerin, die Medizinerin und die Verkäuferin haben zusammen gekocht, fröhlich Spiele gespielt, übermütig den Wald unsicher gemacht und sich nächtelang miteinander unterhalten, weil sie sich dauerhaft füreinander interessieren. Ohne die ihnen wichtige – für ihre Entwicklung, ihre Sichtweise auf die Welt wichtige – Stammgruppe würden sie sich weniger gut kennen und schätzen gelernt haben – durchgängige Altersmischung aber macht die langjährige Bindung an eine kleine, stabile, beständige, stärkende Gruppe, mit der viel Schönes erlebt und Schweres durchgestanden wurde, unmöglich.

Altersmischung: Vieles spricht für sie, manches aber auch dagegen – die pädagogischen Vor- und Nachteile müssen weiterhin sorgfältig gegeneinander abgewogen werden, die Diskussion ist nicht abgeschlossen.

Christine Biermann, Brigitte Lintzen,
Marlene Schütte

Kritische Koedukation trägt Früchte

«Es mag ja an vielen Stellen manchmal unklar bleiben, was die Laborschule nach elf Schuljahren leistet, vor allem anderes und Besseres als andere Schulen, aber eines leistet sie seit einigen Jahren auf jeden Fall: Aus ihr gehen viele sehr selbstbewußte und starke Mädchen hervor. Dies habe ich an meiner eigenen Tochter beobachten können, an vielen ihrer Freundinnen aus verschiedenen Jahrgängen, an Laborschülerinnen, die in den letzten Jahren zu uns auf das Oberstufenkolleg gekommen sind» (Eine ehemalige Laborschulmutter). Ein sicherlich sehr ausschnitthafter Blick der Dinge, nicht geeignet, um etwas zu beweisen. Und dennoch eine Aussage, die so oder ähnlich nicht das erste Mal gemacht wurde – von Eltern, von Schülerinnen und von Lehrkräften. Woran liegt's? Sind es vielleicht schon die Früchte der letzten Jahre, in denen vor allem Frauen parteiliche Mädchenarbeit initiiert haben, sowohl in Mädchenkursen als auch im koedukativen Gruppenverband? Sind es vielleicht die vielen «starken» Frauen dieser Schule, die ihnen ein Vorbild waren? Ergebnisse, die «beweisbar» wären, wird dieser Artikel nicht liefern können. Er kann die Entwicklungen der letzten Jahre in bezug auf eine kritisch beäugte koedukative Praxis aufzeigen und konkrete Projekte darstellen, die diese Mädchen (vielleicht) haben «stark» werden lassen.

Jungen- und Mädchen-Projekte in der Laborschule

Als die Laborschule Anfang der siebziger Jahre entstand, nahmen die Vordenker das Koedukationsprinzip, das zu diesem Zeitpunkt in der Regelschule noch lange nicht für alle Fächer selbstverständlich war (z. B. wurde der Sportunterricht noch weitgehend getrennt unterrichtet), durchgehend in ihre Planungen auf. Die Koedukation wurde in den nächsten Jahren insgesamt als selbstverständlich und unproblematisch angesehen. Ein Blick auf die Kategorie «Geschlecht» fand zunächst – Ende der 70er Jahre – außerhalb des Unterrichts statt. Es ging um Quotenfragen (Mehr Frauen in die Schulleitung!), es ging um gleichberechtigte Sprache in Konferenzen und in Mitteilungen. Es ging insgesamt um ein gewachsenes Bewußtsein über den Umgang von Frauen und Männern in der Schule. Der nächste Schritt – ein paar Jahre später – war die verstärkte Thematisierung von Frauenleben im Unterricht (vgl. Thurn 1993). Als Anfang der achtziger Jahre in der Bundesrepublik die Koedukationsdebatte neu entflammte – erste deutsche Untersuchungen (vgl. Frasch/Wagner 1982, Enders-Dragässer u. a. 1986) vorlagen – erkannten einige Lehrerinnen der Laborschule in den Ergebnissen – der höheren Aufmerksamkeit für Jungen im Unterricht seitens der Lehrkräfte, der Dominanz der Jungen ihren Mitschülerinnen gegenüber – viele Unterrichtssituationen in «ihrem Reformprojekt» wieder. Sie reagierten sowohl mit dem bewußteren Umgang von koedukativen Elementen (vgl. Biermann 1985; Scheffel/Wäschle 1989) als auch mit Mädchenkursen z. B. im Sportunterricht (vgl. Scheffel u. a. 1989). Schlußfolgerungen anderer Schulen mit dem Ziel, Mathematik-, Informatik-, Physik-, Chemieinhalte u. a. schematisch in bestimmten Jahrgängen nach Geschlechtern zu trennen, wurden in der Laborschule zu keinem Zeitpunkt gezogen. Denn in den meisten sowohl kritisch-koedukativen wie geschlechtsspezifischen Ansätzen der Laborschule steckten weniger rein organisatorische Aspekte, vielmehr ging es um einen differenzierten Umgang mit Schülerinnen und Schülern. Mädchen- und Jungenkurse schärften den Blick für die Vielfalt der Verhaltensweisen der Geschlechter, Mädchenkurse zogen Jungenkurse nach sich, leider viel zuwenig bisher von Männern geleitet; neu konzipierte Unterrichtseinheiten nach kritisch-koedukativen Gesichtspunkten wurden und werden immer wieder durchdacht, die Geschlechter neu «gemixt» oder getrennt. Anfang der 90er Jahre richtete die Laborschule im Rahmen ihrer Wissenschaftlichen Einrichtung den Arbeitsschwerpunkt «Mädchen und Jungen in der Schule» ein. Etliche Projekte von Lehrerinnen und Lehrern, z. T. unterstützt von Universitätsseite, sind seitdem in der Laborschule durchgeführt worden. Zunächst werden diese Projekte kurz mit ihren Zielen beschrieben, konkrete Umsetzungen schließen sich in den beiden folgenden Kapiteln an.

Mädchen- und Jungensozialisation an der Laborschule (1990–1993)

Ziel dieses Projektes war es, Phänomene geschlechtsspezifischer Sozialisation und Benachteiligung in der Laborschule zu untersuchen und zu dokumentieren. Es wurden Unterrichtsmaterialien, z. B. zu Einheiten wie «Liebe, Freundschaft, Sexualität», «Haushalts(s)paß», «Mathe und Müll», erstellt, die sowohl auf emotionaler als auch auf kognitiver Ebene Veränderungen bewirken sollten (vgl. Biermann/Heuser/Schütte/Wachendorff 1993).

Erweiterung sozialer Kompetenz von Jungen und Mädchen (1991–1994)

In diesem Projekt – finanziert vom nordrhein-westfälischen Ministerium für die Gleichstellung von Frau und Mann – sichteten und interpretierten Ilse Brehmer und ihre MitarbeiterInnen mittels Videoaufzeichnungen, Interviews und Fragebögen geschlechtsspezifische Interaktionen, Vorlieben und Einstellungen von ca. 12jährigen Schülerinnen und Schülern der Laborschule, einer Gesamtschule und eines Gymnasiums. Mit den Lehrkräften der beteiligten Schulen wurden außerdem Unterrichtseinheiten für die Fächer Deutsch,

Mathematik und Sport mit dem besonderen Augenmerk auf kritisch-koedukative Elemente entwickelt (vgl. Ministerium für die Gleichstellung NRW 1996).

Mädchen und Jungen im Sportunterricht (1990–1995)

In einer Interaktionsanalyse wurden zunächst strukturierte Beobachtungen im Sportunterricht der Jahrgänge 5–10 durchgeführt, die anschließend noch einmal der Bewertung von Mädchen und Jungen – im Rahmen von Interviews – unterzogen wurden. In einem 2. Teil des Projektes wurde der Frage nachgegangen, «nach welchen Leitlinien und didaktischen Prinzipien Sportunterricht arrangiert werden muß, um der geschlechtsbedingten Situation von Jungen und Mädchen gerecht zu werden und um beiden Geschlechtern die Chance zu eröffnen, gleichberechtigte soziale Interaktion zu erlernen» (Schmerbitz/Schulz/Seidensticker 1993, S. 102).

Meinen Beruf finden – Mein Leben gestalten (1993–1995)

Dieses Projekt baute auf dem laborschuleigenen Praktikums- und Berufsfindungskonzept auf: Es thematisiert Lebensplanung nicht nur als individuellen Berufsfindungsprozeß, sondern mit Blick auf die gesellschaftliche Berufs- und Arbeitswelt allgemein. Außerdem bezieht es den Bereich der Reproduktionsarbeit verstärkt mit ein (vgl. Heuser/Wachendorff 1995).

Körperorientierte Selbsterfahrung für Mädchen an der Laborschule (1994–1996)

Dieses Projekt richtet sich speziell an 13-17jährige Mädchen und wurde in Form eines einjährigen Wahlkurses angeboten und evaluiert. Ziel war es, die Identitätsentwicklung von Mädchen durch gezielte Wahrnehmungs-, Bewegungs-, Darstellungs- und Körpererfahrungen zu unterstützen (vgl. Middendorf-Greife/ Lintzen 1996a).

Prozesse politischer Sozialisation bei 9- bis 12jährigen Jungen und Mädchen (1993–1997)

Das Forschungsvorhaben, das von der Deutschen Forschungsgemeinschaft finanziert und von Juliane Jacobi geleitet wird, soll einen Beitrag leisten zur Aufklärung der geschlechtstypischen Ausprägung von Prozessen politischer Sozialisation. Mit Methoden der Feldforschung werden Interaktionen von Kindern beiderlei Geschlechts der Altersgruppe 9–12 Jahre in ihren Gruppen erfaßt und interpretiert (vgl. Breidenstein/Kelle 1996).

Jungenräume – Mädchenräume

Obwohl sich sehr viele Mädchen und Jungen kaum eine andere Form als die des gemeinsamen Lernens vorstellen können und wollen, finden vor allem Mädchen im Pubertätsalter durchaus Geschmack an der Vorstellung, bestimmte Dinge ohne Jungen zu tun. Sport steht dabei an der Spitze ihrer Wünsche, was auf die Bedeutung körpernaher Erfahrungsfelder verweist, auf die wir im folgenden noch zu sprechen kommen werden. Zum Thema Sexualität äußern Jungen wie Mädchen das Bedürfnis, über sensible Fragen oder Probleme lieber «unter sich» reden zu wollen. Da in beiden genannten Bereichen Geschlechteraspekte eine zentrale Rolle spielen, sollten solche Bedürfnisse in Schule und Unterricht auch aufgegriffen werden; denn eine zeitweilige Trennung von Jungen und Mädchen kann durchaus sinnvoll sein. Die Bildungskommission NRW (1995, S. 129 f.) hat solche Erfahrungen aufgenommen: «Wo der Wunsch und der Bedarf besteht, mit den Geschlechtern verbundene Zwänge zu reduzieren, bieten getrennte Gruppen die Möglichkeit, solche Zwänge zu thematisieren und zu bearbeiten. Das Erproben untypischer Verhaltensweisen, wie zum Beispiel Kraft und Härte bei Mädchen, Ängste und Weichheit bei Jungen, gehört ebenfalls hierzu.» Die Trennung ist zwar keine Lösung, aber sie bietet Chancen. Manche Lernsituationen bieten die Möglichkeit, Gegenerfahrungen zu machen, um anschließend Geschlechterverhältnisse umsichtig und kritisch reflektieren zu können. Die Bildungskommission unterstreicht das wichtige Ziel der Schule, ein «positives Verständnis von männlicher und weiblicher Identität zu erreichen, das tatsächliche Chancengleichheit im privaten wie im öffentlichen Leben ermöglicht» (vgl. ebenda, S. 131). Wie Schule Mädchen und Jungen bei dieser Aufgabe unterstützen kann, indem sie Mädchen- und Jungenräume eröffnet, wollen wir anhand einiger Praxisbeispiele beschreiben.

Mädchenräume: Selbstbehauptung und Selbsterfahrung für Mädchen

Der Übergang von der Kindheit zum Jugendalter ist von Mädchen und Jungen nicht einfach zu bewältigen. Mädchen erleben diese Phase eher und anders als Jungen und nehmen sie stärker als Zeit der Destabilisierung wahr (vgl. Fend 1990). Zudem gewinnt bei pubertierenden Mädchen Körperlichkeit eine neue und besondere Bedeutung und scheint eines der wichtigsten Attribute für ihre Zukunftsgestaltung zu sein (vgl. Flaake 1990). Gleichzeitig werden sie mit dem Widerspruch konfrontiert, daß sie zwar mit und durch ihren Körper gefallen sollen, auf der anderen Seite dieses Gefallen jedoch eine potentielle Gefährdung provoziert (vgl. Palzkill 1990). Schule kann ein Ort sein, in dem die gesellschaftlich nahegelegten Definitionen weiblicher Körperlichkeit und Sexualität thematisiert und kritisch reflektiert und in dem andere Möglichkeiten der Körperwahrnehmung und -definition erfahrbar gemacht werden können. Um eine von Jungen unabhängige Körperkultur zu entdecken und zu entwickeln, brauchen Mädchen autonome Räume, um so mehr, wenn Mädchenarbeit den Anspruch der präventiven Maßnahme gegen sexuelle Gewalt einschließt. Hier ist es besonders wichtig, Mädchen für ihre eigenen körperlichen und seelischen Befindlichkeiten und Grenzen zu sensibilisieren. Erst dann kann man ihnen helfen, eigene Bedürfnisse und Stärken zu erkennen, die körperlichen Wahrnehmungs- und Ausdrucksmöglichkeiten zu erweitern und somit auch ihr persönliches Durchsetzungsvermögen zu stärken. In dem geschützten Rahmen von Mädchengruppen an der Laborschule soll ein Erfahrungsraum geboten werden, in dem die Mädchen mit sich experimentieren und dadurch ihren Handlungsspielraum erweitern können. Die beiden Kurse an der Laborschule, die speziell für Mädchen in altersgemischten Gruppen für die Dauer eines halben bzw. eines ganzen Jahres (10- bis 13- und 13- bis 16jährige) angeboten werden, liegen im Wahlbereich. Die Teilnahme ist freiwillig, aber verpflichtend für den gewählten Zeitraum. Beiden Kursen liegt ein ähnliches Konzept zugrunde. Abweichungen ergeben sich aus den unterschiedlichen entwicklungsbedingten Bedürfnissen und Wünschen der Mädchen; sie erfordern andere Schwerpunkte. Die jeweiligen körperorientierten Übungen, in denen sich die Mädchen mit ihrem Körper, ihrer Wahrnehmung, ihren Gefühlen und Grenzen beschäftigen, stammen aus Bereichen wie Tanz, Theater, Psychodrama, Kunst, Musik, Selbstverteidigung, Entspannung. Die nach den Übungen stattfindenden Gesprächsrunden, in denen sich die Mädchen über ihre Gefühle und Gedanken austauschen können, sind genauso selbstverständlich wie Raum für Gespräche über Themen, die die Mädchen stark bewegen (Menstruation, sexuelle Anmache, «sexy» Kleidung usw.). Neben diesen Feed-back-Runden gibt es noch weitere Rituale, die den Mädchen einerseits einen festen Rahmen bieten, in dem sie sich entfalten können, und andererseits eine Atmosphäre des Aufgehobenseins und Vertrauens schaffen. Dabei ist die äußere Gestaltung mit Requisiten wie Duftlampe, Tücher, Kerzen, Blumen genauso wichtig wie Strukturelemente: Blitzlicht, Meditation, Phantasiereisen und Abschlußreflexion. Regeln (z. B. nichts aus den Stunden an andere weiterzuerzählen) sind gemeinsam abzusprechen, und die Einhaltung ist gemeinsam zu verantworten. Bei dem Thema Selbstbehauptung, Mädchenstärkung und Prävention von sexuellem Mißbrauch muß besonders bei körperorientierten Übungen das Prinzip der Freiwilligkeit gewährleistet sein, um das Vertrauen der Mädchen zu gewinnen, ihnen Zeit zu geben, sich einzulassen und ihre Grenzen wahrzunehmen. Mädchen nehmen diese geschlechtshomogenen Angebote gern wahr, auch wenn phasenweise mit deutlichen Widerständen gerechnet werden muß. Zum einen testen sie, wie groß der Spielraum der Freiwilligkeit für sie sein kann und wie ernst sie mit ihren «Ausweichmanövern» genommen werden. Zum anderen werden Widerstände leicht hervorgerufen, wenn ihnen bestimmte Aufgabenstellungen «zu nahe» gehen und sie verunsichern. Sie reagieren dann mit Albernheit, Schuldzuweisung bis hin zur Verweigerung. Die Lehrerinnen mußten lernen, mit solchen Mechanismen sensibel umzugehen, um sie nicht durch ungeschickte Reaktionen noch zu verstärken (vgl. Middendorf-Greife/Lintzen 1996 a, b). Neben diesen schon «institutionalisierten Räumen» für Mädchen gibt es noch Angebote im Rahmen von Projektwochen oder Projekttagen, in denen z.B. Selbstverteidigungskurse für Mädchen durchgeführt werden. Dabei sollte auch durchaus von der Möglichkeit Gebrauch gemacht werden, Expertinnen von außen einzuladen.

Jungenräume: Rollenerweiterung und Stärkung von Empathie

Neben einer parteilichen, unterstützenden Arbeit mit Mädchen ist es dringend notwendig, auch mit Jungen identitätsstützend und geschlechterbewußt zu arbeiten, denn «um die Voraussetzungen und Chancen für gleichberechtigte Interaktionen und Kommunikationen ... zu verbessern, müssen wir neben der Mädchenstärkung eine reflexive Jungenerziehung durchführen (Schmerbitz/Seidensticker 1996, S. 3). Auch hier eröffnen geschlechtsgetrennte Gruppen Chancen für Jungen, ihre Probleme mit den Bedürfnissen und Schwierigkeiten der »Mannwerdung« anzusprechen – idealerweise mit *männlichen* Ansprechpartnern –, zudem sollten sie durch entsprechende Angebote andere Körpererfahrungen sammeln können, reflekticren, wie sie sich in einer geschlechtshomogenen Umgebung wahrnehmen und dadurch vielleicht einen anderen Zugang zu ihren Gefühlen erleben. Somit kann eine geschlechterbewußte Pädagogik mit Jungen auch zur Gewaltprävention beitragen und eine sinnvolle Ergänzung zur Mädchenarbeit sein. Erste Konzepte für eine Jungenarbeit entstanden ausschließlich im außerschulischen Kontext (vgl. Heimvolkshochschule «Alte Molkerei Frille» 1988 und Sielert 1989). Bezeichnet Frille seine Jungenarbeit – zumindest Ende der achtziger Jahre – als *antisexistisch*, so spricht Sielert von *reflektierter* Jungenarbeit. Daneben existieren von Frauen – als Pendant zur Mädchenarbeit entwickelt – Ideen, allerdings wenig Konzepte, zur *feministischen* und *emanzipatorischen* Jungenarbeit und eine – ebenfalls als Anlehnung an Mädchenkonzepte – hauptsächlich von Männern ausgedachte *parteiliche* Jungenarbeit. Von diesem Spektrum ausgehend, versuchten einige Lehrerinnen und Lehrer der Laborschule, ihr eigenes Konzept mit folgenden Aspekten zu entwerfen:

- Jungenarbeit soll die Bedürfnisse der Jungen deutlich abfragen, die Jungen dort «abholen», wo sie sich befinden;
- Jungenarbeit soll Jungen dazu befähigen, über ihr eigenes Verhalten innerhalb ihrer Geschlechtsgruppe und gegenüber Mädchen/Frauen zu reflektieren und ein erweitertes Verhaltensrepertoire anzulegen;
- Jungenarbeit soll die sozialen Kompetenzen der Jungen aufnehmen und weiterentwickeln;
- Jungenarbeit soll zu einem erweiterten Rollenverständnis führen; und
- Jungenarbeit soll Jungen ihren Körper und alle Sinne näherbringen.

Vermieden werden soll, Jungenarbeit als moralisierende Einschüchterung zu sehen, die lediglich die Bedürfnisse von Mädchen und Frauen im Blickpunkt hat und Begriffe wie Defizit- und Förderungspädagogik in den Mittelpunkt stellt. Solche Ziele und Aufgaben von Jungenarbeit können u. a. im Rahmen von Projektwochen, Projekttagen oder regelmäßigen Kursen verwirklicht werden. Hier einige Beispiele:

Es fanden *Projekttage* für Jungen eines 6. Jahrgangs unter Mitwirkung von Experten von außen statt: Schwerpunkt des ersten Tages war – im Zusammenhang mit dem Haushaltscurriculum – eine gefilmte Befragung von Männern zum Thema «Wie regeln Männer Berufs- und Familienarbeit?». Schwerpunkt des zweiten Tages war die Kampfkunstsportart «Shaolin». Shaolin war nach Sichtung vieler Kampfkunstsportarten ausgewählt worden, weil sie gänzlich ohne Körperkontakt trainiert wird und Körper und Seele als gleich wichtige Faktoren ansieht. Ein jugendlicher Experte von außen vermittelte praktische und theoretische Eindrücke.

Innerhalb der *Projektwoche* «Sich in der Schule wohl fühlen» wurde im Jahrgang 6 neben drei koedukativen Angeboten der Kurs «Jungen fühlen sich in der Schule wohl, wenn …, Sport, Spiel und Spannung nur für Jungen» zur Auswahl gestellt. Themen der Woche waren: Jungensport – laut und leise; Jungenräume: Wo fühlen sich Jungen in und außerhalb der Schule wohl? Shaolin: eine Kampfkunstsportart für Körper und Seele; Klettern im Steinbruch: eine neue Erlebnissportart zwischen Neugierde, Angst und Vertrauen; Finanzierung der Projektwoche durch den Verkauf von selbstgebackenem Kuchen.

Anders als bei den Projekttagen, wo die Jungen einer Stammgruppe unter sich blieben, setzte sich der Kurs in der Projektwoche aus drei verschiedenen Gruppen zusammen, die sich mehr oder minder gut kannten. Bei solchen Konstellationen muß immer mit Störungen, Distanzierungen und Blockaden gerechnet werden. Es ist wichtig, diese nicht nur abzuwehren, sondern miteinzubeziehen. Dann ergeben sich nach und nach neue Freundschafts- und Gruppenkonstellationen, die Jungen in ihren eigenen, über Jahre gefestigten Gruppen so nicht mehr möglich sind.

Sport für Mädchen und Jungen

Der koedukative Sportunterricht birgt – gerade in den Jahren der Adoleszenz – eine Fülle von Problemen, die auch an der Laborschule erkannt wurden. Ausgangspunkt waren Spannungen, die durch konkurrierendes, dominantes, aktives und aggressives Bewegungs- und Sozialverhalten von Jungen ausgelöst wurden und zu weitgehendem Rückzug der Mädchen führten. Die sorgfältige Analyse dieser Situationen führt nun keineswegs zu einer Aufgabe koedukativen Sportunterrichts. Es wird vielmehr ein Konzept erarbeitet, in dem für beide Geschlechter die Rollenvorstellung reflektiert und Ansatzpunkte für die Formulierung neuer Leitbilder benannt werden. So kann eine vorübergehende und phasenweise Trennung nach Geschlechtern notwendig und sinnvoll sein, wenn z. B. stark differenzierende sportspezifische Interessen und Wertorientierungen vorliegen (vgl. Schmerbitz/Schulz/Seidensticker 1993). Darüber hinaus kann getrenntgeschlechtlicher Unterricht Jungen und Mädchen möglicherweise einen durch das andere Geschlecht nicht beeinträchtigten Zugang zu neuen Sportarten und Bewegungsfeldern bieten. Es hat sich z. B. gezeigt, daß für Jungen in einer geschlechtshomogenen Gruppe der Zwang zur männlichen Selbstdarstellung oft entfällt. Mädchen tauschen unliebsame «Körperdemonstrationen» und Begutachtungen durch männliche Blicke gegen Freiräume, in denen sie sich über das Medium der Bewegung möglichst selbstbestimmt entwickeln können. Die Frage, die sich damit stellt, ist die nach einer veränderten Unterrichtspraxis im koedukativen und im getrennten Unterricht. Einzelne Unterrichtseinheiten – vom klassischen Basketballkurs, variationsreich koedukativ oder nonkoedukativ unterrichtet (vgl. Heistermann 1996) über den geschlechtsgetrennten Yogakurs bis zu Elementen der Erlebnispädagogik, wie z. B. dem Klettern (vgl. Schmerbitz/Schulz/Seidensticker 1993) – sind inzwischen zahlreich durchgeführt und beschrieben worden. Aufgabe der Lehrenden wird es in der nächsten Zeit sein, auf der Grundlage der Erfahrungen aus diesen Projekten und den Unterrichtserfahrungen der anderen Lehrkräfte eine Verständigung über eine veränderte Methodik und Didaktik herbeizuführen, ein Curriculum zu entwerfen und zu institutionalisieren.

Mädchen- und Jungenkonferenzen

Geschlechtsgetrennte Gesprächskreise gehörten zu einem zentralen Anliegen der Mädchen und Jungen, um «intensiver und bewußter mit sich selbst und mit ihrem Verhältnis zueinander umzugehen und untereinander und miteinander zu reden und zu handeln» (Wachendorff u. a. 1992, S. 49). So entstanden – während einer Klassenfahrt – die von den Jungen und Mädchen selbst benannten Konferenzen als eine wichtige Bereicherung der ohnehin schon zum schulischen Alltag gehörenden intensiven Gesprächskultur, in der das Reden über Ärger und Freude, Ängste und Erwartungen, Ansprüche und Forderungen selbstverständlich ist. In der Eingangsstufe finden Versammlungen statt, in denen alle Mädchen und Jungen der gesamten Fläche (bis zu 60 Kinder) gemeinsam singen und spielen, Projekte besprechen und sich über das Miteinander austauschen. In der Sekundarstufe gibt es, neben den täglichen Kurzversammlungen, wöchentliche Betreuungsstunden, in denen die gesamte Gruppe nicht nur über Organisatorisches und Inhaltliches redet, sondern auch über Probleme untereinander und deren Lösungsmöglichkeiten. Es gibt also in der gesamten Schulzeit Orte, an denen die Mädchen und Jungen z.B. lernen können, anderen zuzuhören, Betroffenheit zu äußern, Gefühle zu beschreiben und sie bei sich selbst und anderen zu akzeptieren. Allerdings haben Jungen wie Mädchen häufig unterschiedliche Meinungen, Wahrnehmungen, Interessen, Wünsche und Gefühle. Probleme der Jungen nehmen außerdem oft mehr Zeit ein als die der Mädchen, und einige Mädchen und Jungen trauen sich in der gesamten Gruppe häufig nicht, etwas zu sagen. In den Mädchenkonferenzen «können wir unter uns Probleme besprechen, die wir uns in der Gesamtgruppe nicht trauen, oder ungestört über Jungen reden», so die Meinung eines Mädchens. «Ich finde Jungenkonferenzen gut, weil wir über Ärger unter uns Jungen reden können, man ernst genommen wird und wir in kleinen Gruppen besser nachdenken können», so ein Junge. Inzwischen finden in vielen Stammgruppen von der Primarstufe bis zu den höheren Jahrgängen der Sekundarstufe I einmal pro Monat Mädchen- und Jungenkonferenzen bei Keksen und Saft statt, mit einer klaren Gesprächsstruktur und bei freiwilliger Teilnahme. Es werden zunächst aktuelle Fragen besprochen, Situationen geschildert, Streitigkeiten erzählt. Alle Themen werden von den Mädchen und Jungen oder von den Erwachsenen eingebracht. Oft geht es darum, Veränderungen innerhalb der Mädchen- bzw. Jungengruppen sowie im Verhältnis zwischen Mädchen und Jungen zur Sprache zu bringen, diese Veränderungen zu reflektieren und so weit zu bearbeiten, daß die Mädchen und Jungen sich im Alltag bewußter verhalten können. Reden allein reicht aber nicht aus, um Veränderungen zu erzielen. Es müssen auch Umsetzungen erfolgen, damit sichtbar wird, daß die thematisierten Bereiche auch veränderbar sind. Ein wichtiges Ergebnis war die Forderung nach der Einrichtung eines Mädchenpausensports, mit der die Jungen sich recht schwer taten, weil sie einmal pro Woche eine halbe Stunde ein Drittel der Dreifachturnhalle abgeben mußten. Die Trennung beim Duschen nach der Sportstunde und in der Sauna und eine eigene Mädchen- und Jungensportstunde pro Monat gehörten ebenso zu den Errungenschaften wie Mädchen- und Jungenkleingruppen beim Thema «Sexualität». Natürlich können nicht immer alle Konflikte gelöst werden. Die Mädchen- und Jungenkonferenzen bieten aber immer wieder die Möglichkeit, geschlechtsbezogene Fragestellungen und Situationen zu reflektieren und Veränderungsmöglichkeiten aufzuzeigen und zu diskutieren.

Liebe, Freundschaft, Sexualität

Das Thema «Liebe, Freundschaft, Sexualität» gehört von Anbeginn an zu den Inhalten der Laborschule. Anfang der siebziger Jahre wurde der Anspruch entwickelt, die Sexualerziehung in einen größeren Rahmen zu stellen; weg vom Biologismus – hin zu den Fragen der Mädchen und Jungen. Wichtige Prinzipien waren – und sind noch heute – Ganzheitlichkeit, Handlungsorientierung und die Einbeziehung möglichst vieler Fächer bzw. Erfahrungsbereiche. Auch das Reden in kleinen Gruppen, je nach Wunsch geschlechtshomogen oder -heterogen, ist Bestandteil dieser Einheit. Es gab zwar in den ersten Jahren der Laborschule schon Mädchen- und Jungengruppen auch innerhalb dieser Unterrichtsthematik, aber erst der kritische Blick auf das durchgehende Koedukationsprinzip in den achtziger Jahren brachte Lehrerinnen auf die Idee, die Ziele und den Inhalt auch dieses Themas unter die kritisch-koedukative Lupe zu nehmen. Im einzelnen wurde(n)

– Mädchen- und Jungenfragen getrennt eruiert,
– eine Gleichgewichtung der geschlechtsspezifischen Interessen zu gewährleisten versucht,

– in gemischtgeschlechtlichen und in getrenntgeschlechtlichen Gruppen gearbeitet und
– vorhandene Unterrichtsmaterialien auf mädchen- wie jungenspezifische Themenschwerpunkte durchforstet (vgl. Biermann/Schütte 1995, überarbeitet und erweitert: Biermann/Schütte 1996).

Danach befragt, was die Mädchen und Jungen zunächst getrennt behandelt sehen wollten, wurden immer wieder Themen wie Entwicklung des Körpers, Menstruation, Hygiene, erster Samenerguß genannt. Aber auch die «andere Seite» der Sexualität wie Pornographie, Vergewaltigung, sexueller Mißbrauch waren häufig Wünsche getrenntgeschlechtlicher Gespräche. Mädchen möchten sensible und individuelle Dinge häufig in einem Schonraum besprechen, so z. B. die Menstruation. Anschließend sind sie dann auch bereit, diese Themen in der gemischten Gruppe noch einmal zu bereden; denn sie wollen auch gegenüber den Jungen unbefangen mit Tampons und Binden hantieren, vielleicht sogar von ihrer ersten «Mens» berichten, gemeinsam mit den anderen Mädchen ein Menstruationsfest feiern, um sich dann wissend und gestärkt den Fragen der Jungen zu stellen. Diese können z. B. lauten: Warum mögen manche Mädchen in «diesen Tagen» keinen Sport? Was bedeuten die Packungen mit Binden und Tampons im Schrank?

Frauenleben – Männerleben

Eine Empfehlung der Bildungskommission NRW (1995, S. 131) besagt, daß «Mädchen unterstützt werden müssen, ihre Ansprüche an Arbeit und Beruf zu artikulieren und durchzusetzen. Jungen hingegen benötigen Unterstützung in der Entwicklung einer Orientierung auf Familientätigkeit und Kindererziehung». Diese Forderung, nicht nur die Erwerbs-, sondern auch die Reproduktionsarbeit in Schule und Unterricht miteinzubeziehen, ist sinnvoll und notwendig. Mädchen und Jungen sind außerdem von dieser Thematik sehr unterschiedlich betroffen. «Während für Mädchen die Erledigung der Haus- und Familienarbeit nach wie vor eine Bedingung ist, die sie in ihre Überlegungen mit einbeziehen müssen, können sich Jungen davon distanzieren» (Lemmermöhle 1995, S. 42). Die Reproduktionsarbeit ist aber konstitutiv für den Fortbestand von individuellem Leben sowie von Gesellschaft, denn sie umfaßt nicht nur die Arbeit im Haushalt im engeren Sinne, sondern auch die Erziehung der Kinder, die Pflege von Kranken und Alten, die Gestaltung der sozialen Kontakte u. v. m. (vgl. Wachendorff u. a. 1992). Es wurden somit Projektphasen mit unterschiedlichen Inhalten und Schwerpunkten entwickelt, die im Sinne eines Spiralcurriculums Diskussionen auf immer neuen Ebenen ermöglichen sollten. Dabei geht es ebenso um haushaltsplanerische und -technische Themen wie um emotionale und soziale Probleme, aber auch um Aspekte der Erwerbsarbeit und Lebensplanung.

Der Haushalts(s)paß

So setzten sich die Schülerinnen und Schüler innerhalb des Projektes «Mädchen und Jungen» in Jahrgang 4 mit geschlechtsspezifisch definierten Rollenmustern, Verhaltensstrukturen und Tätigkeiten auseinander, erarbeiteten Mädchen- und Jungentypisches in Spielen, Bildern, Geschichten, Körperbewegungen, Kleidung, Fotos und Filmen. Sie erprobten außerdem alltägliche Hausarbeits- und Handwerkstätigkeiten in den Bereichen «Fahrrad», «Kochen/Backen», «Waschen/Nähen/Bügeln», «Saubermachen» und «Werkstatt» und erhielten zum Abschluß den «Haushaltspaß», in dem die erlernten Tätigkeiten anschaulich dargestellt wurden (vgl. Biermann 1991). In Jahrgang 5 wurden, ausgehend von konkreten Wünschen der Mädchen und Jungen, weitergehende haushaltstechnische und handwerkliche Tätigkeiten innerhalb einer Haushaltsprojektwoche eingeübt. Mädchen und Jungen wurden hierbei geschlechtsuntypische Tätigkeiten angeboten, um das Rollenspektrum etwas zu öffnen und das Hineinwachsen in die Welt der Erwachsenen als aktiven Prozeß erkennbar zu machen: Allein die

Küche überlassen zu bekommen, um einen Kuchen zu backen, ist etwas ganz anderes, als nur dabei zu helfen. Außer für die «klassischen» Haushaltstätigkeiten interessierten sich insbesondere Jungen für Tischsitten und Tischdekorationen, um auch einmal einen schönen Geburtstagstisch decken zu können. Innerhalb dieser Projektwoche wurde deutlich, daß das Interesse und die Lernfähigkeit bei Jungen und Mädchen nicht auf geschlechtstypische Tätigkeiten hin orientiert ist. Es zeigten sich jedoch in jeder Gruppe bestimmte Herangehensweisen, die auf bisherige geschlechtstypische Erfahrungen schließen ließen:

Mädchen ließen sich Neues eher zeigen/erklären; sie waren sich ihrer Unkenntnis deutlich bewußt.	Jungen glaubten häufiger, schon alles zu können, und probierten einfach; sie nahmen Mißerfolge in Kauf.
Mädchen arbeiteten kontrollierter, fragten, ob es «richtig» würde, und waren ihren Ergebnissen gegenüber kritischer.	Jungen arbeiteten oft «auf Tempo» und gaben sich eher mit «halbgaren» Ergebnissen zufrieden.
Für Mädchen gehörte Aufräumen schon eher mit zur Arbeit – sie erledigten das sogar teilweise gleich für die Jungen mit.	Für Jungen gehörte das Wegräumen von Geräten und das Sauberhalten nicht zur Arbeit: Sie mußten extra aufgefordert werden bzw. versuchten, sich zu drücken.

(Vgl. Wachendorff u.a. 1992, S. 54)

Die jährlich stattfindenden Selbstversorger-Gruppenfahrten bieten außerdem die Möglichkeit der sinnvollen Thematisierung und Einbeziehung von Reproduktionstätigkeiten in die Vorbereitung und Durchführung der ein- bis zweiwöchigen Fahrt. Hier sind Schülerinnen und Schüler nicht nur für die Planung und den Einkauf, sondern auch für das Kochen und Reinigen verantwortlich. Sie erhalten außerdem Rückmeldung über ihren Einsatz, ihre Verantwortlichkeit und über die Ergebnisse.

Kita-Praktikum

Mit dem Begriff Hausarbeit werden in der Regel nur die materiellen, praktischen und planerischen Tätigkeiten im Haushalt verbunden. Die Familienarbeit, die insbesondere die emotional-sozialen Beziehungen wie Kindererziehung und Altenpflege beinhaltet, wird im schulischen Bereich kaum thematisiert. Deshalb kam uns der inbesondere von Jungen geäußerte Wunsch, mehr über den Umgang mit Kleinkindern zu erfahren, sehr entgegen. Es wurde daraufhin ein – inzwischen fest institutionalisiertes – Kindertagesstätten-Praktikum eingerichtet, da dort Kinder vom Baby- bis zum Schulkindalter ganztägig zusammen sind. In Rollenspielen, kleinen Spielszenen und in Gesprächsrunden setzten sich die Mädchen und Jungen in der Vorbereitung intensiv mit Konflikten und Beziehungen, Grenzbereichen, sozialen Rollen und Erziehungsfragen auseinander. Dies ist ein vielfältiger und hoher Anspruch für Jungen und Mädchen beim Übergang vom Kind zum Jugendlichen, da sie nun plötzlich verantwortungsvoll sein, helfen, trösten, vorlesen, Streit schlichten sollen. Ein Grund, weshalb das Kita-Projekt bei den Mädchen und Jungen in Jahrgang 7 inzwischen so beliebt ist, liegt sicherlich in ihrer pubertären Entwicklungsphase. Hier dürfen sie wieder Kind sein, unbefangen und unkontrolliert von Erwachsenen wie Gleichaltrigen im Sandkasten spielen, Klötzchentürme bauen, Kettcar fahren, im Toberaum toben und in der Puppenecke spielen. Hinzu kommen selbstverständliche Küchen- und Aufräumdienste, das Nase-Putzen, Schuhe-Zubinden, Essen-Kleinschneiden, Vorlesen und die ständige Belagerung und Forderung durch viele unterschiedliche Kinder, aber auch die Anerkennung und positive Rückmeldung. Die größten Schwierigkeiten bereitet den meisten, «nein» zu sagen, wenn die Kinder sie zu sehr bestürmen und belagern. So merkte ein Mädchen erst in der Mittagspause, daß sie vom vielen «Pferdchenspielen» aufgeschürfte Knie hatte. Ein Junge erzählte, daß er das Praktikum ganz toll fand, aber auch tierisch anstrengend. Er sei vor Erschöpfung zweimal in der Kuschelecke eingeschlafen (vgl. Biermann u.a. 1993).

Berufsorientierung und Lebensplanung

Das Praktikums- und Berufsfindungskonzept der Laborschule thematisiert Lebensplanung nicht nur als individuellen Berufsfindungsprozeß, sondern mit Blick auf die gesellschaftliche Berufs- und Arbeitswelt allgemein. Das Forschungsprojekt «Meinen Beruf finden – Mein Leben gestalten» setzte dabei auf zwei Ebenen an: Zum einen galt es, Lebensplanung als «ganzheitlichen» Akt in den Blick zu nehmen und für den Reproduktionsbereich, der bislang eher unterrepräsentiert war, Curriculumbausteine zu entwickeln und zu evaluieren (z. B. «Mein Leben in 20 Jahren» und «Wie ich mir meine Zukunft als Mädchen/als Junge vorstelle») und in den Bereich der beruflichen Orientierung zu integrieren (vgl. Heuser/Wachendorff 1995).

Um eine frühzeitige Vorstellung von beruflichen Möglichkeiten zu erhalten, finden insgesamt drei unterschiedliche Praktika statt:

- Im Jahrgang 8 ein dreiwöchiges Betriebspraktikum in größeren Betrieben der Produktion (einschließlich Kfz-Betriebe).
- Im Jahrgang 9 ein dreiwöchiges Betriebspraktikum in größeren Betrieben des Dienstleistungs- und Verwaltungssektors (einschließlich der Verwaltungsabteilungen größerer Produktionsbetriebe).
- Im Jahrgang 10 ein zweiwöchiges Berufsfindungspraktikum in einem Betrieb nach Wahl der Schülerinnen und Schüler.

Für diese Aufteilung hat sich die Schule entschieden, damit alle Mädchen und Jungen die wichtigsten Wirtschaftsbereiche kennenlernen und möglichst authentisch die charakteristischen Merkmale der jeweiligen Tätigkeiten und betrieblichen Organisations- und Arbeitsweisen erfahren können (vgl. Heuser/Kübler 1982).

Viel getan – und wie geht's weiter?

Bei der Fülle der Projekte, Einzelaktionen und Ansätze könnte der Eindruck entstehen, daß sich die Laborschule durchgehend eine Pädagogik der kritischen Koedukation auf ihre Fahnen geschrieben hat. Nicht ganz, es bleibt nach wie vor viel zu tun, z. B.:

- *Inhalte* der Erfahrungsbereiche auf ihre Passung hinsichtlich von Mädchen- und Jungeninteressen und -zugängen zu durchforsten und evtl. neu zu konzipieren.
- *Jungenarbeit* sowohl zum Bestandteil des verpflichtenden Gesamtunterrichtes zu machen als auch in Form von Kursen verstärkt anzubieten, und zwar von männlichen Lehrkräften.
- *Kollegiums*-Fortbildungen, -Supervisionen, -Arbeitskurse für möglichst viele, wenn nicht für alle als Information, Sensibilisierung und Mobilisierung anzubieten.
- *Transparente Kommunikationsstrukturen* für eine breite Informations- und Planungsbasis für alle Beteiligten – Schülerinnen und Schüler, Eltern, Kolleginnen und Kollegen – zu installieren.
- *Flexibilität* als wichtige Prämisse zu sehen, um Schutz vor starren oder beliebigen Trennungen und fächerbezogenen Schematisierungen zu erzielen.

Die zwei wichtigsten Forderungen aber sind die Konzeption eines Gesamtprogrammes und dessen Institutionalisierung an der Laborschule. Damit alle Schülerinnen und Schüler in den Genuß von Mädchen- und Jungenkonferenzen, von geschlechtsspezifischen Kursen, einer ganzheitlichen Sexualerziehung, eines kritisch-koedukativen Sportunterrichts kommen, damit Schüler wie Schülerinnen durch Haushaltspaß, Kita-Praktikum und Reflexion der eigenen Lebensplanung in die Lage versetzt werden, ihr Leben in die Hand zu nehmen und zu bewältigen, müssen Verbindlichkeiten geschaffen werden. Dann werden sicherlich noch mehr Eltern Schülerinnen und Schülern Selbstbewußtsein und Stärke attestieren, dann wird die kritische Koedukation zu einem wichtigen Element des Schulprofils der Laborschule werden.

Gerd Fischer, Ela Heymann, Uwe Hoppstädter,
Elke Langelahn, Klaus-Dieter Lenzen,
Mechthild Püls, Jeanne Sager, Gerhild Schulz

Learning for Europe – Schülerinnen und Schüler unterwegs im Ausland

Inzwischen geht es um mehr als nur um «Eurorhetorik» (von Hentig 1993, S. 81): Städte pflegen Partnerschaften, Hochschulen bilden internationale Kooperationsnetze, und auch die Schulen sind auf der Suche nach ihrem spezifischen Beitrag zur Realisierung des «europäischen Gedankens». Sie sollen sich, so lautet eine verbreitete Forderung, «öffnen», und zwar nicht nur dem Stadtteil, der unmittelbaren Lebenswelt, sondern, weit darüber hinaus, dem europäischen Gedanken und der Multikulturalität der europäischen Gemeinschaft. Europa-Empfehlungen stützen diesen Gedanken (vgl. KMK 1978/1990), Modellversuche werden installiert, und Kooperationsprogramme werden eigens für Schulen aufgelegt. Die Zahl der Schulpartnerschaften steigt; neue Medien werden in die internationale Kommunikation einbezogen. Zwei Schwerpunkte scheint diese europäische Orientierung der Schulen zu haben, die in der Bundesrepublik Teil eines widersprüchlichen, zeitgleich auf die nationale Einigung gerichteten Prozesses ist (vgl. Tillmann 1995 a, S. 89–98): Es geht zunächst um *Information über Grenzen hinweg*, um das Kennenlernen europäischer Bildungssysteme (Schmitt u. a. 1992; Anweiler 1996) und die Einbeziehung der europäischen Dimension ins schulische Curriculum. Es geht weiter um *Interaktion über Grenzen hinweg*, um die Zusammenarbeit an gemeinsamen Unterrichtsprojekten, um eine lebendige Partnerschaft europäischer Schulen. Im «Haus des Lernens», das die Bildungskommission NRW entwirft, spielt die europäische Orientierung eine bedeutsame Rolle: «Wenngleich nicht zu erwarten ist», so schreibt die Kommission, «daß die nationalen Schulsysteme in einem europäischen Schulsystem aufgehen werden, so werden sich doch aus der europäischen Entwicklung Folgen ergeben, die auch das Lernen in den Schulen verändern werden» (1995, S. 18 u. 118). Ähnliches konstatiert der Abschlußbericht eines Modellversuchs «Lernen für Europa»: «Bei dem Bemühen um zukunftsorientierte Bildung und Erziehung von Kindern und Jugendlichen muß sich die Schule den Problemen und Herausforderungen der veränderten Gesellschaft und des zusammenwachsenden Europas stellen» (Landesinstitut 1995, S. 108). Nun erweist sich dieser Auftrag bei näherem Hinsehen als sehr komplex. Wenn an den Schulen tatsächlich mehr geschehen soll als, wie Hartmut von Hentig befürchtet, das «Anfertigen von Collagen mit europäischen Eisenbahnmotiven, Autotypen und Parlamentsgebäuden» (1993, S. 81), dann brauchen sie neue, europaorientierte Inhalte und Arbeitsverfahren. Mindestens drei für die schulpädagogische Diskussion relevante Konzepte sind in dem Gedanken einer *europäischen Öffnung der Schule* miteinander verbunden: Erstens das Konzept des *Sprachenlernens* (Begegnungssprache, Sprachenbegegnung, vgl. Hegele 1993), zweitens das Konzept des *Interkulturellen Lernens* (vgl. Auernheimer 1990; Glumpler 1993); und drittens das Konzept der *binationalen/internationalen Begegnung* (Austauschfahrten, Schulpartnerschaften, vgl. Alix 1990; Dt. UNESCO-Kommission 1990). Ein breites Reformpensum ist also angesprochen; «es geht hier, wie auch bei weiteren *neuen Formen grenzüberschreitenden Lernens*, darum, spezifische Lernarrangements zu schaffen, die fachliche, sprachliche, interkulturelle und soziale Kompetenz in besonderer Weise stärken» (S. 108). Eben diese Forderung werden wir in unserem Beitrag aufgreifen: Wir suchen nach «*neuen Formen grenzüberschreitenden Lernens*», und zwar in der Versuchsschule selbst. Sie eröffnet einzelnen Lehrern und Lehrerinnen bzw. Initiativgruppen einen relativ großen Versuchsspielraum, das zeigen auch die Projekte zum «grenzüberschreitenden Lernen». Sie sind weitgehend unabhängig voneinander groß geworden; sie unterscheiden sich, wie der folgende Überblick deutlich machen wird, in vieler Hinsicht voneinander.

Interkulturelles Lernen und fremdsprachliche Begegnung: französische und deutsche Grundschulkinder

Grundschulkinder der Ecole Primaire de Vitruve/Paris kommen für vierzehn Tage nach Bielefeld. Es sind Jungen und Mädchen aus dem 3. Schuljahr; sie sind acht oder neun Jahre alt. Aus Briefen und von Fotos kennen sich die Kinder bereits; direkt gesehen aber haben sie sich noch nicht. Das Programm zu der bevorstehenden Begegnung haben die Kinder bereits im Koffer. Sie werden Geschichten um Djeha auf die Bühne bringen, eine Figur aus dem Maghreb, die aus französischen Grundschulbüchern bekannt ist. Die deutschen Kinder kennen mit Till Eulenspiegel eine ähnliche Narrenfigur aus ihren Büchern. Beide Gruppen konnten sich zu Hause, in der eigenen Schule und in der gewohnten Sprachgemeinschaft, auf das gemeinsame Vorhaben vorbereiten. Sie wissen: Das projektierte Theaterstück wird teils aus deutschen, teils aus französischen, teils aus zweisprachigen Dialogen bestehen. Requisiten, Spielideen und Kostüme, die sie mitbringen, werden sie in der Inszenierung verwenden können. Das schauspielerische und pantomimische Element wird während der gemeinsamen Projektarbeit besonders wichtig sein – schließlich sprechen beide Kindergruppen die Sprache der anderen noch nicht. Die Begegnung wird die erste sein in einer Sequenz von drei Begegnungen. Im kommenden 4. Schuljahr wird man sich voraussichtlich in Paris wiedertreffen, im 5. Schuljahr dann noch einmal in Deutschland. Jede Begegnung beginnt in der ersten Woche an einem sogenannten Drittort, in einem Freizeitheim, in dem sich beide Gruppen ein wenig «in der Fremde» fühlen. Die zweite Woche gehört dann dem Erfahrungsraum Familie und Schule. So wird es auch diesmal sein.

Schon während des wissenschaftlich begleiteten Probedurchlaufs (1977–1979) hatte sich eine Grundschulklasse der Laborschule an dem vom Deutsch-Französischen Jugendwerk (DFJW) ins Leben gerufenen Austauschprojekt beteiligt, das – so die offizielle Formulierung – der «fremdsprachlichen Motivierung» und dem «Interkulturellen Lernen» dient und das die Realität Kindheit in die Überlegungen des internationalen Jugendaustausches einbeziehen soll. Seitdem haben immer wieder Begegnungen von Grundschulklassen stattgefunden. Eine Pädagogik der binationalen Begegnung hat sich herausgebildet; sie ist in Publikationen (vgl. Büttner/Lenzen/Schulz 1995) und Lehrfilmen (Blohm/Lenzen 1991, 1992) aufgezeichnet worden. Zu den Essentials der Begegnungen gehören danach u.a. die folgenden Grundstrukturen: Vor jedem Treffen, in der Regel ein halbes Jahr vorher, sprechen die Lehrerinnen und Lehrer der beiden Schulklassen das vierzehntägige Programm ab. Sie vereinbaren den sogenannten Drittort, ein Freizeitheim, in dem das Treffen beginnt; sie beraten das gemeinsame Projektthema. Sie überlegen, wie lange die anschließende Besuchsphase in den Familien sein kann, welche Kinder als Gäste in welchen Familien sein werden und wie die Abschlußpräsentation des gemeinsam gestalteten Projekts aussehen soll. Denn das Herzstück einer jeden Begegnung ist das rechtzeitig verabredete, von beiden Seiten vorbereitete, möglichst nicht sprachzentrierte Projekt: eine handwerkliche Arbeit, eine Zirkusveranstaltung, ein Theaterstück. Die Projektarbeit wird begleitet von einem spielerischen Freizeitprogramm, von Wanderungen, Besuchen und Besichtigungen. Erfahrungsräume dieser Begegnungen sind die Schule des anderen Landes, die Gastfamilie, die fremde Stadt. Während der Begegnung spielen, leben und arbeiten die Kinder zweier Nationen also zusammen – und auf ihre erwachsene Art tun das auch die französischen und die deutschen Lehrerinnen und Lehrer. Für beide Personengruppen handelt es sich ganz deutlich um eine Ernstsituation: In diesen Begegnungstagen müssen alle Beteiligten trotz Sprachschwierigkeiten, unterschiedlicher pädagogischer Stile und differenter Lebensgewohnheiten miteinander auskommen und kooperieren. Sie lernen von- und miteinander.

Europäische Begegnungen von Schulklassen der Sekundarstufe I

«Es ist geschafft!» so beginnt Lisa, Schülerin des Jahrgangs 9, ihren abschließenden Bericht über die Fahrt nach England (Titel: « To be or not to be»). «Drei Wochen voller Anstrengung und ‹hartem Überlebenstraining› liegen hinter uns. Aber war es wirklich so schrecklich, wie wir es uns vorgestellt hatten? Nein – eigentlich war alles ganz gut. Wir haben alle unseren Spaß gehabt und nebenbei noch viel Englisch gelernt. (...) Am 16. September 1993 fuhr die Umbra 9 vom Bielefelder Hauptbahnhof mit dem Zug nach England. Bei jedem weiteren Umsteigen kamen wir unserem Ziel näher, und in unseren Köpfen stellten wir uns immer dieselben Fragen: Wie wird die Gastfamilie sein? Werde ich allein zurechtkommen? Werde ich in der Nähe meiner Freunde wohnen? Werden meine Englischkenntnisse reichen?» Seit 1991 nehmen alle Jugendlichen des Jahrgangs 9 an einer dreiwöchigen Auslandsfahrt teil, die sowohl dem interkulturellen Lernen als auch dem Sprachenlernen (Englisch) dient. Der Auslandsaufenthalt hat im Gesamtcurriculum Sprache seinen festen Platz, und er ist im Strukturplan der Schule verankert. Dieser sieht für den Erfahrungsbereich Sprache in der 8. und 9. Klasse vor, daß der Unterricht deutlich weniger «schulisch» vor sich zu gehen habe und entschulte Lern- und Arbeitsformen überwiegen sollen (vgl. v.d. Groeben u.a. 1988, S. 31). Der herkömmliche Fremdsprachenunterricht, dies ist der Grundgedanke, soll aufgelöst werden zugunsten wirklichen Erlebens des *everyday life*, des täglichen Lebens im jeweiligen Gastland. Es ist der Versuch, durch eine realitätsnahe Form des Englischunterrichts das Interesse der Schülerinnen und Schüler, die sich in der Lebensphase der Pubertät befinden, zu erhalten bzw. neu zu beleben. Mit dem Konzept des «kommunikativen Ernstfalls» stellt sich das Projekt in die Tradition der Laborschule, deren vorrangiges Ziel es ist, Lebens- und Erfahrungsraum zu sein für Kinder und Jugendliche. In diesem Fall geht es um eine Erweiterung des Lebens- und Erfahrungsraumes im

Kontext europäischer Zusammenarbeit. Das Konzept des «kommunikativen Ernstfalls» stellt eine der erwähnten Altersgruppe angemessene Form des Erfahrungslernens im Ausland dar. «Ausland» heißt hierbei: ein Land, in dem Englisch als Muttersprache gesprochen wird (z. B. England oder Irland), oder in dem es als «lingua franca» einen besonderen Stellenwert in Schule, Kultur und Medien einnimmt (Dänemark, Finnland, Schweden). So konzentriert sich unser Projekt zum einen auf die Erweiterung der fremdsprachlichen Kompetenz und zum anderen auf interkulturelle Erfahrungen. Die Schülerinnen und Schüler geraten in Situationen, in denen sie Englisch als Verkehrssprache benutzen müssen, um sich verständigen zu können. Sie erkennen die Notwendigkeit des Fremdsprachenlernens; die Kommunikation in der Fremdsprache erhält Ernstcharakter.

Während ihres dreiwöchigen Aufenthaltes im jeweiligen Gastland wohnen die deutschen bzw. ausländischen Schülerinnen und Schüler bei ihren Partnern und gehen gemeinsam zur Schule. Die Vorbereitung der Fahrten erfolgt in der Regel einige Monate vor Antritt der jeweiligen Reise, indem Kontakte mit der Partnerschule und den Austauschschülern geknüpft werden; bisweilen existieren schon vorher Brieffreundschaften. Im Sprachen-, im Deutsch- und im sozialwissenschaftlichen Unterricht wird zum Thema «Soziokultur des Gastlandes» gearbeitet (alltägliche Lebensformen, gesellschaftliche Gepflogenheiten, Schulleben, Geschichte). Die Schülerinnen und Schüler bereiten sich auch auf die Rolle als «Deutsche im Gastland» vor, um ihre «Botschafterfunktion» erfüllen zu können. Eine intensive Einführung in das Vokabular und die zur Bewältigung von Alltagssituationen notwendigen Redemittel findet im Englischunterricht statt. Die Erwartungen, die an einen Austausch geknüpft sind, werden klar definiert: Es handelt sich nicht um eine «Sightseeing-Tour», sondern um einen Erlebnisaufenthalt mit vereinbarten Themenschwerpunkten, wobei die Themen jeweils an den Erfahrungen und Lernbedürfnissen der Schülerinnen und Schüler orientiert sind. So führen deutsche Schülerinnen in England eine Befragung zu den Lebensgewohnheiten der Bürger ihrer Partnerstadt durch, während sie in Schweden mit ihren Partnern an einem «Wasserprojekt» arbeiten. Vorbereitet und betreut werden die

Austauschaktivitäten von Lehrerinnen und Lehrern, die seit einigen Jahren in der Projektgruppe «Learning for Europe» zusammenarbeiten. Zielsetzung dieser Gruppe ist es, für alle Schülerinnen und Schüler des 8. bzw. 9. Schuljahres einen mindestens dreiwöchigen Auslandsaufenthalt zu organisieren, ein entsprechendes Konzept zu entwickeln und in der Schule zu verankern, so daß der Austausch am Ende zu einem faktischen Strukturmerkmal der Schule wird (vgl. Engel u. a. 1992; v. d. Groeben 1993 a; Heymann/Hoppstädter 1996).

Seit dem Schuljahr 1995/96 arbeitet die Schule im Comenius-Programm der europäischen Gemeinschaft mit. Im Rahmen dieses Programms werden Schulen zu einer internationalen Kooperation angeregt: Schulen aus mindestens drei europäischen Ländern besuchen einander regelmäßig, arbeiten an gemeinsamen Themen, tauschen Erfahrungen aus und dokumentieren die Geschichte ihrer Begegnungen. Die Laborschule hat im Rahmen dieses Programms die Koordination einer multilateralen Schulpartnerschaft übernommen. Die bisherigen Erfahrungen mit Austauschfahrten zeigen, daß Schülerinnen und Schüler in diesem Abschnitt ihrer Schullaufbahn meist einen Motivationsschub entwickeln, der sich über die Fahrt hinaus auswirkt. Sie werden erwachsener, aufgeschlossener, an Sprachen und anderen Menschen interessierter. Oft sind sie der Meinung, Fortschritte in der Fremdsprache gemacht zu haben und den Besonderheiten des jeweiligen Gastlandes ein größeres Verständnis entgegenbringen zu können. Außerdem haben sie Freundschaften geschlossen; nachfolgende, privat organisierte Begegnungen sind keine Seltenheit. Das «Eintauchen in die fremde Kultur» wird für viele eine wichtige Lebenserfahrung; sie führt zur Steigerung ihres Selbstbewußtseins und vielleicht auch einen Schritt auf die «europäische Öffnung» zu. «Als die Abfahrt gekommen war», so schließt Lisa ihren Bericht, «flossen reichlich Tränen auf beiden Seiten, denn es hatten sich eine Menge Freundschaften gebildet, und alle freuten sich auf den Rückbesuch der Engländer».

NaturaMY – ein Workcamp polnischer und deutscher Jugendlicher

Kontakte zu osteuropäischen Ländern werden vielerorts gefordert, ihr Fehlen wird häufig bemängelt, sie sind eben doch ungewöhnlich und schwieriger in Gang zu setzen und aufrechtzuerhalten. Zu tief sitzen die Erfahrungen der vielen Jahre des kalten Krieges und die Erinnerungen an den Eisernen Vorhang. Wir haben uns daran gewöhnt, in einem Europa ohne Einschränkungen herumzureisen. Wer nach Polen fährt, erkennt schnell, daß Europa hier endet: scharfe Grenzkontrollen, teilweise lange Wartezeiten ohne ersichtlichen Grund, vor allem für einreisende Polen. Die Mauer in Berlin ist gefallen, sie droht weiter östlich wieder errichtet zu werden. Die Grenze zu Polen scheint die neue europäische Ostgrenze zu sein. Besonders deutlich wird dies, wenn man geteilte Städte wie z.B. Görlitz/Zgorzelec bereist, einige kleine «Neu-Berlins» entlang der Grenze, in denen die Gegensätze unvermittelt und eindrucksvoll sichtbar werden. Nicht nur tatsächliche Grenzen, sondern auch Barrieren im Kopf, die vielleicht noch schwerer zu überwinden sind, haben sich in den letzten Jahren verstärkt. «Kaum gestohlen – schon in Polen» ist inzwischen schon zu einem geflügelten Wort geworden, das auch in Polen durchaus selbstironisch die Runde macht, in Deutschland aber selbst in akademischen Kreisen nicht mehr nur hinter vorgehaltener Hand geäußert wird und den Blick auf unser Nachbarland in unzulässiger Weise verengt. Polen gehört nicht zur Europäischen Union, es ist eben ein osteuropäisches Land und damit letztlich fremd. Den wenigsten, die darüber reden, wird bewußt, daß sich ihr Wissen über Polen aus den zahlreichen Meldungen der Medien oder aus Begegnungssituationen zusammensetzt, die sich ausschließlich auf negative Aspekte wie Arbeitslosentourismus oder organisierte Kriminalität beziehen. «Learning for Europe» gewinnt so eine neue, zutiefst politische Dimension, die in ihrer Brisanz oftmals unterschätzt wird. Kontakte zu osteuropäischen Ländern sind tatsächlich Grenzüberschreitungen.

Schülerinnen und Schüler, die sich für unsere Reisen nach Polen interessieren, zeichnen sich oft durch eine ausgeprägte Sensibilität für sozialpolitische, historische und ökologische Zusammenhänge aus. Für diese Gruppe waren die Fahrten nach Polen sicherlich auch der Versuch, die eigenen, als zu eng empfundenen Grenzen zu überschreiten und gerade hier nach neuen Erfahrungsmöglichkeiten Ausschau zu halten. NaturaMy, eine Wortschöpfung aus Natura und dem polnischen Wort «my» (wir), ist eine inzwischen schon zur Tradition gewordene Aktionswoche polnischer Künstler und Künstlerinnen und Erzieherinnen und Erzieher, an der altersgemischte Gruppen der Laborschule in den vergangenen Jahren bereits dreimal teilgenommen haben. Unter fachkundiger Anleitung – auch von örtlichen Forstbeamten und Biologen der Universität Wroclaw – werden z. B. Wanderungen unternommen, Bäume gepflanzt sowie seltene Flechten gesucht und damit der Verschmutzungsgrad der Luft analysiert. Vor der malerischen Kulisse der Wandelhalle des alten Kurbades Swieradow Zdroj inszeniert die polnisch-deutsche Gruppe eine Woche lang täglich ein neues, öffentlichkeitswirksames Spektakel. Zu den Highlights gehören Aktionen und professionell vorgetragene Theaterszenen zum Thema «Kaufen – Verbrauchen – Wegwerfen». Sie machen unsere betroffenen Westkinder nachdenklich, hindern sie aber nicht gänzlich daran, abends als «Zloty-Millionäre» die polnischen Süßigkeiten in den Läden aufzukaufen. Dies ist nicht der einzige Widerspruch, der sich in dieser Woche auftut. Die enormen ökologischen Probleme des Gastlandes, an denen die westlichen Industriestaaten nicht unbeteiligt sind, werfen Fragen auf, die in einer solchen Begegnungswoche allenfalls angesprochen werden können. Während die Verständigung über Sprache manchmal schwierig ist und bisweilen zu lustigen oder auch abenteuerlichen Verstrickungen führt, zeigen die polnischen Pantomimen, daß Kunst und Interaktion tragfähige Medien der Verständigung und der Überwindung von Grenzen sind. Nirgendwo in Europa läßt sich ein zugrunde gerichtetes Ökosystem eindrucksvoller beobachten als im «Schwarzen Dreieck», jenem Teil Polens, der zwischen Tschechien und Deutschland eingebettet liegt. Die in der Umgebung seit langem angesiedelte Schwerindustrie, der Abbau und die Verbrennung von Braunkohle sind nicht die einzigen Ursachen der ökologischen Katastrophe. Schadstoffemissionen aus dem Westen kommen hinzu. Ergebnis: Verschmutzung, saurer Regen, der Tod der Wälder in dieser Region. Ein Ausflug ins Riesengebirge, einst Erholungs- und Kurregion, gerät zu einem Lehrstück, das uns eine unserer möglichen Zukünfte drastisch vor Augen führt.

Dieser schockierende Eindruck wird für die polnischen und deutschen Kinder und Jugendlichen zum motivierenden Ausgangspunkt für Werkstätten und Kunstaktionen. Das Bild weißgebleichter Baumskelette vor Augen, fällt es leicht, mit künstlerischen Mitteln in Aktionen, Happenings, Befragungen und Diskussionen die Zustände anzuprangern und nach Lösungsmöglichkeiten zu suchen. Unsere Kooperation mit NaturaMy führte schließlich auch zu Kontakten zur Zukunftsschule in Wroclaw, die in gemeinsamen Lehrerseminaren und während einer Begegnungswoche deutscher und polnischer Grundschulkinder in der Biologiestation «Gut Bustedt» in Hiddenhausen intensiviert werden konnten. Während dieser Woche wurden künstlerische Mittel und naturwissenschaftliche Methoden im Austausch und in gemeinsamen Lernprozessen genutzt, um Grenzen zwischen Menschen, Fächern, Schulen, Theorien und Praxis zu überschreiten.

Gelernt wurde während der Aktionswochen in Polen und auch in Deutschland viel, nicht nur von den Kindern und Jugendlichen. Auch die beteiligten Pädagoginnen und Pädagogen wurden immer wieder an ihre Grenzen geführt: Tradierte Curricula helfen in der Begegnungssituation nicht weiter; vorbereitete Programme können nicht einfach «durchgezogen» werden. Gefordert ist von den Pädagoginnen und Pädagogen vielmehr die Bereitschaft, die Alltagspraxis der sich begegnenden Jugendlichen wahrzunehmen, zu beobachten und zum Ausgangspunkt von Lernprozessen zu machen. Kinder und Jugendliche brauchen in der Begegnungssituation viel nicht-reglementierte Zeit, um sich gegenseitig kennenzulernen. Auch darauf müssen sich die Lehrerinnen und Lehrer einlassen können, denn über den «Stand der Beziehungen» geben erst selbstbestimmte Aktivitäten wirklich Aufschluß. In ihrer Gegenwart müssen Kinder die Natur, ihre Umwelt, Kultur (die fremde und die eigene) zunächst als etwas Positives, zu Achtendes und Schützenswertes erleben, bevor sie als Jugendliche und Erwachsene an der Gestaltung ebendieser Lebenswelt engagiert und verantwortlich mitwirken. Dabei können auch die Grenzen deutlich werden, die in kreativen Prozessen überschritten werden sollen. Learning for Europe – das geschieht auf diese Weise auch in Polen, weil Polen ein Teil Europas ist. Eine Ausgrenzung würde vorhandene politische und persönliche Barrieren verstärken und neue errichten; dem arbeiten wir entgegen.

Klassenfahrten, Sprachreisen, Schulpartnerschaften

Die drei geschilderten Austauschfahrten sind die inzwischen wohl traditionsreichsten, auf das europäische Ausland bezogenen Reiseprojekte der Laborschule. Sie sind umgeben von anderen Initiativen, die sich ähnlich dem interkulturellen Lernen und der Völkerverständigung verpflichtet fühlen: Die Abschlußfahrt im zehnten Schuljahr führt die Schülerinnen und Schüler häufig im Ausland an einen Ort, wo sie sich selbst zurechtfinden, ihr Leben organisieren und Informationen über die Region, in der sie sich befinden, einholen sollen. Außerdem gibt es – in Fortsetzung der Begegnung von Grundschulklassen – den Versuch, eine deutsch-französische Begegnung auch für die Sekundarstufe ins Leben zu rufen; dabei steht das Sprachlernen im Vordergrund. Mit Jugendlichen einer italienischen Schule fand eine erste Begegnung in altersgemischten Gruppen der Sekundarstufe statt, auch daraus könnte sich ein regelmäßiger Austausch ergeben. Weiter ist in diesem Zusammenhang auch die «Nicaragua-Gruppe» zu nennen, deren Initiative – über die Grenzen Europas hinaus – auf das «Leben in der einen Welt» zuführt. Seit 1985 arbeitet diese Gruppe daran, Schulpartnerschaften zwischen Schulen in Nicaragua und der Laborschule, zwischen deren Kollegien, Eltern und Schülern auszugestalten. Briefe werden geschrieben, Sponsorenläufe, Aktionstage und «Nicaragua Matineen (Kulturprogramme am Sonntagvormittag) werden veranstaltet. Ihre Solidaritätsarbeit entwickelte die Nicaragua-Gruppe der Laborschule in Kooperation mit der GEW und Dritte-Welt-Initiativen (vgl. Nicaragua-Gruppe 1988). Und nicht zuletzt ist die Laborschule auf Betreiben der Projektgruppe «Deutsch-Französische Begegnung von Grundschulkindern» seit 1982 «mitarbeitende Schule» und seit 1993 vollwertiges Mitglied im Verbund der UNESCO-Projektschulen (vgl. Fuchs 1995). Sie gehört also einem nationalen und internationalen Netzwerk an, das sich dem interkulturellen Lernen besonders verpflichtet fühlt.

Formen grenzüberschreitenden Lernens

Wir versuchen abschließend, das Profil der Laborschule im Bereich «grenzüberschreitenden Lernens» zu schärfen, indem wir auf Zusammenhänge hinweisen, die zwischen den einzelnen Auslandsprojekten, insbesondere zwischen den drei etwas ausführlicher dargestellten, bestehen. Dies soll von zwei Perspektiven aus geschehen: zunächst aus der Perspektive der Schülerinnen und Schüler – Grundlage sind hier Interviews mit einigen Schülerinnen und Schülern – und dann aus der Perspektive der beteiligten Lehrerinnen und Lehrer – Grundlage ist hier eine Diskussion aller Beteiligten.

Die Erfahrungen der Schülerinnen und Schüler

Einige Schülerinnen und Schüler können am Ende ihrer Schullaufbahn gleich auf mehrere von der Schule organisierte Auslandsaufenthalte zurückblicken. Vier Schülerinnen und Schüler des Jahrgangs 10 – wir nennen sie im folgenden Oliver, Tina, Svenja und Ulf – haben wir in Interviews danach gefragt, welche unterschiedlichen Erfahrungen sie mit den einzelnen Fahrten verbinden.

Tina hat im Jahrgang 3 an der Frankreichfahrt und im Jahrgang 9 an einer Fahrt nach England teilgenommen. Zwischen beiden Fahrten sieht Tina Zusammenhänge: Die Reise nach Frankreich war für sie die erste, «so weit weg von zu Hause», «das erste Mal ohne Eltern». «Das war auch eine Trennung von meinen Eltern.» Tina war entsprechend gespannt, aufgeregt, und sie hatte auch Heimweh. Die Kommunikation in Frankreich hat sie als «lustig» erlebt: «Man hat sich immer irgendwie verständigt, mit Händen, mit Füßen.» «Es waren einfach total neue Eindrücke; das Land war neu, die Sprache war neu.» «Wenn die Frankreichfahrt nicht gewesen wäre, würde ich heute nicht alleine in andere Länder fahren.» «Die Fahrt hat mein weiteres Leben geprägt.» Vor der Fahrt nach England hatte sie dann überhaupt keine Angst mehr; sie hat sich darauf gefreut. Die Verständigung war in England für sie kein Problem. Tina hat die Jugendlichen in England als «deutlich anders» erlebt. Sie hat noch regelmäßige Briefkontakte. Tina ist inzwischen mehrfach alleine nach Frankreich gefahren, um ihre Freundin Juliette zu besuchen, die sie seit dem 4. Schuljahr kennt: «Wir besuchen uns immer noch, jede Ferien.»

Oliver nahm an der Fahrt nach Frankreich im 3. Jahrgang und am England-Austausch im Jahrgang 9 teil. Für ihn haben diese Reisen einen ganz unterschiedlichen Stellenwert. Die Frankreichfahrt hatte seiner Meinung nach eher Klassenfahrtcharakter «in ein anderes Land, wo man eben auch Schüler aus diesem Land trifft, die dann irgendwann auch mal zurückkommen mit uns». Das Sprachenlernen hatte hier keine große Bedeutung; über das Notwendigste verständigten sich die Kinder mit Gebärden und einigen wenigen Deutsch- und Französischkenntnissen. Gemeinsame Aktivitäten, wie Fußball spielen und Plakate malen, spielten die größte Rolle. Der Austausch mit England hatte für Oliver «einen viel intellektuelleren Touch». An dieser Fahrt war sein Austauschpartner das Wichtigste: «Das war tierisches Glück, Schicksal muß das wohl gewesen sein.» Die Sprache hatte hier eine sehr große Bedeutung, denn er hat viel mit seinem Partner geredet und diskutiert: «Es gibt niemanden, mit dem ich so reden kann.» In diesem Sinne hat er auch eine Verbesserung seiner Englischkenntnisse festgestellt; es ist für ihn «natürlich geworden, Englisch zu sprechen». Die Beziehung zu seinem Partner bedeutete eine ganz neue soziale Erfahrung für ihn, nämlich eine Freundschaft, die er «in Deutschland noch nie so erlebt» hat: «Das ist so eine Seelenverbundenheit oder so was.» Mit seinem Austauschpartner besteht immer noch ein enger Kontakt. Sie haben sich schon mehrfach gegenseitig besucht und zusammen Urlaub gemacht. Sie beabsichtigen, demnächst zusammen einen Urlaub in Kanada zu verbringen, und schmieden außerdem gemeinsame Pläne für die Zukunft.

Ulf fuhr im Jahrgang 8 nach Polen und nahm im Jahrgang 9 an der Fahrt nach England teil. Seine Motive, nach Polen zu fahren, ähnelten denen der Englandfahrt: Das Land und die Leute wollte er kennenlernen. Allerdings war hier das Sprachenlernen nicht besonders wichtig, die Verständigung lief größtenteils über polnische Dolmetscher. Schwierig war für ihn die Gruppenzusammenstellung mit Schülerinnen und Schülern aus unterschiedlichen Gruppen und Jahrgängen, da ihm bis auf ein Mädchen alle anderen Teilnehmer und Teilnehmerinnen unbekannt waren. Das bedeutete für Ulf während der ganzen Reise Streß und warf «so 'nen negativen Schatten auf diesen Austausch». In England kam dieses Problem nicht auf, da er mit der Stammgruppe dorthin gefahren war. Besonders bewußt war Ulf sich seiner «Botschafter»-Funktion in Polen, nämlich der «Repräsentant eines reichen Landes» zu sein. In England war dieses Gefühl bei ihm nicht so stark vorhanden. An diesem Austausch war ihm wichtig, die Sprache zu lernen und «in dem Land zu leben, wo die Leute die Sprache sprechen». Seine Gefühle bezüglich des Lebens in einer englischen Familie waren zwiespältig. Auf der einen Seite fand er die Vorstellung davon sehr reizvoll. Andererseits hatte er Angst davor, «in einer Familie, wo ich noch nie war, zu sein, die (...) zumindest ganz anders sein könnte». Er hat eine sehr bildliche Erinnerung daran, wie er sich dort gefühlt hat: «Ich war dort ein ständiger Gast. Wie wenn ich zur Teestunde gekommen wäre, aber eben für zwei Wochen zur Teestunde.» Aufgrund seiner Erfahrungen in Polen wäre er nicht mit nach England gefahren, wenn dieser Austausch freiwillig gewesen wäre. Glücklicherweise wurden seine Befürchtungen nicht bestätigt. Grundsätzlich findet er einen solchen Austausch sehr sinnvoll und fände es nicht günstig, die Teilnahme daran freizustellen. Ulf ist weiterhin sehr am Ausland interessiert, hat aber kein Interesse daran, noch einmal in einer ausländischen Familie zu leben: «Ich würde dann eben wohin reisen und da ein bißchen rumreisen, mit Leuten in Kontakt treten, mit denen reden oder so.»

Svenja war Teilnehmerin an der Frankreichfahrt im Jahrgang 3 und dem Austausch mit Finnland im Jahrgang 9. In Frankreich war sie, noch relativ jung, das erste Mal allein im Ausland, war auf sich allein gestellt: «Ich glaube, das macht einen auch offener, wenn man so klein ist. (...) Das macht offener für andere Kulturen, daß man dann mehr auf andere zugehen kann.» Frankreich bedeutete für sie aber auch Streß. Manchmal hatte sie «Angst, vergessen zu werden», weil sie sich nicht ausreichend verständigen konnte. Finnland war diesbezüglich kein Problem. Svenja sieht schon einen Zusammenhang zwischen den beiden Reisen: «Wenn das mit Frankreich nicht wär', wär' ich halt nicht so offen und frei auf Finnland zugegangen und auch, daß ich dann auch nicht so den Drang immer hatte wegzufahren.» Wichtig in Finnland war für sie, ihre Englischkenntnisse zu verbessern, neue Freundschaften zu schließen und die Kultur kennenzulernen, «weil da ja auch alles anders ist, mit dem Schnee und so». Obwohl Svenja deutschfeindliche Äußerungen von finnischen Jugendlichen erlebt hat, tut das ihrer Sympathie gegenüber den Menschen dort keinen Abbruch: «Irgendwie fand ich das alles so ein bißchen herzlicher. (...) Die Leute einfach auch, wie die miteinander umgehen. Einerseits ist es halt nicht ganz so offen, aber wenn man sich dann besser mit denen versteht und mehr anfreundet, dann ist es schon so herzlich (...) und man kann große Freundschaften entwickeln.» Svenja hat regelmäßigen Kontakt mit finnischen Freunden und Freundinnen und möchte auf jeden Fall noch mal nach Finnland fahren.

Die Erfahrungen der Lehrerinnen und Lehrer

Durch die Gegenüberstellung sind uns die Unterschiede zwischen den Auslandsprojekten – es sind zu einem Teil organisatorische, zu einem anderen Teil auch inhaltliche – deutlicher geworden. Offensichtlich liegt da ein Reichtum an *Formen grenzüberschreitenden Lernens* vor; er ist den interviewten Schülerinnen und Schülern vielleicht stärker bewußt als uns selbst: Jedes der angesprochenen Reiseprojekte ist in einem bestimmten Abschnitt der Schule und einem eigenen Interessenzusammenhang entstanden. Jedes verfügt über eigene Zielvorstellungen, Inhalte und Arbeitsverfahren: An einem Projekt arbeitet die gesamte Schule mit, an dem anderen nur ein Team; eins wendet sich einem Land im Westen zu, ein anderes dem östlichen europäischen Nachbarn. Ein Projekt stellt sich als Wahlangebot vor; ein anderes gehört in den Pflichtunterricht. Austauschfahrten sind in der Primarstufe verankert und in der Sekundarstufe. Sie arbeiten mit Wahlgruppen oder mit festen Lerngruppen. In einem Projekt wird sprachzentriert gearbeitet, in dem anderen wird Sprachzentrierung vermieden. Einige Vorhaben sind im Strukturplan der Schule fest verankert, andere finden außerhalb des schulischen Gesamtplans statt. Ein Projekt wird finanziell unterstützt, ein anderes kämpft beständig mit finanziellen Problemen. Außerdem verfügt jedes Projekt über seine eigenen überregionalen Kooperationszusammenhänge: Das Deutsch-Französische Projekt arbeitet im Deutsch-Französischen Jugendwerk mit; die Projektgruppe «Learning for Europe» ist koordinierende Gruppe im Comeniusprojekt der Europäischen Union, und NaturaMy bemüht sich, mit der Deutsch-Polnischen Gesellschaft Kontakt aufzunehmen.

Durch die Gegenüberstellung der Reiseprojekte werden aber nicht nur Unterschiede deutlich, sondern auch Zusammenhänge. Offensichtlich setzen die Schülerinnen und Schüler die Erfahrungen der beiden Auslandsfahrten in Beziehung zueinander. Sie können das, weil sie – anders als ihre Lehrerinnen und Lehrer – die verschiedenen Auslandsfahrten mitgemacht haben. Uns, die an den «Europa-Projekten» beteiligten Lehrerinnen und Lehrer, haben die Zusammenhänge zwischen den Fahrtenprojekten zum Teil überrascht. Sie waren uns «nicht so bewußt», weil wir immer nur *einen* Fahrttyp miterleben.

Zusammenhänge und Parallelen entdecken wir in der Rolle, die der Projektunterricht im Rahmen von Begegnungen spielt, in der Bedeutung von Freizeitprogrammen, in Verfahren des Sprachlernens, in Strukturen der Fahrtvorbereitung. Die folgende Gesprächspassage kreist um einen dieser Zusammenhänge: um die Rolle der leistungsschwächeren Schülerinnen und Schüler und um die von Außenseiterkindern.

Ausschnitt aus einer Gruppendiskussion

– Mir sind bei den Schülerinterviews verschiedene Sachen aufgefallen. Das eine ist, daß die Schülerinnen und Schüler so reflektiert über die Fahrt reden. Welche Schüler und Schülerinnen haben wir eigentlich ausgewählt, um sie zu befragen? Das sind ja alles Schülerinnen und Schüler, die sich auf einem hohen intellektuellen Level äußern. Da ist kein Hauptschüler dabei!
– Das liegt an der relativ zufälligen Auswahl: Wir haben in kleinem Kreis einfach danach gesucht, welche Schülerinnen und Schüler mehrere Fahrten gemacht haben. Wir haben daran gedacht, Jungen und Mädchen zu gleichen Teilen zu befragen. Wir haben nicht über Schichtenzugehörigkeit nachgedacht.
– Ich habe in meiner Gruppe – sie besteht zu einem großen Teil aus «potentiellen Hauptschülern» – nach der Finnlandfahrt eine Auswertung gemacht. Und ich fand bestätigt, was die Interviewten gesagt haben. Auch die Hauptschüler haben gesagt, sie hätten ihr Englisch verbessert, sie hätten es wichtig gefunden, nach Finnland zu fahren, sie hätten neue Freundschaften geknüpft.
– Es bleibt, denke ich, eine interessante Frage, welche Rolle die Schichtenzugehörigkeit in solchen Begegnungen spielt.
– Einige Fahrten sind ja auch ein finanzielles Problem! Bei der Polenfahrt, die als Angebot gemacht wird, fahren natürlich Kinder von Eltern mit, die selbst ein Interesse daran haben, daß ihre Sprößlinge sich auch einmal im Osten umschauen. Und das sind oft die – ja, wie soll man das nennen – die intellektuellen Eltern.
– Wir haben im Projekt «Learning for Europe» verstärkt darauf geachtet, was eigentlich unsere «Sorgenkinder» machen. Wir wollten ja eine Fahrt für alle Jugendliche, und dazu gehören häufig auch Leute, die eine Hauptschulprognose haben: Schwache Englischkenntnisse, eventuell soziale Probleme, auch Verhaltensschwierigkeiten. Nach den ersten Auswertungen haben wir fest-

gestellt, daß das eigentlich gar nicht unsere Problemschüler sind. Man kann auf keinen Fall sagen, daß diese Jugendlichen in irgendeiner Form schlechter klargekommen sind oder daß sie besondere Probleme verursacht haben. Ihre Äußerungen waren erstaunlich positiv, obwohl sie mit relativ geringen Englischkenntnissen gestartet waren.

– Es gibt auf einer etwas anderen Ebene eine ähnliche Beobachtung, bei den sogenannten Außenseiterkindern nämlich. Sie nutzen die Situation, in der praktisch alles aufgemischt wird – die sozialen Beziehungen in der Gruppe werden aufgemischt, die Kontakte sind völlig neu, die Umwelt ist unbekannt –, für einen neuen Start. Sie wittern in dieser Situation ihre Chance und kommen aus den Startlöchern. Das sind nicht notwendig Unterschichtenkinder; das sind Kinder, die in ihrer eigenen Gruppe besondere Schwierigkeiten haben. Sie nutzen die Situation dazu, eine andere Position zu erobern. Zum Beispiel Ugur in Frankreich! Ich sehe ihn noch vor mir: Er steht, umringt von arabischsprechenden Kindern, auf dem Schulhof der Pariser Schule und unterhält sich mit ihnen. Die anderen Kinder kommen aus dem Staunen nicht mehr raus.

– Oder Oliver, übrigens auch ein Unterschichtenkind, der in relativ sprachlosen Situationen alles regeln kann, weil er sein pantomimisches und schauspielerisches Geschick ausspielt.

– Ja, das könnte man ähnlich für die Polenfahrt sagen. Nach Polen fahren Kinder und Jugendliche mit, die in ihren Gruppen eine gewisse Sonderstellung haben, die für Umweltprobleme und für künstlerische Themen vielleicht sensibler sind als andere. Das sind keine Außenseiterkinder; aber das Interesse an Polen ist ein Außenseiterinteresse.

– Besonderen Stellenwert bei den Fahrten im Jahrgang 9 oder 10 hatten immer die Freundschaftsbeziehungen. Da haben manche Außenseiter insofern eine Chance gekriegt, als sie plötzlich Freundschaften aufbauen konnten, die ihnen zu Hause eigentlich nicht zugetraut wurden. Daraus konnten die dann «Sozialpunkte» gewinnen; sie fanden plötzlich viel mehr Anerkennung. Den eigenen Mitschülerinnen und Mitschülern wurde klar: Diese Leute sind ja begehrt!

– Die Außenseiterkinder schütteln in der Begegnungssituation «die Last der Jahre» ab, die manche mit sich rumschleppen. Es geht einfach ganz von vorne los. Alle werden so wahrgenommen, wie sie ankommen, nicht als diejenigen, die im vierten Schuljahr das gemacht haben und im sechsten Schuljahr jenes. Die ausländischen Schülerinnen gucken, wer kommt, und wählen sich die Leute einfach danach aus, wie sie sie wahrnehmen.
– Die Gruppendynamik nimmt den Umweg übers Ausland. Die Gruppe kommt anders zurück, als sie losgefahren ist.
– Der deutsche Schüler, der von den eigenen Mädchen nicht beachtet wird, findet in England plötzlich Interesse. Das bringt ihm, wenn wir zurückkommen, unheimlich viel Respekt ein.
– Und die Kinder, die außerdem noch mit Fremdsprachen Probleme haben, und die natürlich dementsprechend angstbeladen losfahren, stellen während der Fahrt häufig fest: Es geht ja doch, man braucht nicht viel Englisch, um klarzukommen. Diese Erfahrung ist wichtig, das schafft gerade bei den Schwächeren Motivation und Selbstvertrauen.
– Ja, das ist auch unsere Erfahrung, daß Leute auf diesen «Umwegen» leichter integriert und motiviert werden. Ich glaube, in diesem Punkt gibt es viele Entsprechungen zwischen den Reiseprojekten.

In Zukunft, so das Resümee unserer Diskussion, wird es darum gehen, einerseits das jeweilige Profil der Reiseprojekte weiter zu schärfen, andererseits aber auch die Zusammenhänge zwischen ihnen zu festigen. Dies ist der Weg, auf dem wir *neue Formen grenzenüberschreitenden Lernens* finden und weiterentwickeln werden.

Rita Deterding, Brigitte Goetze-Emer, Eva Klaus,
Klaus-Dieter Lenzen, Gerhild Schulz, Hella Völker,
Dagmar Walluks, Christiane Ziebell-Schrank, Brunhild Zimmer

Die Fächergrenzen überwinden – Projektunterricht im Schulalltag

Zwischen dem ganzheitlichen Unterricht in der Primarstufe und dem fachorientierten in der Sekundarstufe liegt das weite, für die Gestaltung des Projektunterrichts offene Feld: Der vorfachliche Unterricht der ersten Grundschuljahre wird ein ganzheitlich konzipierter Projektunterricht sein, so kann man vermuten. Sobald die Fächer bzw. Erfahrungsbereiche ihre Konturen herausbilden, werden im Projektunterricht fachbereichsbezogene Thematiken sichtbarer werden. Hat sich aber die Ordnung der Fächer erst herausgebildet, so wird der Projektunterricht auf die Ansprüche des Fachlernens eingehen bzw. – gegenläufig – Fächergrenzen zu überwinden versuchen. In jedem Abschnitt der Schullaufbahn werden für den Projektunterricht also eigene Themen, besondere Arbeits- und Interaktionsformen gebraucht.

In den folgenden fünf Abschnitten werden wir zeigen, ausgehend von der erziehungswissenschaftlichen Diskussion um den Projektunterricht, wie fächerübergreifender Projektunterricht auf verschiedenen Schulstufen gestaltet werden kann, unter welchen Bedingungen er gelingt und unter welchen nicht. Zunächst skizzieren wir ausgewählte Projekte der verschiedenen Schulstufen, um über den Vergleich am Ende Bedingungen einer schulischen Projektkultur diskutieren zu können.

Erfahrungen an der Versuchsschule

Über viele Jahre hinweg wurde der Projektunterricht vor allem der Reform- und Versuchsschulszene zugerechnet (Suin de Boutemard 1976; Stubenrauch 1976). Diskussionen um diese Unterrichtsform haftete hier meist etwas Puristisches an: Es sollte unter Projektunterricht wirklich nur die «Großform» (Meyer 1994) verstanden werden, nicht jedes belanglose Unterrichtsvorhaben. Projektunterricht wurde als eine grundsätzlich andere, eher entschulende Unterrichtsform definiert. Der Unterricht sollte einem bestimmten Phasenmodell folgen und einer quasi einmaligen «Projektmethode» (Frey 1995) verpflichtet sein. Erst in den letzten Jahren scheint der Projektunterricht aus der Isolation von Alternativbewegungen herausgekommen zu sein. Nicht nur engagierte Lehrerinnen und Lehrer, reformpädagogisch ambitionierte Erziehungswissenschaftler und Erziehungswissenschaftlerinnen (vgl. Duncker/Götz 1988; Hänsel 1986; Bastian/Gudjons 1994), sondern z. B. auch die schulpolitischen Konzepte der Unternehmerseite fordern mit mehr sinnvollem und anwendungsbezogenem Lernen nun mehr Projektunterricht (vgl. Tillmann 1994). Neue Projektbeispiele werden zahlreich angeboten (vgl. Hänsel 1997); es wird wieder über die reformpädagogische Geschichte des Projektunterrichtes debattiert (vgl. die Kontroverse um Knoll 1991); eine «Theorie des Projektunterrichts» (Bastian u. a. 1997) steht neu zur Diskussion. Der Projektunterricht wird in den Kanon der regulären schulischen Arbeitsweisen aufgenommen. Im «Haus des Lernens», das größere Gestaltungsräume in den Lehrverfahren und -formen zuläßt, ist Projektunterricht vorgesehen als eine «notwendige, nicht ersetzbare, aber auch keineswegs zu verabsolutierende Lehr- und Lernmethode» (Bildungskommission NRW 1995, S. 97). Projektunterricht scheint immer dann «Konjunktur» zu haben, «wenn gesellschaftliche Umbrüche oder Krisensituationen zu Reformen im Bildungs- und Qualifikationssystem führen bzw. dazu herausfordern» (Hahne/Schäfer 1997, S. 1).

In der Tradition der Laborschule spiegeln sich die skizzierten Entwicklungslinien. Auch hier ging es zunächst darum, eine Unterrichtsform wiederzubeleben, die als Gegenentwurf zu den in der Regelschule üblichen Aneignungsformen verstanden wurde (Everts 1977; Bielefelder Lehrergruppe 1979). Pragmatischer wird gegenwärtig versucht, mit Hilfe des Projektunterrichts verkrustete Unterrichtsformen aufzubrechen und Beispiele für eine innere Schulreform zu liefern. Deutlich wird dabei, daß sich beide Tendenzen auch verbinden lassen: Den großen Anspruch des Projektunterrichts muß man nicht aufgeben, wenn man Verbindungen zum Regelunterricht sucht und kultiviert (vgl. Emer/Lenzen 1997). Nun lassen es die Spielräume der Laborschule zu, verschiedene Konzepte des Projektunterrichts nicht nur zu diskutieren, sondern sie auch praktisch zu erproben, nicht selten sogar nebeneinander. So findet Projektunterricht sowohl in der Primarstufe statt (Deterding/Goetze-Emer/Walluks 1997; Bosse 1986; Görlich-Kreitmann 1986; Lenzen 1996) als auch in der Sekundarstufe (Ehlers/Schluckebier/Wachendorff 1988; Heuser/Kübler 1988). Er wird im Rahmen von Projektwochen (Nicaragua-Gruppe 1988) gestaltet oder über das ganze Jahr hinweg. Dem Projektkonzept verschreiben sich manchmal einzelne Lehrerinnengruppen, manchmal folgt ihm die ganze Schule. Projektunterricht wird in Wahlgruppen und in Stammgruppen organisiert, als Dauerprojekt und als zeitlich begrenztes, als Unterrichtsform nur einer Schulklasse oder als Unterrichtsform kooperierender Gruppen. Insgesamt erweist sich dabei: Es gibt nicht *den* Projektunterricht; es gibt ihn vielmehr in sehr verschiedenen Formen. Erst als eine flexible und variierbare, den jeweiligen Arbeitsbedingungen eingepaßte Unterrichtsform gelingt der Projektunterricht so, daß Kinder tatsächlich auch fächerübergreifend, anwendungsbezogen und «in erlebbaren Zusammenhängen» (Buck 1995) lernen können. Die folgenden Projektbeispiele – sie kreisen alle um historische Themen – werden dies deutlich machen.

Kindheit im Mittelalter: ein Projekt aus der Eingangsstufe

Das Projektthema «Mittelalter» bietet zahlreiche Möglichkeiten, Kindern Geschichte näherzubringen. Wir bereiten das Thema «Mittelalter» im offenen Raum der Eingangsstufe gleich für mehrere Gruppen vor, indem wir Bildmaterial aufhängen und Bücher bereitstellen. Auch durch vielerlei Spielmaterialien angeregt, entwickeln die Kinder bald ein großes Interesse daran, die Lebensumstände einer fernen Zeit, der mittelalterlichen, kennenzulernen. Unterschiedlichste Kinderpersönlichkeiten, die zu einer altersgemischten Gruppe von 5–8jährigen gehören, sollen im Projekt «Kindheit im Mittelalter» ihre Rollen finden können. Jedes Kind darf seine speziellen Kompetenzen einbringen: als Entdecker, Forscher, Handwerker, Leser, Rechenspezialist etc., unabhängig vom Alter, der sozialen Stellung und dem Stand der körperlichen Entwicklung. Zunächst gibt es in allen Stammgruppen eine Besprechung, in der wir das Thema kurz vorstellen; als Einstieg wählen wir die «Reise» entlang einer Zeitleiste.

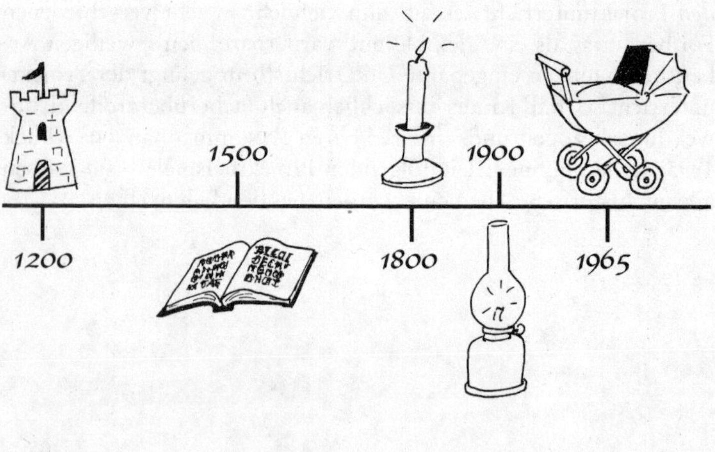

Die Kinder fragen vorwiegend nach Alltagsproblemen der Menschen im Mittelalter. Ihren Interessen folgend notieren wir als Themenbereiche des Projekts: die Kleidung im Mittelalter, das Essen und Trinken, die Berufe, das Spielen und Feiern im Mittelalter, das Leben in der Burg, der Unterricht und das Lernen im Mittelalter. Jede der vier Stammgruppen wählt sich nun eins der ersten vier Themen aus. Die beiden letztgenannten Themen, die besonderes Interesse finden, werden in allen Stammgruppen gleichzeitig bearbeitet. Eine Übersicht über das Projekt «Kindheit im Mittelalter» geben wir im folgenden entlang dieser Teilthemen. Zunächst zu den gemeinsamen Themen:

Das Leben in der Burg. Als Ausgangspunkt dieses Themenkreises dienen Abbildungen von Burgen, die in Teilen nachgebaut werden. An Materialien stehen zur Verfügung: Bauklötze, Steckwürfel, Tonpapier, Pappen und der Sandkasten auf dem Spielplatz. Näher besprochen werden dabei: die Dreiteiligkeit einer Mauer, der Aufbau eines Turmes und die Funktionsweise der Zugbrücke, der Aufbau des Palas (Deutschland) bzw. Bergfrieds (Frankreich), die Wasserversorgung in der Burganlage, die Burgbrücke, die Toiletten in der Burg. Die Filme «Die Burg als Wehrbau», «Die Burg als Wohnbau» und «Fürstenhochzeit in einer mittelalterlichen Stadt» (ausleihbar über Bildstellen) veranschaulichen das Leben im Mittelalter und regen die Kinder zu vielfältigen Rollenspielen an.

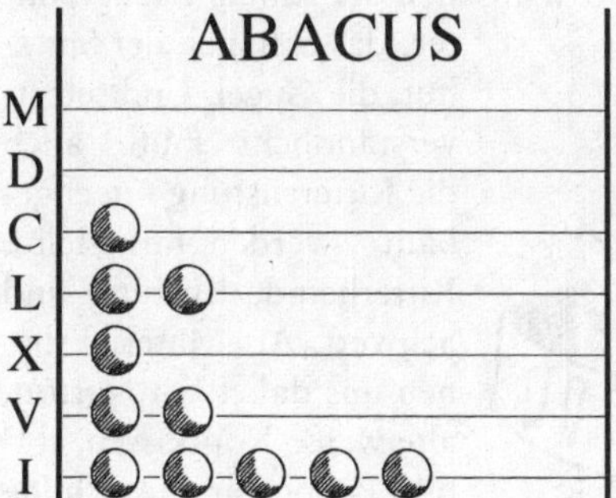

= CCXXV = 225

Unterricht und Lernen. Erstaunt nehmen die Kinder auf, daß lediglich Angehörige der gehobenen Stände Unterricht erhielten, während die Kinder der armen Bevölkerungsschichten mitarbeiten mußten, um den Lebensunterhalt der Familien zu sichern. Ein Kinderbuch über das Mittelalter gibt uns Einblicke in die Schreib- und Rechenkünste der damaligen Zeit. Wir benutzen Kneteplatten als Schreibunterlagen und Holzspieße als Schreibgeräte. Außerdem gestalten wir Initialen, eine Aufgabe, der die Mönche in Klosterbibliotheken nachkamen. Das Kennenlernen römischer Zahlen mit Hilfe von Memory- und Dominospielen bildet den Einstieg in den «Mathematikunterricht» des Mittelalters. Fasziniert sind die Kinder vom Abakus, der «Rechenmaschine des Mittelalters». Dieses Gerät baut sich jedes Kind aus Pappe – die Rechenmarken aus Salzmehlteig – nach.

Zeichnungen: Rolf Spillmann

Kleidung. In ihren Rollenspielen äußern die Kinder Fragen zum Thema Kleidung und zu den dadurch signalisierten Standesunterschieden. Einzelne Kleidungsstücke werden entsprechend den Fertigkeiten, Möglichkeiten und Wünschen der Kinder nachgestaltet: das Schapel, der Spitzhut, die Gugel. Und selbstverständlich muß auch die Ritterrüstung «nachgebaut» werden mit Helm, Ritterhemd, Rüstung und Schwert. Als Material dienen uns dabei Fotokarton, alte weiße Kopfkissen, stabile Pappe für die Schilde und Vierkanthölzer für die Schwerter. Die Wappen entwerfen wir selber. Auf die Stellung der Frau und ihre Aufgabenstellung eingehend, gestalten wir ihre

«Schlüsselgewalt» symbolisch nach: Gürtel werden geflochten, Geldbeutel aus Leder genäht; beim Schlosser besorgen wir alte Schlüssel.

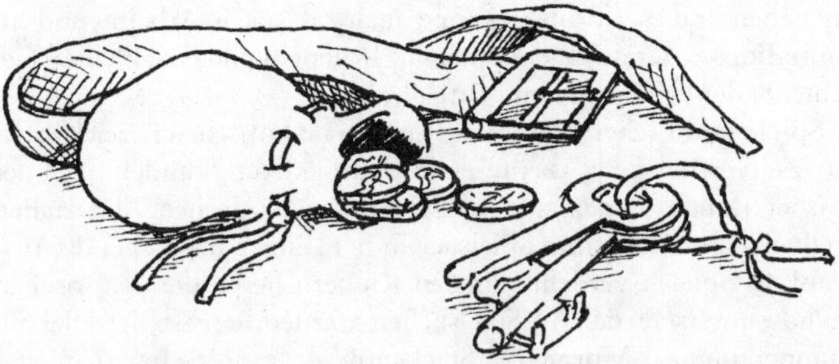

Berufe. Ausgehend vom Burgbau und dem Leben in und um Burgen ist schnell eine Vielzahl der Berufe des Mittelalters gefunden. Genauer befassen sich die Kinder mit den Berufen des Steinmetzen, des Maurers, des Korb- und Weidenflechters, des Webers und des Bauern. Im nahe gelegenen Steinbruch werden mit Hammer und Meißel kleine Bruchsteine besorgt, die für den Bau einer Modellburg gebraucht werden. Weidenflechter flechten «Hauswände», andere kleine Körbe. Die Weber sorgen für Tuche und Teppiche. Als Bauern mähen die Kinder hinterm Haus die hochgewachsene Wiese mit Sense und Sichel. So erfahren sie die Anstrengungen historischer Berufe auch körperlich.

Essen und Trinken. Anhand einer Material- und Bildcollage, in der die Nahrungsmittel des Mittelalters den heute üblichen gegenübergestellt werden, läßt sich gut erkennen, wie begrenzt das Nahrungsangebot für die Menschen des Mittelalters war. Es entsteht ein Fragenkatalog, der für die weitere Arbeit dieser Projektgruppe zum Leitfaden wird. Nacheinander versuchen wir durch Lesen, Betrachten von Bildern, Marktbesuche, Töpfern, Kochen, Pflanzen, Trocknen, Haltbarmachen und andere praktische Tätigkeiten, die aufgeworfenen Fragen zu beantworten. Wir befassen uns mit Themenbereichen wie: «Getreidesorten des Mittelalters», «Mahlprozesse und Gebrauch von Getreide», «Küchengeräte», «Markt und

Handel», «Gemüse-, Kräuter- und Obstsorten», «Fleisch und Wurst», «Vorratshaltung», «Getränke», «Tischsitten». Dabei beachten wir die Unterschiede zwischen Arm und Reich; sie werden von den Kindern als geradezu fühlbar und schmeckbar erlebt. Es entstehen in dieser Projektgruppe auch zahlreiche Arbeits- und Informationsmaterialien, ein Buch mit Rezepten und eine kleine «Geschichte der Ernährung im Mittelalter».

Spielen und Feiern. Während Spielen im höfischen Bereich mehr ein Zeitvertreib war, diente es in den niederen Ständen eher der Vorbereitung auf das spätere Leben: Aus einfachen Materialien stellten sich Kinder ihre Spielsachen her. Eine entsprechende Auswahl an Spielen verdeutlicht den Kindern heute die historischen Standesunterschiede. An Spielsachen werden hergestellt: Filzball, Lumpenpuppe, Murmeln, Steckenpferde, Holzschwerter und Schilde. An weiteren Spielen werden ausprobiert: Dame, Mühle, Schach, Kreiselschlagen, Reifenspiele, Stelzenlauf, Plumpsack und Blinde Kuh. Ritterspiele – sie dienten der Vorbereitung auf Turniere – machen den Kindern viel Spaß. Die Einhaltung der Regeln ist ihnen dabei besonders wichtig. Da unser Projekt mit einem gemeinsamen Fest aller Beteiligten enden soll, bereiten sich die Kinder der Projektgruppe «Spielen und Feiern» darauf vor. Durch Filme und Bücher erfahren sie viel über die mittelalterlichen Künste, die bei Hofe oder bei Festen des Volkes für Unterhaltung sorgten. Die Kinder werden Minnesänger, Jongleure, Seiltänzer, Dompteure und Tänzer.

Den zum Fest eingeladenen Eltern wird dann vor Augen geführt, wie es gelingen kann, Kindern über praktisches Handeln historische Zusammenhänge näherzubringen. Jedes Kind erweist sich als Experte in mittelalterlichen Sachfragen; es kann im Verlauf des Festes und bei Führungen durch die Ausstellung Gelerntes und Erfahrenes unter Beweis stellen. Auch bei uns Erwachsenen führt das praktische, ganzheitliche und erfahrungsbezogene Arbeiten zur Erweiterung der Fach- und Kooperationskompetenz.

Familie früher und heute – ein Projekt aus dem vierten Schuljahr

In dem Projekt «Familie früher und heute» erforschen Kinder zweier 4. Schuljahre den historischen Wandel der Familie in diesem Jahrhundert. Sie erforschen den Schulalltag von Kindern früherer Zeiten und überdenken das rollenspezifische Verhalten von Mädchen und Jungen, Männern und Frauen früher und heute. Sie befragen ihre Großeltern, sammeln Bildmaterial und besuchen Museen. Gegen Ende konzentriert sich das Projekt auf den sogenannten Haushalts(s)paß: Jungen und Mädchen werden mit Tätigkeiten wie Nähen, Bügeln, Kochen, Backen, Saubermachen, Fahrradreparieren etc. vertraut gemacht. Sie müssen abschließend in einer Prüfung unter Beweis stellen, daß sie diese Tätigkeiten beherrschen. Bewußt beziehen wir in diesen Projektabschnitt die Eltern mit ein, auch in der Hoffnung, eine häusliche Diskussion über die Verteilung der Hausarbeit anzuregen (vgl. Biermann 1991). Zu Beginn stellen die Kinder Fotos der Großeltern, Eltern und ihre eigenen Baby- und Kleinkindfotos in der Gruppe vor. Sie zeichnen einen Familienstammbaum, erfragen die Berufe der Großeltern und lassen sich Geschichten von früher erzählen, die sie dann im Versammlungskreis an die anderen Kinder weitergeben. Mit Hilfe eines detailliert ausgearbeiteten Fragebogens verschaffen sich die Schülerinnen und Schüler in Interviews eine Übersicht über Schule, Kleidung, Hobbys, Spielsachen und den Haushalt von Großeltern und Eltern. Wie haben sie gelebt, als sie selbst noch Kinder waren? In einer Versammlung führen alle Kinder gemeinsam ein Interview mit der Großmutter eines Mädchens durch. Die Kinder sehen Filme über den Wandel traditioneller Berufe, über den Beruf des Bäckers, des Müllers und des Töpfers. In Kleingruppen lesen sie ein Jugendbuch, das das Leben einer Frau von 1914 bis in die 70er Jahre hinein schildert. Im pädagogischen Museum der Universität können sich die Kinder ein historisches Klassenzimmer ansehen; sie erleben dort eine Schulstunde.

Viele Mädchen und einige Jungen haben sich zu diesem Anlaß mit historischer Haartracht versehen und die damals typische Kleidung angezogen. «Ein Schultag früher», so heißt dann auch das Thema, zu dem alle Kinder eine Geschichte schreiben. Alle Kinder bringen einmal ihr Lieblingsspielzeug mit in die Schule; sie diskutieren, ob es auch heute noch typisches Jungen- und Mädchenspielzeug gibt. Im Sportunterricht spielen sie einige heute nicht mehr übliche Spiele, das Kreiselschlagen, Hinkelspiele, die Zweierballprobe. Schließlich beginnen die Kinder, sich auf den Haushalts(s)paß vorzubereiten. Teiltätigkeiten dieses Passes (wie Waschen, Nähen, Bügeln und das Fahrradreparieren) erledigen die Kinder in der Schule; andere Tätigkeiten (wie Saubermachen und Kochen bzw. Backen) erledigen sie zu Hause. An einem Haushaltstag führen alle Kinder schließlich an Stationen ihre geübten und gelernten Tätigkeiten vor; sie legen eine «Prüfung» ab.

«Familie früher und heute» ist ein historisch vergleichsweise nahes Thema; die Kinder können es gut mit eigenen Erfahrungen verknüpfen. Mit großem Forscherinteresse spüren sie den Lebenssituationen ihrer Eltern und Großeltern nach und ziehen Vergleiche zu den eigenen Lebensumfeldern. Individuelle und allgemeine Geschichte, schulisches und familiäres Lernen werden eng miteinander verknüpft. Die Projektarbeit erfolgt in der Stammgruppe und nicht in Wahlgruppen, da alle Kinder alle Themen bearbeiten sollen. Die Verbindung zwischen den drei Gruppen wird durch die wöchentliche Jahrgangsversammlung hergestellt, in der Ergebnisse ausgetauscht und Produkte vorgestellt werden. An der Projektgestaltung sind die Fächer Sachkunde, Deutsch, Kunst und Sport beteiligt.

Kolumbus «entdeckt» Amerika: ein Projekt aus dem fünften Schuljahr

Das Projekt «Kolumbus» geht der «Entdeckungs»geschichte Mittelamerikas nach. Der Anlaß dazu ist eine Projektwoche der ganzen Schule, die zum Jubiläumsjahr «500 Jahre Kolumbus» durchgeführt wird. Die Kinder befassen sich mit den historischen Reisen des Kolumbus. Schiffsformen, die bei diesen Reisen benutzt wurden, interessieren die Kinder. Sie werden nachgezeichnet und, insbesondere von technikinteressierten Jungen, zu kleinen Flotten zusammengeklebt, bemalt und mit Besatzungen versehen. Wie sind Menschen damals gereist, welche Navigationsinstrumente hatten sie zur Verfügung, und wie sahen die Karten aus, an denen sie sich orientierten? Wir vergleichen die historischen Karten mit denen, die wir heute in Atlanten finden, lernen geographische Bezeichnungen kennen und übertragen die Reisen des Kolumbus auf aktuelle Karten. Wir lesen den Kindern Auszüge aus dem Logbuch vor, in dem von seltsamen Pflanzen und fremden Menschen berichtet wird. Welche Pflanzen wuchsen damals auf dem noch unbekannten Kontinent? Welche Pflanzen kamen im Verlauf der Kolonialismusgeschichte zu uns, und mit welchen Erzeugnissen wird zwischen «Erster» und «Dritter Welt» noch heute gehandelt (Kaffee, Kakao, Südfrüchte)? Einen aktuellen Bezug zu der historischen Seefahrt des Kolumbus herzustellen, fällt uns insofern nicht schwer, als zwei unserer Partnerschulen in Nicaragua liegen. Die Kinder verfügen bereits über Informationen, wie die Lebensbedingungen in der mittelamerikanischen Region heute aussehen, unter welchen Bedingungen zum Beispiel die Kinder ihrer Partnerschule leben und wie die Schulen ausgestattet sind, die sie besuchen. Den geschichtlichen Rückblick können wir lebendig mit der aktuellen Situation verknüpfen. Anhand der ökonomischen und sozialen Situation der Länder Mittelamerikas läßt sich auf verschiedene Art und Weise zeigen, welches die Abhängigkeitsverhältnisse zwischen den reichen und den sogenannten unterentwickelten Ländern sind. Aus Liedern, Tänzen, dokumentarischen Texten, aus Gedichten und selbstverfaßten Dialogen stellen wir am Ende ein Theaterstück zusammen, das die Einsichten und Ergebnisse der Arbeit auf die Bühne bringt. Alle 60 Kinder des Jahrgangs 5 wirken an dieser Aufführung mit. Es ist ihr Beitrag zur Projektwoche der ganzen Schule; sie spielen zum Abschluß dieser Woche vor Eltern, Verwandten, Freunden, Lehrerinnen und Schülerinnen.

Das sechswöchige Unterrichtsprojekt wird in drei parallelen Jahrgangsgruppen entwickelt. Einmal in der Woche treffen sich die Gruppen mit ihren Lehrerinnen und Lehrern zur gemeinsamen Projektversammlung, um Zwischenergebnisse vorzustellen und notwendige Absprachen zu treffen. Ansonsten findet der Unterricht meist in den Stammgruppen statt. Erst in der Phase der Theaterarbeit werden auch Wahlgruppen gebildet. Der erste Teil der Projektarbeit wird innerhalb des regulären Stundenplanes realisiert. Im zweiten Teil ist der Stundenplan aufgelöst: Die Theaterarbeit fällt in die Phase der Projektwoche.

Julie und Takuda – Freundschaft zwischen zwei Welten: ein Projekt aus dem achten Schuljahr

In der gleichen Projektwoche arbeiten die Jahrgänge 8–10 neigungsdifferenziert nach unterschiedlichen Themenangeboten. Eine Gruppe von 13 Schülerinnen wählt das Thema Indianer aus, das mit den Mitteln des Theaters aufgearbeitet werden soll. Die notwendigen Hintergrundinformationen liegen nach einer abgeschlossenen Unterrichtsphase im Sozialkundeunterricht vor. In den fünf Tagen der Projektwoche werden Indianertänze ausprobiert, es wird gelesen, geschminkt, getrommelt, und schließlich werden aus den verschiedenen Improvisationsansätzen Szenen entwickelt. Dabei geht es den beteiligten Lehrerinnen und Schülerinnen darum, typische

Verhaltensweisen der Weißen und Indianer herauszuarbeiten und die entstehenden Personen, Rollen und Figuren in Situationen einzuarbeiten. Besonders wichtig für die Beteiligten ist die genaue Abbildung der Lebensform und Geschichte der Indianer im 17. Jahrhundert, also zur Zeit der weißen Siedler. Am Ende der Projektwoche wird ein Theaterstück mit folgender Handlung fertig: Nach wiederholtem Streit mit ihrem Macho-Vater über die Einstellung der Weißen zu den Ureinwohnern Amerikas reißt das Siedlermädchen Julie von zu Hause aus. An einer Quelle trifft sie Takuda, das Indianermädchen; die beiden Mädchen verstehen sich trotz unterschiedlicher Sprache auf Anhieb. Julie geht mit Takuda zu deren Dorf; sie will nie wieder zurück zu ihrer Familie. Sie lernt schnell und viel über das Leben und die Sprache der Indianer – hier konnten die Schülerinnen alles einarbeiten, was sie wußten –, und sie fühlt sich in der fröhlichen und offenen Atmosphäre in Takudas Sippe sehr wohl, auch weil Takudas Bruder Harka ihr ganz besonders gut gefällt. Doch die Weißen suchen Julie. Sie kommen immer näher. Bei den Indianern wächst die Unruhe. Schließlich stirbt der Indianer Harka durch die Kugel eines Weißen, und Julie fühlt sich verantwortlich. Das Ende der Freundschaft zwischen zwei Welten bleibt nach dem Willen der Schülerinnen offen. Die Szenenfolge kommt erst einige Wochen nach der eigentlichen Projektwoche zur Aufführung, da es im normalen Schulalltag schwer ist, die nötige gemeinsame Zeit für Proben und die Erstellung von Kulissen und Kostümen zu finden. Dennoch gelingt die Produktion. Sie wird, zusätzlich zu den schulinternen Aufführungen, auf zwei Schultheaterwochen und einem Jugendkulturfestival erfolgreich aufgeführt.

Auf dem Weg zu einer schulischen Projektkultur

Vergleicht man die geschilderten Projektbeispiele, so fällt auf, daß es bei allen Unterschieden, die sich in den Verlaufsformen zeigen, doch auch Grundstrukturen der Projektarbeit gibt, die Bestand haben. So schließen alle vier Projektbeispiele produktorientiert; jedes einzelne Projekt aber wählt dazu eine besondere Präsentationsform und mithin auch eigene Arbeitsverfahren. In allen drei Projekten spielt die Eigentätigkeit der Schülerinnen und Schüler eine bedeutsame Rolle; sie findet jedoch jeweils andere Ausdrucksformen. Deutlich macht der Vergleich der Projektbeispiele insofern beides, sowohl die Konstanz des Projektkonzepts als auch seine jeweilige Variation.

In der abschließenden Diskussion konzentrieren wir uns nun auf einen Punkt, an dem Konstanz und Variabilität des Projektkonzeptes ebenfalls deutlich gemacht werden können, nämlich auf die Tätigkeiten der am Projekt Beteiligten. Ludwig Duncker hat darauf hingewiesen, daß die Unterrichtsform Projektunterricht andere didaktische Rollen und Tätigkeiten nahelegt als die Unterrichtsform Lektion (1989, 1994). Dominieren in der Lektion didaktische Rollen, die den Dialog zwischen Schülern und Lehrer tragen (Tätigkeiten: informieren, rezipieren, diskutieren, memorieren), so sind für die Projektarbeit didaktische Rollen wie die des «Archivars», des «Journalisten», des «Bastlers» und des «Machers» (Tätigkeiten: nachforschen, sammeln, präsentieren, erfinden, konstruieren, organisieren) typisch. Der Projektunterricht bietet den Schülerinnen und Schülern mithin Handlungsspielräume und Tätigkeitsformen an, die den regulären Unterricht ergänzen und weit überschreiten. Wir könnten auch sagen: Der Projektunterricht eröffnet Schülerinnen und Schülern die Chance, persönliche Fähigkeiten einbringen und weiterentwickeln zu können, die in der Schule sonst eher unbeachtet bleiben.

Tätigkeiten der Kinder

In Projekten dürfen Schülerinnen und Schüler mitbestimmen. Dieses konstante Prinzip läßt, wie die Projektbeispiele andeuten, zahlreiche Variationen zu: Kinder können ein Themeninteresse indirekt zeigen; so spielten die Kinder der Eingangsstufe immer wieder «Ritter», was die Erwachsenen schließlich dazu veranlaßte, das Thema

«Mittelalter» vorzuschlagen. Die Kinder können ihren Wunsch aber auch direkt benennen: «Ich will ein Theaterstück zu unserem Projektthema spielen», sagt ein Kind. Wieder andere Kinder entfalten ihre Mitbestimmung erst innerhalb des von den Erwachsenen gesetzten Rahmenthemas, indem sie Vorschläge für Unterthemen machen, sich für eine bestimmte Wahlgruppe entscheiden und ihre Interessen hier artikulieren. Entsprechende Handlungsspielräume werden den Kindern im gesamten Projektverlauf angeboten, wie die folgenden vier Kinderportraits deutlich machen; jedes stammt aus einem der geschilderten Projekte.

Ella ist ein für ihr Vorschulalter körperlich recht großes Mädchen. Sie hat ein sehr enges Freundschaftsverhältnis zu einem Jungen ihrer Gruppe. Ohne ihn macht sie fast nichts. Ella hat große Lernschwierigkeiten. Ihre schulischen Erfolgserlebnisse sind mühsam erkämpft. Hat Ella Mißerfolge, so reagiert sie aggressiv und verweigert sich. Das kognitive Erfassen von Zusammenhängen fällt ihr schwer. Ella flüchtet sich gerne in Spiele, vor allem draußen, mit Sand und Wasser. Am Thema «Mittelalter» findet Ella schnell Gefallen. Sie beteiligt sich an der gemeinsamen Planung von dem Augenblick an, an dem ihr klar wird, daß viele praktische Arbeiten anfallen werden. Beim Burgbau probiert Ella mögliche Formen und Konstruktionen mit verschiedenen Materialien aus. Sie spricht sich mit anderen Kindern ab und kann auch Vorschläge annehmen. Ella holt sich sogar Bücher; sie bittet andere Kinder, ihr die kurzen Bildbeschreibungen vorzulesen, um dann gemeinsam mit ihnen weiterzubauen. Selbst Mißerfolge bringen sie jetzt nicht aus der Fassung. Bei großen Burgkonstruktionen aus Sand übernimmt Ella die Rolle der Beraterin. Sie ist in der Lage, anderen Kindern einzelne Arbeitsschritte zu erklären und geduldig zu helfen. Begeistert ist Ella auch von der Herstellung eigenen Eßgeschirrs. Beim Töpfern, Sägen und Feilen entwickelt sie eine sonst ungewohnte Ausdauer. Die gemeinsam zubereiteten Gerichte mag sie so gerne, daß sie die Rezepte zu Hause erzählt und einige auch mit ihrer Familie ausprobiert. – Ellas Tätigkeiten in diesem Projektabschnitt sind u. a.: Informationen beschaffen; Modelle konstruieren und bauen, sich mit anderen Kindern absprechen, von ihnen Hilfe holen und ihnen helfen; Informationen nach Hause tragen und dort weiter mit ihnen arbeiten. Ella gewinnt über diese Tätigkeiten an Selbstbewußtsein. Sie kann sich nun auch auf schulische Aufgaben einlassen.

Isabelle gehört zu den ganz stillen und unscheinbaren Kindern des vierten Jahrgangs. Sie beteiligt sich nur selten an Unterrichtsgesprächen, wohl auch wegen ihres leichten Sprachfehlers. Sie ist fleißig und im Unterricht aufmerksam. Am Projekt «Familie früher und heute» zeigt sie sich sehr interessiert; das «Leben früher» fasziniert sie. Offensichtlich gefallen ihr die traditionelle Mädchenrolle, häusliche Tätigkeiten und die historische Kleidung. Eines Tages kommt Isabelle mit einem selbstgeschriebenen, schon dialogisierten Theaterstück in die Schule, das sie gemeinsam mit ihrer Freundin zu Hause verfaßt hat. Sie fragt in der Gruppe, wer mitspielen möchte. Alle interessierten Kinder sollen sich in der Pause treffen. Es melden sich alle Mädchen und ein Junge. So viele Rollen hatte Isabelle gar nicht vorgesehen. Sie erfindet aber noch einige Rolle hinzu, so daß alle mitspielen können. Anfangs proben die Kinder in den Pausen, später bitten sie um Zeit und um einen Raum während der Unterrichtszeit. Isabelle führt die Regie; sie bespricht, welche Requisiten benötigt werden, und bringt sie zum größten Teil von zu Hause selbst mit. Daß sie den weitesten Schulweg hat, stört dabei nicht. In der Jahrgangsversammlung spielen die Kinder schließlich das Stück «Ein Tag im Leben der Menschen früher» vor. Die Aufführung gelingt; alle Zuschauer sind begeistert. Die stille Isabelle steht im Mittelpunkt und erntet viel Applaus. Isabelles Tätigkeiten in diesem Projektabschnitt sind u.a.: ein Stück schreiben, sich mit anderen Schülerinnen und Schülern absprechen, mit der Lehrerin verhandeln, proben und Regie führen, trotz Lampenfieber vor Mitschülern spielen, eine Aufführung organisieren.

Ali, der türkisch-deutsche Junge, arbeitet im Unterricht des fünften Schuljahres nur phasenweise gut mit. Er ist schwer zu motivieren, besonders, wenn es um Übungsaufgaben geht, die ihm im Schreiben und Rechnen mehr Sicherheit geben sollen. Er verweigert leider häufig die Arbeit, weil er «einfach keinen Bock» hat. Seine Hefte sehen entsprechend aus: Arbeiten sind oft nicht beendet, die Seiten sind bekritzelt und bemalt. Graffiti zieren die Umschläge, seine Takes hat Ali überall hinterlassen. Er besitzt zwei dicke Eddings, hat aber keine Federmappe, hat nie einen Bleistift oder ein

Radiergummi. Wenn er ermahnt wird, stört ihn das wenig. Er zuckt nur mit den Schultern und sagt: «Ist mir doch egal.» Im Projektunterricht aber blüht Ali auf. Es sind bestimmte Tätigkeiten, auf die er ganz besonders scharf ist. Wenn zum Beispiel Medien eingesetzt werden sollen, so ist er sofort zur Stelle, arrangiert und installiert alles, was gebraucht wird. Ali drängt sich bei solchen praktischen Tätigkeiten geradezu in der Vordergrund. Aber auch zu Darstellungsaufgaben meldet er sich gerne. Im dritten Schuljahr wollte er bei einer Zirkusaufführung unbedingt den Zirkusdirektor spielen. In der Theateraufführung des fünften Schuljahres meldet er sich gleich für mehrere Rollen an. An den Proben beteiligt er sich sehr engagiert; gleichzeitig will er für die Bedienung der Scheinwerfer und den Aufbau der Musikanlage verantwortlich sein. Irgendwann wird ihm klar, daß er in den Szenen, in denen er selbst auf der Bühne steht, ja nicht auch noch die Scheinwerfer bedienen kann. Er ruft seine Lehrerin deshalb an, bittet um eine gesonderte Technikprobe und sucht jemanden, mit dem er sich bei der Bedienung der Scheinwerfer abwechseln kann. Alis Tätigkeiten in diesem Projekt: in einem Team mit anderen Schülern die Technik organisieren, auf- und abbauen; einen Beleuchtungsplan anfertigen; die Beleuchtung durchführen; die dabei auftretenden Probleme mit der Lehrerin besprechen; in mehreren Rollen auf der Bühne auftreten.

Elena weiß nach vielen Projekten in ihrem neunjährigen Laborschulleben schon, was auf sie zukommt, und freut sich darauf: Der reguläre Unterricht findet nicht statt, und sie kann sich ganz auf ein Thema ihrer Wahl und auf ihren Interessenschwerpunkt Theater konzentrieren. Im normalen Unterricht gilt Elena eher als durchschnittlich und etwas leistungsschwach, da ihr Interesse am geforderten Unterrichtsgegenstand zu schnell nachläßt und sie dann nicht mehr konzentriert und ergebnisorientiert arbeitet. Dabei ist Elena hochmusikalisch, spielt im überregionalen Jugendmusikorchester und ist eigentlich immer für irgendeine Sache begeistert, die allerdings meistens neben der Schulwirklichkeit existiert. In der Projektwoche kann Elena sich nun endlich mit dem, was sie tut oder was gerade von ihr gefordert wird, identifizieren, und so steigt sie voll ein. Sie probiert Redeweisen, Gesten, Ausdrucksformen aus, hilft mit Anregungen, Ideen und Kenntnissen in den verschiedenen

Schreibgruppen und schleppt alles an, was ihrer Meinung nach gebraucht wird. Indianische Musikinstrumente, Werkzeuge, Naturfarben, Kostüme und Dekorationsgegenstände. Zusammen mit den anderen Mädchen produziert Elena die Theateraufführung weitgehend selbstverantwortlich, so daß die Lehrerinnen sich mit der äußeren Planung und Organisation befassen und sich ansonsten mehr und mehr zurückziehen können.

Die Portraits von Ella, Isabelle, Ali und Elena zeigen: Kinder bringen im Projektunterricht ihre persönlichen Stärken zum Vorschein und entwickeln sie weiter. Erleben sie Projektunterricht wiederholt mit, so wird ihnen auch bewußt, welche Chancen mit dieser Unterrichtsform verbunden sind. Projektgewohnte Kinder des fünften Schuljahres, die aufschreiben sollten, was sie vom Projektunterricht halten, notierten u. a. die folgenden Sätze:

«Beim Fachunterricht sitzt man(n) meistens, und beim Projektunterricht sitzt man(n) nicht so viel und es macht Spaß und es ist meistens interessanter.» Und:

«Wenn wir Projektunterricht haben, arbeiten wir gleich in mehreren Fächern an dem Thema, mit dem wir uns beschäftigen, das finde ich meistens ganz gut. Irgendwie macht Projektunterricht meistens auch mehr Spaß als normaler Unterricht.» Und:

«Projektunterricht unterscheidet sich dadurch, daß mehrere praktische Sachen gemacht werden. Z. B. Theater gespielt, Pantomime gemacht oder so etwas ähnliches.

Manche Schulklassen gehen, wenn es zum Projekt paßt, in die freie Natur, um dort Sachen nachzuforschen.»

Tätigkeiten der Erwachsenen

Wie die Schülerinnen und Schüler, so müssen sich auch die beteiligten Lehrerinnen und Lehrer im Verlauf eines Projektes beständig auf Kooperationen einlassen. Kooperation ist im Projektunterricht ein *konstantes Prinzip*; die Kooperationsformen zwischen den beteiligten Erwachsenen aber *variieren* je nach Schulstufe und beteiligten Fächern. In jedem Falle eröffnet der Projektunterricht auch den Lehrerinnen und Lehrern neue Handlungsspielräume, bzw. er verlangt ihnen besondere Fähigkeiten ab. Dagmar Hänsel hat in diesem Sinne von der kopernikanischen Wende in der Lehrerinnenrolle (1990) gesprochen. Im Projektunterricht wird von den beteiligten Erwachsenen nämlich nicht gefordert, daß sie Aufgaben vergeben und beurteilen, sondern daß sie Handlungsverläufe gestalten können. Sie müssen die Ideen und Aktionen von Kindern genau beobachten lernen und ihre Beobachtungen produktiv in einen längerfristigen Arbeitsprozeß einbringen können, der nicht nur für die Kinder, sondern auch für sie selbst einen gewissen Ernstcharakter hat. Erwachsene arbeiten im Projekt als Prozeßbeobachter, Prozeßberater und Prozeßgestalter; sie sind als Moderatoren (von Groß- und Kleingruppen), als Organisatoren (von Material, Räumen, Ressourcen) und als Supervisoren (von individuellem und von Gruppenhandeln) gefordert, auf jeder Schulstufe natürlich in anderer Weise. Ausgehend von den vier Projektskizzen haben wir nun eine Diskussion darüber geführt, welche Chancen wir in unserer Schule dafür sehen, daß sowohl die Schülerinnen und Schüler als auch ihre Lehrerinnen und Lehrer projekttypische Tätigkeitsformen auf allen Schulstufen entwickeln können. Wir haben also darüber diskutiert, wie wir eine Stärkung und *Weiterentwicklung der gesamten schulischen Projektkultur* anregen können. Einen Abschnitt der mehrstündigen Diskussion geben wir hier in Form eines Gesprächsprotokolls wieder:

Protokoll der Gruppendiskussion vom 21.8.1996 (Auszug)

Im Projektunterricht greifen wir Kinderinteressen auf, zum Teil entwickeln die Kinder ihre Fragen aber auch erst innerhalb eines von uns schon gesetzten Rahmenthemas. Dazu die folgenden Aussagen:

- Manchmal setzen wir die Rahmenthemen. Es sind Themen, von denen wir wissen, daß sie bei Kindern immer laufen, z. B. Zirkus. Innerhalb des Projektverlaufes haben die Kinder dann aber sehr viele Mitbestimmungsmöglichkeiten.
- Routine und Arbeitserleichterung spielen auch im Projektunterricht eine gewisse Rolle. Wenn ein Projekt besonders gut gelaufen ist, dann kann man es ruhig noch einmal machen.

– Aber jedes wiederholte Projekt ist anders als sein erster «Durchlauf». Die Kinder haben eben jedesmal wieder neue Mitgestaltungsmöglichkeiten. Jedes Projekt ist ein kreativer Prozeß, auch ein wiederholtes!
– Deshalb habe ich nach jedem Projekt, auch nach einem wiederholten, dieses Gefühl: Ich habe etwas dazugelernt – ich, nicht nur die Kinder!

In dem zweiten Abschnitt der Primarstufe und am Anfang der Sekundarstufe I beziehen sich Projekte stärker auf das Gesamtcurriculum.

Es ist mehr Organisation und Absprache notwendig. Dazu die folgenden Aussagen:

– Wir können im fünften Schuljahr nicht mehr irgendeinen Projektinhalt nehmen, der gerade interessiert.
– Das Projekt muß sich auch an das Curriculum der einzelnen Fächer anbinden; die müssen sich beteiligen können.
– Überhaupt werden die Vorgaben stärker, vielleicht auch der Legitimationsdruck. Wir begründen alle Schritte pädagogisch: Ein Ernährungsprojekt, wenn die Kinder zuviel Süßkram essen; ein Sexualkunde-Projekt, wenn sie in die Vorpubertät kommen.
– Manchmal überschneiden sich Projektthemen, das kann lästig sein.
– Im Sinne von «Spiralcurriculum» ist dagegen eigentlich nichts einzuwenden. Nur müßten entsprechende Absprachen getroffen werden.
– Insgesamt sollten die Absprachen stärker sein, vielleicht auch die Kooperation über die Stufen und Jahrgänge hinweg. Warum machen wir nicht mal ein Projekt gemeinsam mit kleinen und großen Kindern?

In den höheren Jahrgängen der Sekundarstufe I wird es noch schwieriger, Projekte zu organisieren. Der Stundenplan läßt das immer weniger zu, die Gruppen haben weniger gemeinsamen Unterricht.

Dazu die folgenden Aussagen:

– Aber wir haben doch die Projektwochen, da sind Projekte möglich.
– Die Projektwoche heißt zwar Projektwoche, und sie hat ein Pro-

jektwochenthema. Viele Gruppen arbeiten de facto aber nicht nach dem Projektverfahren.

– Es ist einfach falsch, daß es in dem Stundenplan der oberen Jahrgänge keinen Raum mehr für Projekte gäbe. Es sind nur andere Bereiche, die man dafür nutzen muß, zum Beispiel die Leistungskurse. Warum nicht einmal mit einem regelmäßig wiederkehrenden «Projektvormittag» der Fächer experimentieren? Warum können nicht auch die Wahlgrundkurse Projektarbeit entwikkeln, mehrere zusammen?
– Weil es eben nicht nur an den Strukturen liegt, sondern auch an Personen. Sie müssen das können und wollen und irgendwann einmal mitgemacht haben.
– Das ist tatsächlich so: Projekte werden meistens da gemacht, wo projekterfahrene Kolleginnen und Kollegen sind. Die verbreiten auch die Projektkultur innerhalb der Schule.
– Projekte, die in der Sekundarstufe gelingen, sind auch immer an Teams gebunden: ein Müllprojekt, der Bau des Labyrinths, die Gestaltung der Auslandsfahrten, die Theaterprojekte in den Leistungskursen, die ökologischen Projekte, auch die Praktika – es gibt sie doch! Projektarbeit lernt man im Team, Teamarbeit im Projekt.

Über Appelle, so die einhellige Meinung, läßt sich die Projektkultur in unserer Schule nicht weiterentwickeln. Wir sollten erstens auf Faszination setzen, darauf, daß von den Projekten selbst eine gewisse Ausstrahlung ausgeht. Wichtig ist zweitens die Kooperation: Projekte brauchen Zusammenarbeit. Und drittens müssen wir unsere schulischen Strukturen noch einmal daraufhin durchsehen, wo Projektunterricht sinnvollerweise noch angesiedelt werden kann. Schulische Projektkultur weiterzuentwickeln bedeutet also, zugleich an den persönlichen und an den strukturellen Bedingungen weiterzuarbeiten. Das gilt so allgemein vermutlich für alle Schulen, es gilt aber auch für die Laborschule! Sie zeigt eine relativ entfaltete Projektkultur, aber auch die Widerstände und Probleme, mit denen Projektunterricht immer wieder zu kämpfen hat. Auch in dieser Hinsicht ist die Laborschule ein Modell.

Heide Bambach, Annemarie von der Groeben

Zeit zum Aufwachsen – Rhythmisierung des Schultags

«Zeit geben, das heißt: Zukunft eröffnen – mehr kann eine Umgebung, die dem Aufwachsen nützen will, für sich wohl nicht erhoffen ...» Diesen Gedanken hat Gerold Becker 1985 als damaliger Leiter der Odenwaldschule in einer Rede an seine Abiturienten entfaltet. Inzwischen scheint man auch im öffentlichen Schulsystem mehr und mehr zu erkennen, welche hohe Bedeutung der Faktor Zeit für die Entwicklung von Kindern und Jugendlichen hat. In der Denkschrift der NRW-Bildungskommission (1995) heißt es dazu: «In der Schule der Zukunft müssen Phasen der Anspannung und Phasen der Muße, Phasen des aufgabenbezogenen Lernens und Phasen des erforschenden Lernens systematisch miteinander verbunden werden» (S. 92). Und einige Seiten weiter: «Der Erfolg schulischen Lernens ist abhängig von der Anpassung der Lernumwelten und Instruktionen an die individuellen Unterschiede von Schülerinnen und Schülern ... Dazu bedarf es der Verfügung über individuelle Lernzeiten. Die Notwendigkeit zeitlicher Flexibilisierung ist durch Ergebnisse der Lernforschung belegt» (S. 94/95). Die Laborschule hat von Anfang an die zeitliche Gestaltung des Lebens und Lernens besonders wichtig genommen: Im folgenden wird dargestellt, wie und mit welchen Ergebnissen sie bisher daran gearbeitet hat. Bei der Beschreibung des Grundschulbereiches konzentrieren wir uns in diesem Aufsatz auf die Rhythmisierung des Schultags; für den Sekundarbereich beziehen wir den Rhythmus der Schulwoche und des Schuljahrs mit ein.

Tageslauf statt Stundenplan in der Primarstufe

Anfang der 70er Jahre, als wir die Laborschule planten, war nur wenigen bewußt, daß es Aufgabe der Schule sein oder werden könnte, den Kindern nicht nur beim Lernen, sondern auch beim Leben zu helfen. In den allermeisten Grundschulen herrschte ein am Wissenskanon oder an der «structure of the disciplines» orientierter Fachunterricht und – damit einhergehend – striktes Fachlehrersystem; die Kinder wurden im 45-Minuten-Takt des Stundenplans von einer Anforderung zur nächsten gehetzt, die Lerngegenstände waren voneinander isoliert und hatten keinen für Kinder erkennbaren Bezug zu ihrem gegenwärtigen oder künftigen Leben. Die Arbeit in vorschulischen Einrichtungen war von der Vorstellung bestimmt, man könne Schulreife und Schulerfolg dadurch befördern, daß man die Kinder Intelligenz- und Funktionstrainingsprogrammen unterzieht und die wissenschaftspropädeutischen Grundschulinhalte vorverlagert. Kurzum: Die «bloße Bearbeitung der Köpfe» (Preuß-Lausitz 1992, S. 1) war sogar im Elementarbereich üblich. Inzwischen aber wird von vielen erkannt: Unterricht – wie kindgemäß und didaktisch kunstvoll auch immer – ist nicht genug; die Mehrheit der heutigen Kinder braucht die Schule auch als freundlichen Ort zum Leben. Diejenigen zum Beispiel, die außerhalb der Schule von den Erwartungen ihrer Eltern verplant werden, brauchen Zeiten und Gelegenheiten, um zu sich selbst zu kommen, eigenen Interessen nachzugehen und mit anderen Kindern zusammenzuleben; diejenigen, die außerhalb der Schule überwiegend sich selbst und den Medien überlassen sind, brauchen unmittelbare Anteilnahme, Ansprache und Zuwendung. Alle, die das Auseinanderbrechen ihrer Familien zu verkraften haben, brauchen Beruhigung und Sicherheit in verläßlichen Beziehungen und Verständnis für ihre (Verzweiflungs-) Ausbrüche. Vielen Kindern mangelt es an der Erfahrung, etwas zu können, gebraucht zu werden, etwas wert zu sein. All das brauchen Kinder, damit sie selbstbewußt und zufrieden sein können, also auch, um selbstbewußte und zufriedene Erwachsene zu werden. Darum müssen wir in der Schule mit dafür sorgen, daß die Kinder genug von alledem bekommen. Die Zeit dafür muß da sein; wir Lehrerinnen und Lehrer müssen sie haben oder uns nehmen und den Kindern geben.

Entwicklungen und Erkenntnisse

Familienfreundlich und kindgerecht müsse die Grundschule der Zukunft sein, heißt es in den 1996 vom Grundschulverband herausgegebenen «Empfehlungen zur Neugestaltung der Primarstufe» (Faust-Siehl u. a. 1996). «Familienfreundlich» steht für einen verläßlichen schulischen Zeitrahmen, der Eltern von Grundschulkindern ermöglicht, zumindest halbtags berufstätig zu sein, ohne sich um ihr Kind sorgen zu müssen; «kindgerecht» steht für die pädagogische Aufgabe, den Schultag innerhalb eines Zeitrahmens von mindestens fünf Stunden so zu gestalten, daß er der Entwicklung von Kindern bekömmlich ist. «Verläßliche Halbtagsschulen» oder «Ganztagsschulen» müssen und wollen mehr und etwas anderes sein als lediglich eine Unterbringung von Kindern. Sie dürfen nicht zu Einrichtungen werden, die eine Vermehrung von Unterricht zum Ziel oder zur Folge haben. Deshalb haben alle Schulversuche, in denen es um «mehr Zeit für Kinder» geht, den Auftrag, Modelle für einen kindgemäß rhythmisierten Schultag zu entwickeln (vgl. z. B. Burk 1995; Holtappels 1992; Schwarz 1994; Warnken 1994). Der Schulvormittag von Grundschulkindern, so heißt es in den «Empfehlungen zur Neugestaltung der Primarstufe», solle bestimmt sein durch einen sinnvollen Rhythmus einander ergänzender Formen des Lebens und Lernens, über die je nach Erfordernis entschieden wird: Eine «Stundenschule» mit 45-Minuten-Takten sei didaktisch und kinderpsychologisch ungeeignet und solle nicht mehr praktiziert werden (ebenda, S. 40). Ihrer Aufgabe als Lernort könne die Grundschule nur gerecht werden, wenn sie eine dem Leben der Kinder bekömmliche Stätte sei (Schwarz 1994, S. 27).

In Versuchsschulen und Schulversuchen ist manches von Staats wegen erlaubt, was andernorts (noch) untersagt ist; darum ist in ihnen vieles von dem selbstverständlich, was andernorts erst noch selbstverständlich werden muß. Die Planer der Laborschul-Primarstufe z. B. sahen in der kindgerechten Rhythmisierung des Schultages eines ihrer wichtigsten Vorhaben. Versuchsschule zu sein bedeutete für uns: Wir haben die Freiheit und die Bedingungen, um herauszufinden, wie die Schule zu einem Ort werden kann, der Kindern beim Aufwachsen hilft. Wir haben die Aufgabe herauszufinden, wie der Schultag eingerichtet sein muß, damit 5- bis 10jährige Kinder sich darin wohl fühlen und beim Heranwachsen Selbstgewißheit und Lebensmut gewinnen können. 1979, nach fünf Laborschuljahren – also dem ersten Durchgang vom Jahrgang 0 in den Jahrgang 4 –, stand im Erfahrungsbericht an das Kultusministerium: «Der Laborschultag ist ein Gefüge aus Lernsituationen und Lerngelegenheiten, bei denen Zeiten mit hohen Konzentrationsanforderungen altersgemäß sinnvoll wechseln mit solchen der Entspannung. Unterrichtsphasen, die vorwiegend von Erwachsenen gelenkt sind, wechseln mit jenen Situationen, in denen die Kinder weitgehend selbst ihre Tätigkeiten bestimmen. ‹Unterricht› und ‹Betreuung› sind nicht voneinander getrennt, Frei-Zeiten sind gegenüber Lern-Zeiten nicht grundlegend anders bewertet – die Kinder einer Stammgruppe haben Zeit und Gelegenheiten, sich zusammenzuleben. Festgelegt sind nur die Inhalte und Zeiten desjenigen Unterrichts, der an Fachlehrer (z. B. Englisch) oder Fachräume (z. B. Schwimmbad) gebunden ist. Die Inhalte der übrigen Zeiten gehen aus den Lernprozessen und Aktivitäten der Gruppe hervor und sind Gegenstand der allmorgendlichen *Arbeitsbesprechung*. Breiten Raum nimmt die Nutzung der sogenannten Lernorte (Universitätsgelände, Teutoburger Wald, Werkstatt, Schulgarten, Bibliothek, Sportanlagen, Bauspielplatz, Schulzoo, Einkaufszentrum) ein; eine *Freie Arbeitszeit* und eine *Versammlung* geben dem Schultag seinen Rhythmus, *Feste* und *Vorhaben*, die zur Tradition geworden sind, gliedern das Schuljahr (Bambach 1989, S. 129 f).

Die Laborschul-Primarstufe beginnt mit einer dreijährigen Eingangsstufe, die altersgemischt organisiert ist und das Vorschuljahr einschließt (vgl. den Beitrag von Althoff u. a. in diesem Band). Sie war eine Erfindung von Schulpädagogen, die sich innerhalb des ihnen gesteckten Rahmens nach den Bedingungen für einen Anfangsunterricht fragten, der Schulreife nicht voraussetzt, sondern ermöglicht (Harder 1974). Da wir die Primarstufe vom Vorschuljahr her entwickeln wollten, hatten wir es im Eröffnungsjahr (1974/75) nur mit Fünfjährigen zu tun, also mit Kindern, von denen wir nichts «Schulreifes» erwarten durften und denen wir nichts «Schulisches» abverlangen mußten. Uns war der Druck, aber auch die Entschuldigung genommen, Leistungen der Kinder in den gewohnten schulischen Kategorien sehen und nachweisen zu müssen. Das war für uns Lehrerinnen und Lehrer eine schwierige, weil ungewohnte Herausforderung; es war – rückwirkend betrachtet – eine unserer größten Chancen für die Entwicklung des Schulprofils. Sie ermöglichte uns, die Bedürfnisse, Nöte und Stärken von Schulanfängern kennenzulernen und auf sie zu reagieren. Damals – und in all den folgenden Jahren – haben wir Heterogenität sehen und verstehen, schätzen- und nutzen gelernt: Heterogenität der Herkunft, der Begabungen und der Lebensalter. Sie hat uns dazu geführt, einen Tageslauf zu erfinden, der den verschiedenen einzelnen gerecht zu werden versucht, ihre Gemeinsamkeiten betont und ihren Zusammenhalt als Gruppe stärkt. Es hat sich gezeigt: Was Kinder voneinander und manchmal auch füreinander lernen, ist mindestens ebensoviel und wichtig wie das, was wir Erwachsenen ihnen beibringen können.

Die Sozialisationsforschung hatte gezeigt, daß die Grundfähigkeiten des Lernens in Zusammenhang mit den Interaktions- und Kommunikationsformen der frühen Lebensjahre zu sehen sind (vgl. z. B. Oevermann 1970, Mollenhauer 1968) und daß Fähigkeiten für intelligentes und soziales Handeln mit dem Aufbau von Identität einhergehen. Wir haben für den Grundschulbereich aufgenommen, was in der Curriculum-Reform für den Vorschulbereich als «sozialisationsorientierter Ansatz» (vgl. Krappmann 1971, 1973) beschrieben worden war. Besonders wichtig haben wir genommen, was gewöhnlich als «hidden curriculum» nur mitläuft: die Art und Weise, wie alle beteiligten Personen miteinander sprechen und handeln. Der «Situationsansatz» (vgl. z. B. Zimmer 1972, 1973; Bambach/Gerstacker 1973, 1974) war unser didaktisches Prinzip für die Entwicklung von Projekten und Unterrichtsvorhaben. Dadurch haben wir erkannt, daß «der Schultag an sich» neben der familiären Lebenswelt eine für Grundschulkinder besonders bedeutsame Lebenssituation ist, und zudem die einzige, auf deren erzieherische Qualität Lehrerinnen und Lehrer nahezu ungehindert Einfluß nehmen können. Für die Gestaltung des Schultages haben wir gelernt:

- Wenn wir wollen, daß sich die Kinder einer Stammgruppe vertragen oder zumindest ertragen, also friedlich miteinander auskommen, dann müssen wir ihnen Gelegenheiten geben, sich jenseits unserer Anforderungen kennen- und verstehen zu lernen, ihre Stärken und Schwächen, Vorlieben und Besonderheiten – die je eigenen wie auch die der anderen – zu entdecken und zu berücksichtigen.
- Wenn wir wollen, daß die Kinder der Sprache mächtig werden, also lernen, sich miteinander über Sachen und über Beziehungen zu verständigen, dann müssen wir Gelegenheiten schaffen, in denen sie den Austausch miteinander pflegen, weil er ihnen ein Bedürfnis ist.
- Wenn wir wollen, daß die Kinder eigenständig arbeiten, Interessen entdecken und ihnen auf den Grund gehen, ein inneres Maß für die ihnen mögliche Qualität entwickeln und sich über ihre Arbeit mit anderen austauschen, dann dürfen wir sie nicht mit Anforderungen überfrachten, sondern müssen ihnen – neben allen Aufgaben, die Schule so mit sich bringt – Gelegenheiten geben, in denen sie mit Muße eigenen Vorhaben nachgehen können, auf eigene Weise, allein oder zusammen mit Freunden.
- Wenn wir wollen, daß sich alle Kinder, also auch die besonders langsam lernenden und die besonders begabten, bestmöglich entwickeln, dann müssen wir Situationen schaffen, in denen jedes Kind an ihm gemäßen Herausforderungen lernen kann – im eigenen Tempo und mit genau dem Maß an Unterstützung, das es gerade braucht.
- Wenn wir wollen, daß Kinder mit aufmerksamen Augen und Ohren durch die Welt gehen, über Zusammenhänge nachdenken und sich in Beziehungen einfühlen, dann müssen wir ihnen und uns Zeit lassen, das Lernen mit dem zu verbinden, was unmittelbar zu ihrem Leben gehört; denn das bewegt sie besonders, und

offensichtlich hinterlassen Anteilnahme von anderen und Gemeinsamkeiten mit ihnen besonders tiefe Spuren in ihren Köpfen und Gemütern.

Tagesläufe

Während der ersten Laborschuljahre haben wir gelernt, wie wichtig Gelassenheit am Beginn des Schultages ist – Zeit zum Ankommen, Gelegenheit, sich einzufinden. Alle brauchen das – die wohlbehüteten Kinder ebenso wie diejenigen mit schlaflosen Nächten, die Eingangsstufenkinder ebenso wie die in den Jahrgängen 3 und 4 – und auch wir Erwachsenen. Alle tragen den Abend zuvor, die Nacht, den Morgen und die Wichtigkeiten ihres Lebens mit in die Schule hinein; alle brauchen – jeder auf seine Weise – Zeit, sie beiseite zu tun und sich auf das Kommende einzustellen. Ein gemütlicher Schulbeginn tut nicht nur denen gut, die Tee und Zuwendung in der Schule besonders nötig brauchen; vom anfänglichen Klima hängt ab, wie der weitere Tag verläuft, also auch, ob die Kinder aufnahmebereit und -fähig für schulische Dinge sein werden.

Das *Ankommen* (der gleitende Schulbeginn) beginnt mit der Öffnung des Schulgebäudes um 8.00 Uhr. Die Kinder treffen im Laufe der nächsten halben Stunde ein und finden sich zusammen; sie haben Gelegenheit, das zu tun, was ihnen besonders lieb oder wichtig ist, und da sie wissen, daß ihnen an jedem Tag eine solche Zeit gehört, stellen sie sich darauf ein, nehmen sich etwas vor, verabreden sich, freuen sich aufeinander. Vor allem und während alledem wird miteinander geredet, manche Kinder beginnen ihre Mitteilungen an die Freunde oder die Lehrerin schon, während sie noch ihr Mitgebrachtes ablegen. Manche empfinden den bereitstehenden Tee als Zuwendung, manchen ist das Teekochen als Dienst besonders lieb, manche finden sich zu einem Spiel zusammen, manche tauschen Fußballbilder, mancher nimmt sich eine am Vortag begonnene Arbeit vor, mancher zieht sich mit einem Buch zurück, der «Tierdienst» versorgt die Tiere (Bambach/Rathert 1996). Die *Morgenrunde* als eine erste Gemeinsamkeit der Gruppe schließt sich an;

Zeit zum Sich-Austauschen. Weil es diese Erzählrunde an jedem Morgen gibt – nicht nur montags, wie andernorts üblich –, verspürt keiner die Pflicht, einfach nur irgend etwas zu erzählen, weil Erzählen «dran» ist. Und weil alle wissen, daß im Laufe einer Schulwoche für jeden genug Zeit zum Erzählen sein wird, muß niemand auf den eigenen Redebeitrag fixiert sein, können sie sich zuhörend und antwortend einlassen auf das, was die anderen mitteilen. So wird – im Laufe der Jahre – aus der Erzählrunde eine Gesprächsrunde, die – wenn viel Wichtiges zusammenkommt oder die Gedanken sich vertiefen – auch mal doppelt so lang wie üblich sein darf.

In der *Eingangsstufe* (Jahrgang 0–2) ist die morgendliche Erzählrunde verbunden mit anschließendem Vorlesen und heißt «*Kleine Versammlung*». Klein ist diese Versammlung nur im Vergleich zur «großen» – nicht an Bedeutung. Denn das morgendliche Erzählen und Vorlesen ist allen Kindern besonders lieb, und für manche ist es die wichtigste Station des Tages überhaupt. Die «Kleine Versammlung» mündet in die Besprechung der sich anschließenden *Arbeitszeit*. Die Arbeitszeit verlangt von den Kindern, bestimmte Aufgaben zu erledigen, und sie erlaubt ihnen, nach eigenen Vorstellungen zu arbeiten. Und weil sie wissen, daß ihnen täglich eine solche Zeit gehört, stellen sie sich darauf ein, nehmen sich etwas vor, denken und arbeiten auch außerhalb der Schule darauf hin, verabreden sich zu gemeinsamen Vorhaben oder finden sich über gemeinsamen Interessen zusammen. Gegen 10.15 Uhr ist in der Eingangsstufe gemeinsames *Frühstück*, in manchen Gruppen ist es das Einüben von gesunder Ernährung mitsamt den dazugehörigen Verrichtungen. Eine *Spiel- und Bewegungszeit* schließt sich an, zugleich Kaffee- und Gesprächstreff für die Erwachsenen am runden Tisch inmitten von Kindern. Danach – als Gemeinsamkeit von drei oder vier Betreuungsgruppen – die «*Große Versammlung*»: Ansagen und Vorführungen der einen für die anderen, Bewegungslieder und -spiele für alle, gemeinsames Musizieren, Ankündigungen und Planungen gruppenübergreifender Vorhaben, und – vermutlich als Wichtigstes – das Gefühl von «so-viele-sind-wir-alle-zusammen». Nach der Versammlung ist *Gruppenzeit*, also Arbeit an einer gemeinsamen Sache; vorhersehbare Besonderheiten der einzelnen Tage, wie z. B. Bibliothek, Werkstatt, Schwimmbad, Turnhalle, Kochen, gliedern die Woche. Gegen 12.15 Uhr beginnt für die Nachmittagskinder die *Mittags-Zeit*, die anderen gehen oder fahren mit dem Schulbus nach Hause. Etliche von denen, die nicht in der Schule bleiben können, haben sich für den Nachmittag verabredet. Der Schulnachmittag in der Eingangsstufe endet um 15.30 Uhr.

In der *Stufe II* dauern zwei Schultage der Woche für alle Kinder einer Stammgruppe bis 15.00 Uhr; an den übrigen Tagen endet die Unterrichtszeit um 13.00 Uhr, es folgen das Mittagessen und Nachmittagsaktivitäten als Angebot.

Die folgende Skizze eines Tageslaufs aus dem 3. Schuljahr zeigt: Auch in der Stufe II sind die Schultage so eingerichtet, daß sie den Kindern Zeit lassen und Gelegenheiten bieten, sich einander zuzuwenden und mit dafür zu sorgen, daß es jedem in der Gruppe gutgeht. 20 Kinder mit je ihren Eigenheiten sollen zu einer Stammgruppe werden, die fähig ist, weitgehend ohne unmittelbare Lehrerhilfe zu arbeiten und den Schultag vergnügt, friedlich und nützlich zu verbringen; sie müssen sich an ein Repertoire von Verhaltensweisen gewöhnen, mit dem sich viele Angelegenheiten des Schultags wie von selbst regeln. Deshalb bleiben auch in den Jahrgängen 3 und 4 offene Situationen wie das *Ankommen*, die *Morgenrunde*, die *Arbeitszeit* und die Nutzung der *Lernorte* wichtig. Besonders große Bedeutung für das Leben und Lernen als Gruppe haben nun die allmorgendliche *Erzählrunde* und die *Lese-Versammlung*; es sind Zeiten der Gemeinsamkeit durch Anteilnahme und Austausch (Bambach 1987, 1989, 1997).

Ein Laborschultag von Karoline im Jahrgang 3

Als Karoline morgens *kurz vor acht Uhr* die Treppe hinaufhüpft, sind wie immer schon fünf Kinder ihrer Stammgruppe da: Stefan, der mit seiner Mutter in einer Übergangswohnung weit draußen vor der Stadt wohnt, nimmt den Bus um sechs Uhr dreißig statt den um sieben Uhr, weil er den morgendlich-stillen Anlauf in den Schultag hinein braucht; er ist ein Kind, das allmählich aus seinem frühkindlichen Autismus herausfindet. Sabrina, deren Eltern Hausmeister in einer Sozialbau-Siedlung sind, liebt die Großräumigkeit der Schule so wie andere Kinder das eigene Zimmer, und Übungshefte so wie andere Kreuzworträtsel; morgens um acht Uhr ist sie schon mittendrin. Sebastian, dessen Mutter als Nachtschwester arbeitet, verläßt die Wohnung so früh wie möglich mit dem Fahrrad, «damit Mama schlafen kann» und «weil ich mit Salvatore Schach spielen möchte». Verena, die am liebsten die gesamte Arbeitszeit auf die Erfindung und Illustration ihrer Geschichten verwendet, hat die Auflage, spätestens zehn Minuten nach acht Uhr dazusein, um ihre Übungen vorweg zu erledigen. Karoline, die in einem Einfamilienhaus mit großem Garten ganz in der Nähe der Schule wohnt, besteht Tag für Tag gegenüber ihrer Familie darauf, spätestens um acht Uhr in der Schule sein zu müssen. Denn Karolines Liebstes ist das Erzählen, und sie kommt so früh, damit sie möglichst viel davon loswerden kann. Heute zum Beispiel, daß ihr Pferd Gipsy vermutlich Lungenentzündung habe und eine Spritze und Hustensaft bekommen hat. Ausführlich-anschauliche Schilderung der Verabreichungsprozedur – zum Glück kommt bald nach acht Uhr ihre Herzensfreundin Rebecca, der erzählt sie das Ganze von vorn, und währenddessen trollen sich die beiden in den Schulzoo, um Timbo, das Kaninchen, zu füttern. Rebecca hat Möhren mitgebracht. Inzwischen sind Sebastian und Salvatore bei der zweiten Schachrunde, unterstützt von drei, vier, fünf hinzukommenden Beratern – Jelena und Lenja eröffnen mit Stefan ein zweites Schachfeld; Sabrinas Rechtschreibübungseifer hat angesteckt, an ihrem Tisch arbeiten inzwischen noch drei andere Mädchen.

8.30 Uhr: In der *Erzählrunde* meldet sich Karoline und erzählt von Gipsy; einige Kinder lachen bei der Vorstellung, daß auch Pferde Hustensaft bekommen; andere finden das nichts Besonderes, Verena erklärt, daß fast alle Menschenmedikamente an Tieren getestet werden. «Scheiß-Tierquälerei», sagt sie. «Aber Gipsy braucht das Penicillin für die Lungenentzündung», sagt Karoline. «Penicillin ist ja auch schon erfunden», sagt Rebecca, und es entspinnt sich eine Diskussion über das Für und Wider von Tierversuchen. Johann berichtet vom Sieg seiner Handballmannschaft und daß sein Freund Felix im Tor gewesen sei. Marina erzählt, daß sie nun dreimal in der Woche Klavierunterricht haben müsse, weil ihre Mutter verliebt in den Klavierlehrer sei, und sie macht vor, wie es aussieht, wenn die beiden sich küssen. Neun der elf Mädchen in der

Gruppe leben nicht mehr mit ihrem Vater zusammen; im Anschluß an Marinas Erzählung werden Erfahrungen mit partnersuchenden und -verlierenden Müttern und Vätern ausgetauscht.

8.55 Uhr: Karoline möchte mit Rebecca zusammen an ihrer Geschichte weiterschreiben («Wohin wir wollen, wissen wir schon, aber noch nicht, wie dahin kommen»); für die zweite Hälfte der *Arbeitszeit* verabrede ich mit ihr und drei anderen «Rechenkünstlern» der Gruppe Aufgaben zum schriftlichen Dividieren. «Kann Rebecca mitkommen?» fragt Karoline, und weil sie weiß, daß Rebecca sich mit dem Rechnen schwertut, fügt sie hinzu: «Ich erkläre es ihr.» «Diese Aufgaben sind viel zu schwer für Rebecca», sage ich. «Macht nichts», antwortet Karoline, «wir machen's zusammen.»

9.30 Uhr: Karoline gehört zu den «lions», kann also die erste Hälfte der *Englischzeit* nach eigenen Vorstellungen arbeiten, weil heute die «cats» (also die andere Hälfte der Gruppe) mit dem Unterricht beginnen. Karoline zeichnet an einem Comic für ihr Pferdeheft. «May I have a rubber please?» fragt sie ihre Nachbarin, und diese antwortet vergnügt: «Here you are!»

10.30 Uhr: Rebecca hat in der *Frühstückpause* Teestubendienst; Karoline begleitet sie, läuft in den Schulgarten, um Schnittlauch für den Quark zu holen; dann saust sie zum Sportplatz, weil ihr eingefallen ist, daß sie zum «gemischten Fußball» verabredet ist.

11.00 Uhr: Jedes Kind baut in der *Werkstatt* eine batteriegetriebene Leselampe für die Klassenfahrt. Sebastian, der Karoline heimlich liebt, hilft ihr bei der Fummelei mit den kleinen Schrauben für das Gewinde. «Sebastian hat mir geholfen», sagt Karoline, als sie ihre fertige Lampe in der Versammlung begutachten läßt.

12.00 Uhr: Zusammen mit Rebecca hat Karoline in der Arbeitszeit für ihre Geschichte den entscheidenden Dreh gefunden. Fast ein halbes Heft lang haben die beiden geschrieben und möchten nun in der *Versammlung* vorlesen. Der Text handelt von dem Tiergetümmel in Karolines Zuhause; Rebecca hat Meerschweinchen und Kaninchen und Hund und Katze und Vögel und Fische liebe- und humorvoll illustriert. Die Gruppe applaudiert bewundernd und stellt dann einige auf Klärung bedachte Nachfragen. Karoline weiß einleuchtende Antworten zu geben. «Mußt du aber auch hinschreiben», bekommt sie zu hören. Beim nächsten Text – er stammt von

Sebastian – gibt sie sich als Kennerin in Sachen Kleintierhaltung: «Ich finde deine Geschichte sehr schön», sagt sie, «aber Meerschweinchen darf man nicht ins nasse Gras setzen, dann können sie Koliken bekommen.» Sebastian verlegt den Ort der Handlung seiner Geschichte ins Sägemehl. Als Ausklang der Versammlung lese ich «Julie von den Wölfen» vor; es geht um ein Eskimomädchen, das die «Sprache der Wölfe» lernt, um vom Rudel als Junges angenommen zu werden und auf diese Weise in der Arktis überleben zu können. Der Text trifft mitten in Karolines Gemüt, und sie präsentiert der Gruppe die Sprache ihres Katers Jerry. Es entspinnt sich ein Gespräch über Gebärden und Laute bei Tieren, über Gesten und Stimmungen bei Menschen. Zum Schluß der Versammlung noch eine Ansage von Karoline: «Wer ein Beet hat, muß unbedingt heut in der Mittaspause gießen kommen, hat Erwin gesagt.» (Erwin ist der für den Schulgarten zuständige Lehrer.)

12.50 Uhr: Karoline, die immer nur einen kleinen Hunger hat, fragt Stefan, ob er mit ihr ein Essen teilen wolle. Stefan freut sich, ich auch, denn andernfalls hätte ich für Stefan ein Essen besorgen müssen. Essensgeld hat er keines. Sebastian und fünf andere Skater leihen sich die vier Bretter aus, die ich für die Gruppe mit Elternspenden besorgt habe; Stefan geht zum Pausenwerken, er hat dort ein Schiff in Arbeit. Die meisten anderen schlendern in den Garten zum Gießen; auf dem Weg dorthin sehen sie, daß auf dem Sportplatz der Rasensprenger läuft; also schnell gießen und dann hinein ins nasse Pausenvergnügen. Manche ziehen ihre Kleidung aus, aber Karo und ihre Freundinnen kommen kurz vor zwei Uhr klitschnaß auf der Unterrichtsfläche an. Also: erst die Haare gegenseitig trockenrubbeln und dann aus dem für solche Zwecke bereitstehenden Korb passende «Zweitsachen» heraussuchen.

14.10 Uhr: Haare und Hosen sind trocken, der Nachmittagsunterricht kann beginnen. Es gibt eine «Wörterliste für Pferdefreunde und solche, die es noch nicht sind» zum Abschreiben und Üben, also eine Sammlung von fachgerechten und anschaulichen Benennungen zwecks Bereicherung der Sprache und des Sachverstands im Hinblick auf die Geschichten und auf den anstehenden Aufenthalt auf dem Bauernhof. Und – zwecks Vorbereitung eines Diktates mit dem Schwerpunkt Doppelmitlaute: Koppel, Blesse, Fessel, Sattel …

Nach einer halben Stunde ist Karoline mit dem Abschreiben und Einkreisen der rechtschreibschwierigen Stellen fertig. Sie arbeitet weiter an ihrem Pferdeheft, regt mit dem Comic ihre Freundinnen an.

15.30 Uhr: Rebecca bittet mich um Telefongroschen. «Ich bin heut bei meinem Vater. Wir wollen fragen, ob Karo mitkommen darf. Dann können wir an der Geschichte weiterschreiben», sagt sie und springt mit Karoline davon. «Ihr habt Bereitschaftsdienst», ruft Sebastian hinterher, «Stefan hat vergessen, die Stühle hochzustellen!» Und dann – nach kurzem Überlegen: «Ich mach es für euch!» «Danke!» ruft Karoline, «bis morgen!»

Tageslauf und Stundenplan in der Sekundarstufe

Die Laborschule hat die Möglichkeit und den Auftrag, die üblicherweise getrennt konzipierte und verwirklichte Pädagogik und Didaktik der Grund- und der weiterführenden Schule miteinander zu verbinden und aufeinander zu beziehen, indem sie die gemeinsamen Grundsätze (Eingehen auf die einzelnen Individuen, bewußtes Wahrnehmen und Akzeptieren ihrer Unterschiedlichkeit, Verbindung von Leben und Lernen, Erfahrung und Belehrung, Erziehung zu Mündigkeit und Verantwortung durch das Leben in der Gemeinschaft) in den unterschiedlichen Altersstufen je anders realisiert. Sie ist mit dieser Aufgabe nicht fertig. Denn natürlich gibt es hier, wie überall, das Problem, daß der Fachunterricht mit seiner Systematik nach oben hin zunehmend mit einer entsprechend größeren Zahl von Erwachsenen einhergeht. Der Schulalltag jüngerer Kinder, dessen Rhythmus ganz auf sie und ihre wechselnden Bedürfnisse ausgerichtet ist, kann für die Größeren folglich so nicht mehr funktionieren und soll auch nicht so strukturiert sein, sondern den veränderten Lebens- und Lernbedingungen der Älteren entsprechen.

Wie kann also bei den Größeren und unter veränderten Bedingungen ein Schulalltag werden, der den der Grundschule sinngemäß fortsetzt? Die Antworten, die die Schule bisher entwickelt hat, sollen im folgenden dargestellt werden. Es sind im wesentlichen fünf:

Die sich allmählich verändernde, gestufte Gliederung des Lernfeldes

Zu den didaktischen Grundpfeilern der Laborschule gehört die Gliederung des Lernfeldes in Erfahrungsbereiche (Sozialwissenschaft; Naturwissenschaft; Wahrnehmen und Gestalten; Sprache; Mathematik; Körpererziehung, Sport und Spiel), die spätestens vom 5. Schuljahr an an die Stelle des ganzheitlich-ungefächerten Lernens der ersten Jahre treten. Sie sollen per se zerstückeltes Fachlernen verhindern, es durch eine Gliederung ersetzen, die ein Mittleres zwischen der ungeteilten Erfahrung jüngerer Kinder und der fachlichen Differenzierung der oberen Jahrgänge darstellt. Wenn die Kinder vom 4. ins 5. Schuljahr übergehen, bekommen sie zum ersten Mal einen Stundenplan, auf dem die Namen der Erfahrungsbereiche stehen. Dieser Übergang ist jedoch nicht abrupt: Sie haben im 3. und 4. Schuljahr nicht nur Fachunterricht kennengelernt (z. B. Englisch), sondern auch unterschiedliche Lerngegenstände und -formen, die der Einteilung der Erfahrungsbereiche entsprechen. Deren ausdrückliche Benennung und Einführung setzt also sinngemäß und mit höherem systematischem Anspruch fort, was sie bereits kennen. Darüber hinaus ist die vorherrschende Lernform in der Stufe III (Jahrgang 5–7) das Arbeiten an größeren Unterrichtseinheiten oder Projekten, die in der Regel mehrere Erfahrungsbereiche zusammenfassen. Auf diese Weise entstehen mehrwöchige Zeiträume, innerhalb deren die Kinder ähnlich unterschiedlich arbeiten können und sollen, wie es ihnen von der Primarstufe her vertraut ist. Durch die unterschiedliche zeitliche und inhaltliche Gliederung solcher Unterrichtsvorhaben sowie die unterschiedlichen Unterrichtsarten entsteht in der Abfolge der vier Stufen ein Rhythmus, der Wiederkehrendes und Neues in jeweils neuer Mischung enthält.

Die Stufe III (Jg. 5–7) ist beispielsweise gekennzeichnet durch die überwiegende Arbeit an Unterrichtseinheiten und Projekten, durch das beginnende Wahlkursband, durch institutionalisierte Inhalte, Lernformen und Unternehmungen (z. B. das Haushaltscurriculum, die Sportreise, Jungen- und Mädchenkonferenzen ...). Die Stufe IV (Jg. 8–10) ist gekennzeichnet durch die drei Praktika, die Semester- und Jahresarbeiten, den sich weiter ausdifferenzierenden Wahlbereich, die Abschluß- und Berufswahlorientierung.

Die Rhythmisierung der Tageszeiten

Die Schülerinnen und Schüler der Jahrgänge 5–10 können, ebenso wie die Grundschulkinder, zu unterschiedlichen Zeiten in der Schule ankommen. Diese ist von 7.30 an geöffnet. Um 8.30 Uhr beginnt für alle der Unterricht. (Auf diese Weise bleibt den meisten Schülerinnen und Schülern der morgendliche Verkehrsstreß in überfüllten Bussen erspart.) Die Unterrichtszeiten sind in Ganztagsstunden gegliedert; zwei von ihnen bilden jeweils einen der drei Zeitblöcke, aus denen der Schultag besteht. Dazwischen (von 10.30 bis 11 Uhr und von 13 bis 14 Uhr) liegen die beiden Pausen. Durch diese Zeitgliederung entsteht ein klarer, übersichtlicher Tagesrhythmus ohne «Bahnhofszeiten». Er erlaubt Kindern und Erwachsenen, (fast) ohne Uhr auszukommen: Die in den Anfangsjahren noch vorhandene Schulglocke (in Gestalt eines diskreten Gongs) ist irgendwann «von selbst» verschwunden, weil man sie nicht mehr brauchte. Innerhalb dieses Tagesrhythmus ist das Verhältnis zwischen Unterricht und unterrichtsfreier Zeit von besonderer Bedeutung. Die Pausen sind deshalb so lang, weil sie mehr als Pausen im üblichen Sinn (also kurze Verschnauf- und Erholungsmöglichkeiten zwischen zwei Unterrichtsanforderungen) sein sollen: eine Zeit, die die Kinder und Jugendlichen nach ihren Vorstellungen frei gestalten können. Vieles von dem, was, wie oben geschildert, im ganzheitlich gestalteten Schulalltag der Grundschulkinder vorkommt, finden die Kinder nun als Angebot wieder: Wer in Ruhe lesen möchte, geht in die Bibliothek, wer sein Tier pflegen will, in den «Zoo», wer sich körperlich betätigen und «austoben» möchte, zum Pausensport oder in die Discothek und so weiter. Alle Lerngelegenheiten der Schule stehen in den Mittagspausen zur Verfügung. Angehende Erzieherinnen und Erzieher, Sozialpädagogen und -pädagoginnen und Sozialarbeiter, die an der Laborschule ihr Anerkennungsjahr absolvieren, betreuen diese sogenannten Pausenschwerpunkte. Die Kinder können musizieren, in der Werkstatt arbeiten, auf dem «Bauspielplatz» Bretterbuden bauen und vieles mehr, sie können sich auf dem an die Schule angrenzenden Gelände frei bewegen oder auch einfach auf ihrer Fläche bleiben. Auf diese Weise wird der bekannte Ventil-Effekt von Pausen, das plötzliche und geballte Ausagieren aufgestauten Bewegungsdrangs oder auch aufgestauter Aggression, nahezu vollständig verhindert zugunsten eines Nebeneinanders vielfältiger unterschiedlicher Tätigkeiten.

Die Rhythmisierung unterschiedlicher Lebens-, Lern- und Unterrichtsformen

Für die Schülerinnen und Schüler der Stufen III und IV (Jahrgang 5–10) beginnt jede Schulwoche mit einer Betreuungsstunde. Diese Tradition setzt fort, was für die Kinder in den ersten Schuljahren als «Morgenkreis» oder morgendliche Erzählrunde selbstverständlicher Bestandteil eines jeden Tages war. Die Tatsache, daß nur eine Betreuungsstunde auf dem Stundenplan steht, soll der Gruppe ein Minimum an Zeit für die gemeinsame Regelung gemeinsamer Angelegenheiten sichern; ihre Plazierung ist eine Konsequenz aus der sich immer wieder bestätigenden Erfahrung, daß auch die Heranwachsenden mit sehr unterschiedlichen Erlebnissen, Gefühlen und Bedürfnissen aus dem Wochenende zurückkommen und es folglich ein Gebot pädagogischer Vernunft ist, dem Rechnung zu tragen, bevor der Fachunterricht mit seinen Anforderungen einsetzt. Es wäre jedoch falsch, ja den Zielen der Schule geradezu entgegengesetzt, diese Einrichtung als «Reststunde» zu interpretieren, die von dem an gemeinsamen Erfahrungen so reichen Leben der Grundschulkinder allein noch übrigbleibt. Im Gegenteil: Entgegen ursprünglichen Annahmen hat sich immer wieder bestätigt, daß die Stammgruppe für das Leben und Lernen der einzelnen nach oben hin keineswegs an Bedeutung verliert, vielmehr auch für die Großen einen unverzichtbaren Halt, um nicht zu sagen eine Heimat darstellt, die sie auch nachträglich nach vielen Jahren noch als besonders wichtig einschätzen. Das Selbstverständnis einer Gruppe als Gemeinschaft, die sich im Alltag täglich als solche erlebt und immer wieder neu gestaltet, gehört zu dem in der Primarstufe gelegten Fundament, auf dem die Sekundarstufe aufbaut. Es ist darum auch den Größeren ganz selbstverständlich, daß immer dann, wenn etwas Wichtiges anliegt (und nicht etwa nur in der Betreuungsstunde), Versammlungen stattfinden, die zwar auf dem Stundenplan keinen Ort, im Leben der Gruppe jedoch eine unverzichtbare Funktion haben. Meist ist es die Stammgruppe, die sich versammelt, manchmal auch der ganze Jahrgang, selten die Stufe oder die ganze Schule. In den Versammlungen konstituiert sich das Leben der kleineren oder größeren Gemeinschaft; sie sind das Forum für gemeinsame Angelegenheiten, für Mitteilungen und Beschwerden, für Konflikte und ihre Regelungen, für Diskussionen und Debatten, aber auch für die Vorführung von Produkten und andere Darbietungen. Durch sie erfahren die Schülerinnen und Schüler im Alltag immer wieder, daß und wie nicht nur ihr Leben in der Schule in einen festen sozialen Kontext eingegliedert ist, sondern auch ihr Lernen.

Fachunterricht erleben die Schülerinnen und Schüler einer Stammgruppe in unterschiedlichen Formen und Zeiteinheiten: als Arbeit an einem Thema, die über längere Zeit andauert (Unterrichtseinheiten und Projekte, die in der Regel fächerübergreifend sind) und entsprechend, d.h. in größeren Zeitblöcken, organisiert ist, als kontinuierliche Progression (zum Beispiel im Fremdsprachenunterricht), die regelmäßige kürzere Zeiteinheiten erfordert, als Wahlunterricht, der den einzelnen das Ausbilden individueller Lern- und Leistungsprofile ermöglicht, und als freie Arbeitszeit, die zwar auch in jeder anderen Unterrichtsform vorkommt, auf dem Stundenplan aber darüber hinaus mit je einer Wochenstunde ausgewiesen ist. Diese Strukturierung erlaubt eine Rhythmisierung des Tages, in der der Vormittag vorwiegend für Fachunterricht, der Nachmittag für Wahlkurse und freie Arbeit genutzt wird. Dies läßt sich, insbesondere in den drei Jahren der Stufe IV, nicht durchgehend realisieren, wird aber angestrebt. Häufig liegt die letzte Nachmittagsstunde am Freitag in der Hand des Betreuungslehrers oder der Betreuungslehrerin, so daß die Woche – in der Regel mit der Arbeit an noch nicht abgeschlossenen Aufgaben und/oder mit einer Versammlung – in Ruhe ausklingen kann.

Darüber hinaus streben die Stundenplaner eine ausgewogene Verteilung der Erfahrungsbereiche an, die beispielsweise eine allzu kopflastige Ballung vorwiegend kognitiver Inhalte und Lernformen verhindert. Die Unterrichtsstunden in Sport sowie in Wahrnehmen und Gestalten sind darum so über die Woche verteilt, daß sie – zusammen mit den Freiarbeits- und Wahlkursstunden – ein ausgewogenes Gegengewicht zu den «Kopffächern» bilden, damit die Woche insgesamt einen möglichst bekömmlichen, das heißt gut ausbalancierten Unterrichts- und Lernrhythmus erhält.

Die Rhythmisierung des Schuljahres und des Jahres-Lernpensums

Unterrichtsplanung beginnt bei den Jahrgängen 5–10 immer damit, daß das jeweilige Jahrgangsteam überlegt, welche besonders bedeutsamen und/oder umfangreichen Lernerlebnisse das jeweilige Schuljahr strukturieren sollen. In einem Jahrgang 7 sieht das beispielsweise so aus: Zu Beginn ist das Thema «Liebe, Freundschaft, Sexualität» vorgesehen, dessen Dauer offengelassen wird. Danach folgen zwei sozialwissenschaftliche Unterrichtseinheiten «Griechenland» und «Mittelalter». Im Winter werden die Schülerinnen und Schüler ein mehrtägiges Sozialpraktikum in einer Kindertagesstätte machen. Zu Beginn des zweiten Halbjahres werden sie zwei Wochen in einer Berghütte verbringen; dem geht eine Unterrichtseinheit über das Leben im Gebirge, über Wetter und über die Entstehung der Alpen voraus; eine große Rolle wird auch die ökologische Problematik des Ski-Tourismus spielen. Darüber hinaus wird die Selbstversorgung in der Hütte durch den dritten Teil eines abgestuften Haushaltscurriculums vorbereitet. Nach den Osterferien wird die Arbeit an einem Jahrgangs-Theaterprojekt beginnen. In einem zweiten Schritt wird dann festgelegt, welchen Anteil die Erfahrungsbereiche und Fächer innerhalb dieses pädagogischen Jahresplans einnehmen wollen und sollen. Von der Sache her ergeben sich zahlreiche Überschreitungen der Fächergrenzen, die an dieser Schule natürlich gewollt sind. So wird beispielsweise das Fach Deutsch an fast allen genannten Vorhaben in unterschiedlicher Weise beteiligt sein, Mathematik an einigen; Entsprechendes gilt für alle Erfahrungsbereiche und Fächer. Diese planen dann in einem dritten Schritt, wie sie die noch zur Verfügung stehende Zeit verwenden wollen. Auf diese Weise entsteht ein Jahrgangsjahresplan, der jedoch so offen angelegt ist, daß für die Arbeit in den einzelnen Stammgruppen unterschiedliche «Verweildauern» und Schwerpunktbildungen möglich bleiben.

Zu den festen Einrichtungen im Leben der Gruppen gehören auch gemeinsame Veranstaltungen mit Eltern, die – unabhängig von den regelmäßigen monatlichen Elternabenden und den zweimal im Jahr stattfindenden Elternsprechtagen – in unterschiedlicher Häufigkeit und Form stattfinden. Bei den Jüngeren herrscht die Form der Eltern-Kinder-Nachmittage vor, bei den Älteren können Eltern beispielsweise als kompetente Fachleute und Berater in Zusammenhang mit der Berufswahlorientierung fungieren, und in allen Stufen sind Eltern häufig in Projekte eingebunden.

Die Rhythmisierung des Schullebens

Zu Beginn eines neuen Schuljahrs wird jeweils ein Jahresplan für die gesamte Schule von der Schulleitung entworfen, vom Kollegium beraten und verabschiedet. Er enthält feste, wiederkehrende Bestandteile sowie besondere Vorhaben des Jahres. So ist der Jahresrhythmus unter anderem gekennzeichnet durch wiederkehrende Feste: die Einschulungsfeier für die neuen Laborschülerinnen und -schüler, die Übergangsfeier für den neuen Jahrgang 3, den Adventsnachmittag, die Entlassungsfeier für den abgehenden Jahrgang 10. Auch die Feste der Erwachsenen stehen auf dem Jahresplan: der Betriebsausflug, die traditionelle «Dienstbesprechung» am letzten Schultag vor den Weihnachtsferien, das Sommerfest und die Verabschiedung von Kolleginnen und Kollegen am Ende des Schuljahres. Weitere feste Größen sind die Praktika und Reisen: Im 8., 9. und 10. Schuljahr sind die Schülerinnen und Schüler jeweils für drei Wochen in Betrieben. Für die unterschiedlichen Gruppenfahrten wird eine gemeinsame Reisezeit festgelegt, die ein allzu nachhaltiges «Ausdünnen» des gruppen- und jahrgangsübergreifenden Unterrichts verhindern soll. Außerhalb dieser Zeit liegen die Austauschaufenthalte der Schülerinnen und Schüler im 9. Jahrgang und die entsprechenden Rückbesuche ihrer Partnerinnen und Partner, ebenso auch die traditionelle Sportreise im Jahrgang 7 und die Abschlußfahrt im Jahrgang 10.

Weitere feste Größen sind die Elternsprechtage, die Konferenztage sowie weitere Veranstaltungen in der Schule wie Tagungen, Kolloquien und der zweimal jährlich stattfindende Besuch des Wissenschaftlichen Beirats. Eine besondere Rolle im Jahresrhythmus spielen die regelmäßig wiederkehrenden Anlässe für eine gemeinsame Anstrengung der ganzen Schule. Einer ist die Partnerschaft mit einer Schule in Nicaragua, in deren Rahmen regelmäßig Matineen veranstaltet werden. Ein anderer ist die Mitgliedschaft der Schule in der UNESCO, in deren Rahmen Solidaritätsaktionen und/oder Projekte durchgeführt werden, an denen alle Stufen beteiligt sind. Ein dritter ist die jährliche Schulprojektwoche, die – im Unterschied zu den vielen Projekten auf Gruppen- oder Jahrgangsebene – dadurch gekennzeichnet ist, daß alle Jahrgänge und Gruppen an einem gemeinsamen Thema arbeiten.

Fazit

Die Beschreibung der Praxis in der Primar- und in der Sekundarstufe hat gezeigt, daß wir uns von der üblichen «Stundenschule» schon sehr weit entfernt haben, daß eine schülergerechte Rhythmisierung von Zeitabläufen ein wichtiges Merkmal der Laborschulpädagogik ist. Innerhalb dieses Gesamtkonzepts und trotz langjähriger Arbeit an seiner Verfeinerung und Verbesserung bleibt immer noch der Übergang vom 4. ins 5. Schuljahr, also zwischen Stufe II und Stufe III, ein besonderes Problem, weil an dieser Stelle der traditionelle Einschnitt zwischen Primarstufe und Sekundarstufe liegt. Und nicht nur das: Der Übergang vom ganzheitlich gestalteten Schulalltag der Jüngeren zum inhaltlich deutlicher differenzierten Lernen der Größeren ist auch an dieser Schule noch nicht befriedigend gelöst; darum arbeitet die Schule weiter an diesem Problem. In den letzten Jahren ist es zur Tradition geworden, daß die Lehrerinnen und Lehrer des 4. Schuljahres mit ihrer Gruppe ins 5. gehen und dort mit einer zweiten Person aus der Sekundarstufe zusammenarbeiten. Dieses «Reißverschlußsystem» hat sich bewährt: Es erlaubt größere pädagogische Kontinuität bei diesem schwierigen Stufenübergang, und es gibt den Lehrerinnen und Lehrern beider Stufen Gelegenheit, sich aufeinander zuzubewegen und voneinander zu lernen. Auf Wunsch werden Fachlehrerinnen und -lehrer der Sekundarstufe auch in der Primarstufe eingesetzt und umgekehrt. Auf diese Weise lernen die Grundschullehrerinnen und -lehrer die sich verändernden Bedingungen als notwendige Folge des zunehmenden Fachunterrichts zu verstehen, wie umgekehrt die Fachlehrerinnen und -lehrer bei ihnen lernen, nicht primär von der Sache und ihren Anforderungen auszugehen, sondern von den einzelnen und ihren Möglichkeiten. Langfristig bleiben hier noch viele Entwicklungsaufgaben zu lösen. Sie als solche überhaupt wahrnehmen und angehen zu können, sieht die Schule als ein besonderes Privileg und eine besondere Anforderung, die sich aus ihrer ganzheitlichen Konzeption ergibt.

Gerd Büttner, Helmut Schmerbitz, Wolfgang Seidensticker

Gesunde Schule und bewegte Schule – Ansätze zur ganzheitlichen Gesundheitsförderung

In den achtziger Jahren wurde in zunehmendem Maße – u. a. durch die EG-Kommission, die World Health Organisation (WHO) und den Europarat – die Notwendigkeit eines integrierten, bereichsübergreifenden Ansatzes zur Förderung der Gesundheit junger Menschen erkannt: «Gesundheitsbewußtsein entwickelt sich bei heutigen Jugendlichen weniger denn je quasi automatisch-natürlich in ganzheitlichen sozialen und ökologischen Bezügen, sondern bedarf wie andere Fähigkeiten praktischer Bildung und Förderung. Neben der Familie als primärem Sozialisationsfaktor kommt insbesondere der Schule als Institution, die Kinder und Jugendliche zehn Jahre und länger durchlaufen müssen, eine zentrale Verantwortung zu» (Projektgruppe 2000, 1986, S. 27). Die «Soester Thesen und Leitlinien zur Gesundheitserziehung und Gesundheitsförderung in Schulen» (GIMS 1992) zeugen davon, mit welcher Euphorie diese Aufgabe angegangen wurde. Gesundheitserziehung unterlag einem vorher nie gedachten Anspruch: vom «lebenswerten Arbeitsplatz Schule», über «Verbesserung des Sozialklimas und des Teamgeistes» und «Aufnahme des Lebensgefühls der Kinder und Jugendlichen im Curriculum» bis hin zur «räumlichen Gestaltung des Lebensraums Schule». Es wäre illusionär zu glauben, daß Schule dies alles so umsetzen könnte. Weder im oben skizzierten Umfang noch isoliert als Institution und schon gar nicht als «Zwangsinstitution», die sie nun wohl oder übel auch ist. Schule müßte, wollte sie «körperliches, psychisches und soziales Wohlbefinden» – also Gesundheit im Sinne der WHO – transportieren, d.h. auch erfahren und erleben lassen und nicht nur abstrakt darüber belehren, dasselbe auch in ihrem «Weg» abbilden: in ihren Methoden, in ihren Kooperationsformen, in ihrer Verteilerfunktion von Lebenschancen, in ihrer Architektur und Ausstattung, in ihren Regelsystemen: ein hoher Anspruch, eine Utopie. Die durch und durch gesunde Schule ist eine Utopie – sie bleibt gleichwohl eine zu konkretisierende. Vor 15 Jahren begannen wir in der Laborschule mit ersten Projektreihen zur Gesundheitsförderung (Biermann u.a. 1981; Büttner u.a. 1983). Im Rahmen eines Interviews nach ihrer Gesundheitsvorstellung befragt, meinte damals eine Schülerin: «Gesundheit ist, wenn ich mich wohl fühle ... und wohl fühle ich mich z.B. dann, wenn mein Vater nicht getrunken hat, wenn ich mit den Lehrern klarkomme, wenn ich Sport mache, wenn ich mit einem Jungen gehe.» Damit hatte sie Gesundheit, wie die WHO sie versteht, lebenspraktisch auf den Punkt gebracht. Gesundheit ist das subjektive Gefühl, mit sich und seiner Umwelt im Gleichgewicht zu sein und sich gut zu fühlen. Oder wie es in Schriften der Gesundheitsbewegung formuliert wurde: Gesundheit ist Lebensfreude (mit sich selbst und anderen), als Resultat des aktiven Ausbalancierens von inneren und äußeren Antrieben und Widerständen, der geglückten Herausforderung und des erfolgreichen Widerspruchs (vgl. Göpel 1979).

«Gesundheit als Balance», das erweckte, insbesondere auch aus unseren Arbeitszusammenhängen Sport und Psychologie heraus, sofort Resonanz bei uns: Gesundheit als seelisch-körperliches Gleichgewicht, als Balance von Bewußtsein und Materie und auch als Balance von Individuum und Außenwelt. Balance ist momenthaft, flüchtig. Sie will beständig neu gewonnen und gehalten werden. Balance herstellen oder Balance halten bedeutet Bewegung. Bewegung kann somit als elementarer Bestandteil der Gesundheit gesehen werden: ohne Bewegung keine Balance, ohne Balance keine Gesundheit. Bewegung hat – neben ihrer Dynamik – immer auch eine Richtung, einen Sinn. Der Sinn der Gesundheit liegt nun gewiß nicht im Trimm-Dich (in der von außen induzierten Bewegung), er kann auch nicht in der Idealisierung der Gesundheit als «höchstes Lebensgut» bestehen (in einer von außen induzierten Glücksphilosophie) und auch nicht in missionarisch vorgetragenen Vollwertbekenntnissen (Reduzierung der Gesundheit auf ernährungsphysiologische Vorgänge) oder im flächendeckenden Angebot von Beruhigungsverfahren (Gesundheit als kompensatorische Streßbewältigung) – um nur einige Versuche staatlicher oder kommerzieller Instanzen zu benennen, die uns allenfalls Versatzstücke von Gesundheit andienen wollen. Der Kern der Gesundheit liegt tiefer. Er liegt im Individuum begründet, in seinem ganz persönlichen Lebenssinn, ja Eigen-Sinn in seiner ursprünglichsten Bedeutung. Erfahrung des eigenen Sinns erwächst aus der (inneren) Bewegung zum Selbst, aus der Kontaktaufnahme mit den primären Wünschen und Bedürfnissen des Individuums (Wer bin ich? Was will ich wirklich?). Wichtigste Voraussetzung für diese Art, nach innen zu schauen, ist die Fähigkeit, die eigenen Bedürfnisse zu spüren, seine Gefühle wahrzunehmen; es ist das, was wir als Selbst-Wahrnehmung – oder in ihrer strukturierten und gefestigten Form als Selbst-Bewußtsein – kennen. Das Bewußtsein über das eigene «Selbst, die zunächst körperliche, später durch verbale Erkenntnisprozesse überlagerte Erfahrung des Wohlbefindens, der Identität und Kontinuität» des Individuums (Rosenberg 1993, S. 76), bringt Klarheit über die eigenen Bedürfnisse, die eigenen Gefühle: über das, was ich eigentlich möchte (und nicht sekundären, fremdinduzierten, eingeredeten Bedarf). Das wirklich tiefe Wohl- oder Gutfühlen – die Gesundheit – kommt also erst als zweiter Schritt. Es ist die Folge vom «guten Fühlen». Wer gelernt hat, sich gut zu fühlen – und dazu gehört u.a. seine Sinne (wieder) zu entdecken (Kükelhaus/Lippe 1982), innere Bilder, Träume und Visionen zuzulassen (Jung 1967), primäre Impulse zu spüren und zu inkarnieren (Boyesen/Huber 1991) – erlebt sich bewußt und erkennt, was er wirklich braucht.

Was müßte, was kann Schule dazu beitragen, daß Kinder und Jugendliche – und nicht zu vergessen die Lehrerschaft – zu ihren primären Impulsen (zurück)finden, sie anschauen lernen, Mut zum Ausdruck ihrer Wünsche und Bedürfnisse finden? Ein paar Individuen in ihrer Schule, mit ihren inneren Bildern, ihren Visionen und ihren primären Wünschen machen noch keine «gesunde Schule» aus. Kinder und Jugendliche werden durch «Gesundheitsunterricht» noch nicht gesünder – schon gar nicht durch Lehrerinnen und Lehrer, die in starren Strukturen ihre Arbeit verrichten müssen. Auch das «gesunde Schulfrühstück» oder die «kollegiale Schulleitung» leisten das nicht allein. Gesundheit kann weder intellektuell vermittelt werden, noch ist sie «in Scheiben» zu haben. Gesundheit ist eine Haltung. Es kommt auf die Sinn-Haltung des gesamten «Organismus Schule» an. Das wirft viele Fragen auf, einige davon lauten: Wie findet das schulische Gesamtsystem zu seinen inneren Bildern? Was ist das «tiefe Symbolische» einer Schule? Wer macht sich dahin auf den Weg? Wie verständigt man sich darüber mit den anderen? Wie groß ist die Erlaubnis im «Lebensraum Schule» für äußere Regulierungen, das heißt für den Ausdruck von Gefühlen, Wünschen, Visionen – für Bewegung?

Bewegte Schule meint den gesamten Organismus Schule. Das bedeutet Bewegung nicht nur als äußere und innere Bewegung des Individuums, sondern vor allem Bewegung und Kooperation in und zwischen den sozialen Gruppierungen (Schülerinnen und Schüler, Lehrerinnen und Lehrer, kollegiale Schulleitung, Eltern, Schulaufsicht etc.). Bewegung in der Schule bezieht sich auf die Entwicklung von Curricula, Projektarbeit und Betreuungskonzepten, auf die Gestaltung von Unterricht und auf die Veränderung der Kooperationsformen. Bewegte Schule wird dann zu einer gesunden Schule, wenn sie auch im außerunterrichtlichen Bereich den Schülerinnen und Schülern ein breitgefächertes Angebot bietet, das ihren Bewegungsbedürfnissen und kulturellen Interessen entspricht, wenn ein gesundes Ernährungskonzept mit entsprechenden Einrichtungen (Bio-Garten, Teestube und Küche) realisiert wird, wenn Entspannungs- und Meditationsmöglichkeiten bestehen, wenn Schulräume kind- und jugendgerecht gestaltet werden. Die Verwirklichung dieser Rahmenbedingungen hat in der Laborschule mittlerweile ein hohes Niveau erreicht.

Gemeinhin wird ja unter Bewegung eher die von außen induzierte oder nach außen gerichtete verstanden – in der Schule im wesentlichen die Domäne des Sportunterrichts. Da die konventionelle Körpererziehung auch immer ein Abbild der gesellschaftlichen Verhältnisse und Vorstellungen war und auf breiter Basis noch ist – diszipliniert, systematisch, konkurrent –, konnte und sollte die äußere Bewegung auch nur die bekannten und erwünschten Muster nach innen transportieren und einschleifen. Die Körper(psycho-)therapie (vgl. z. B. Reich 1971; Lowen 1988; Feldenkrais 1989; Alexander 1988; Rolf 1989) hat nachgewiesen, daß auch die äußere körperliche Bewegung, wenn sie nicht nur gängige Muster wiederholt und in Sinnbezüge eingebettet ist, kreative innere Veränderungen hervorrufen kann. Hier berühren sich Sport und Psychologie als Fachwissenschaften, und hier setzt auch die gemeinsame Suchbewegung zum Wohlgefühl in der Schule an, zu der sich die drei Verfasser aus den Arbeitsbereichen Sport/Körpererziehung und Schulpsychologie zusammengefunden haben: Wie kann man gleichsam sich entsprechende, sich gegenseitig unterstützende und verstärkende Innen- und Außenbewegungen anregen, durch welche Selbst-Wahrnehmung und Körperbewußtsein von Menschen gestärkt und zum Ausdruck gebracht werden können?

Bewegte Kinder: innere und äußere Bewegung

Die Laborschule ist ein Erfahrungsraum für Kinder und Jugendliche, der für sie mannigfaltige Erfahrungen mit dem eigenen Körper, mit sich selbst, den eigenen Gefühlen, Aggressionen und Spannungen und mit anderen Personen bietet. Diese Erfahrungen tragen mit dazu bei, daß eine gesundheitsfördernde Handlungsfähigkeit erworben wird. Hier sind Räume vorhanden, die Schülerinnen und Schülern Chancen eröffnen, sich in sozialen Gruppen in unterrichtlichen und außerunterrichtlichen Situationen handelnd zu erfahren und dabei ihre Motive, Gefühle und Körperlichkeit als wesentliche Faktoren zu erleben. Dahinter verbirgt sich ein Konzept für ‹innere› und ‹äußere› Bewegung. Es beinhaltet Curriculumbausteine für Prozesse der inneren Bewegung, durch die wir Kinder und Jugendliche mit ausgewählten Inhalten und Verfahrensweisen anregen, innere Bilder, Vorstellungen und Phantasien zu entwickeln und diese mit unterschiedlichen Ausdrucksformen anderen gegenüber zu präsentieren. Hierbei geht es uns um die Aktivierung der Wünsche, Bedürfnisse und Impulse, die im alltäglichen Unterricht und Schulalltag normalerweise nicht angesprochen werden, die aber zum wesentlichen Potential ihrer Persönlichkeit gehören und die bei entsprechender Stimulierung die eigene Selbstwahrnehmung und -findung maßgeblich beeinflussen können. Die Auseinandersetzung mit sich selbst, die Beschäftigung mit Fragen wie: «Was möchte ich eigentlich?» oder «Was fühle ich eigentlich?» kann zu einer Annäherung an bisher latente Bedürfnisse und Gefühle führen und innere Bilder und Assoziationen auslösen, die dann im Sinne der Erweiterung persönlicher Möglichkeiten und Potentiale zum Ausdruck gebracht werden müssen.

Und es beinhaltet zahlreiche selbstbestimmte «äußere» Bewegungs- und Ausdrucksmöglichkeiten, die sowohl im Pflichtsportunterricht als auch in «freien» Lern- und Spielgelegenheiten angeregt werden. Hierbei wird in besonderem Maße berücksichtigt, daß Schülerinnen und Schüler das Leben an unserer Ganztagsschule in einem sinnvollen Wechselverhältnis von Arbeit und Freizeit, Belastung und Entlastung, Spannung und Entspannung erfahren können. Bewegung, Fitneß, Gesundheit und Wohlbefinden gehören dabei für uns zusammen. Kindern und Jugendlichen diesen Zusammenhang aufzuschließen, betrachten wir dabei als zentrale Aufgabe. Wir bemühen uns in umfassender Weise, die Kinder und Jugendlichen emotional und sozial an Bewegung, Sport und Spiel zu binden, sie sich über Erfahrungen ihres Körpers bewußt werden zu lassen und sie zu befähigen, sich die «psychisch entlastenden Potenzen bestimmter sportlicher Aktivitäten ... zunutze zu machen» (Brodtmann 1991, S. 19), um das Wohlbefinden des einzelnen (wieder)herzustellen bzw. zu steigern.

Innere Bewegung: sich entspannen – innere Balance herstellen

Zu Beginn machen die Schülerinnen und Schüler es sich bequem, ziehen die Schuhe aus und halten einen entsprechenden Abstand zum Nachbarn ein. Günstig für unser Vorhaben sind bestimmte äußere Rahmenbedingungen: ein ruhiger Raum und für jedes Kind eine Isomatte, auf der es mit dem Rücken entspannt liegen kann. Wir machen die Kinder darauf aufmerksam, daß sie in der nachfolgenden Entspannungsphase bei ruhiger Musik bestimmte Informationen erhalten und daß es für die Herstellung von Entspannungszuständen sinnvoll ist, die Augen geschlossen zu halten und die Arme parallel an den Körper oder auf den Bauch zu legen. Anschließend wird Meditationsmusik eingelegt, zu der den Kindern folgende Entspannungsformeln souffliert werden: «Lenke deine Aufmerksamkeit auf deinen Atem» ... «Nimm bewußt wahr, wie du ein- und ausatmest» ... «Laß den Atem ruhig und gleichmäßig werden» ... «Mit jedem Ausatmen wirst du ein bißchen schwerer» ... «Du bist ruhig und entspannt.» Wenn die Schülerinnen und Schüler entspannt liegen, langsam und regelmäßig atmen, beginnen wir mit der zweiten, für unser pädagogisches Anliegen entscheidenen Phase: der Aktivierung von inneren Bildern. Bei gleichbleibender Meditationsmusik wird weiterhin mit ruhiger, gleichmäßiger Stimme gesprochen. Bei einigen Sätzen erfolgt eine längere Pause, um die Gedanken und Assoziationen der Kinder nicht zu beeinträchtigen. Die Aufmerksamkeit der sich entspannenden Kinder wird behutsam auf einen Punkt gelenkt: «Stell dir einen Ort vor, an dem du am liebsten sein möchtest, ... an dem du dich wohl fühlst ... wo du ruhig und entspannt sein kannst» ... «Gehe dorthin» ... «Schau dich um» ... «Was siehst du?» ... «Wie sieht der Ort aus?» ... «Welche Farben, ... welche Gegenstände siehst du?» ... «Was riechst du? ... Was ertastest du?» ... «Verweile an diesem Ort und fühle dich wohl» ... «Welche Gedanken hast du?» ... «Was fühlst du?» ... «Verlaß nun ganz allmählich diesen Ort, und öffne langsam deine Augen.» Die Entspannung soll in aller Ruhe ausklingen können. Langsam und ruhig kommen die Kinder dann zusammen, bekommen von uns Papier und Buntstifte und werden gebeten, unabhängig voneinander «ihren» Ort des «Sich-Wohlfühlens» zu malen. In selbstgewählten Kleingruppen wird dann über die einzelnen Bilder gesprochen, wobei bestimmte Gesprächsrituale eingehalten werden: Jedes Kind beschreibt und interpretiert sein Bild, die anderen hören zu. Es erfolgt kein Kommentar, keine Bewertung, lediglich Nachfragen sind erlaubt. Der Lehrer bzw. die Lehrerin versucht, mit dem Kind eine Klärung darüber zu erreichen, welche persönliche, möglicherweise tiefgreifende Bedeutung dieser Ort hat und welche orginären Wünsche, Gefühle mit diesem Ort verbunden sind. Im folgenden werden zwei Bilder mit den entsprechenden Kommentaren der Kinder wiedergegeben:

Das Bild von Robert (12 Jahre) und sein Kommentar:

«Ja ... also ich liege hier so auf einer Wiese ... auf einer Decke ... ringsum ist Wald ... da ein kleiner See und ein Bach ... im Hintergrund graue Berge, durch die ein Weg geht ... die Wiese duftet nach frischen, bunten Blumen ... Vögel zwitschern, Bienen summen ... ich liege mit dem Rücken auf der Decke und blicke in den Himmel ... ich fühle mich richtig gut ... die Sonne scheint, die Wolken ziehen vorüber ... ich lasse meine Gedanken schweifen ... es sind Gedanken über meine Familie und über meine Freunde ... es macht mir nichts angst ... die Wiese ist umgeben von Wäldern, durch die ich mich sicherer fühle ... der Wald schützt vor Streß ... er hat Tiere, aber keine gefährlichen ... dort, wo die Wiese aufhört, führt ein Weg durch den Berg ... es ist der Weg in mein normales Leben ... er ist wichtig, um wieder zurückzugehen ...»

Das Bild von Tanja (13 Jahre) und ihr Kommentar:

«... das ist eine Höhle ... mit zwei Etagen ... unten ein Lagerfeuer, ein Teppich und ein Doppelbett ... mit der Leiter geht's nach oben ... dort ein Waschbecken ... von der Decke hängt eine Lampe ... es sind zwei Betten ... das untere für meine beste Freundin ... das obere für mich ... da gibt es nur uns beide ... wir sind von zu Hause abgehauen ... meine Freundin hatte Streß und ich bin mitgegangen ... ich hatte auch Ärger mit meinen Eltern ... wir haben uns über unsere Probleme unterhalten ... vor der Höhle ein Meer, wir können schwimmen und Fische fangen ... die braten wir dann über unserm Lagerfeuer ... wir wollen nicht zurück nach Hause ... ohne Erwachsene ist es viel besser ... die wollen immer erziehen ... und haben immer recht ... hier können wir machen, was wir wollen ...»

Dieses Beispiel hat einen ganz anderen Ausgangspunkt als das vorangegangene: keine Entspannungsphase, sondern ein Wahrnehmungsspiel zu Beginn. Die Aktivierung der Sinne stellt nicht nur eine geeignete Motivation für einen Unterrichtsbeginn dar, sondern fördert vielmehr ein Entdecken von neuen sinnlichen Möglichkeiten im Umgang mit sich selbst und bestimmten Materialien. Wahrnehmungsspiele fördern eine Sensitivität für äußere Reize, die im Zuge der technischen Entwicklung zunehmend verkümmert. Wir haben uns für den Bereich «Fühlen» und «Berühren» entschieden, weil die verwendeten Materialien, verschiedene Blumen, Gräser, Blätter, Hüte, Haare, ein Ausweis, verschiedene Taschen etc., es ermöglichen, sie anschließend als «Symbole» in Geschichten weiterzuverwenden. Die Kinder halten anfangs die Augen verbunden, fühlen barfuß und/oder mit den Händen die bereitgestellten Gegenstände. Sie versuchen bewußt, die unterschiedlichen Sinneseindrücke wahrzunehmen, sie zu identifizieren und sie anschließend mit den Gegenständen zu vergleichen. In der zweiten Phase wird ihnen eine Geschichte vorgelesen, in der nach Möglichkeit die vorher von ihnen wahrgenommenen und ertasteten Gegenstände vorkommen. Die Geschichte, die wir für unser Anliegen wählen, ist von Wolf Biermann und heißt: «Das Märchen vom kleinen Herrn Moritz, der eine Glatze kriegte» (Biermann 1993, S. 53 f). Die Geschichte handelt von dem kleinen Herrn Moritz, der in einem kalten Winter von unfreundlichen Menschen umgeben ist. Er sehnt sich nach dem Sommer, und es wachsen ihm auf einmal unter seinem Hut viele schöne Blumen. Verwundert sehen das die Menschen. Als sie vom Kopf des kleinen Herrn Moritz Blumen pflücken dürfen, reagieren sie von nun an freundlich. Lediglich ein Polizist hat etwas dagegen. Er fordert Herrn Moritz auf, seinen Personalausweis zu zeigen. Je verzweifelter Herr Moritz nach seinem Personalausweis sucht, desto mehr verschwinden die Blumen auf seinem Kopf, bis er schließlich eine Glatze bekommt. Die nachfolgende Aufgabe besteht nun darin, daß die Kinder einen bestimmten Gegenstand aus der Geschichte auswählen und aus dieser Perspektive die Geschichte anders gestalten. Sie kann geschrieben, erzählt oder pantomimisch dargestellt werden. Dabei erhält dieser von den Kindern gewählte und möglicherweise vorher ertastete Gegenstand Symbolwirkung, weil in ihn latent individuelle Wünsche, Gefühle und Vorstellungen eingehen. Die von den Schülerinnen und Schülern gewählten unterschiedlichen Möglichkeiten und Ausdrucksformen werden dann in Kleingruppen präsentiert und besprochen.

Im folgenden wird die Geschichte von Anna wiedergegeben, die sich in die Situation einer Blume hineinversetzt hat:

«Es ist toll, als ich merke, daß ich immer größer und schöner werde. Ich kann von ganz oben das Treiben in der Markthalle genau beobachten. Es ist eine ganz neue, ungewohnte Perspektive. Wundern muß ich mich über die Hektik und die Unfreundlichkeit der Menschen. Was machen die sich an! Ich bin zufrieden, denn ich spüre, daß ich nicht allein bin. Viele schöne Blumen wachsen neben mir, wir stehen dicht nebeneinander und fühlen uns wohl. Aber was passiert jetzt? Einige von uns werden von Menschen gepflückt, ich bekomme Angst, daß ich auch gepflückt werde. Seltsamerweise sind die Menschen aber mit uns jetzt viel zufriedener und freundlicher. Immer wieder neue Blumen wachsen neben mir nach. Ich sehe einen Polizisten, der auf uns zukommt und die Menschen daran hindern will, uns zu pflücken. Ich befürchte, daß sie ohne uns wieder böse werden. Das muß ich verhindern! Ich werde ganz groß wie eine riesige fleischfressende Pflanze und mache einen furchterregenden Eindruck, denn der Polizist ergreift die Flucht. Die Menschen kommen wieder auf uns zu und pflücken uns wieder. Ich nehme meine normale Gestalt wieder an und bin glücklich.»

Mit diesen und anderen Fragen verfolgen wir die Absicht, die Selbstwahrnehmung von Kindern und Jugendlichen zu stärken. Es soll die Fähigkeit entwickelt werden, die eigenen Gefühle und Bedürfnisse zu spüren und sie in irgendeiner Form zum Ausdruck zu bringen. Damit ist eine für das subjektive Sich-Wohlfühlen entscheidende Voraussetzung geschaffen: die Bewußtheit und Klarheit über die eigenen, durch äußere Einflüsse und Erwartungen nicht beeinträchtigten Vorstellungen von dem, was man eigentlich möchte. In den Kommentaren der Schülerinnen und Schüler spiegeln sich ihre inneren Vorstellungen wieder, in denen die grundlegenden Bedürfnisse, Wünsche und Gefühle des einzelnen gleichsam symbolisiert sind. Wir haben in den Gesprächen mit den Kindern immer wieder festgestellt, wie schwierig es für sie ist, sich Klarheit über ihre inneren Vorstellungen zu verschaffen, wie sehr sie von normativen Erwartungen und Zwängen des Faktischen beeinflußt sind. Welcher Energien und persönlicher Anstrengungen bedarf es erst, diese nicht realen inneren Bewegungen nach außen zu lenken, auf ihre Machbarkeit hin zu überprüfen und in die Realität zu übertragen. Erst dann – so unser Verständnis von Gesundheit – verschaffen sich Individuen einen Zugang zu einem wirklichen Wohlfühlen. Diese oder ähnlich konzeptionierte Curriculumbausteine sind kleine Schritte auf dem Weg zu einer gesunden Persönlichkeit.

Äußere Bewegung: sich austoben – Spannungen kanalisieren

Beispiel 1: Lars (13 Jahre) und Arne (12 Jahre) sind Schüler der Klasse 7. Seit einiger Zeit ist bei ihnen in der einstündigen Mittagspause häufig ein bestimmtes ritualisiertes Verhalten zu beobachten. Beide können sie kaum das Ende des Vormittagsunterrichts um 13.00 Uhr erwarten. Wenn der Unterricht geschlossen wird, packen beide blitzartig ihre Sachen zusammen, ziehen sich fast noch während des Laufens zu ihren Schränken Pullover, Hemden und Hosen aus (eine Turnhose und ein T-Shirt haben sie offenbar morgens nach dem Aufstehen gleich angezogen) und rennen zur Sporthalle. Dort angekommen, lösen sie eine Matte, die an der Stirnwand befestigt ist, und schieben sie in die Ecke der Halle. Dann geht es los: Sie fangen an, gegeneinander zu kämpfen, d.h., sie versuchen, den anderen mit dem Rücken auf die Matte zu zwingen. Erlaubt ist dabei offensichtlich eine Mischung von Griffen und Methoden unterschiedlicher Kampfsportarten. Es sieht ein bißchen aus wie «Catchen», könnte aber auch «Karate» oder «Ringen» sein. Obwohl beide sich bei ihrem Kampf nichts schenken, ständig in Bewegung und schon bald aus der Puste sind, machen sie weiter, und sie lassen sich bei ihrem Tun auch nicht von den vielen Fußballern stören, die inzwischen die Halle frequentieren. Manchmal kommt es vor, daß einer von ihnen in Not kommt, Angst oder Panik hat. Dann ruft er «Stop» oder klopft mit der flachen Hand auf die Matte, und der andere läßt ihn sofort frei. Anschließend wird der Kampf wiederaufgenommen. Nach kurzer Zeit sind Lars und Arne völlig aus der Puste und schweißnaß. Offenbar um sich ein wenig zu verschnaufen, unterbrechen sie ihren Kampf und üben ritualisierte Kung-Fu-Tritte, aber ohne die ernsthafte Absicht, ihren Gegner zu treffen. Das passiert natürlich dennoch hin und wieder, und dann beschimpfen sie sich auch mal gegenseitig, aber als Beobachter hat man nie das Gefühl, die zur Schau gestellte Aggression könnte ernsthafter Natur sein. Nach diesem «Kung-Fu-Intermezzo» folgt wieder ein richtiger Kampf, bei dem sie nochmals richtig zur Sache gehen. Kurz vor 13.30 Uhr hören sie plötzlich auf, befestigen die Matte wieder an der Wand und verlassen mit hochroten Köpfen die Halle – wiederum in Eile, weil sie sonst kein Essen mehr in der Schulmensa bekommen.

Beispiel 2: Sven (15 Jahre) und Olaf (15 Jahre) sind beide Schüler einer Klasse des 9. Jahrgangs. Das Lernen in den überwiegend kognitiv ausgerichteten Fächern fällt ihnen schwer. Das fällt insbesondere in den Fächern Deutsch, Englisch und Mathematik auf. Im Wahlkurs Technik und im Bereich Wahrnehmen und Gestalten sind ihre Arbeitsergebnisse zufriedenstellend. Ihr liebstes Fach ist Sport. Im Moment sind sie besonders glücklich, wenn sie zum Sportunterricht gehen. Auf dem Programm für die nächsten drei Wochen steht für den Jahrgang ein Fußballkurs, bei dem die Schülerinnen und Schüler wählen konnten, ob sie ihn getrennt- oder gemischtgeschlechtlich durchführen wollten. Sven und Olaf haben den reinen Jungenkurs gewählt. Sie freuen sich, sich in diesen Stunden, in denen auch viel gespielt wird, voll einsetzen zu können, in kampfbetonte körperliche Zweikämpfe zu gehen und ihre Leistungsfähigkeit in einer stark konkurrenzorientierten Lernsituation zu erproben. Es ist deutlich zu erkennen, daß viele Jungen ebenso wie Sven und Olaf über das Spiel Frust und Streß abbauen. Da alle Teilnehmer diesen Kurs mit ähnlichen Einstellungen und Motiven und fast identischen körperlichen und leistungsmäßigen Voraussetzungen absolvieren, ist dieses Verhalten auch nicht problematisch. Trotz aller körperlichen Härte bleiben die Jungen fair. Sie halten die vereinbarten Regeln ein und kommen ohne Schiedsrichter aus.

Sich abstimmen – miteinander üben und spielen

Beispiel 1: Viele Schüler der Stufe IV (Jahrgänge 8–10) verbringen ihre Pausen am liebsten damit, Basketball zu spielen. Das können sie in den Sporthallen tun, aber auch auf dem Schulgelände, wo allerdings nur ein Basketballkorb zur Verfügung steht. Es gibt keinen Erwachsenen, der die Nutzung dieses Korbes regelt. Heute ergibt sich zu Beginn der halbständigen Frühstückspause das Problem, daß sowohl einige Jungen aus dem 9. Jahrgang als auch aus dem 6. Jahrgang spielen wollen. Jonas aus der 9 indigo will das Problem auf seine Weise lösen, indem er den «Kleinen» zuruft, sie sollten sich «verpissen». Es gibt aber – Gott sei Dank – auch andere, die sofort sagen, daß es besser wäre, eine Regelung zu finden. Kai und Sven versuchen dennoch, die ‹Sechser› übers Ohr zu hauen, indem sie vorschlagen, daß heute der 9. Jahrgang spielen sollte und am nächsten Tag die Schüler aus dem 6. Jahrgang. Ole und Basti durchschauen den Trick natürlich sofort: Wie können sie denn sicher sein, daß sie am nächsten Tag nicht die gleiche Auseinandersetzung, dann aber mit anderen älteren Schülern, haben würden. Sie protestieren lautstark und schlagen vor, sich abzuwechseln. Das hätte aber zu Spielzeiteinbußen geführt, und so folgen sie alle gemeinsam schließlich dem Vorschlag des besonnenen Malte aus dem 9. Jahrgang, heute ein gemeinsames Spiel mit gemischten Teams zu machen, und es verläuft für alle befriedigend.

Beispiel 2: Anja, Lisa und Kathrin sind Schülerinnen der 6 rot. Sie gehen zum Sportunterricht, in der sie eine sogenannte Initiativstunde erwartet. Die Initiativstunde ist eine besondere Form des Unterrichts, die sich von der Form des Kurs- bzw. Lehrgangslernens in vielfacher Hinsicht unterscheidet und einmal wöchentlich stattfindet. Sie wird von der freien Initiative der Schülerinnen und Schüler getragen und erweitert das Spektrum möglicher Lernprozesse in erheblicher Weise. Sie beginnt wie jede andere Sportunterrichtsstunde auch mit einer Aufwärmphase, der eine Versammlung folgt. In ihr wird geklärt, wer mit wem welchen sportlichen Inhalt betreiben möchte, wieviel Platz und welches Gerät benötigt wird und zu welchen Bedingungen ein Wechsel möglich ist. Die drei Mädchen haben sich schon auf der Schulstraße vorgenommen, daß sie Trapez- und Ringeturnen machen wollen. Das stößt bei einigen Jungen auf heftigen Protest, denn sie haben vorab verabredet, in einer Kleingruppe Hockey zu spielen. Daneben gibt es noch eine Trampolin- und eine Fußballgruppe. In der folgenden Diskussion werden die nötigen Vereinbarungen getroffen, die auch Anja, Lisa und Kathrin die Möglichkeit geben, ihre Vorstellungen und Wünsche zu realisieren. Dazu müssen sie noch zwei andere Kinder in ihre Gruppe aufnehmen und sich auf ein Trapez und ein Ringepaar beschränken. Die Lehrerin hilft steuernd bei diesem Prozeß. Die Bewegungsräume werden zugewiesen, die Geräte geholt und aufgebaut, und jetzt können die drei Mädchen gemeinsam mit anderen die Sportart betreiben, auf die sie sich bereits auf dem Weg zur Sporthalle festgelegt hatten.

Sich erproben – Selbstbewußtsein entwickeln

Beispiel 1: Anja (8 Jahre) ist im 2. Jahrgang der Eingangsstufe, in der die Schülerinnen und Schüler altersgemischt unterrichtet werden. Sie ist ein selbstbewußtes, mutiges Mädchen. Das war nicht immer so. Als Anja mit fünf Jahren in die Schule kam, war sie eher zurückhaltend und scheu. Wie alle anderen Neuen wurde sie als sogenanntes Patenkind in den ersten vier Wochen von einem Schüler aus dem zweiten Jahrgang betreut. Anjas Pate war Jan, ein sogenannter typischer Junge, der mit Vorliebe hinter dem Schulgebäude auf den dort künstlich angelegten Hügeln und Tunneln herumtobte. Notgedrungen mußte Jan seine Aktivitäten während seiner Patenschaft ein wenig einschränken, aber er nahm Anja immer mit und zeigte ihr, was man im Gebäude und auf dem Schulgelände alles machen kann. Für die Kinder der Eingangsstufe gehört dazu auch die Inbesitznahme der auf dem Schulgelände stehenden Bäume, die, da noch nicht riesig im Wuchs, gerade für kleinere Kinder die richtige Herausforderung darstellen. Für Jan war das Hinaufklettern überhaupt kein Problem, und er zeigte Anja seine Kletterkünste oft und gern. Es ihm nachtun konnte sie noch nicht, denn sie kam an den ersten Ast noch nicht heran, und sie traute es sich auch noch nicht. Aber Jan mußte ihr etwas Erstrebenswertes gezeigt haben. Immer wieder probierte sie in den nächsten Wochen, sich am unteren Ast hochzuhangeln, um weiter auf den Baum klettern zu können. Eines Tages war es soweit: In der Versammlung, in der jedes Kind wichtige Ergebnisse, Erfahrungen, Erlebnisse vorstellen kann, erzählte sie den versammelten 45 Kindern stolz und selbstbewußt, daß sie jetzt auch auf den Baum kommt, und zwar ganz allein. Alle klatschten.

Beispiel 2: Für die Klasse 6 rot beginnt ein Kletterkurs. An einer Wand der Sporthalle sind sechs Kletterbahnen mit unterschiedlichen Schwierigkeiten vorhanden. Die meisten Schülerinnen und Schüler der Stammgruppe sind begeistert, haben sie doch die Einrichtung der Kletterwand über viele Wochen mitverfolgen können, immer in der Erwartung, sie bald ausprobieren zu können. Die Begeisterung wird allerdings nicht von allen geteilt. Einige sehen dem Kletterkurs mit eher gemischten Gefühlen entgegen. Simon (13 Jahre) ist einer von ihnen. Er verhält sich ängstlich und gedrückt und hält sich im Hintergrund. Wolfgang, sein Sportlehrer, merkt erst in der 2. Kursstunde, daß Simon noch keinen Kletterversuch gemacht hat. In einem Gespräch unter vier Augen gesteht Simon, daß er Angst habe. Wolfgang zeigt Verständnis, berichtet von eigenen Ängsten bei seinen ersten Versuchen, und sie verabreden, daß Simon mit Wolfgangs Hilfe zunächst einmal nur ausprobieren soll, wie ihn das Sicherungsseil halten würde. Danach könnte er entscheiden, ob, wann und wie hoch er klettern wolle. In dieser Stunde macht Simon noch keinen Kletterversuch und auch in der nächsten Stunde nicht. Aber man merkt, daß es für ihn ein Problem ist. Am nächsten Tag sagt er Wolfgang auf der Schulstraße: «Heute werde ich es probieren, aber du mußt mich sichern.» Er versucht es tatsächlich und schafft einige Klettersteine auf der einfachsten Kletterroute, bevor er sich abseilen läßt. Wolfgang und auch die Mitschülerinnen und Mitschüler haben ihn nicht gedrängt. Im Gegenteil: Sein Versuch wird mit viel Lob und Anerkennung bedacht. In der letzten Kursstunde ist es dann soweit: Simon klopft voller Triumph an die Hallendecke – er hat sich und eine Kletterbahn aus eigenem Antrieb bezwungen.

Diese Beispiele sollen verdeutlichen, was mit «äußeren» Bewegungs- und Ausdrucksmöglichkeiten gemeint ist und wie sie zu Persönlichkeitsstärkung und Körperbewußtsein beitragen können. Es sind unterrichtliche und außerunterrichtliche Situationen und Gelegenheiten, in denen sich den Schülerinnen und Schülern die Bedeutung des Zusammenwirkens der physischen, psychischen und sozialen Befindlichkeiten bewußt oder unbewußt erschließen. Sie erleben und erfahren das mit jeweils unterschiedlichen Akzentuierungen auf der Grundlage eigener Balance und damit des eigenen Wohlbefindens. Die Streßbewältigung bzw. -reduzierung beim Ringen und Raufen oder beim Fußballspiel findet trotz großen körperlichen Einsatzes, trotz kampfbetonter Zweikämpfe im Rahmen selbstgefundener und miteinander abgestimmter Regeln statt, deren Einhaltung im jeweiligen sozialen Rahmen selbstverständlich geworden ist. Diese Balance in einer Gemeinschaft von Kindern und Jugendlichen mit unterschiedlichen Bedürfnissen und Interessen herzustellen, ist nicht leicht und wird oft nicht erreicht. Das zeigt die Diskussion über Gewaltbereitschaft und steigende Aggressivität unter Jugendlichen sehr deutlich. Die Abstimmungsprozesse, die in unseren Beispielen dargestellt werden, verdeutlichen, wie die Schülerinnen und Schüler unserer Schule auf der Basis einer erworbenen Sozialkompetenz zu Lösungen kommen, in denen sie eigene Interessen und Bedürfnisse mit denen anderer selbstbestimmt und selbstbewußt ausbalancieren. Eine «bewegte Schule» muß dafür immer wieder neue Anlässe schaffen. In diesen Prozessen des sozialen Miteinanders haben die Beteiligten oft Angst, ihre eigene Identität in Frage zu stellen, wenn es darum geht, einmal nachzugeben, zurückzustecken und Lösungen zu akzeptieren, die zunächst einmal so nicht von ihnen gewollt waren. Wir versuchen, dem entgegenzuwirken, indem wir in allen schulischen Bereichen, vor allem auch im

Bewegungsbereich, nach Möglichkeiten suchen, um Selbstwertgefühl und Selbstbewußtsein bewußt zu entwickeln und zu stärken und dabei die Anerkennung der sozialen Gruppe zu erfahren. Das verdeutlichen unsere beiden unterschiedlichen Kletterbeispiele.

Ausblick

Wir haben versucht, Ansätze zu einem Konzept schulischer Gesundheitsförderung darzustellen. Diese fassen in ihren Zielschwerpunkten Persönlichkeitsstärkung und Körperbewußtsein ins Auge, um Schülerinnen und Schüler dabei zu unterstützen, mit sich und ihrer Umwelt ins Gleichgewicht zu kommen, d. h. sich wohl zu fühlen. Einige unserer Beispiele lassen sich mit gleichen Intentionen durchaus an anderen Schulen realisieren, in ihrer Gesamtheit zeigen sie aber die besonderen Möglichkeiten der Laborschule; denn hier verknüpft sich das Konzept ‹gesunde Schule› mit dem Konzept ‹Schule als Erfahrungsraum›. Die beschriebenen Ansätze lösen den Anspruch einer ganzheitlichen Gesundheitsförderung im ‹Organismus Schule› noch nicht ein, sondern sind als erste Schritte zu verstehen, die Mut machen sollen, auch in anderen Bereichen von Schule neue Wege zu gehen; dabei geht es vor allem darum, auch den formalisierten, leistungsorientierten Unterricht miteinzubeziehen. Auf dem Weg zu einer gesunden Schule ist Bewegung auf den institutionalisierten Ebenen der Laborschule notwendig – und zwar unter Einbeziehung aller Beteiligten.

Birgit Hollbrügge, Ulrike Kraaz

Lehrerinnen forschen
Ein Blick in die Curriculum-Werkstatt

«Die eigene Lehrplanarbeit der Schulen soll wesentliches Element bei der Erarbeitung eigener Entwicklungsperspektiven sein. ... Die Aufgabe, Vorgaben von Basislehrplänen in schulbezogenen Lehrplänen auszugestalten, richtet sich nicht nur an die einzelnen Lehrerinnen und Lehrer, sondern vor allem an die Kollegien der Schulen. (Ihnen werden) ... Empfehlungen an die Hand gegeben, diese sollen jedoch nicht das eigene Experimentieren der Schulen ersetzen.» Zitat aus einem der 25 Jahre alten Planungspapiere für die Laborschule? Weit gefehlt. Dies sind hochaktuelle Aussagen aus der Denkschrift «Zukunft der Bildung – Zukunft der Schule» (Bildungskommission NRW 1995, S. 144). Ihre eigenen pädagogischen Schwerpunkte zu formulieren und selbst Wege zu finden, sie in die Praxis umzusetzen – das ist bereits seit mehr als zwei Jahrzehnten Alltag an der Laborschule. Von Anbeginn an hat hier eigene Lehrplanarbeit stattgefunden, ist im Bereich der Curriculumentwicklung experimentiert worden – Ergebnisse liegen vor. Die anstehende Reform des öffentlichen Schulwesens soll durch eine verstärkte Autonomie der Einzelschulen erreicht werden, verschafft ihnen neue Freiräume, mutet ihnen aber auch neue und ungewohnte Aufgaben zu. In diesem Zusammenhang stoßen die Erfahrungen der Laborschule mit der Erstellung eigener Curricula auf verstärktes Interesse.

Laborschule als Curriculum-Werkstatt

Die Laborschule ist eine Versuchsschule und verfügt über ein großes Maß an Handlungs- und Gestaltungsfreiheit. Sie hat den Auftrag, neue Formen des Lehrens und Lernens zu entwickeln, zu erproben und die Ergebnisse zu dokumentieren (vgl. v. d. Groeben u. a. 1988). Sie ist eine Curriculumwerkstatt, die anderen Bildungseinrichtungen Impulse für die Veränderung ihrer pädagogischen Praxis geben soll. Ihre Produkte entstehen aus dem gemeinsamen Leben und Lernen in der Schule. Die Curricula werden von denjenigen aufgeschrieben, die sie zuvor im und neben ihrem Unterricht – meist über Jahre hinweg – entwickelt und erprobt haben. Reflektierte Beobachtungen des Schulalltags wirken sich verändernd auf die curriculare Arbeit aus, und Erkenntnisse aus der theoretischen Arbeit haben wiederum Einfluß auf die schulischen Tätigkeiten. Durch diesen wechelseitigen Prozeß entsteht eine enge Verbindung zwischen Forschen und Handeln, zwischen Theorie und Praxis. Dies wird möglich durch die Aufhebung der Trennung zwischen «Denkern» (= Wissenschaftlern) und «Machern» (= ausführenden Lehrerinnen und Lehrern). Der «Wissenschaftlichen Einrichtung Laborschule» steht ein Stundendeputat zur Verfügung, aus dem die Unterrichtenden für einen festgesetzten Zeitraum von einem Teil ihres wöchentlichen Unterrichts entlastet werden können, um in dieser Zeit Entwicklungs- und Forschungsarbeit zu leisten (vgl. den Beitrag von Tillmann in diesem Band). Eine solche Arbeit gliedert sich in die generelle Entwicklungsperspektive einer Schule ein, die «Lebens- und Erfahrungsraum» für alle Kinder sein will. Diese Zielvorstellungen in pädagogische Praxis umzusetzen ist Aufgabe der Schule. Der Gründer konstatiert: «Das Laboratorium ist fertig. Aus Prinzipien sind Einrichtungen, Maßnahmen, geordnete Vorgänge geworden. Nun können die auftretenden Schwierigkeiten und Überraschungen, Abweichungen und Rückschläge beobachtet und verarbeitet werden. Aus Problemen werden Fragen, aus Fragen Untersuchungen gemacht ...» (von Hentig 1995, S. 38). Die Arbeit der Curriculumwerkstatt dient also in erster Linie dazu, aus der kritischen Reflexion dieses Schulalltags heraus Lehr- und Lernverfahren, Lernziele und Unterrichtsinhalte, Interaktions- und Organisationsformen, diagnostische und bewertende Verfahren zu beschreiben, die sich bei der Verwirklichung des pädagogischen Konzepts als hilfreich erweisen. Der Rahmen, in dem Curriculumentwicklung erfolgt, ist demnach weit gefaßt.

Der institutionelle Rahmen, in dem der Forschungsauftrag der Schule erfüllt wird, ist durch die «Forschungs- und Entwicklungspläne» der Wissenschaftlichen Einrichtung klar definiert. Aber selbst an der Laborschule sind die Forschungsressourcen in Form von Entlastungsstunden begrenzt. Gleiches gilt für die persönlichen Ressourcen, die Kraft und die Zeit der Lehrenden, die durch die Ansprüche des Schulalltags in der Regel voll ausgeschöpft werden. Dennoch gab und gibt es immer wieder Anlässe, die einzelne oder Gruppen von Personen dazu bewegen, Forschungsvorhaben durchzuführen:

- Probleme entstehen aus der Diskrepanz zwischen Anspruch und Realität. Unterricht unter unseren besonderen Bedingungen, im Großraum, mit alters- und leistungsgemischten Gruppen und mit fächerübergreifenden Inhalten und mit den oben beschriebenen Zielvorstellungen läßt sich nicht in herkömmlicher Form und mit den herkömmlichen Mitteln durchführen.
- Durch die größere Offenheit unseres Schullebens werden teilweise unerwartete Erkenntnisse gewonnen. Sie ermöglicht es uns, genauer zu beobachten, wie Kinder sich entwickeln, miteinander interagieren und lernen.
- Die äußeren Lebensbedingungen, das politische und soziale Umfeld der Kinder verändert sich – wie an anderen Schulen auch – mit zunehmender Geschwindigkeit und erfordert neue Lerninhalte und Fertigkeiten.

Aus diesen Punkten ergeben sich die Anstöße, Lernbedingungen zu untersuchen, Verfahren und Materialien zu entwickeln oder bestehende Praxis zu beschreiben. Wie aber sieht die Arbeit innerhalb der Curriculumwerkstatt konkret aus? Welche Arbeitsschritte sind zu durchlaufen, welche Kriterien zu beachten, welche Bedingungen zu berücksichtigen auf dem Weg von den anfänglichen Fragestellungen bis zu den eigentlichen «Produkten»? Und schließlich: Wie ergeht es den Personen, die sich auf eine derartige Arbeit einlassen? Im folgenden wollen wir versuchen, diese Fragen zu beantworten – und zwar anhand eines Beispiels aus dem Fach Englisch. Wir beziehen uns auf die Erfahrungen, die wir gesammelt haben bei der Entwicklung des Curriculums für den frühbeginnenden Englischunterricht (Jg. 3/4) und des «Übergangscurriculums» Englisch (Jg. 5/6), das darauf aufbaut.

Ein Curriculum entsteht

Anlaß

«O nein, nicht schon wieder. Das haben wir doch schon gehabt«, eine Aussage, die wir im Englischunterricht zu Beginn des 5. Schuljahres immer wieder zu hören bekamen, und das, nachdem sich unsere Schülerinnen und Schüler seit dem dritten Schuljahr mit Freude morgens auf Englisch begrüßt, unzählige Male Besucher nach ihrem Namen gefragt, sie interviewt und sich selbst vorgestellt hatten. Mit dem Übergang in die fünfte Klasse machten wir – wider Erwarten – die Erfahrung, daß das mit Stolz vorgeführte Ergebnis dieses Unterrichts, nämlich der Vorsprung der Kinder, die sich bis dahin unbefangen und aussprachesicher mit ihrem beschränkten Wortschatz verständlich machen konnten, ebenso dahinzuschmelzen schien wie bei einigen die Freude und die Motivation für die englische Sprache (vgl. Hollbrügge/Kraaz 1996).

Nun sind mangelnde Motivation und nachlassende Leistungen bei einzelnen Kindern durchaus vertraute Phänomene im Unterricht. Sie werden in der Regel von den Lehrenden wie letztlich auch von den Lernenden als Teil von Schulwirklichkeit hingenommen – Lernen kann eben nicht immer Spaß machen, es können auch nicht immer alle erfolgreich sein. Wie aber, wenn die Prämissen ganz andere sind? Wenn «Wohlsein» von Kindern und Jugendlichen als eines der wesentlichen Ziele pädagogischen Handelns verstanden wird, also die Erhaltung ihrer Neugierde und Lernfreude? Wenn Konsens darüber besteht, daß jedem Kind gerecht zu werden ist, indem ihm erfolgreiches Lernen im Rahmen seiner ganz individuellen Stärken, aber auch seiner «Begrenzungen» ermöglicht wird? Vor diesem Hintergrund konnten die beschriebenen Probleme nicht nur als die der Kinder verstanden werden. Sie waren Problem geworden für uns, die «Schule machen». Da bisher auf herkömmliche, für einen Anfangsunterricht ab Klasse 5 konzipierte Lehrwerke zurückgegriffen werden mußte, sah es vordergründig so aus, als handele es sich bei dem Motivationsverlust und Leistungsabfall lediglich um ein Problem ungeeigneter Unterrichtsmaterialien, das Fehlen eines Lehrbuches, das an den Englischunterricht in Klasse 3 und 4 anknüpfte und darauf sprachlich und methodisch-didaktisch aufbaute. Auch die oft geäußerte Empfehlung, im Lehrbuch das, was an unserer Schule schon in den Jahrgängen 3 und 4 gelernt wurde, einfach zu überspringen bzw. schneller «durchzugehen», führte nicht zur Lösung des Problems. Die Kinder erlebten den Übergang in die Sekundarstufe auch weiterhin als Bruch. Offensichtlich gab es eine konzeptionelle und curriculare Lücke zwischen dem frühbeginnenden Englischunterricht und dem Unterricht in den folgenden Jahrgängen mit seiner eigenen Systematik und seiner Orientierung an «Ernstfall»-Kommunikation (Austausch mit europäischen Partnerschulen in der 8. oder 9. Klasse). Das Bedürfnis, die Probleme zu analysieren, sie zu verstehen und Lösungsmöglichkeiten zu entwickeln, war der Anlaß für unser Forschungs- und Entwicklungsprojekt «Übergangscurriculum für die Jahrgänge 5/6».

Entwürfe

Obwohl sie völlig verschiedene Anlässe, Fragestellungen oder Ziele haben mögen, durchlaufen viele der an der Laborschule entstehenden Forschungsprojekte auf dem Weg zu ihrer Fertigstellung Schritte, die einander sehr ähnlich sind und die im folgenden beschrieben werden. Dafür eignet sich ein bereits abgeschlossenes

Curriculum besser zur Darstellung als eines, das sich noch in der Entwicklung befindet. Unsere Untersuchungen in Jahrgang 5/6 wären nicht zustande gekommen ohne unsere Erfahrungen mit dem Englischunterricht in den Jahrgängen 3 und 4. Für die Initiatoren der Laborschule gehörte der frühbeginnende Englischunterricht zum Bestandteil einer zu verändernden Grundschule. Das «Rahmencurriculum Sprache» aus den Planungsjahren der Schule wies dem Fremdsprachenlernen in der Primarstufe eine hohe Bedeutung zu, enthielt aber lediglich Leitvorstellungen für die Konstruktion noch zu entwickelnder Curriculumelemente (Rieger 1973). Ohne daß konkrete Inhalte vorlagen, mußte der Unterricht beginnen. «Learning by doing» war im wahrsten Sinne des Wortes die Grundlage für den Unterricht der ersten Jahre. Die wenigen zu dem Zeitpunkt auf dem Markt befindlichen Unterrichtswerke wurden auf ihre Übertragbarkeit auf die Laborschulpraxis hin überprüft, Fachliteratur zu Rate gezogen, um die eigene Unterrichtspraxis auf sicherere Füße zu stellen. Welche anderen Versuche dieser Art gab es in Deutschland und anderswo? Wie sahen die Beschreibungen und Auswertungen aus? Was schrieben Sprachwissenschaftler, Linguisten oder Neurophysiologen zu dem Thema? In diesen parallel laufenden Prozessen des Unterrichtens und sich Informierens wurde zunehmend klarer, welche Prinzipien für einen Fremdsprachenunterricht mit kleinen Kindern wichtig waren und wie sie sich methodisch-didaktisch umsetzen lassen könnten. Gleichzeitig entwarfen wir Unterrichtsstunden. Wir probierten vorhandene Materialien auf ihre Brauchbarkeit hin aus, entwickelten eigene Materialien und verbrachten endlose lust- und zeitweise auch frustvolle Stunden mit dem Entwerfen von Arbeitsblättern oder dem Malen von Bildkarten.

Wichtiger noch als die Erstellung und Erprobung von Unterrichtsmaterialien war allerdings die konzeptionelle Entwicklung des Unterrichts. Unsere Aufgabe bestand im wesentlichen darin, eine Fremdsprachendidaktik zu entwickeln, die 8–10jährigen Kindern gerecht werden sollte. Wir mußten Bedingungen schaffen und Unterrichtsabläufe gestalten, die berücksichtigen, daß Kinder im Grundschulalter stärker gegenständlich als abstrakt lernen; daß ihre Konzentrationsfähigkeit begrenzter ist als die älterer Kinder und ihr Bewegungsdrang größer; daß ihre noch vorhandenen Unsicherheiten in der Schriftsprache diese als Vermittlungstechnik nur eingeschränkt zuläßt. Gleichzeitig sollte der Unterricht über die reine Vermittlung von Sprachkompetenz die Entwicklung von Einstellungen und Verhaltensweisen bewirken, die den Grundprinzipien der Laborschule entsprachen. Wir mußten also beobachten, welche Formen des Unterrichts sich am besten eigneten, um ihre Fähigkeit zu fördern zusammenzuarbeiten, sich gegenseitig zuzuhören und zu helfen. Die regelmäßigen und intensiven Gespräche über die Erfahrungen, die wir im Unterricht machten, waren wesentlicher Bestandteil unserer Arbeit.

Vermittlung

Dieser persönliche Austausch während der Entwicklung von Curricula ist wichtig und dient der nicht zu unterschätzenden Aufgabe, den beteiligten und betroffenen Personen angemessen zu vermitteln, was passiert. Da die Forschungsprojekte in direkter Beziehung zum Schulalltag stehen und häufig Auswirkungen auf diesen haben, sind die Schülerinnen und Schüler die wichtigsten Personen des Projektgeschehens. Dabei wird in vielen Fällen kaum Erklärungsbedarf bestehen. Denjenigen, die im 3. Schuljahr mit Englisch oder im 5. Schuljahr mit Latein oder Französisch beginnen, ist es nicht wichtig zu wissen, daß ihr Verhalten den forschenden Erwachsenen wichtige Informationen darüber liefert, wie jüngere Kinder eine Fremdsprache lernen. Wenn dagegen in einem 6. Schuljahr nicht mehr mit dem Französischbuch gearbeitet wird, das der letzte Jahrgang noch benutzt hat, wenn Neuntkläßler nachfragen, was denn ein dreiwöchiger Schüleraustausch in Finnland mit ihren Englischkenntnissen zu tun haben soll, oder wenn Jungen einen bestimmten Kurs nicht wählen können, weil er nur Mädchen vorbehalten ist, dann ist es notwendig, Begründungen zu geben. Nicht selten lösen die Erklärungen interessante Diskussionen aus, in denen das Bewußtsein über die Besonderheiten dieser Schule wächst. Die Eltern sind ein weiterer, gelegentlich schwerer zu überzeugender Kreis von Personen, die über laufende Forschungsvorhaben informiert sein müssen. Den meisten ist durchaus bewußt, daß sie ihre Kinder an eine Schule geschickt haben, die nicht nur anders ist, sondern die sich auch verändert. Trotzdem verlangt es ihnen viel ab, diese Veränderungsprozesse mitzutragen und zu unterstützen, weil ihre Vorstellungen von dem, was Kinder «normalerweise» in der Schule tun und lernen müßten, sich auf die eigenen Schulerfahrungen stützen. Es ist für einige verunsichernd, wenn ihre Kinder nicht zum «erwarteten» Zeitpunkt das kleine Einmaleins oder die deutschen Rechtschreibregeln beherrschen, weil ihnen die Zeit zugestanden wird, sich individuell zu entwickeln, oder wenn das Schulbuch ersetzt wird durch Mappen mit losen Blättern, die Bestandteil eines in der Entwicklung befindlichen Curriculums sind. Nur durch intensiven Austausch ist das Vertrauen aufzubauen, daß ihre Kinder durch neue Unterrichtspraktiken oder -materialien nicht als Versuchskaninchen mißbraucht werden.

Aber nicht nur Eltern und Schüler fordern schon während des Prozesses Informationen und Begründungen über die laufenden Projekte. In besonderem Maße sind es Kolleginnen und Kollegen, die ständig einbezogen werden müssen, um die Arbeit mitzutragen. Während der Erprobungsphase neuer Curriculumelemente sind diese noch nicht festgeschrieben und in der Regel auch noch nicht so dokumentiert, daß sie für andere nutzbar wären. Und so müssen sie denn Lehrerinnen und Lehrern, die neu hinzukommen oder die fachfremd unterrichten, immer wieder mündlich beschrieben werden. Dieses Berichten darüber, wie wir etwas machen, welche Hilfsmittel wir einsetzen, wie wir unser Vorgehen begründen und welche Ergebnisse wir uns erhoffen, ist ein wichtiger Prozeß innerhalb unserer Untersuchungen. Wir erhalten dadurch Rückmeldungen über die Qualität unserer Darstellungsformen. Reichen die Skizze, die schematische Darstellung einer Unterrichtssequenz, die Beispiele von Schülerarbeiten aus, um der jeweiligen Kollegin zu ermöglichen, die gewünschte Lernsituation aufs neue herzustellen? Oder sind umfangreiche Zusatzerklärungen und anschauliche Beschreibungen nötig, um den Vorgang nachvollziehbar zu machen? In diesen Interaktionen werden wertvolle Informationen gesammelt, die die zukünftige Dokumentation der jeweiligen Curricula entscheidend beeinflussen.

Evaluierung

Klassische Versuchsanordnungen lassen sich klar gliedern: Eine Hypothese wird aufgestellt, ein Versuch wird durchgeführt, das Ergebnis wird gemessen, die Daten werden ausgewertet und die Ausgangsaussage wird anhand der Resultate als richtig oder falsch erkannt. Die Bestätigung oder Verwerfung der anfänglich aufgestellten Hypothese hat ihren festen Platz erst am Ende des Versuchsablaufes und beeinflußt diesen vorher nicht. An der Laborschule sehen Versuche anders aus; denn sie ist trotz ihres Namens eben kein sozialwissenschaftliches «Labor», sondern im Gegensatz zu anderen wissenschaftlichen Einrichtungen ein Ort, in dem Erkenntnis durch Handeln gefunden wird. Wir hatten unsere Vorstellungen von Englischunterricht in der Primarstufe in einem ersten Durchgang erprobt. Dabei war es unser Ziel herauszufinden, welche der von uns ausgewählten Inhalte und Methoden brauchbar waren, d. h. zu dem von uns gewünschten Ergebnis führten. Wichtige Kriterien für das, was wir als «wert» empfanden, beizubehalten und weiterzuentwickeln, waren, daß die Kinder Spaß am Unterricht hatten und motiviert bei der Sache waren und daß alle – trotz ihrer unterschiedlichen Fähigkeiten zu lernen – individuelle Fortschritte machten und diese auch als persönlichen Erfolg erlebten. Die «Instrumente», deren wir uns bedienten, um etwas als gelungen oder mißlungen zu bezeichnen, waren unsere eigenen Beobachtungen und Anmerkungen zum Unterrichtsverlauf, vor allem aber der Austausch untereinander. Wir hatten herauszufinden, ob die Ursachen für unterschiedliche Erfahrungen bei gemeinsam geplantem Unterricht in methodisch-didaktischen Vorentscheidungen, in der Durchführung des Unterrichts selbst oder gar in falsch formulierten oder unrealistischen Zielvorstellungen lagen, ob das, was wir als gelungen angesehen hatten, sich auch unter veränderten Bedingungen wiederholen ließ, nämlich mit anderen Kindern in anderen Gruppen, mit anderen Unterrichtenden und ihren persönlichen Unterrichtsstilen, unter anderen räumlichen Bedingungen oder zu anderen Zeiten innerhalb des Schultages. Die dabei gewonnenen Erkenntnisse flossen in die Überarbeitung des Curriculums mit ein. Einzelne Unterrichtsschritte oder auch ganze Sequenzen sowie Unterrichtsmaterialien wurden verworfen, ergänzt, ausgetauscht oder neu entwickelt. Interaktionsformen wurden kritisch auf ihre Wirkungen hin untersucht und gegebenenfalls verändert. Evaluation ist also ein ständiger, sich wiederholender Prozeß in Untersuchungen, wie sie an der Laborschule durchgeführt werden, und wirkt sich auf diese verändernd aus. Im Laufe dieses Prozesses stellt sich zunehmend das Gefühl «einer in sich stimmigen und mit den Zielen der Schule besonders gut übereinstimmenden Praxis ein. Diese wird dann auf der Ebene sequenziell geordneter und kommentierter Curriculumelemente und Erfahrungsberichte beschrieben und auf diese Weise öffentlicher Kritik und Reflexion zugänglich» (Döpp 1997).

Festschreibung und Öffentlichkeit

Hentig schreibt, er habe auf die Frage «Was sind die Ergebnisse?» in der Regel geantwortet: «Die Schule selbst ist das Ergebnis. Sehen Sie sie sich an» (von Hentig 1995, S. 39). Da viele dieses Angebot nicht wahrnehmen können, muß die Laborschule ihre Praxis und ihre Einsichten dokumentieren, um sie verfügbar zu machen. Aber nicht nur der Auftrag, nach außen zu wirken, verlangt die Festschreibung von Arbeitsergebnissen. Auch innerhalb der Schule entsteht der Bedarf nach Aufgeschriebenem. Über die Rolle des mündlichen Erfahrungsaustauschs ist bereits ausführlich geschrieben worden. Er ist zeitaufwendig, auf die Dauer auch ermüdend, und erlaubt keine von den am Projekt beteiligten Personen unabhängige Verbreitung. Festschreibung ist also auch notwendig als Schritt des «Abgebens». Es klingt so notwendig und einfach: Wir entwerfen unterrichtliche Szenarien und Materialien, um bestimmte Lernerfolge zu erreichen, wir überprüfen sie in der Praxis, modifizieren sie, wo es nötig erscheint, und schreiben sie auf, um sie weitergeben zu können. In Wirklichkeit aber ist das endgültige Festhalten der gewonnenen Erkenntnisse oft ein eher qualvoller Vorgang. Während die einen an einen Punkt gelangt sind, an dem sie ihre Untersuchungen als abgeschlossen betrachten, bedeutet die Festschreibung für andere eine Zäsur, die einen vorläufigen Schlußpunkt setzt in einem Prozeß, der immer noch Möglichkeiten für weitere Erkenntnisse in sich birgt. Für alle aber stellt sich die Frage, wie die Ergebnisse ihrer Forschungsarbeit angemessen dargestellt werden können. «Praxisnähe kann anregend sein, wenn sie in der Darstellungsform noch durchscheint: Ein gebundener Packen von Arbeitsblättern reicht so wenig wie ein in dürren Worten abgefaßter Literaturbericht, ein Theorie-Referat ebenso wenig wie die pure Projekt-Erzählung» (Lenzen 1992, S. 75). Die Entscheidung darüber, wie die zu dokumentierenden Inhalte schließlich präsentiert werden – ob in Form von Aufsätzen, Berichten oder Erzählungen, Filmen oder Bildermappen, Lehrerhandreichungen oder Materialsammlungen oder eben aus einer Mischung verschiedener Elemente – diese Entscheidung hängt von einer Reihe von Kriterien ab, die sich nicht immer klar voneinander trennen lassen:

- *Von wem wird das Produkt benutzt werden?*
  Das können Lehrerinnen und Lehrer sein, die Ideen oder Hilfen für ihren Unterricht brauchen, Schulleiter, die ihre Elternschaft von Reformen an der eigenen Schule überzeugen wollen, Studenten in der Lehrerausbildung oder eine allgemein pädagogisch interessierte Öffentlichkeit.
- *Wo soll das Produkt verwendet werden?*
  Besonders wenn es sich um unterrichtsbezogene Produkte handelt, muß die Art der Darstellung eine Übertragbarkeit auf die Bedingungen an Regelschulen ermöglichen. Unterrichtsaktivitäten, die an der Laborschule in 60-Minuten-Stunden in altersgemischten Gruppen von 20 Kindern innerhalb des Pflichtunterrichts entwickelt wurden, müssen sich unter Umständen an anderen Schulen in kürzeren Unterrichtsstunden mit größeren Gruppen gleichaltriger Kinder im Rahmen einer Arbeitsgemeinschaft durchführen lassen.
- *Was soll mit der Dokumentation bezweckt werden?*
  Soll das Produkt hauptsächlich über Abläufe oder Gegebenheiten informieren oder sie veranschaulichen, soll es der Verbreitung neuer Erkenntnisse dienen, zur Diskussion auffordern, Probleme darstellen, oder ist es zum direkten Gebrauch im Unterricht bestimmt?

Zu der Zeit, als die Entscheidung fiel, den Englischunterricht in den Jahrgängen 3 und 4 zu dokumentieren, war er an der Laborschule bereits seit langem gut etablierte Praxis. Für uns war die Vorstellung, das, was in vielen Jahren an Materialien und Unterrichtsanleitungen entstanden war, in eine angemessene Form zu bringen, zunächst erschreckend. Aber sowohl im Interesse der Kontinuität innerhalb der Schule als auch unter dem Eindruck einer stärker werdenden Nachfrage an anderen Grundschulen sollte das, was vorzeigbar war, nun auch nachlesbar werden. Das Curriculum sollte nicht nur laborschulintern, sondern auch an Regelschulen durchführbar sein. Beschreibungen eines Unterrichts, dem dreimal wöchentlich 30 Minuten in Jahrgang 3 und 60 Minuten in Jahrgang 4 zur Verfügung standen, mußten also übertragbar gemacht werden auf die zur Zeit noch sehr unterschiedlichen Bedingungen an Grundschulen (z. B. Englisch integriert in Gesamtunterricht, geringere Zeitzuweisungen, kürzere Unterrichtsstunden). Die Darstellung des Curriculums mußte ebenfalls berücksichtigen, daß es Englischlehrer und -lehrerinnen an der Laborschule gibt, die über keine Primarstufenerfahrung verfügen, und umgekehrt Lehrerinnen und Lehrer im Primarbereich der Regelschulen, die fachfremd Englisch unterrichten werden. Dementsprechend unterschiedliche, aber auch differenzierte Anleitungen waren erforderlich. Den Unterrichtenden sollten soviel Vorgaben wie nötig, aber gleichzeitig auch soviel Spielraum wie möglich geboten werden. In einem mühevollen Prozeß wurde aus all diesen Überlegungen ein Produkt: Es entstanden Lehrerhandreichungen in Form einer Lose-Blatt-Sammlung von flexibel einsetzbaren und sehr ausführlich beschriebenen kleinen Lernschritten, aus denen sich nach dem Baukastenprinzip Unterrichtssequenzen unterschiedlichster Länge zusammenstellen ließen. Die dazugehörigen Arbeitsmaterialien für die Kinder wurden in Form von Workbooks zusammengefaßt (vgl. Kraaz 1991/1993). Die Möglichkeiten, das, was an der Laborschule geschieht, zu beschreiben und einer breiteren, interessierten Öffentlichkeit vorzustellen, sind vielfältig. Ein Teil der Produkte erscheint in der schuleigenen Buchreihe («Impuls») oder in der Reihe für »graue« Papiere («Werkstatthefte»). Filme über die Laborschule und als besonders gelungen erlebte Projektvorhaben entstehen. Darüber hinaus veröffentlichen Projektgruppen ihre Aufsätze in Fachzeitschriften oder Buchverlagen. Die Publizierung wiederum bewirkt oft, daß Kolleginnen und Kollegen zu Vorträgen eingeladen werden, daß sie Lehrerfortbildungsveranstaltungen leiten oder im Rahmen von Lehraufträgen an der Universität Seminare abhalten.

Ausblick

«O nein, das haben wir doch schon gehabt!» – unsere Ausgangssituation also könnte sich in ähnlicher Weise an jeder beliebigen Schule abgespielt haben. Wie bei uns ist es den engagierten Lehrerinnen und Lehrern dort ein Anliegen, bei auftretenden Schwierigkeiten zu intervenieren, Materialien und Unterrichtsabläufe zu verändern, um optimale Lernbedingungen zu schaffen. Sie tun dies allerdings in einem Rahmen von festgelegten Bedingungen und vorgegebenen fachlichen Zielsetzungen. Wir haben dargestellt, wieviel weiter der Rahmen an der Laborschule gesteckt ist, in dem Veränderungen möglich sind. Oft werden wir um die Freiräume, die wir zur inhaltlichen und methodischen Gestaltung unseres Schulalltags haben, von Kolleginnen und Kollegen anderer Schulen beneidet. Sollten die Empfehlungen der Bildungskommission NRW auch nur in Ansätzen realisiert werden, wird für Neid demnächst kaum noch Anlaß sein. Von «eigenständiger pädagogischer Gestaltung der einzelnen Schule» ist dort die Rede, von «Gestaltungsfreiheit und Selbstverantwortung der Einzelschule in der Ausgestaltung des Lernangebotes» (Bildungskommission NRW, 1995). Jede Schule also eine Curriculumwerkstatt im kleinen? So verlockend der Gedanke auf den ersten Blick erscheinen mag, mit den geplanten Spielräumen verbinden sich auch neue Verpflichtungen: «Dem Zuwachs an Gestaltungsrechten muß eine Verpflichtung der Schulen zur Planung, Evaluation und Weiterentwicklung ihrer Arbeit und zur Rechenschaftslegung gegenüber Dritten entsprechen» (ebenda, S. 160). Curriculumarbeit ist ein spannender Prozeß. Es ist durch unsere Beschreibungen aber auch deutlich geworden, daß es ebenfalls ein zeit- und kraftaufwendiger Prozeß ist. An der Laborschule finden wir Unterstützung durch die Kooperation mit wissenschaftlichen Mitarbeitern, werden über bestimmte Zeiträume von einem Teil unserer Unterrichtsverpflichtung entlastet. Dies reicht jedoch bei weitem nicht aus, und so sind wir uns bei der Beantragung von Forschungsprojekten jedesmal aufs neue bewußt, daß wir ein hohes Maß an zusätzlicher Kraft und eigener Zeit investieren werden, um ein Vorhaben durch alle Arbeitsschritte hindurch zu einem «veröffentlichungsfähigen» Produkt zu bringen. «Die Rahmenregelungen zur Arbeitszeit (...) sollen neben den Unterrichtsverpflichtungen und den unterrichtsbegleitenden Arbeitsanteilen auch die Wahrnehmung anderer schulbezogener Aufgaben (...) berücksichtigen» (ebenda S. 331 ff.) – ob diese Empfehlung tatsächlich ausreicht, an den sich reformierenden Schulen die nötigen Mittel und Personen freizusetzen, bleibt zu hoffen. Um das «Haus des Lernens» einzurichten, wird man nicht nur größere pädagogische Freiräume brauchen, sondern auch ein materielles Budget, das den «Innenarchitekten» eine angemessene Ausgestaltung ermöglicht. Und nicht zuletzt wird man Zeit brauchen. «Will man eine Schule im Ganzen gut machen, braucht man wenigstens 20 Jahre – eine ganze Lehrergeneration» (von Hentig 1965, S. 51).

Rückfragen

Wiltrud Döpp, Gerhild Schulz

Wo kommt der Schwung her? Auch Lehrerinnen und Lehrer an der Laborschule werden älter

Es gibt «gute – und durchaus ganz eigensüchtige – Gründe für die Kollegien, die ‹in die Jahre gekommen sind›, sich pädagogisch in Bewegung zu halten», so empfiehlt Klaus-Jürgen Tillmann (1994b, S. 5) der Pädagoginnengeneration von 40- bis 50jährigen. Diese Empfehlung gilt unserer Meinung nach erst recht für das Kollegium der Laborschule, zu dessen Aufgaben es gehört, pädagogisch in Bewegung zu bleiben und pädagogische Bewegungen auszulösen. Das Durchschnittsalter des Kollegiums beträgt inzwischen 47,5 Jahre. Auffällig oft werden in den letzten Jahren irritierende Erfahrungen, die Veränderungen gegenüber gewohnten Erwartungen anzeigen, auf das «Alter» des Kollegiums geschoben. Engagierte Konferenzteilnahme oder verantwortliches Mitdenken in bezug auf allgemeine oder schulpolitisch übergreifende Fragestellungen lassen zu wünschen übrig. Schnell, vielleicht allzu schnell, heißt es: «Wir werden eben alt.» Vor diesem Hintergrund hat unser Beitrag eine doppelte Funktion. Zum einen will er einen internen Klärungsprozeß anregen und der Selbstvergewisserung des Kollegiums dienen: Sind wir als Kollegium pädagogisch noch in Bewegung? Was hält uns in Bewegung? Woher kann reformerischer Schwung auch noch im Alter kommen? Zum anderen gehen wir auf die allgemeine Diskussion um die Lehrerarbeit ein und versuchen dabei, sowohl die Unterschiede zwischen unserer Versuchsschulsituation und der anderer Kollegien sichtbar zu machen als auch nachzufragen, welche Anregungen wir aufgrund unserer internen Erfahrungen «nach draußen» weitergeben können. Dies sind freilich auch Fragen an Personen. Der Prozeß des Alterns und die Verarbeitung biographischer Erfahrungen läßt sich von ihnen nicht ablösen. Darum kommen in unserem Beitrag auch Personen zu Wort – nämlich wir Autorinnen selbst.

Lehrerarbeit – Halbtagsjob oder Streßberuf?

Lehrerinnen und Lehrer stehen, wie kaum ein anderer Beruf, im Blickpunkt der Öffentlichkeit. Jeder kennt Lehrer, jeder hat mit Lehrerinnen in seinem Leben zu tun gehabt, sei es als Schüler, als Eltern, als Nachbar oder als Kollege (Flitner 1990, S. 18). In der Öffentlichkeit aber hat dieser so bekannte Beruf kein gutes Image. Er wird als Halbtagsjob angesehen: Lehrerinnen und Lehrer haben angeblich dauernd Ferien und viel mehr Zeit, ihren Hobbys nachzugehen, als Menschen in anderen (akademischen) Berufen (Ulich 1996, S. 18). Nachweislich handelt es sich bei solchen Vorstellungen um öffentliche Vorurteile. Dies zeigen wissenschaftliche Untersuchungen zur Lehrerarbeit, die sich vor allem drei Schwerpunkten widmen: Sie analysieren das Profil des Lehrerberufes; sie untersuchen die realen Belastungen in verschiedenen Bereichen des Berufshandelns (altersbezogen, schulstufenbezogen, geschlechtsbezogen); sie entwickeln Vorschläge zur Reduktion von Belastungen im Lehrerberuf. Die Arbeitszeit der Lehrerinnen und Lehrer ist solchen Untersuchungen zufolge durchaus mit der anderer Berufe vergleichbar, sie geht sogar darüber hinaus. Untersuchungen zur Lehrerarbeitszeit schwanken in ihren Angaben zwischen 45 und 55 Stunden pro Woche (vgl. Kischkel u. a. 1984; Schönwälder 1989, S. 12). Außerdem weisen die Untersuchungen der letzten Jahre darauf hin – auch dies im Gegensatz zum öffentlichen Vorurteil –, daß die Belastungen im Lehrerberuf beständig zunehmen. Viele Lehrerinnen und Lehrer fühlen sich «ausgebrannt»; Frauen erfahren dabei häufiger Streß als Männer. Terhart u. a. ordnen die Hauptbelastungen der Lehrerinnen verschiedenen Bereichen zu (1993, S. 235 ff.): 50,3 % sind der *Organisationsstruktur* zuzuordnen. Damit sind tägliche

Organisationspflichten, u. a. Aufgabenvielfalt, schlechte räumliche Ausstattung, Zeitdruck und Lärm gemeint (Ulich 1996, S. 82 f.). Mehr als die Hälfte der Belastungen kommen aus dem Bereich der *sozialen Beziehungen*, der Beziehungen zu den Schülerinnen und Schülern, den Kolleginnen und Kollegen, den Eltern und auch zu der Schulaufsicht. Schulstufenbezogen zeigt die Untersuchung, daß sich Lehrkräfte an Grundschulen am stärksten (über 50 %), Lehrkräfte an Gymnasien am wenigsten (etwa 30 %) durch schülerbedingte Belastungen betroffen fühlen. An Haupt- und Realschulen fühlen sich mehr Lehrerinnen (70 %) als Lehrer (45 %) durch das Verhalten der Jugendlichen belastet (Terhart u. a. 1993, S. 236). Belastungen durch *methodisch-pädagogische Probleme* geben 43,8 % aller befragten Lehrerinnen und Lehrer an. Darunter fallen auch die Probleme der Benotung und Korrektur. Auch dieser Bereich belastet Frauen mehr als die Männer (abgesehen von der Grundschule). Vom Burnout-Syndrom betroffen sind insbesondere die älteren Kolleginnen. In der Untersuchung von Terhart u. a. (1993, S. 87 ff.) geben über 80 % der 55- bis 60jährigen Lehrerinnen an, weniger belastbar zu sein; bei den 30- bis 35jährigen empfindet nur ein Drittel eine sinkende Belastbarkeit. Sind diese Strukturen auch für unser Kollegium typisch? Werden Belastungen von Älteren, insbesondere von den Kolleginnen, besonders stark empfunden? Was bedeutet das für eine Versuchsschule, deren Aufgabe es doch ist, in Bewegung zu bleiben?

Die Laborschule und der Schwung der Reformen: Entwicklungslinien und Veränderungen

Manche der genannten Arbeitsplatzprobleme finden sich auch an der Laborschule, z. B. das Problem der Aufgabenvielfalt, des Zeitdrucks, der räumlichen Enge, und natürlich gibt es auch dort schülerbedingte Belastungen, die immer wieder zu Gefühlen von Überanstrengung und Streß führen. Zwischen den Handlungsbedingungen an Regelschulen und denen an der Laborschule besteht jedoch ein wichtiger Unterschied. Er ergibt sich aus der generellen Erwartung an alle Lehrerinnen und Lehrer der Laborschule, die eigene Situation permanent zu verändern, so daß sie zu einer stimmigen und menschlich befriedigenden Lebensform für Kinder *und* Erwachsene wird. Neben einem eigens ausgewiesenen Forschungsdeputat, das Zeit zum Nachdenken und zur kritischen Reflexion der eigenen Erfahrungen gewähren soll, dient dieser Aufgabe ein aufwendiger Konferenzbetrieb. Der Umgang damit hat sich jedoch im Laufe der Jahre deutlich verändert. Während in den Anfangsjahren unermüdlich und engagiert in den dafür vorgesehenen Konferenzen diskutiert wurde, steht gegenwärtig der für die «Alten» im Kollegium früher so wichtige Konferenzbetrieb nicht besonders hoch im Kurs. Er wird trotz der Möglichkeiten, die er eröffnet, vorwiegend als belastend und stressig erlebt. Wichtige reformstrategische und schulpolitische Beratungen, etwa zum neuen Strukturplan (unter Sparbedingungen), finden in einer Atmosphäre merkwürdiger Leidenschaftslosigkeit und Indifferenz statt. Die Großkonferenzen – die Lehrerkonferenz und die Pädagogische Konferenz – sind eher lustlos besuchte Pflichtveranstaltungen geworden. Die Suche nach Mitgliedern für die Schulkonferenz oder nach Verantwortlichen für Koordinationsaufgaben gestaltet sich oft sehr mühsam. So entfällt zunehmend das Element öffentlichen Konfliktaustrages und konsensuellen Handelns, für das die Laborschule lange Jahre berühmt, wenn nicht gar berüchtigt war. Wir meinen nun, daß solche resignativ wirkenden Veränderungen des Reformengagements nicht unbedingt auf die zunehmende «Vergreisung» des Kollegiums zurückzuführen sind, sondern andere Ursachen haben, denen wir im folgenden genauer nachgehen wollen.

Eines stimmt: Das Kollegium der Laborschule ist tatsächlich alt, d.h., das Verhältnis der Generationen zueinander ist asymmetrisch. Der Kreis der «Alten», die in den ersten fünf Jahren die Konzeption der Laborschule erarbeitet und die damit einhergehenden Auseinandersetzungen und Krisen miterlebt haben, umfaßt gegenwärtig 28 Personen, also etwa ein Drittel des Kollegiums. Zum Kreis der «Jungen», die unter 40 sind und in den letzten fünf Jahren an die

Schule kamen, gehören lediglich vier. Die Mehrheit kam seit Mitte der 80er Jahre nach und nach an die Laborschule und bildet die große Gruppe der heute zwischen 40- und 50jährigen. Diese Asymmetrie zwischen den Generationen hat Folgen. Unserer Meinung nach lassen sich die noch bis Ende der achtziger Jahre leidenschaftlich und öffentlich ausgefochtenen «großen» Diskurse zwischen den «Rechten» und «Linken» des Kollegiums (vgl. Lehrergruppe Laborschule 1977) auf unterschiedliche Handlungsorientierungen zurückführen, die reformerischen Anliegen unterschiedlicher Pädagogengenerationen entstammen. Zwischen den Fraktionen gab es etwas auszuhandeln: Der bildungsreformerische Anspruch kritischen und solidarischen Handelns im Interesse sozialer Gleichberechtigung und der reformpädagogische Anspruch, die individuelle Besonderheit jedes einzelnen Kindes ernst zu nehmen und fürsorglich zu schützen. Die prinzipielle Unabweisbarkeit beider Ansprüche gab dem öffentlichen Konfliktaustrag seine überpersönlich-gesellschaftliche Bedeutung, dem «Generationen»konflikt mithin seine innere Notwendigkeit und gesellschaftliche Berechtigung. Aufgrund der ideologischen Einbettung beider Positionen hatten die damaligen Fraktionskämpfe freilich auch eine strategische und aggressiv-verletzende Dimension, die hinter sich zu wissen alle «Alten» im Kollegium natürlich auch froh sind. Nach der – finanzpolitisch motivierten – Stillstellung des Generationenkonflikts in den Schulen entfällt jedoch das Moment öffentlicher Selbstlegitimation, das insbesondere die «Jungen» den «Alten» immer wieder abverlangt haben, wodurch sie historische Veränderungen und reformerischen Elan bewirkten. Die kleine Gruppe der «Jungen» bzw. relativ «Neuen» im Kollegium verspürt zwar des öfteren Unbehagen angesichts des festgeklopften Reformprofils, vieler ungelöster Alltagsprobleme und der unveränderbar erscheinenden Kooperations- und Kommunikationsstrukturen an der Laborschule. Für viele erscheint die Schere zwischen reformpädagogischem Anspruch und «schmuddeliger» Alltagspraxis zu groß. Sie wird als anstrengend und tendenziell überfordernd empfunden. Als Gruppe besitzen die «Jungen» jedoch nicht die innovative Kraft, ihren Unmut konstruktiv zu wenden und mit eigenen Zielvorstellungen und Initiativen gegen die von den «Alten» geprägten Konzepte und Strukturen anzugehen. Das mag auch daran liegen, daß es diese Generation sehr viel schwerer hat, das eigene reformerische Engagement inhaltlich zu füllen. Nach den weitgehend vom «linken» Zeitgeist getragenen und per Gruppenzugehörigkeit legitimierten Positionen der 68er Generation wird von der nachfolgenden Generation verlangt, die eigenen Handlungsorientierungen in Kritik und Auseinandersetzung mit reformpädagogischen bzw. bildungsreformerischen Theorietraditionen selbst zu begründen – und zwar als Einzelperson und auf der Grundlage der eigenen praktischen Erfahrungen und Ansprüche. Die darauf in der Regel nicht angemessen vorbereitende, sondern ihrerseits an veralteten Ausbildungszielen orientierte Lehrerbildung stattet ihre Lehramtsstudentinnen und -studenten jedoch nicht mit den nötigen Fähigkeiten und Kenntnissen aus, um den Prozeß der eigenen Erfahrungsverarbeitung kompetent und selbstbewußt gestalten und verantworten zu können (Hänsel 1995, S. 116).

Der Wegfall der großen öffentlichen Diskurse und das relativ gleichgültig-unpolitische Agieren im Kreise des Kollegiums muß vor diesem Hintergrund also nicht unbedingt als Indiz für das Alt- und Schlappwerden dieses Kollegiums verstanden werden, er kann auch als Ausdruck der gewandelten beruflichen und gesellschaftspolitischen Handlungsbedingungen von Lehrerinnen und Lehrern gelten. Auch auf sie schlägt offensichtlich der Zeitgeist durch, der heute relativ unpolitisch, aktionslos, krisengelähmt und durch den Wegfall der großen gesellschaftspolitischen Kontroversen seit 1989 geprägt ist. Diese internen und externen Handlungsbedingungen müssen von allen Betroffenen gleichermaßen in die Analyse miteinbezogen werden, sollen sie sich nicht lähmend auf das ganze Kollegium legen und die einen den guten alten Zeiten hinterhertrauern und die anderen sich verbittert und verzagt ins gänzlich Private zurückziehen lassen. Das im Kreise des Kollegiums individuell nach wie vor glaubhaft bezeugte reformerische Engagement geht andere Wege, um wirksam zu sein – so die zentrale These unseres Beitrages. Heutige Reformerinnen und Reformer an der Laborschule sind ganz offensichtlich nicht mehr in gleichem Maße wie früher an einer Verortung ihrer Positionen in übergreifenden bildungspolitischen Kontroversen interessiert, und es geht ihnen auch nicht mehr in erster Linie um Partizipation an übergreifenden schulpolitischen Entscheidungsprozeduren. Ihr Interesse setzt an den eigenen, überschaubaren Arbeitsbedingungen an und ist darauf gerichtet, die eigene Arbeitskraft und das eigene Engagement unter den zunehmend anstrengender – siehe Sparerlaß – und diffuser werdenden Bedingungen zu erhalten. Die Gültigkeit der beiden während der Aufbauphase der Laborschule ausgehandelten Prinzipien «soziale Gerechtigkeit» und «Schutz der individuellen Besonderheit der einzelnen Person» steht dabei nicht in Frage. Sie muß in der jetzigen Phase des Reformprozesses nicht ständig neu bestätigt werden, sondern ist im integrativen Anspruch der Laborschulpädagogik fest verankert. Fast ließe sich also von einer Umkehr sprechen: Gingen die beruflichen Selbstdefinitionen der Lehrerinnen und Lehrer der Laborschule früher den Weg vom Prinzipiellen und Allgemeinen zum Besonderen, so gehen sie gegenwärtig eher den umgekehrten Weg vom Besonderen zum Allgemeinen – und zwar oft, ohne dies Allgemeine am Ende noch näher bestimmen zu wollen.

Die ersten Ergebnisse einer standardisierten Untersuchung interner Kooperations- und Kommunikationsstrukturen (Liermann 1996) bestätigen diese Aussagen. Ihr zufolge setzen die meisten Kolleginnen und Kollegen der Laborschule auf den individuell zu gestaltenden und zu verantwortenden eigenen Arbeitsbereich und suchen ihn durch persönlich befriedigende und anregungsreiche Teamarbeit oder Mitarbeit in selbstgewählten Aktions- oder Forschungsgruppen zu verändern. Besonders für die Mitarbeit in der Wissenschaftlichen Einrichtung gibt es gegenwärtig Engagement und eine Bereitschaft zur Mehrarbeit, die nur aufbringt, wer tatsächlich etwas will: Das Reformprofil der Schule ist im großen und ganzen ausgearbeitet und wird wohl auch unter Sparbedingungen «irgendwie» gerettet werden, aber die Weiterarbeit an den eigenen Reformvorstellungen wirkt vor dem Hintergrund der Anstrengungen, Brüche und Widersprüche im Alltag der Reformschule wie ein Handlungsimperativ, der keinen Aufschub duldet. Die angestrebte, erweiterte Praxiskompetenz soll dabei auf ihre Weise der Reform dienen: In einer «Schule für alle Kinder, die dies mit guten Gründen bleiben will, muß zwangsläufig die Frage immer entscheidender werden, ob der damit einhergehende hohe Anspruch für jedes einzelne Kind oder jeden Jugendlichen, für jedes Mädchen oder jeden Jungen, für jede/n langsam oder schnell lernende Schülerin oder Schüler im Alltag der Schule tatsächlich eingelöst wird» (Lenzen/Tillmann 1996). So ist aus Sicht der Lehrerinnen und Lehrer gegenwärtig Genauigkeit angesagt: im Hinsehen und in der Beurteilung und Entwicklung der eigenen Reformarbeit. Unserer Ansicht nach eröffnet dieser praxisbezogene Weg eine neue und weitreichende Reformperspektive: Das Interesse an der Selbstevaluation der eigenen Praxis dient der Sicherung und Stärkung der eigenen reformerischen Ansprüche.

Biographische Selbstreflexionen: zwei Lehrerinnen befragen sich selbst

Wiltrud Döpp: Ich bin seit 1974 an der Laborschule und gehöre damit zu den «Alten», für die die langen Jahre der Laborschulmitarbeit und die damit verbundenen Such- und Irrwege die prägende berufliche Erfahrung darstellen. Mein Wunsch, an die Laborschule zu kommen, entsprang einerseits meinem reformerischen Engagement – ich war vorher in Modellversuchen in Hessen tätig –, andererseits der Möglichkeit, noch weiter gehend als dort meine eigenen pädagogischen Erfahrungen machen und meine eigenen Wege gehen zu können. Das konnte ich auch – anfangs in einer Weise, die mich oft an mir selbst und meinen eigenen Möglichkeiten zweifeln ließ: Eine mit der eigenen Person stimmige Pädagogik zu entwikkeln, die ihre Wirksamkeit und Überzeugungskraft ausschließlich den Ansprüchen und Möglichkeiten der eigenen Person verdankt, setzt einen Akt persönlicher Selbstbefragung in Gang, der irritierend und oft überfordernd wirkt. In den Anfangsjahren mußte ich ihn – wie alle anderen auch, die nach dem frühen Scheitern gruppendynamischer Experimente auf sich selbst gestellt waren – weitgehend allein gehen; im solidarischen Dialog mit einigen Kolleginnen gab es allenfalls die Möglichkeit der Spiegelung und damit der Bestätigung eigener Erfahrungen.

Die doppelte Aufgabe, sich als Lehrerin an der Laborschule selbst noch einmal hervorzubringen und darüber dann im Kreise des Kollegiums zu einer Person zu werden, auf die es u.a. auch ankam bzw. ankommen sollte, hat mich oft angestrengt – aber es war eine Aufgabe, an der ich in der Zeit der großen Kontroversen nicht vorbeikam: Zu machtbewußt war das öffentliche Agieren der «Fraktionen» und zu machtbedroht darum der eigene Weg. Wenn ich an die eigenen kämpferischen Momente, Aufregungen, Anstrengungen, endlosen Sitzungen und insbesondere an die Selbstverständlichkeit denke, mit der ich dies alles damals auf mich genommen habe, so wird mir der Abstand zwischen Jungsein – und das hieß für mich: auf dem Weg sein und sich dabei meist über Gebühr verausgaben – und Ältersein – und damit zunehmend über die eigenen begrenzten Kräfte nachzudenken – besonders bewußt. Denn dies muß ich heute tun – ohne ausreichenden Schlaf bin ich nicht mehr die Lehrerin, die ich sein möchte. Und gut ausgeruht bin ich auch noch gerne Lehrerin: Meine eigene Gruppe, mein Leben mit den Kindern ist ein warmer Ort in meinem Leben – wohl der wärmste im beruflichen Bereich. Kam früher mein Arbeitsschwung aus der reformerischen Bewegung, in die ich mich versetzt hatte, so muß ich ihn nun mehr aus einer Position der Ruhe heraus gewinnen. Ebenso wie in den Aufbaujahren gilt die erneut notwendig werdende Selbstbefragung den eigenen persönlichen Möglichkeiten und Ansprüchen, nun aber vermehrt unter der manchmal bangen Frage: Was bleibt? Was soll es gewesen sein? Dies hat natürlich etwas mit meinen inneren Lebenskonzepten zu tun – und diese lassen sich gar nicht so leicht überprüfen. Es gibt immer wieder viel unruhige Selbstzweifel und Besorgnis: Bietet die inzwischen konzeptionell festgeschriebene Laborschule als Ort noch genügend Anlaß für Herausforderung und Reflexion? Wiederhole ich mich nicht? Ruhe ich mich nicht in den einmal gefundenen Sätzen aus? Stimmen sie noch? Unterfordere ich mich nicht durch Alltagsroutine und daraus resultierende Langeweile? In solchen Phasen des Suchens und Zweifelns erscheint Altern als eine schwierige Aufgabe, ebenso verstörend und kräfteraubend wie frühere Suchbewegungen. Ich verfolge aus distanzierter

Entfernung meine Kolleginnen und Kollegen, wie sie sie bestehen: Manche erwecken meinen Neid, manche meine Teilnahme – so werden für mich die «Alten» im Kollegium zunehmend auch zu einer Art Schicksalsgemeinschaft, mit der mich langjährige Vertrautheit und das Gefühl biographischer Spiegelung verbindet. Dies – wohl wechselseitige – Gefühl erzeugt oft unerwartete Annäherungen an Menschen, mit denen mich über lange Jahre hinweg wenig Gemeinsames verband. Bisher habe ich noch immer wieder meine Situation an der Laborschule positiv sehen können. Nach wie vor gestattet sie mir, die Wege zu gehen, die ich gehen muß, um am Ende meiner Berufslaufbahn sagen zu können: Ja, es war gut so! Mein Leben hat im großen und ganzen gestimmt! Dabei spielen zwar auch persönliche Befriedigung und das erworbene pädagogische und persönliche Profil im Kreise des Kollegiums oder anderswo eine Rolle, aber vor allem das Gefühl, gesund, lebendig und in Fühlung mit meinen eigenen Ansprüchen, Aufgaben und Tätigkeiten geblieben zu sein. Im Zweifelsfalle konzentriere ich mich auf meine schulischen Aufgaben vor Ort – und stelle mit schlechtem Gewissen z. B. mein Interesse an einer Strukturdebatte hintenan, die eh nur den Mangel verwalten hilft und das Augenmerk auf die zunehmend anstrengender und unbehaglicher werdenden Arbeitsbedingungen an der Schule lenkt.

Genaues Hinsehen und gemeinsames Nachdenken über praktische Erfahrungen war mir schon immer wichtig – auch in der Zeit der großen «Palaver». Immer hatten wir dafür zuwenig Zeit, die Bewältigung der Alltagsaufgaben «fraß einen auf». Mehr Muße und viel mehr Zeit zum Leben, Nachdenken, Lesen und Forschen zu haben ist darum ein immer stärker werdender Wunschtraum meiner späten Berufsjahre. Ein wenig davon versuche ich zu realisieren: zum einen über die Mitarbeit in der Wissenschaftlichen Einrichtung, die mich herausfordert, auf Neues bringt und mich praktisch und theoretisch in Bewegung hält – ein Bewegungsversuch aus der Ruhe heraus; zum anderen über die Zusammenarbeit mit Kolleginnen, die auf andere Weise dem Nachdenken und der Erzeugung beruflicher Gelassenheit dient: Was gemeinsam erarbeitet wurde, wird auch gemeinsam verantwortet – ein Bewegungsversuch in Ruhe hinein, trotz der damit verbundenen Mehrarbeit. Könnte ich meine Forschungsaufgaben und meine unterrichtliche Tätigkeit phasenweise noch deutlicher bündeln – zwei Stunden Unterrichtsentlastung bedeuten Forschungsmehrarbeit ohne spürbare Verminderung der schulischen Arbeitsbelastung –, so wäre die Laborschule auch für so alte Kolleginnen und Kollegen wie mich der ideale Ort, um bis zur Pensionierung dort «mit Schwung» tätig sein zu können – unter den gegebenen Bedingungen ist sie es nur fast.

Ich möchte nun abschließend die oben beschriebenen institutionellen Veränderungen noch einmal aus meiner Sicht kommentieren, denn als alte Reformerin läßt mich natürlich einiges daran nicht gleichgültig. Zum Beispiel betrachte ich trotz meiner prinzipiellen Akzeptanz der gegenwärtigen Phase des Arbeits- und Reformprozesses die mit ihm verbundene Gefahr der zunehmenden Atomisierung des Kollegiums mit Sorge: Ziehen sich alle auf Dauer in kleine Aktions- und Forschungsgruppen zurück, so zerfällt das Kollegium schließlich in lauter kleine, gegeneinander gleichgültige und abgeschottete Grüppchen, die dem Ganzen verantwortungslos gegenüberstehen. Die Folgen für die schulische Einrichtung und vor allem auch für die Schulleitung wären katastrophal. Die Laborschule hat lange Jahre für die Errichtung und den Erhalt basisdemokratischer Strukturen gekämpft und wird in bezug auf ihr eigenens Selbstverständnis und ihre Selbstlegitimation nach außen zentral getroffen, wenn sich der Prozeß der Aushöhlung demokratischer Entscheidungsprozeduren weiter verstärken sollte. Einmal erkämpfte Möglichkeiten der Selbst- und Mitbestimmung dürfen meiner Ansicht nach nicht fahrlässig preisgegeben werden. Überdies läßt es sich mit einem schlechten Gewissen auf Dauer auch nicht gut leben. Zu überlegen wäre darum beispielsweise eine Veränderung der jetzigen Konferenzstruktur, die den selbstgewählten Teams etwa auf Jahrgangsebene größere Handlungsspielräume z. B. in bezug auf die Gestaltung der Stundenpläne, des Unterrichtseinsatzes, des pädagogischen Profils oder des gemeinsamen Alltags im Großraum einräumten. In diesem Kreise ließen sich auch schulpolitisch wichtige Fragen und Probleme erst einmal «vordenken» bzw. vorentscheiden, so daß auf diese Weise der Prozeß des verantwortlichen Mitdenkens und -handelns wieder deutlicher angeregt würde. Diese neu eröffneten Möglichkeiten wären natürlich mit einem Mehraufwand an Zeit und Engagement verbunden, meiner Ansicht nach aber mit einem, der sich lohnte – und der darum meines Wissens auch bei vielen auf Bereitschaft stößt. Die Konferenzarbeit der letzten Jahre zeigt dementsprechend eine deutliche Tendenz, sich in diese Richtung zu entwickeln. Sie müßte also nur konsequenter als bisher diskutiert und umgesetzt werden.

Auch den beschriebenen Verlust gemeinsamer Verbindlichkeiten sehe ich mit Sorge. Natürlich ist das Insistieren darauf begründungsbedürftig. Warum, wenn die Rahmenbedingungen und handlungsleitenden Prinzipien ausgehandelt sind, eigentlich dauernd der Verweis auf die notwendige Gemeinsamkeit des Handelns? Eine nach wie vor gültige Begründungsfigur dafür ergibt sich für mich aus dem schon für die Arbeit in den frühen Aufbaukommissionen zentralen Satz, daß in unserer Schule grundsätzlich «alles mit allem zuammenhängt». Was die einen in ihrem Jahrgang oder in ihrer Forschungsgruppe initiieren und durchführen, erzeugt Voraussetzungen und Folgen für das Handeln der anderen. Die möglicherweise sehr heterogenen Handlungsperspektiven der einzelnen Gruppen bedürfen darum der «Rückkoppelung» und der gemeinsamen Interpretation: Stimmen sie mit den grundsätzlichen Ansprüchen an ein «Haus des Lernens» überein? Müssen wir neu oder weiterbauen? Um in diesem Sinne in Bewegung zu bleiben, brauchen wir meiner Ansicht nach auch weiterhin den Dialog zwischen den Generationen. Ohne das Aufbegehren und die Infragestellung durch die «Jungen» besteht die Gefahr der Erstarrung. Fällt diese Möglichkeit aus, so muß das Kollegium für die nötige Beunruhigung auf andere Weise sorgen: durch schulinterne Veranstaltungen etwa, in denen durch Unterstützung von außen – durch Moderatoren oder Supervisoren – beunruhigenden, derzeit jedoch kaum bearbeitbaren Fragen und Problemen nachgegangen werden kann. Ich selbst hätte schon Lust dazu.

Gerhild Schulz: Ich bin heute 56 Jahre alt; auch ich gehöre also zu den «Alten». Ich habe zunächst eine Ausbildung als Sozialarbeiterin absolviert und auch in diesem Beruf gearbeitet. Nicht ganz zehn Jahre habe ich mich dann, ohne einer Berufstätigkeit nachzugehen, ausschließlich meiner Familie mit sechs Kindern (davon drei Pflegekindern) gewidmet. Relativ spät, im Alter von 33 Jahren, entschloß ich mich, Lehrerin zu werden. Überglücklich war ich, als ich schon gleich nach meinem zweiten Staatsexamen eine Anstellung an der Laborschule bekam, die schon drei meiner Kinder besuchten. Seit fast 19 Jahren arbeite ich an dieser Schule, überwiegend in der Primarstufe, aber auch in der Sekundarstufe I. Für beide Bereiche bin ich ausgebildet. Als ich in der Laborschule anfing, hoffte ich, auf Lehrerinnen und Lehrer zu treffen, die mir helfen würden, in die Arbeit der Versuchsschule hineinzuwachsen. Leider machte ich aber die Erfahrung, völlig auf mich gestellt zu sein. Ich mußte mir Personen suchen, die mir halfen, mich zurechtzufinden. Es dauerte lange, bis ich alle Kolleginnen und Kollegen kannte und wußte, in welchen Arbeitszusammenhängen sie stehen. Mein Eindruck war schon bald, daß es sich um einen «Haufen von Individualisten» handelte, der unter dem Druck hoher eigener Ansprüche und unter dem starken Außendruck der bildungspolitischen Öffentlichkeit sehr engagiert und eigenwillig arbeitete. In den Gesamtkonferenzen gab es eigenartige Fraktionierungen; sie wirkten auf mich undurchschaubar und irrational. Es fiel mir schwer, mich für eine der Gruppen zu entscheiden; ich zog es vor, «neutral» zu bleiben. Als ich die Arbeit an der Schule gut genug zu kennen glaubte und ich mich in dem, was ich tat, sicher fühlte, begann ich, mir meine Arbeit so einzurichten, wie ich es für richtig hielt. Ich machte die Erfahrung, daß ebendies an der Laborschule geht. Also war meine Anfangserfahrung eine doppelte: In bezug auf das gesamte Kollegium war ich enttäuscht. Ich hatte mir ein Kollegium gewünscht, das die Entwicklung der Schule in einer freundlichen, kooperativen und produktiven Atmosphäre vorantreiben würde. Ich erlebte nachdrücklich, daß sich das wohl kaum verwirklichen ließ. In bezug auf meine eigenen Vorstellungen aber fühlte ich mich zunehmend gefordert. Ich fand heraus, was mir in meiner Berufstätigkeit wichtig war, was mir Freude machte, mir Befriedigung gab und mich «in Schwung» hielt. Es waren vor allem drei Dinge:

- Ich wollte eine gute *Beziehung zu den Kindern* herstellen, das konnte ich hier erreichen.
- Ich brauchte die *Kooperation mit anderen Lehrerinnen*, die konnte ich mir hier offenbar begrenzt schaffen.
- Ich wollte meine inhaltlichen Vorstellungen entwickeln und *eigene* Curricula erstellen, das ließ sich hier realisieren.

Die Beziehung zu den Kindern: Als Betreuungslehrerin arbeite ich mit einer Gruppe von nur 20 Kindern, die mit mir häufig bis zum Nachmittag in der Schule sind. So kann ein sehr enger Kontakt zu jedem einzelnen Kind entstehen. Ich habe oft das Gefühl, wir *leben* zusammen. Die Kinder scheuen sich nicht, mir auch private Probleme anzuvertrauen. Für viele Kinder, deren Eltern durch Berufstätigkeit wenig Zeit haben, bin ich eine wichtige Bezugsperson. Sie wissen, ich bin für sie da. Ich versuche, sie zu verstehen und ihnen zu helfen, wenn sie Probleme haben. Es ist mir aber nicht nur wichtig, daß sich jedes einzelne Kind verstanden fühlt, sondern auch, daß die Gruppe als ganze gut harmoniert. Die gute Beziehung soll nicht nur über mich laufen, sondern auch untereinander sollen die Kinder sich verstehen, freundlich zueinander sein, sich gegenseitig helfen und lernen, auftretende Konflikte selbständig zu lösen. Nach meinen Erfahrungen arbeitet jede Gruppe besser, wenn das soziale Klima stimmt und sich jedes Kind verstanden fühlt. In der Laborschule habe ich die Freiheit, mir die Zeit für gruppendynamische Prozesse zu nehmen. Ich stehe nicht unter dem Druck, nur die Lehrpläne erfüllen, eine bestimmte Anzahl von Klassenarbeiten schreiben und Kindern Noten geben zu müssen. Ich kann in Ruhe mit der Gruppe arbeiten und meinem Konzept «Störungen haben Vorrang» (Cohn) folgen. Dadurch, daß die Laborschule nicht nach der Primarstufe endet, sondern nahtlos in die Sekundarstufe I übergeht, habe ich außerdem länger Kontakt zu den Schülerinnen und Schülern. Ich sehe sie heranwachsen, bis sie nach der 10. Klasse die Laborschule verlassen. Oft bleiben die Kontakte zu den Ehemaligen bis ins Erwachsenenalter hinein bestehen. Sie besuchen mich, schreiben oder telefonieren, und einige stellten mir schon stolz ihre eigenen Kinder vor. Welche Chancen eröffnet mir die Schule in dieser Hinsicht? Sie gibt mir die Chance, vertrauensvolle Beziehungen zu den Kindern aufzubauen. Ich werde gebraucht und finde Bestätigung. Ich kann dabei sowohl Lehrerin als auch Sozialarbeiterin sein; auf beide Berufsrollen mit ihren je spezifischen Fähigkeiten kann ich mich beziehen. Das gibt mir Schwung!

Kooperation im Lehrerinnenteam: Teamarbeit ist in der Laborschule nicht verpflichtend, aber es gibt den Freiraum, sich diese zu schaffen. Auf der Erwachsenenebene brauche ich eine Gruppe, mit der ich zusammenarbeiten kann, in der ich mich angenommen fühle, mit der ich auch private Dinge besprechen und evtl. auch freie Zeit verbringen kann. Seit vielen Jahren arbeite ich in einem solchen Team. Gemeinsam entwickeln wir Unterricht, vor allem Projektunterricht, und bereiten ihn methodisch vor. Alle fühlen sich mitverantwortlich für die Gestaltung der gemeinsam geplanten Unterrichtsinhalte. Wir sprechen über Erziehungsschwierigkeiten, die wir mit einzelnen Kindern haben; wir stärken und korrigieren uns gegenseitig. So bin ich in meiner Gruppe weder «Alleinunterrichtende» noch «Alleinerziehende». Die Kooperation der Erwachsenen hat zur Folge, daß auch die Kindergruppen sich näherkommen. Einmal wöchentlich treffen sich alle drei Gruppen des Jahrgangs zur Jahrgangsversammlung, um Ergebnisse der gemeinsamen Projektarbeit vorzustellen. Zwischen den drei Stammgruppen gibt es selten Rivalitäten; es entstehen im Gegenteil gruppenübergreifende Aktionen, auch Freundschaften. Welche Chancen eröffnet mir die Schule in dieser Hinsicht? Sie gibt mir die Chance, vertrauensvolle Beziehungen zu anderen Lehrerinnen und Lehrern aufzubauen, mit ihnen zu kooperieren und den Schulalltag immer wieder neu zu gestalten. Das gibt mir Schwung!

Curriculumentwicklung in der Versuchsschule: Ich weiß, Teamarbeit kann arbeitsintensiver als Einzelkämpfertum sein. Das gilt besonders an der Versuchsschule, denn Teamarbeit bedeutet hier nicht nur, den Unterricht gemeinsam zu gestalten, sondern ihn auch gemeinsam zu überdenken, zu dokumentieren und zu publizieren. Dazu sind zusätzliche Treffen nötig, es wird Zeit zum Schreiben gebraucht. In einer arbeitsfähigen Lehrergruppe können sich pädagogische Innovationen aber leicht entwickeln. Es macht Spaß, über neue Arbeitsformen nachzudenken und mit neuen Inhalten zu experimentieren. Ich erlebe Teamarbeit als eine besonders effektive und erfolgreiche Arbeitsform. Welche Chancen eröffnet mir die Schule in dieser Hinsicht? Als Versuchsschule stellt sie mir die Spielräume zur Verfügung: Ich kann neue Unterrichtsinhalte und -verfahren erproben und muß nicht in Alltagstrott und Routine verharren. Das gibt mir Schwung!

In drei Punkten habe ich zusammengefaßt, was mir den nötigen Schwung gibt. Ich mache allerdings auch negative Erfahrungen. Davon berichte ich in einem vierten Punkt über die *Großgruppe Kollegium*: Es gab in den zurückliegenden Jahren auch Zeiten, in denen ich das Bedürfnis hatte, die Schule zu wechseln. Zweimal habe ich einen Versetzungsantrag gestellt; er wurde jeweils abgelehnt. Mein Problem war und ist die «Großgruppe Kollegium», zu der ganz unterschiedliche Persönlichkeiten gehören. In Lehrerkonferenzen werden meist individuelle Lösungsvorschläge gemacht; es erweist sich immer wieder als schwierig, «an einem Strang zu ziehen». Einzelne, es sind immer die gleichen Personen, melden sich zu Wort. In endlosen Diskussionen, an denen jedoch nur wenige teilnehmen, sind die Rollen verteilt: Da sind die Immer-Kritischen (selten Produktiven) und die immer Positiv-Denkenden (selten Kritischen) usw. – festgefahrene Einzelrollen. Die meisten Kolleginnen und Kollegen sind angesichts der unproduktiven Plenumsauseinandersetzungen entweder stumme Zuhörer geworden, oder sie beschäftigen sich während der Konferenz mit anderen Dingen. Etliche erscheinen erst gar nicht. «Störungen haben Vorrang», das müßte auch für diese Konferenzsituationen gelten! Ungeachtet der realen Kommunikationsverzerrungen wird in der Tagesordnung aber fortgefahren und am Ideal des «basisdemokratischen Modells» festgehalten. Schulleitungsmitglieder verschärfen diese Krise, indem sie vorzugsweise konflikthafte Entscheidungen «an alle» übergeben. All dies geschieht mit dem Anspruch einer innerschulischen Demokratie, einer, wie mir scheint, äußerst brüchigen, nicht wirklich gelebten Demokratie. Daß es in dieser Situation besonders schwierig ist, gemeinsame Verabredungen zu treffen und durchzuhalten, ist verständlich. Die pädagogische Arbeit gelingt in Teams, in Jahrgangs- und Fachkonferenzen. Pädagogische Grundorientierungen aber, auf die sich alle beziehen, stehen auf dem Papier (im Strukturplan der Schule); in der Alltagspraxis fehlen sie weitgehend. Dies wird besonders offensichtlich im Umgang mit dem Großraum. Es gibt, abgesehen vielleicht von der Eingangsstufe, keine gelebte Großraumstruktur. Jeder macht das, was er will: Einen Videofilm auf der Unterrichtsfläche zu zeigen ist möglich, Kinder Pause machen zu lassen auch, den Unterricht vorzeitig zu beenden ebenfalls. Während mein Team in einem Gesundheitsprojekt auf die Auswirkungen von Süßigkeiten hinweist, werden in der Nachbargruppe süße «Freudenhupferl» verteilt. Auch die Gestaltung und Ordnung auf den einzelnen Flächen des Großraums ist individualistisch; ich finde sie bisweilen erschreckend. Inzwischen habe ich mich mit diesem Problem vordergründig abgefunden. Aus Pflichtbewußtsein gehe ich zu den Konferenzen. Meine Arzttermine lege ich nicht in diese Zeiten. Nur selten habe ich das Gefühl, für die allgemeinen klimatischen Bedingungen noch etwas tun zu können. Ich habe also resigniert; hier verbaut mir die Schule eine Chance. Sie verbaut mir die Chance, meine Arbeit als Bestandteil einer gemeinsamen, solidarischen Anstrengung zu erleben. Das hemmt meinen Schwung!

Zusammenfassend kann ich sagen, daß mir die Freiräume in der Schule helfen, auch in zunehmendem Alter den Schwung der Reformarbeit zu behalten. Ich kann mich auf die Beziehung zu den Kindern einlassen; ich kann auf die Kooperation im Lehrerinnenteam bauen; ich kann die Curriculumentwicklung in der Versuchsschule mitgestalten. Die in der Literatur erwähnten Probleme, unter denen Kolleginnen und Kollegen anderer Schulen mit zunehmendem Alter immer mehr zu leiden haben (Beziehungsprobleme mit Kindern, Eltern, Kolleginnen, Schulleitung und Schulaufsicht, die Gebundenheit an Lehrpläne, der Zwang, Noten geben zu müssen, etc.), scheinen mir an der Laborschule weitgehend gelöst. Wenn andere Schulen nach Modellen zunehmender Selbstverantwortung suchen, so können sie diese vielleicht in der Laborschule finden. Durch die Reflexion meiner Berufsbiographie und die Bezugnahme auf die allgemeine Diskussion über Lehrerinnenarbeitszeit habe ich Distanz zu meiner eigenen Arbeitssituation gewonnen. Distanzierung könnte in Zukunft auch für das gesamte Kollegium hilfreich sein, wenn die Beziehung zwischen allgemeinen reformpädagogischen Ansprüchen und dem vereinzelten Engagement der vielen neu gestaltet werden soll. Ich halte dies für dringend notwendig. Die Kooperationsformen innerhalb des gesamten Kollegiums sind verbesserungswürdig. Hier geht es um ein Defizit, das man nicht nur auf Alterungsprozesse und auf ein deswegen mangelndes Engagement beziehen kann. Ich bin allerdings skeptisch, ob wir dieses Problem noch aus eigener Kraft lösen können. Wenn überhaupt noch eine Chance besteht, in dieser Frage etwas zu verändern, so müßte das in gezielten, einvernehmlichen und qualifiziert unterstützten Schritten geschehen. Verbindlichkeiten, allgemeine Regelungen und Zielvorstellungen müßten in einem neuen Anlauf eigens erarbeitet werden: Mit Hilfe gesonderter Methoden (TZI, Zukunftswerkstätten o.ä.), durch Einbeziehung qualifizierter Personen (Supervisoren, Moderatoren) kann eine *Wiederbelebung gemeinsamer reformpädagogischer Verantwortung* vielleicht gelingen, so daß auch hier der Schwung erhalten und einem Burnout vorgebeugt wird. Dieser Prozeß setzt allerdings voraus, daß ein Defizit im Bereich allgemeiner Verbindlichkeiten erkannt, als hemmend erlebt und als veränderbar eingeschätzt wird. Das Kollegium muß diesen Prozeß wollen; die Schulleitung muß ihn für sinnvoll halten und initiieren.

Helfen die Spielräume der Versuchsschule gegen das Burnout-Syndrom?

Die beiden Selbstreflexionen zeigen persönliche Einschätzungen und Vorschläge, die sich in einigen Punkten überschneiden, in anderen deutlich voneinander abweichen. Für die eine von uns beiden ist es besonders bedeutsam, «eine mit der eigenen Person stimmige Pädagogik» zu entwickeln und dabei die Unterstützung, «Spiegelung» und «Bestätigung eigener Erfahrung» durch Kolleginnen zu erfahren. Für die andere ist der Wunsch primär, nicht «Alleinunterrichtende und Alleinerziehende» zu sein, der Wunsch nach einem tragfähigen Team; er fällt mit dem Wunsch nach einem subjektiv erfüllten Handlungsspielraum zusammen. Uns beiden ist die «Beziehung zu den Kindern» – «der warme Ort» – sehr wichtig. Beide schöpfen wir Kraft aus der Möglichkeit, pädagogisch weitgehend selbstbestimmt arbeiten und unsere Erfahrungen reflektieren zu können, wozu die Laborschule uns Raum gibt. Der einen von uns gibt sie den Raum, «neue Unterrichtsinhalte und Verfahren zu erproben und zu dokumentieren», um nicht «in Alltagstrott und

Routine» zu verharren; der anderen gibt sie den Raum «zum Nachdenken und Erzeugen beruflicher Gelassenheit», zum «Lesen und Forschen», zur «Zusammenarbeit mit Kolleginnen». In jedem Fall bilden diese Ausgangsbedingungen den Hintergrund, berufliche Zufriedenheit und reformerischen Elan auch mit wachsendem Alter zu erhalten. Überein stimmen wir auch in der Einschätzung, daß Absprachen, Verbindlichkeiten und gemeinsame Orientierungen gerade in einer Versuchsschule unverzichtbar sind. Wir haben uns darin bestärkt, die existierenden Freiräume nicht zu verschenken, sondern weiter voll auszuschöpfen. Verbunden haben wir damit auch die Hoffnung auf die Lösung der als belastend empfundenen Probleme. Mit diesem Beitrag regen wir zunächst uns selbst zum Nachdenken an. Aber nicht nur für uns, sondern auch für das gesamte Laborschulkollegium stellt Reflexionsarbeit einen notwendigen Schritt dar: Um auf dem Weg zu bleiben, braucht jedes Kollegium genügend Raum für die Reflexion eigener Erfahrung. So wird es auch im Alter in Bewegung bleiben!

Karin Kleinespel, Beate Wischer

Was passiert nach dem Schulabschluß? Vom «Schonraum» in die «Wirklichkeit»

«Die (Labor-)Schule läßt ihre Schüler ein Stück der besseren Welt erfahren. Daß die Schule die Gesellschaft ändern könne, habe ich zu keinem Zeitpunkt geglaubt. Sie kann es der Welt schwerer machen, so schamlos schlecht zu bleiben, wie sie ist. Sie kann auch einer Gesellschaft, die selber besser werden will und deutliche Vorstellungen davon hat, was das sei, dabei helfen, diese Vorstellungen zu verwirklichen»
(von Hentig 1995, S. 15).

Solche Sätze verkehren in manchen Köpfen das allgemeine Verständnis dessen, was Schule in dieser Gesellschaft leisten soll. *Sicher*, so lauten mögliche skeptische Widerreden – unsere Schulen könnten besser werden, aber sind sie denn so schamlos schlecht? *Sicher* – man kann in der Schule über pädagogische Reformen nachdenken, doch ausrichten wird man dabei wenig. Tatsächliche Veränderung im Bildungssystem ist doch die Angelegenheit der Politik. *Sicher* – in der Schule ein Stück der besseren Welt zu erfahren ist eine gute Sache. Aber zunächst müssen die Jugendlichen doch eingeführt werden in die Gesellschaft, so wie sie nun einmal ist. *Sicher* – Reformschulen erinnern an den schönen Traum einer kindgerechten Schule. Aber in Wirklichkeit zählt im späteren Leben nur die Leistung. Und die Kinder sollen gut ausgerüstet sein mit dem, was wirklich zählt. Dieses sind von uns in unterschiedlichen Diskussionskontexten – vor allem in Universitätsseminaren – wahrgenommene Gegenargumente. Die Teilnehmerinnen und Teilnehmer unserer Seminare sind Lehramtsstudierende, zukünftige Pädagoginnen und Pädagogen, die meist gerade ihre Schulzeit beendet haben. Nur wenige von ihnen haben bereits Erfahrungen mit reformpädagogischen Modellen und Konzepten gemacht.

Urteile und Vorurteile zum Verhältnis von ‹Schonraum› und ‹Wirklichkeit›

Zu Beginn des Sommersemesters 1996 haben wir die 60 Studierenden eines Einführungsseminars um ihre Einschätzungen zur Laborschule gebeten, zu deren Theorie und Praxis sie zu diesem Zeitpunkt nur sehr wenige Informationen hatten. Uns ging es dabei ausdrücklich um die Frage, welche Vorurteilsdimensionen – sowohl positiver als auch negativer Art – von ihnen am häufigsten angesprochen werden. Die Studierenden sollten ihre Einschätzungen in einer offenen Form auflisten. Wir geben an dieser Stelle nur kurz die am häufigsten angeführten Dimensionen wieder. Alle positiven Vorurteile beziehen sich ausnahmslos auf den Aspekt der Stärkung des Kindes. Dazu gehören die Förderung sozialer Fähigkeiten sowie die Vorstellung, daß eine reformpädagogisch orientierte Schule es Kindern ermöglicht, unterschiedliche (kognitive, emotionale, soziale, körperliche) Erfahrungen zu machen. Unter dem Gesichtspunkt der Stärkung des Kindes wird auch das pädagogische Bemühen um eine Reduktion des schulischen Leistungsdrucks positiv konnotiert.

Alle negativen Vorurteile beziehen sich auf die vermutete brüchige Kompatibilität der Laborschulpädagogik mit den *Anforderungen «draußen»*. Angesichts ihrer eigenen aktuellen Erfahrungen als junge Studierende im Übergang von der Schule zur Universität melden die Befragten ihre Zweifel an: Sie halten Laborschülerinnen und -schüler für nicht anschlußfähig an die Ausbildungen «danach» (Schule, Studium, Beruf). Das wichtigste Stichwort in diesem Kontext ist die Durchsetzungsfähigkeit: Die Studierenden stellen die Frage, ob Laborschülerinnen und -schüler im Konkurrenzkampf bestehen können, der sie selbst im Studium vehement beschäftigt. Damit verbunden taucht das Leistungsargument auf: Die Befragten bezweifeln das Wissen und Können der Laborschülerinnen und -schüler, da diese das ihrer Meinung nach wichtigste Selektionsinstrument (Noten) nicht von Grund auf kennengelernt haben. In diesem Zusammenhang wird der «fehlende Leistungsdruck» eindeutig der Negativliste zugeordnet. Unsere Seminarbefragung ist nicht repräsentativ; darüber hinaus sagt sie mehr über die Befragten aus als über die Laborschule. Aber sie zeigt eindrücklich das Dilemma: An der schulischen Leistung scheiden sich die Geister. Die einen meinen, eine Reduktion des Leistungsdrucks benachteilige Jugendliche im unvermeidlichen Konkurrenzkampf der gesellschaftlichen Wirklichkeit; die anderen meinen, ein durch pädagogische Maßnahmen geminderter Leistungsdruck könnte zur Stärkung des jungen Menschen beitragen. Wie sehen dies die Jugendlichen, die selbst an der Laborschule gelernt und gelebt haben?

Absolventenstudien an der Laborschule

Die Sicht der von der Laborschulpädagogik direkt ‹Betroffenen› nimmt seit mehr als zehn Jahren systematisch ein Forschungsprojekt auf, das sich mit den Bildungserfahrungen und Bildungsperspektiven von Laborschülerinnen und -schülern beschäftigt (vgl. Kleinespel 1990; Reiche/Staffeldt/Wischer 1993; Kleinespel u.a. 1995). In jährlich stattfindenden quantitativen Erhebungen werden (1) alle Schülerinnen und Schüler kurz vor dem Ende ihrer Laborschulzeit und (2) alle Absolventinnen und Absolventen befragt, die die Laborschule drei Jahre zuvor verlassen haben und nun vor dem weiterführenden Abschluß ihres Bildungsganges stehen (z.B. Abitur oder Gesellenprüfung). In dem standardisierten Fragebogen stehen folgende Dimensionen im Mittelpunkt:
– schulische und berufliche Bildungsgänge
– fachliche und überfachliche Kompetenzen
– die Erfahrungen in den neuen Lernumwelten und
– Selbsteinschätzungen.
In einigen Jahrgängen bezieht das Projekt auch qualitative Studien (biographische Interviews) mit ein. Unseren Überlegungen zu der gestellten Frage: «Vom Schonraum in die Wirklichkeit?» legen wir die Daten des 2. Befragungszeitpunktes zugrunde; denn drei Jahre

nach dem Verlassen der Laborschule steht die Mehrzahl der Jugendlichen vor dem Abschluß eines weiteren Abschnitts ihrer Berufs- oder Schulbildung: Sie sind ‹Betroffene› der Laborschulpädagogik und beziehen zugleich die Außenperspektive mit in ihre Antworten ein. Die Daten erlauben folglich Einschätzungen darüber, ob und wie es Laborschülerinnen und -schülern gelingt, sich in den neuen Lernumwelten erfolgreich zu bewähren. Wir konzentrieren uns dabei im folgenden auf zwei Aspekte, die in den oben aufgeführten Vorurteilen explizit, aber auch implizit angeklungen sind:

- Die Einschätzungen enthalten zum einen die Vermutung, daß Laborschülerinnen und -schüler eine reformpädagogische Lern- und Schulkultur erfahren haben, die sich von der in den weiterführenden Ausbildungsinstitutionen unterscheidet. Wir fragen deshalb danach, welche Erfahrungen Laborschulabsolventinnen und -absolventen mit dem sozialen Klima in ihren neuen Lernumwelten machen: Kommt es zu einem Bruch zwischen den Einschätzungen zur Laborschule und denen zur neuen Lernumwelt in den weiterführenden Schulen oder im Beruf?
- Zum anderen bestehen aber auch Zweifel, inwieweit die Laborschule ihren Absolventinnen und Absolventen anschlußfähige Kompetenzen, insbesondere im Hinblick auf ihre Qualifizierung für die Leistungsgesellschaft, vermittelt hat. Wir fragen deshalb: Welche Kompetenzen haben die Jugendlichen – nach eigener Einschätzung – erworben, und inwieweit genügen diese Kompetenzen den Anforderungen der neuen Lernumwelt?

Bevor wir uns den genannten Fragen zuwenden, stellen wir zunächst dar, welche Bildungsgänge die Jugendlichen nach dem Verlassen der Laborschule überhaupt einschlagen.

Ausgewählte Befunde der quantitativen Befragung

Bildungsgänge der Absolventinnen und Absolventen

Nach dem 10. Schuljahr entläßt die Laborschule ihre Schülerinnen und Schüler mit unterschiedlichen, staatlich anerkannten Schulabschlüssen:

- Hauptschulabschluß nach Jahrgang 10 (HS 10),
- Fachoberschulreife (FOS)
- oder Fachoberschulreife mit Berechtigungsvermerk für die gymnasiale Oberstufe (FOSQ).

In unserer Befragung gegen Ende des 10. Schuljahres erfassen wir die Abschluß*prognose* der Absolventinnen und Absolventen. Diese gilt als Orientierungshilfe für Schülerinnen, Schüler und Eltern. Sie legt den tatsächlichen Schulabschluß zwar noch nicht fest, erweist sich für die Gestaltung der Bildungslaufbahnen aber als wichtige Größe. Die Daten von acht befragten Jahrgängen im Zeitraum von 1985–1995 verweisen auf ein relativ hohes Abschlußniveau der Befragten: Mehr als ein Drittel (37 %) der Jugendlichen hat die Prognose FOSQ, während nur 31 % der Befragten ein Hauptschulabschluß prognostiziert worden ist.

Hauptschulabschluß (HS)	31 %
Fachoberschulreife (FOS)	32 %
Fachoberschulreife mit Qualifikationsvermerk (FOSQ)	37 %

Tabelle 1: Verteilung der Abschlußprognosen gegen Ende des 10. Schuljahres (n = 420)

Mit dem Schulabschluß wechseln die Absolventinnen und Absolventen entweder in eine weiterführende schulische oder in eine berufliche Ausbildung. Unsere Daten zeigen, daß für die befragten Jahrgänge ein relativ ausgewogenes Verhältnis für beide Optionen besteht (vgl. Meier 1995), wobei der Anteil derjenigen, die nach der Laborschule in eine weiterführende Schule wechseln, in den letzten Jahren auf 56 % angestiegen ist (vgl. Wischer 1995 a). In der Regel handelt es sich hier entweder um das Bielefelder Oberstufen-Kolleg oder um die gymnasiale Oberstufe einer Gesamtschule; der Besuch eines Gymnasiums ist dagegen selten. Diejenigen, die nach dem Schulabschluß direkt in eine berufliche Ausbildung wechseln, entscheiden sich vornehmlich für Ausbildungsberufe im Handwerks- oder Dienstleistungsbereich; Industrieberufe werden selten gewählt. Mit diesen Präferenzen wechseln die Jugendlichen nach ihrer Laborschulzeit in unterschiedlich strukturierte Lernumwelten, die nach je spezifischen Regeln funktionieren und von ihnen adäquate Anpassungsleistungen verlangen (vgl. Hurrelmann u.a. 1989, S. 62): Während die Schülerinnen und Schüler der weiterführenden Schulen trotz aller Veränderungen im einzelnen weiter den Regeln unterliegen, die die Institution ‹Schule› ausmachen, sehen sich die Jugendlichen im Beruf mit der Integration in die gesellschaftlichen Arbeitsprozesse konfrontiert. Aber auch der Übergang in die weiterführende schulische Ausbildung wird von den Betroffenen als ein massiver Einschnitt erfahren, wie die nachfolgenden Ausführungen zu den Urteilen über die neuen Lernumwelten zeigen.

Einschätzungen der neuen Lernumwelten

Für die Einschätzungen der neuen Lernumwelten beziehen wir uns in erster Linie auf die Beurteilungen der Absolventinnen und Absolventen zum sozialen Klimas.[1] Wir kommen hier zu dem Ergebnis, daß die Jugendlichen, die sich in einer beruflichen Ausbildung befinden, das Betriebsklima ähnlich positiv beurteilen wie das soziale Klima an der Laborschule, während diejenigen, die eine weiterführende Schule besuchen, das soziale Klima ihrer neuen Schule deutlich negativer erleben. Stützen läßt sich dieser Befund auch durch Unterschiede im Grad der Zufriedenheit von Absolventinnen und Absolventen in Schule und Beruf; denn die Jugendlichen, die eine berufliche Ausbildung absolvieren, signalisieren insgesamt eine vergleichsweise höhere Zufriedenheit und ein höheres Wohlbefinden. Mit Blick auf die oben genannte These von Hurrelmann u. a. (1989) überrascht dieses Ergebnis: Unsere Daten zeigen, daß diejenigen, die sich in einer beruflichen Ausbildung befinden, bei der Beurteilung des sozialen Klimas in höherem Maße an die positiven Einschätzungen der Laborschule anschließen als die Schülerinnen und Schüler in der weiterführenden Schule, obwohl sie in eine völlig anders strukturierte Umwelt wechseln. Unterstellt man, daß das Wohlbefinden, die Zufriedenheit und die Beurteilung des sozialen Klimas auch davon abhängig sind, in welchem Maße sich die Jugendlichen den gestellten Anforderungen gewachsen fühlen, so verweist dieser Befund darauf, daß die Absolventinnen und Absolventen den fachlichen und sozialen Herausforderungen in der betrieblichen Ausbildung erfolgreich begegnen (vgl. Lütgert 1993; Meier 1995). Eine Basis schaffen hier möglicherweise die Bemühungen der Laborschule, die Schülerinnen und Schüler nicht nur im fachlich-kognitiven Bereich, sondern auch – z. B. durch eine schuleigene Werkstatt, Betriebspraktika, Technikunterricht etc. – in ihren praktischen Fertigkeiten und Fähigkeiten zu stärken. Die positive Einschätzung der betrieblichen Lernumwelt muß allerdings auch vor dem Hintergrund der Einschätzungen dieser Jugendlichen zum Ende des 10. Schuljahres interpretiert werden: Diese Jungen und Mädchen, die an der Laborschule eher zu den Leistungsschwächeren gehören, signalisieren in der Laborschule eine höhere Schulmüdigkeit als ihre leistungsstärkeren Mitschülerinnen und -schüler (vgl. Wischer 1995 b; 1996). Da sich der Einfluß der Leistungsstärke auch in anderen Einschätzungen der Befragten zeigt – so zum Beispiel bei der Bewertung des sozialen Klimas an der Laborschule und der Beurteilung der eigenen Kompetenzen –, ist zu vermuten, daß die Anforderungen der Laborschule zumindest gegen Ende der Schulzeit für die leistungsschwächeren Schülerinnen und Schüler nicht mehr so anschlußfähig sind. Den Wechsel in eine betriebliche Ausbildung bewerten diese Jugendlichen deshalb eher positiv; denn hier können sie ihre praktischen Fähigkeiten einbringen, ohne mit Anforderungen konfrontiert zu sein, die die allgemeinbildende Schule vorwiegend prägen. Genau umgekehrt sind dagegen die Einschätzungen der leistungsstärkeren Absolventinnen und Absolventen zu interpretieren, die nach der Laborschule eine weiterführende Schule besuchen. Diese Gruppe hat sich an der Laborschule besonders wohl gefühlt und sich in hohem Maße mit deren reformpädagogischen Orientierungen identifiziert (vgl. Wischer 1996). Die positiven Erfahrungen werden dann in den Schulen der Sekundarstufe II – so unsere Interpretation – besonders stark mit den neuen Anforderungen kontrastiert, weil durch den Verbleib in einer schulischen Lernumwelt eine direkte Vergleichsmöglichkeit zwischen der Laborschule und den stärker auf Allokation und Selektion ausgerichteten Schulen der Sekundarstufe II besteht (vgl. Reiche 1995). Die Folge ist, daß die Jugendlichen die Lern- und Schulkultur der neuen Lernumwelt oft wesentlich kritischer und distanzierter wahrnehmen. Es stellt sich nun die Frage, ob die bisher dargestellten Einschätzungen der Lern- und Schulkultur auch davon abhängig sind, in welchem Maße sich die Jugendlichen den gestellten fachlichen und überfachlichen Anforderungen gewachsen fühlen.

Einschätzungen der an der Laborschule erworbenen Kompetenzen

In all unseren Analysen (vgl. z. B. Kleinespel 1990, Lübke/Wischer 1993; Reiche/Staffeldt/Wischer 1993) kommen wir zu dem Ergebnis, daß Laborschülerinnen und -schüler gegen Ende des 10. Schuljahres in ihren Einschätzungen ein sehr hohes allgemeines Kompetenzbewußtsein signalisieren. Dies gilt vor allem für den Bereich der überfachlichen Kompetenzen. Die Befragten stellen fest, an der Laborschule insbesondere Fähigkeiten im Umgang mit Menschen erworben zu haben. Auf einer Skala überfachlicher Kompetenzen rangieren Kooperationsfähigkeit, Toleranz, Hilfsbereitschaft und Kompromißfähigkeit an oberster Stelle. Darüber hinaus meinen die Schülerinnen und Schüler auch gelernt zu haben, eigenständig und gründlich zu arbeiten – Fähigkeiten und Fertigkeiten also zur Aneignung schulischer Inhalte. ‹Abstriche› machen die Jugendlichen, wenn es um die Bewältigung institutioneller Anforderungen geht: Pünktlichkeit, Fleiß, Ordnung und Konzentrationsfähigkeit werden im Durchschnitt zwar als recht gut gelernt eingestuft, rangieren aber im Vergleich zu den anderen Kompetenzen an letzter Stelle. Vergleichen wir diese Selbsteinschätzungen mit den *Anforderungen* der neuen Lernumwelten, so erhalten wir in unseren Analysen den folgenden Befund (vgl. z.B. Lübke/Michael 1989; Michael/Smit 1993; Kleinespel u.a. 1995): Sowohl in den weiterführenden Schulen als auch in den Ausbildungsbetrieben sind nach Einschätzung der Jugendlichen vor allem die Fähigkeiten besonders gefragt, die die Erfüllung institutioneller Normierungen sichern: Ordnung, Fleiß und Pünktlichkeit, während die besonders gut erlernten Fähigkeiten im Umgang mit Menschen weniger stark eingefordert werden. Eine annähernde Übereinstimmung besteht lediglich für die Kompetenzen ‹Gründlichkeit› und ‹Selbständigkeit›, so daß die von den Absolventinnen und Absolventen an der Laborschule erworbenen Kompetenzen weder für Anforderungen der betrieblichen Lernumwelt noch für die Anforderungen der weiterführenden Schulen in Übereinstimmung zu bringen sind. Wir kommen auf diesen Befund noch einmal zurück und wenden uns zunächst der Frage nach den fachlichen Kompetenzen zu.

Diese Frage trifft in besonderer Weise die Vorurteilsstruktur, die der Laborschule von außen entgegengebracht wird: Verfügen Absolventinnen und Absolventen nach ihren eigenen Erfahrungen tatsächlich über ein – im Vergleich mit Jugendlichen anderer Schulen – geringeres fachliches Wissen? Unsere Daten (vgl. Reiche 1995) bestätigen dieses Vorurteil nicht. Wie in Tabelle 2 dargestellt, erzielen die Jugendlichen drei Jahre nach Abschluß der Laborschule sowohl in den allgemeinbildenden Schulen als auch in den Berufsschulen Noten im oberen Spektrum der Skala, also ‹sehr gut› und ‹gut›, während die Noten ‹mangelhaft› und ‹ungenügend› – außer in Mathematik – selten genannt werden.

Auch im direkten Vergleich zu ihren Mitschülerinnen und -schülern können sich die Befragten im Leistungsbereich behaupten: In den meisten Fächern schätzen sie die eigenen Leistungen weder

	Noten: 1–2	Noten: 3–4	Noten: 5–6
Deutsch	45 %	45 %	10 %
Englisch	48 %	41 %	10 %
Mathematik	49 %	32 %	20 %
Biologie	71 %	29 %	0 %
Sowi/Politik	61 %	35 %	4 %

Tabelle 2: Die Verteilung von Fachnoten der Laborschulabsolventinnen und -absolventen (n = 64) in ausgewählten Fächern der Sekundarstufe II (aus: Reiche 1995, S. 44)

schlechter noch besser ein als die der anderen Mitschülerinnen und -schüler. Besondere Stärken der Jugendlichen liegen dabei allerdings in den Bereichen Sprachen und Sozialwissenschaften, während sie in Mathematik und in den naturwissenschaftlichen Fächern eher Abstriche machen.

Zusammenfassend halten wir folgende Ergebnisse der quantitativen Erhebung fest: Drei Jahre nach dem Übergang in neue Lernumwelten schätzen die Laborschulabsolventinnen und -absolventen ihre Kompetenzen sowohl in den fachlichen als auch in den überfachlichen Bereichen positiv ein. Dieser Befund widerlegt damit zunächst das eingangs ausgeführte Vorurteil, die Vermittlung überfachlicher, vor allem sozialer Kompetenzen koste zwangsläufig den Preis einer niedrigen fachlichen Qualifizierung. Die Passung zwischen den Anforderungen der weiterführenden Lernumwelten und dem eigenen Kompetenzerleben der Jugendlichen gelingt allerdings – wie bei den überfachlichen Kompetenzen dargestellt – nicht vollständig; denn in den neuen Lernumwelten machen die Absolventinnen und Absolventen Bildungserfahrungen, die ihren Laborschulerfahrungen widersprechen. Die Befragten müssen offensichtlich *aktiv* eine Balance zwischen ihren an der Laborschule erworbenen Kompetenzen und den neuen Anforderungen herstellen. Da in den quantitativen Daten die Argumentationen und Erfahrungen der Befragten nicht auffindbar sind, die «hinter» ihren Fragebogenantworten stehen, haben wir mit einer Auswahl von Jugendlichen biographische Interviews geführt.

Carsten und Tim: Argumentationsmuster aus zwei Interviews

In diesem Aufsatz beschränken[2] wir uns auf die Erfahrungen und Reflexionen von zwei männlichen Jugendlichen, die unterschiedliche weiterführende Schulen besuchen. Die Auswahl erfolgte unter der Maßgabe, daß die Argumentationen beider Interviewpartner in sich schlüssig, im Vergleich miteinander jedoch konträr sind. Wir interpretieren aus jedem Interview eine Zitatstelle und nehmen anschließend weitere Aussagen als Hintergrund hinzu.

Carsten

Carsten besucht seit fast drei Jahren die Oberstufe eines Gymnasiums und steht kurz vor dem Abitur. Seine Argumentation im Interview ist vor allem dadurch geprägt, daß er einen Gegensatz der Lernumwelten *gymnasiale Oberstufe – Laborschule* konstruiert, der Ausschließlichkeitscharakter hat. In seinen Formulierungen fällt auf, daß er diesen Gegensatz als «natürlich» interpretiert: «Der Leistungsdruck ist auf einem Gymnasium natürlich unvergleichlich viel höher als auf der Laborschule. Zum Leistungsdruck kommt dann das Fachwissen, das man vermittelt bekommt, das ist enorm hoch (...) auf dem Gymnasium. Ich hab eklatante Lücken im Fachwissen, besonders in Naturwissenschaften, Fremdsprachen, Mathematik. Und der Konkurrenzdruck ist natürlich viel höher als auf der Laborschule. Das soziale Verhalten wird natürlich überhaupt nicht vermittelt auf dem Gymnasium. Das wird wieder mehr auf der Laborschule vermittelt, das Mit-Menschen-Umgehen. Wobei ich das total schade finde, daß immer das eine das andere ausschließen muß.» Carsten nimmt eine Polarisierung vor. Er charakterisiert das Gymnasium folgendermaßen: «Im Gymnasium, da existiert nur der Unterricht, und das Privatleben oder Probleme sind eigentlich 'ne andere Sache.» Der Laborschule schreibt er zu: «An der Laborschule habe ich sicher gelernt, mit Menschen umzugehen.» Trotz der insistierenden Versuche der Interviewerin schafft Carsten keine argumentativen Verbindungen zwischen beiden Polen. Er meint zwar, daß seine erlernten sozialen Fähigkeiten ihm geholfen haben, auch in der gymnasialen Oberstufe selbstbewußt gegenüber Lehrern auftreten zu können, Lehrer «nicht als Übermenschen» zu sehen, keine Scheu zu haben, Fragen an sie zu richten. Carsten argumentiert jedoch nicht, daß seine sozialen Fähigkeiten einen kompensatorischen Einfluß auf seine fehlenden fachlichen Leistungen haben: Den Ausgleich seiner Defizite schreibt er allein seiner individuellen Anpassungsleistung und der intensiven Anstrengung in der weiterführenden Schule zu. Diese Polarisierung kontrastiert mit den Befunden der quantitativen Befragung: Das aus den Fragebögen ermittelte, zufriedenstellende Ergebnis – Laborschulabsolventinnen und -absolventen zeigten drei Jahre nach dem Verlassen der Reformschule gute fachliche und überfachliche Kompetenzen – beruht bei Carsten auf der Grundlage einer «gebrochenen» Argumentation: Carsten konstatiert fachliche Defizite, die er *ausschließlich* der mangelnden Vorbereitung durch die Laborschule zuschreibt, meint aber trotzdem, die Leistungsanforderungen der gymnasialen Oberstufe (wenn auch – wie er sagt – auf einem eher «mittelmäßigen Niveau») bewältigen zu können. Er schreibt andererseits seine überfachliche Kompetenz, mit Menschen umgehen zu können, ausschließlich der Laborschule zu; er antwortet auf die Frage der Interviewerin: «Meinst du, daß du ohne die Laborschule gelernt hättest, auf Menschen zuzugehen?» mit einer dezidierten Verneinung: «Nein, nein, denke ich nicht! Nee. Nee, das Konkurrenzverhalten, der Leistungsdruck herrscht am Gymnasium ja schon in der Mittelstufe.»

Auch wenn Carsten es – wie im Eingangszitat formuliert – «schade» findet, daß – bezogen auf fachliches und soziales Lernen, «immer das eine das andere ausschließen muß», nimmt er im Interview weder eine Distanzierung von der Laborschule noch von der gymnasialen Oberstufe vor: Er balanciert seine Argumentationsmuster zwischen den Polen aus. Die Balance stellt er durch eine selbstwertdienliche Argumentation her, indem er darauf verweist, daß er (a) die fachlichen Anforderungen des Gymnasiums – unter Anstrengungen – bewältigt und daß er (b) über soziale Kompetenzen verfügt, die seiner Auffassung nach die neuen Mitschülerinnen und -schüler in ihrer Schulzeit nicht in gleichem Maße erworben haben wie er selbst.

Tim

Tim besucht die Oberstufe einer Gesamtschule und hat gerade sein Abitur gemacht. Er reflektiert zu Beginn unseres Interviews explizit über unser Thema: «Vom Schonraum in die Wirklichkeit?» Wir machen deshalb seine ersten Sätze zum Ausgangspunkt unserer zweiten Interpretation: «Schonraum – Wirklichkeit. Ganz generell ist dies das Thema, womit ich mich viel auseinandersetze. Laborschule und dann die Draußen-Welt – also Wirklichkeit finde ich nicht so ganz angemessen. (...) Mir ist das grad neulich vor drei Tagen, als ich mein Abiturzeugnis in die Hand gedrückt bekam, da ist mir das aufgefallen, daß es da wirklich 'ne erhebliche Diskrepanz gibt zwischen dem, was auf der Laborschule, ja, gepredigt oder gefördert wurde oder auch einfach an Stimmungen oder Klima da war und was dann eben auf dieser großen, eher schon anonymen Gesamtschule war. (...) Generell würde ich sagen, daß man auf der Laborschule eine Atmosphäre erlebt oder erleben kann, (...) die einem irgendwo das Gefühl von Geborgenheit und Zusammenhalt vermittelt. Das ist ein sehr einmaliges Gefühl im Vergleich zu dem, was man sonst so erlebt in seinem weiteren Leben. Der Schonraum – da herrscht ein besonderes Zusammengehörigkeitsgefühl vor. Im zehnten Schuljahr der Laborschule ist es so, daß man blickt: Man genießt wirklich eine ganz bevorzugte pädagogische Behandlung, und man ist sich dessen auch irgendwie bewußt.»

Tim zeichnet an dieser und an vielen anderen, hier nicht weiter ausgeführten Stellen des Interviews ein positives und zugleich analytisches Bild des Schonraums, den die Laborschulpädagogik eröffnet. Dieses Bild schärft er zum Teil an Kontrasterfahrungen in spezifischen Situationen mit der «Draußen-Welt» (Beispiel: Vergleich der Abschlußfeiern an der Laborschule und an der Gesamtschule). Bezogen auf die «Draußen-Welt» legt Tim großen Wert darauf zu belegen, daß Laborschulabsolventinnen und -absolventen gerne Leistungsstärken zeigen und sich in Konkurrenzsituationen mit anderen messen wollen, auch wenn dies «individuell verschieden» ist: «Ich bin ein Typ, der keine Probleme damit hat. Und ich weiß das auch von anderen Mitschülern, daß die sich dem gerne stellen und sogar ein bißchen stolz auf sich sind, wenn sie sagen, ja, das ist doch Klasse, im Mündlichen habe ich wieder 'ne Eins, weil ich das an der Laborschule so gut gelernt habe.»

«Lerndefizite» – so meint Tim, die man «eventuell von der Laborschule mitbringt, sind auf jeden Fall in der Oberstufe aufzuholen, wenn ein Grundverständnis da ist». Zugleich macht Tim die Erfahrung, daß es bestimmte Lernbereiche gibt, in denen die Laborschule ein vertieftes Sachverstehen vermittelt. Nach seiner Einschätzung sind «Laborschüler im Unterrichtsverhalten erkennbar: vor allem in der mündlichen Beteiligung. In manchen Kursen waren die Leute, die was gesagt haben, alle Laborschüler.» In seinen Argumentationen bringt Tim soziale Kompetenzen beim Umgang mit Lehrerinnen und Lehrern mit dem fachlichen Lernen zusammen und vermeidet dadurch die Polarisierung, zu der Carsten neigt. Nach Tims Auffassung haben «Laborschüler oft Pluspunkte: Das ist ja auch irgendwie nett, wenn du weißt, der Lehrer mag mich, und wir können ja mal wieder bei mir Kurstreffen machen oder sonst was. Das ist schon gut.»

Die Erfahrung, durch die eigenen sozialen Kompetenzen das Klima im gesamten Jahrgang der Oberstufe positiv beeinflussen zu können, stärkt außerdem Tims Selbstbewußtsein und hat zugleich Einfluß auf seine nachträgliche positive Bewertung der Laborschule: «Laborschüler, denke ich, sind die, die am offensten auf die Leute zugehen und mit den Mitschülerinnen und -schülern in einer sich neu bildenden Jahrgangsstruktur einfach mal was machen.

Man geht halt mal abends mit einem weg, der hätte ja nett sein können. Wenn einen der Eindruck täuscht, ist das auch nicht weiter schlimm, man experimentiert so rum. Laborschüler sind schon exponierte Figuren in so 'nem Zusammenhang.»

Wir fassen zusammen: Im Gegensatz zu Carsten bleibt Tim nicht bei einer Polarisierung in seiner Argumentation stehen. Vielmehr versucht er immer wieder eine Verbindung zwischen den Erfahrungen mit dem pädagogischen Schonraum Laborschule und der «Draußen-Welt» herzustellen, obwohl er Widersprüche konstatiert. Selbstreflexiv macht er dabei darauf aufmerksam, daß er sich auf seine eigenen Erfahrungen beruft und daß andere Laborschulabsolventinnen und -absolventen auch andere Einschätzungen haben können: «Das Kernproblem ist, daß die Schüler in einer Seifenblase leben, solange sie auf der Laborschule sind. Und es kommt darauf an, wie schnell sie zerplatzt. Dann wird's härter für einige.» Für Schülerinnen und Schüler weiterführender Schulen wird es nach Tims Aussagen vor allem dann «härter», wenn sie bereits an der Laborschule nicht zu den Leistungsstarken gehörten: «wackelige Kandidaten, denen das aber schon vor drei Jahren auf der Laborschule gesagt wurde. Die Prognosen trafen da völlig zu.» Tim begegnet den Anforderungen der neuen Lernumwelt aktiv und setzt seine Laborschulerfahrungen anscheinend offensiv ein. Es macht ihn stolz, wenn sich die gelernten Strategien in der neuen Lernumwelt bewähren; er wendet sich selbstbewußt neuen Herausforderungen zu. Die Erfolgserlebnisse fordern ein spezifisches Selbstdeutungsmuster heraus, das wir bereits an «Patrick» in der biographischen Studie des ersten Laborschuljahrgangs erkennen konnten (vgl. Kleinespel 1990, S. 247 ff.): Tim versteht sich als Laborschulrepräsentant, der Kritikern dieser Pädagogik durch die eigenen erworbenen Kompetenzen zeigen will, daß die Laborschule als ein «Stück der besseren Welt» ihre Absolventinnen und Absolventen nicht untüchtig macht – im Gegenteil.

Was passiert nach dem Schulabschluß? Die Perspektivität der Antworten

Die Frage, was nach dem Abschluß der Laborschule passiert, haben wir unter Hinweis auf die *Perspektivität*, die die Betroffenen bei der Bewertung ihrer Schulzeit an der Laborschule einnehmen, zu beantworten versucht: Obwohl die Schule vor allem mit den Befunden aus der quantitativen Studie zu den erworbenen Kompetenzen *im Prinzip* zufrieden sein kann, zeigt ein Blick auf die individuellen Argumentationen in den Interviews bei den Jugendlichen biographisch zu verarbeitende Brüche. Solche Brüche werden im Interview mit Carsten exemplarisch deutlich. Dabei ist es bezeichnend, daß der ehemalige Laborschüler zwar einerseits die Leistungsanforderungen der gymnasialen Oberstufe im großen und ganzen besteht, andererseits jedoch auf die hohe Anstrengung hinweist, die die Erfüllung der Ansprüche in der neuen Lernumwelt von ihm fordert. Er schreibt seine fachlichen Schwierigkeiten eindeutig der mangelnden Vorbereitung durch die Laborschule zu und bestätigt mit seinen Aussagen das gängige Vorurteil gegenüber einer reformpädagogisch orientierten Schule, daß der Erwerb sozialer Kompetenzen zwangsläufig auf Kosten der Fachleistungen gehe. Carsten stützt das Ausschlußargument: Nach seiner Auffassung ist eine Schule *entweder* sozial *oder* leistungsorientiert. Tim nimmt in seinem Interview diesen Gedanken auf einer Meta-Ebene auf und nennt zwei Begründungen für brüchige Argumentationen bei der nachträglichen Einschätzung der Laborschule, die wir noch einmal mit Zitaten illustrieren.

(1) Tim verweist auf den Einfluß des zeitlichen Abstands bei der Bewertung der vergangenen Schulzeit und konstatiert für sich selbst, daß seine Kompetenzerfahrungen in der gymnasialen Oberstufe seine Einschätzungen der Laborschule positiv gefärbt haben. In diesem Zusammenhang rekonstruiert er exemplarisch Gedankengänge, die ihn während der Laborschulzeit beschäftigt haben, und verbindet sie selbstkritisch mit aktuellen Bewertungen: «Es ist

ja doch zum Glück so, daß man negative Erinnerungen eher verdrängt als die positiven. (...) Ich habe mich in der Laborschule auch viel gelangweilt. Dann dachte ich, es wäre doch sinnvoller, wenn ich die Zeit zum Lernen nutzen würde. Ich hab z. B. auch gesagt, ich werde in der Bibliothek mein Referat machen, was ich schon lange fertig hatte. Dann bin ich mit irgend jemand in die Uni gegangen. Aber jetzt, aus der Distanz, sage ich natürlich: War doch klasse.»

(2) Das subjektive Kompetenzerleben in den neuen Lernumwelten prägt maßgeblich die nachträgliche Einschätzung der Laborschule: Erfolg oder Mißerfolg sind nach Tims Auffassung nicht nur von der Vorbereitung durch die Laborschule, sondern auch durch individuelle Leistungsdispositionen oder Probleme geprägt. Schlecht geht es nach Tims Auffassung vor allem denjenigen ehemaligen Mitschülerinnen und -schülern, die ein «unrealistisches Maß an Selbsteinschätzung entwickeln. (...) Sicher, auch die Schule kann dazu beitragen. Aber daran sind weitaus mehr Faktoren beteiligt.» Und selbst wenn die Laborschule durch eine «Schonraumpädagogik» in einzelnen Fällen dazu beigetragen hat, daß junge Menschen eine unrealistische Selbsteinschätzung entwickelt haben, muß dies nach Tims Auffassung nicht gegen die Einrichtung sprechen: «Wenn es diesen Schonraum nicht gäbe, dann gäb's nicht solche intensiven Freundschaften, die einem hinterher aus der Patsche helfen. Wenn man die Konfrontation mit der Wirklichkeit – in Anführungsstrichen – von vornherein als pädagogisches Ziel nehmen würde, dann würde das in meinen Augen nicht weiterhelfen. Ich glaub schon, daß das unersetzlich ist. Ich bin mir aber auch sicher, daß das nie bei allen Schülern geht. Aber das erfährt man erst hinterher. Trotzdem glaube ich, daß es eigentlich nahe am Optimum ist.»

Wir nehmen dieses Zitat zum Ausgangspunkt für ein kurzes Resümee: Die mit dem Thema dieses Aufsatzes zugrunde gelegte Polarisierung der Konzepte «Schonraumpädagogik» und «Anforderungen der Wirklichkeit», die in den einleitend genannten Vorstellungen gegenüber der Laborschule zum Ausdruck kommen, ist so nicht haltbar. Tim weist in seiner Argumentation auf die Paradoxie dieser Polarisierung hin, weil für ihn die Stärkung des Individuums als Grundlage für die Leistungsorientierung «unersetzlich» ist: Ihm geht es anscheinend um die Herstellung einer Balance *beider*

Seiten in dem *einen* Prozeß schulischer Erziehung. Diese ist durchaus prekär und kann niemals vollständig erreicht werden, ja, sie mißlingt sogar in Einzelfällen. Aber sie führt weg von den Polarisierungen, die in den Vorurteilen zum Ausdruck kommen.

Anmerkungen

1 Unter der Frage «Wie geht man an deiner Schule/deinem Ausbildungsbetrieb miteinander um?» wurden die Jugendlichen in diesem Zusammenhang aufgefordert, zu sieben verschiedenen Aussagen (z. B. ‹An der Schule/im Betrieb ist es leicht, Freunde zu finden› oder ‹Wenn man hier Probleme hat, findet man niemanden, der sich um einen kümmert›) auf einer fünfstufigen Einschätzungsskala den Grad ihrer Zustimmung zu benennen (vgl. Wischer 1996, S. 223 f.). Da diese Frage sowohl den Schülerinnen und Schülern am Ende des 10. Schuljahres als auch den Absolventinnen und Absolventen drei Jahre nach Verlassen der Laborschule vorgelegt wird, ist ein direkter Vergleich für die Lernumwelten Laborschule, weiterführende Schule und Ausbildungsbetrieb möglich (vgl. Meier 1995).

2 Die Beschränkung ist der Umfangsbegrenzung für diesen Beitrag geschuldet. Für weitere biographische Studien – auch zu den Jugendlichen in beruflichen Lernumwelten – vgl. Kleinespel 1990. Zur «Brüchigkeit» der Argumentationen von Schülerinnen und Schülern *während* der Laborschulzeit vgl. Döpp/Hansen/Kleinespel 1996.

Wolfgang Klafki (im Interview)

Wem nützt eine solche Versuchsschule? Laborschulpädagogik und das Regelschulwesen

In unserem Gespräch geht es um Schulexperimente im allgemeinen, um die Laborschule im besonderen. Lieber Herr Klafki, Sie haben die Entwicklung unseres Schulwesens seit den 50er Jahren kritisch mitverfolgt. Kann man eigentlich sagen, daß unser Schulsystem Schulversuche braucht?

Ich bin da ganz sicher. Allerdings ist das zuallererst eine bildungspolitische Frage. Wenn Bildungspolitiker auf dem Standpunkt stehen, Schule habe genug Bewegung gehabt, jetzt müsse eine Phase der Stabilisierung eintreten, dann wird es in ihrer Sicht so scheinen, als störten Versuche nur. Sie werden sagen: «Nein, wir brauchen keine Versuche.» Wer aber – wie Sie und ich – die Meinung vertritt, daß nach wie vor eine Fülle ungelöster pädagogischer Probleme vorhanden ist, angesichts deren wir noch keine oder nur wenige Beispiele dafür haben, wie sie konkret gelöst werden können, überdies, daß viele neue Aufgaben auf die Schule zukommen, der wird sagen: Es muß eine Reihe von Schulen geben, die unter relativ günstigen Arbeitsbedingungen erproben können, wie man sich dieser Aufgaben annimmt.

Was können Versuchsschulen beweisen?

Was können solche Versuchsschulen denn beweisen – und was nicht?

Nun, zunächst einmal können einzelne Versuchsschulen zeigen, daß eine bestimmte reformerische Konzeption in der Praxis möglich ist – daß «es geht»: Die Laborschule zeigt z. B., daß eine Schule keine Noten braucht. Die Team-Kleingruppen-Modell-Schulen zeigen wie die Laborschule, daß integrierte Gesamtschulen auch ohne äußere Leistungsdifferenzierung arbeiten können. Das Argument «So etwas ist gar nicht möglich» ist damit aus dem Feld. Allerdings kann dann eingewendet werden: «Ja, im Einzelfall, mit einem besonders engagierten Kollegium mag das gehen – aber im Regelschulwesen insgesamt geht es nicht.» Dieses Argument ist mit gelungenen Versuchsschulen noch nicht aus dem Feld geräumt. Aber schon der Nachweis, daß ein neues, gut begründetes pädagogisches Konzept unter bestimmten Bedingungen verwirklicht werden kann, ist viel wert.

Gibt es denn Beispiele dafür, daß Schulversuchs-Ergebnisse eine breitere Wirkung haben?

Hier kann man u. a. die Grundschulentwicklung anführen, ohne sie allzusehr zu idealisieren. Ich schätze, daß etwa 25 bis 30 % der Grundschulen sich auf einen reformpädagogischen Weg begeben haben, der ohne eine Reihe von Modellschulen – etwa Münster-Gievenbeck, etwa Glocksee, aber auch die Laborschule – wohl kaum möglich gewesen wäre. Wie z. B. offener und binnendifferenzierter Unterricht in der Grundschule gestaltet werden kann, haben viele Lehrerinnen und Lehrer an diesen Beispielen lernen können.

Die positive Entwicklung im Grundschulbereich ist sicher unbestreitbar. Aber lenkt dieser Hinweis nicht ab von der großen Enttäuschung über Schulversuche? In den siebziger Jahren galten sie als das *Instrument innovativer Schulpolitik, inzwischen ist große Ernüchterung eingekehrt.*

Richtig ist, daß vom Ende der sechziger bis in die siebziger Jahre hinein einige mehr oder minder innovative Landesregierungen große Hoffnungen auf Schulversuche bzw. Versuchsschulen gesetzt haben – ihr Anregungswert, ihr Modellcharakter sollten auf das allgemeine Schulwesen wirken. Die ersten Gesamtschulen sind ja von einigen Landesregierungen ausdrücklich als Vorreiterschulen betrachtet worden. Diese Hoffnungen haben sich nach meiner Einschätzung aus mehreren Gründen nicht erfüllt. Vor allem waren die erwarteten Zeiträume, in denen solche Versuche in irgendeiner Weise Modellartiges, Übertragbares abwerfen konnten, viel zu kurz taxiert. Diesem Irrtum sind nicht nur Schulpolitiker, sondern auch viele Erziehungswissenschaftler verfallen. Wir haben fast alle geglaubt, in kürzerer Zeit könnten Schulen, die unter besonderen Bedingungen und mit besonderen Spielräumen ausgestattet waren, sich soweit konsolidieren, daß das, was in ihnen entwickelt und erprobt wird, auf normale Schulen in abgestuften Graden übersetzt werden kann.

Das Gesamtschul-Experimentalprogramm war immerhin auf zehn Jahre angelegt. War das wirklich zu kurz?

Ich meine heute: Jede Schule, die ein neues, umfassendes Konzept realisieren will, braucht wohl mindestens zehn Jahre, wenn nicht mehr, um sich in sich selbst zu konsolidieren. Es mag sein, daß zu einem früheren Zeitpunkt das eine oder andere Teilelement bereits so gelungen ist, daß man es öffentlich präsentieren und mit gutem Gewissen sagen kann: Das könntet ihr in anderen Schulen auch in ähnlicher Weise, auf eure Situation bezogen, verwirklichen. Aber im allgemeinen müßte man solchen Schulen einen relativ langen Zeitraum – nach meiner Schätzung also acht bis zehn Jahre oder zum Teil noch mehr Zeit – lassen, bevor man von ihnen erwarten oder auch fordern kann: «Nun müßtet ihr aber allmählich zeigen, was aus eurer Arbeit für andere Schulen an flexibel übersetzbaren Modellen, beispielhaften Resultaten, Anregungen herausgewachsen ist.» Versuche, innovativen Schulen wesentlich früher übertragbare Ergebnisse abzuverlangen, führen wohl meistens zu einer Überforderung. Sie verführen oder zwingen jene Schulen dazu, «Erfolge» auszuweisen, die noch gar nicht als hinreichend abgesichert gelten können. Ich finde, daß die Laborschule ein Beleg für meine These ist. Sie arbeitet jetzt seit mehr als 20 Jahren. In den ersten Jahren hat sie große interne Auseinandersetzungen durchstehen müssen, zu einer konzentrierten pädagogischen Entwicklungsarbeit hat sie erst später gefunden.

Wir haben bisher von Schulversuchen, von Versuchsschulen, von Modellschulen gesprochen. Ist damit jeweils das gleiche gemeint, oder gibt es hier Unterschiede?

Das ist ein terminologisch schwieriges Kapitel. Die drei Wörter werden bisweilen synonym benutzt. Wenn jedoch zwischen Schulversuchen und Versuchsschulen unterschieden wird, dann zeichnet sich bei einigen Autoren folgende Unterscheidung ab: Mit *Schulversuchen* werden Schulen bezeichnet, die im Hinblick auf eine begrenzte Fragestellung in einem bestimmten Zeitraum die Realisierbarkeit neuer pädagogischer Konzepte zu erproben versuchen. Dabei besteht die Absicht, das Ergebnis dann auf andere Schulen zu übertragen. Als Beispiel könnte man den Frühbeginn Englisch nennen. Im übrigen bleiben diese Schulen aber im wesentlichen innerhalb des Spektrums, das das herkömmliche Schulwesen aufweist. Wenn von *Versuchsschulen* die Rede ist, dann sind meistens Schulen gemeint, die ein umfassendes neues Schulkonzept erproben und die dabei auftretenden Schwierigkeiten zu bewältigen versuchen. Als Versuchsschulen in diesem strengeren Sinne des Wortes würde ich beispielsweise auch die Team-Kleingruppenschulen in Köln-Holweide, Göttingen-Geismar und Kassel-Waldau bezeichnen, weil sie jeweils eine mehrdimensionale neue Schulgestaltung zu entwickeln versuchen. Das gilt u.a. auch für die einzige sechsjährige Grundschule in Hessen, die 1986 in Marburg aus einer Lehrer- und Elterninitiative mit Unterstützung von Erziehungswissenschaftlern heraus entstanden ist, dann von der damaligen rot-grünen Koalition des Stadtrates befürwortet und vom Kultusministerium genehmigt wurde. Offiziell wird sie als «Schulversuch» bezeichnet; man könnte aber auch Argumente dafür nennen, die Schule als eine Versuchsschule zu bezeichnen. Der Begriff «*Modellschulen*» wird nach meiner Kenntnis im erziehungswissenschaftlichen und im schulpolitischen Sprachgebrauch kaum noch als Terminus für einen bestimmten Typus innovativer Schulen benutzt. Man trifft aber auf diesen Sprachgebrauch, wenn jemand den potentiellen Anregungswert reformorientierter Schulen hervorheben will, unabhängig davon, ob es sich im offiziellen Sprachgebrauch um «Versuchsschulen» oder «Schulversuche» oder generell um besonders innovationsfreudige Schulen handelt.

Ist die Laborschule eine besondere Versuchsschule?

Hartmut von Hentig hat immer großen Wert darauf gelegt, daß die Laborschule kein Schulversuch (mit inhaltlich und zeitlich begrenztem Auftrag) ist, sondern eine Versuchsschule. Daher die Frage: Wie ordnen Sie denn in diesem Feld die Laborschule ein?

Zunächst: Die Laborschule ist im Sinne der vorher skizzierten begrifflichen Differenzierungen zweifellos eine Versuchsschule. Innerhalb der in Deutschland kleinen Zahl von Versuchsschulen hat sie, so meine ich, einen Sonderstatus. Dies ist einmal bedingt durch ihren Gründer Hartmut von Hentig. Es gibt in der Bundesrepublik keine andere Schule, die einen Gründer und wissenschaftlichen Leiter gehabt hat, der mit so großer Öffentlichkeitswirkung – weit über den Kreis der Fachpädagogen hinaus – eine Versuchsschule konzipiert, vorgestellt, vielfach interpretiert, für sie geworben hat. Das ist ein Novum. Wir haben auch in anderen Schulen hervorragende Schulleiter und Schulleiterinnen. Aber die Laborschule und das Bielefelder Oberstufenkolleg sind in der eben betonten Hinsicht Sonderfälle, die man nicht auf andere bzw. zukünftige Versuchsschulen übersetzen kann. Zweitens: Die Laborschule war von vornherein auf Dauer angelegt; trotzdem war sie bekanntlich de facto in ihrem Bestand zwischenzeitlich gefährdet. Ein Teil der anderen Versuchsschulen hat nicht von Anfang an jene Langzeit-Perspektive gehabt. Ein drittes Element war die Breite des Versuchsspielraums, den die Laborschule von Beginn an erhielt. Den hat bis heute kaum ein anderer Schulversuch. Der einzige, von dem ich Vergleichbares sagen würde, ist die Glockseeschule in Hannover. Sie ist mit einem ähnlich umfassenden oder beinahe noch weiterreichenden Konzept angetreten, Schule völlig anders als bisher üblich zu gestalten. Viertens: Einmalig nicht nur in der Bundesrepublik, sondern auch im internationalen Vergleich ist das Lehrer-Forscher-Konzept der Laborschule und des Oberstufen-Kollegs. Das Ausmaß, in dem Lehrern und Lehrerinnen zugetraut wird, in dem ihnen aber auch abgefordert wird, daß sie an Forschung partizipieren, ist so in keiner anderen Versuchsschule realisiert worden. Schließlich möchte ich noch einen fünften Gesichtspunkt nennen: Keine Versuchsschule hat einen ähnlich hohen Bekanntheitsgrad in der Bundesrepublik erreicht wie die

Laborschule. Das hängt sicherlich auch sehr stark mit dem Wirken Hartmut von Hentigs zusammen. Also: Die Laborschule ist nach meiner Einschätzung für die Bundesrepublik, gerade auch für die neue, vereinigte Bundesrepublik, eine unverzichtbare Versuchsschule – mit den genannten fünf Besonderheiten. Vielleicht gibt es noch weitere, die ich im Moment übersehen habe.

Müßte man nicht noch als sechstes Merkmal hinzufügen: Das Ausmaß, in dem die Schule die eigenen Ergebnisse, manchmal auch die eigenen Probleme offenlegt?

Ja, auch diesen Punkt muß man hervorheben. Das Maß, in dem sich diese Schule geöffnet hat, manchmal an die Grenze kaum noch zu bewältigender Belastungen, ist wohl einmalig. Es gibt meines Wissens keine Schule in der Bundesrepublik, die eine solche Bereitschaft zur Öffnung für Interessenten gezeigt und die einen solchen Besucherstrom (weit mehr als 1000 Personen im Jahr) an sich gezogen hat. Geöffnet hat sie sich aber auch durch die vielen Publikationen. Es ist ja nicht nur von Hentig, der über die Arbeit der Laborschule geschrieben hat. Viele Lehrerinnen und Lehrer haben das auch getan. Und ich will noch ein siebentes Element herausheben: Mehr, so habe ich den Eindruck, als in den meisten anderen Versuchsschulen ist in Bielefeld das Reformengagement des Kollegiums durchgehalten und weiterentwickelt worden. Während man z. B. von der Glockseeschule in den letzten Jahren recht wenig gehört hat, kommen aus der Laborschule immer wieder anregende Arbeitsberichte und neue Ideen. Höchstwahrscheinlich hängt das aber auch damit zusammen, daß die Laborschule – verglichen mit anderen Versuchsschulen – auch in dieser Hinsicht besonders günstige Bedingungen erhalten hat. Das Lehrer-Forscher-Konzept, das ja Entlastung und Belastung zugleich ist, wurde an keiner anderen Versuchsschule realisiert. Ich bin immer wieder erstaunt, wieviel qualifizierte Forschungsarbeit in der Kooperation zwischen Laborschule und Universität dort geleistet wird. Dabei habe ich den Eindruck, daß die Qualität dieser Forschungsarbeit in den letzten fünf bis zehn Jahren deutlich gesteigert worden ist. Auch das spricht für die Zweckmäßigkeit einer Planung von Versuchsschularbeit mit Langzeitperspektiven.

Regen Versuchsschulen das staatliche Regelschulwesen an?

Viele Besucher, die in die Laborschule kommen, sind verblüfft, wenn sie hören, daß es sich nicht um eine sogenannte freie, sondern um eine staatliche Schule handelt. Die Staatlichkeit der Laborschule: Hat das ihre Versuchs- und Entwicklungsarbeit behindert – oder vielleicht sogar gefördert?

Ich meine, daß das letztere zutrifft. Mir liegt an dieser Stelle sehr daran zu betonen, daß ich generell Versuchsschulen *innerhalb* des Regelschulsystems befürworte, ohne damit Schulen in anderer als staatlicher Trägerschaft abzulehnen. Der Status von Versuchsschulen innerhalb des öffentlichen Schulwesens birgt meines Erachtens – vielleicht von Ausnahmen abgesehen – die besten Chancen für eine allmählich wachsende Wirkung nach außen, auf andere Schulen. Ich meine also nicht, daß die staatliche Trägerschaft der Laborschule ein Hindernis für ihre Entwicklung war oder ist, auch nicht dafür, die Erwartung einzulösen, sie möge «nach außen hin» anregend bzw. modellhaft wirken. Im Gegenteil: Diese Wirkung wäre überhaupt nicht möglich gewesen, wenn es sich um eine außerhalb des Regelsystems befindliche Schule gehandelt hätte. Die Laborschule ist ein Beispiel dafür, was erreicht werden kann, wenn sich Schulpolitik dazu durchringt zu sagen: «Wir brauchen staatliche Schulen, denen wir große Spielräume öffnen. Dabei setzen wir sie allerdings nicht völlig frei von jeder Art von Beziehbarkeit auf das allgemeine Regelsystem. Wir erwarten von ihnen vielmehr, daß sie Impulse für dieses Regelsystem geben.» Kurzum: Der Erfolg der Laborschule hängt stark mit ihrer Rolle im staatlichen Schulsystem zusammen.

Kann man das noch etwas vertiefen: Was kann denn nun eine staatliche Versuchsschule für das Regelsystem leisten?

Zunächst ein Hinweis, der leider immer noch keine Selbstverständlichkeit ist: Jede Erwartung, eine solche Schule müsse leicht handhabbare Rezepte entwickeln und zum Schluß müsse dann etwas ziemlich direkt Übernehmbares herausspringen – jede solche Erwartung halte ich für höchst problematisch. Eine Versuchsschule muß zunächst Konzepte *für ihre spezifische Situation* entwickeln: für *ihre* Schülerschaft, für *ihre* Region, unter den *örtlichen* Akzeptanzbedingungen. Die Modelle müssen jeweils erkennen lassen, wie die Versuchsschule diese spezifischen Bedingungen reflektiert hat. Darin stecken aber gleichzeitig immer auch allgemeine Probleme – etwa des Aufwachsens von Kindern, der Belastung von Lehrkräften. Die konkreten Lösungsversuche verweisen also zugleich auf allgemeinere Zusammenhänge, typische Konstellationen, die im konkreten Fall in einer spezifischen Kombination und Gewichtung der einzelnen Elemente wirksam werden und besondere Antworten erfordern. Schulen, die andernorts entwickelte Unterrichtseinheiten, pädagogische Strategien, Organisationsformen usf. adaptieren wollen, müssen folglich wissen: Wir können die konkreten Problemlösungsversuche jener Schule, an deren Vorschlägen wir uns orientieren wollen, nicht unbesehen übernehmen, nicht einfach kopieren. Wir müssen die Situation, die Zielsetzungen, die Bedingungen, die dort gegeben waren oder sind, bis zu einem gewissen Grade durchschauen. Was in der Laborschule Bielefeld sinnvoll und erfolgreich war oder ist, braucht es nicht unbedingt in der Schule X in Dortmund oder der Schule Z im Landkreis Olpe auch zu sein. Das bedeutet zugleich: Adaptationswillige Lehrerinnen und Lehrer müssen neue Lernprozesse vollziehen, die jenen analog sind, die die Kolleginnen und Kollegen einer Versuchsschule im Zuge der Entwicklung ihrer pädagogischen Problemlösungsfähigkeit schon ein Stück weit durchlaufen haben.

Sind denn Lehrerinnen und Lehrer im Regelschulwesen in der Lage, solche komplexen Adaptationsprozesse zu vollziehen?

Ich betone noch einmal: Das muß gelernt werden. Wir brauchen eine Vorbereitung der Lehrer für solche Adaptationen. Aus dem Marburger Grundschulprojekt (1971–1979) haben wir eine Reihe von Beispielen dafür, daß das offensichtlich ein recht anspruchsvoller Prozeß ist. Wir haben uns diesen Prozeß zunächst einfacher vorgestellt, mußten dann aber als kooperierende Gruppe von Lehrerinnen und Lehrern, Forscherinnen und Forschern in diesem Handlungsforschungsprojekt folgendes lernen: Wenn wir in gründlichen Arbeitsprozessen der wechselseitigen Verständigung, der Planung, Entwicklung, Auswertung und (z. T. mehrfachen) Überarbeitung anspruchsvolle Konzepte und offene Unterrichtseinheiten im Sinne intensiven, schülerbezogenen, handlungsorientierten Lernens entwickeln und dann andere Lehrerinnen und Lehrer bzw. Gruppen anregen, anhand unserer Beispiele Ähnliches, Analoges in selbständiger Übersetzung in ihre jeweilige Situation zu erproben, dann setzt die Umsetzung solcher Empfehlungen bei den angesprochenen Kolleginnen und Kollegen bestimmte Fähigkeiten und Einsichten voraus. Wir haben einige solcher flexiblen Adaptationen beratend begleitet, aber die Projekt-Laufzeit reichte nicht aus, um fundierte Strategien für das Inszenieren solcher Adaptationen zu erarbeiten. Ich halte es aber nach wie vor für dringend notwendig, diese Aufgabe in Angriff zu nehmen. Ich wollte mit diesem Beispiel ein Teilstück meiner Antwort auf Ihre Frage geben: Was können Versuchsschulen für das Regelsystem leisten?

Ein zweites Teilstück meiner Antwort ist schon an früherer Stelle zur Sprache gekommen; es scheint banal, ist es in Wahrheit aber nicht: Der konkrete Nachweis, den gelingende Versuchsschulen und Schulversuche leisten, daß offener Unterricht, innere Differenzierung, zunehmend selbständigeres Lernen der Kinder und Jugendlichen, Entwicklung von Anfängen selbständiger Lösung sozialer Konflikte durch Schülerinnen und Schüler, Unterricht ohne Benotung, aber mit differenzierter Rückmeldung, usw. usw. «gehen», realisierbar und erfolgreich sind, daß Schule also anders sein kann, als wir sie üblicherweise machen, ist wahrscheinlich der wirkungsvollste Lernimpuls, den solche Schulen für die Gesamtentwicklung eines Schulwesens vermitteln können. Wir brauchen aber erheblich mehr Versuchsschulen – gewiß auch begrenztere Schulversuche –, jeweils mit begleitend-unterstützender Schulforschung, als wir gegenwärtig in der Bundesrepublik haben.

Die Bedeutung von Versuchsschulen sehen Sie damit vor allem in ihrer pädagogischen Entwicklungsfunktion. Diskutiert wird aber auch die empirische Beweisfunktion: Es ist zu belegen, daß ein bestimmtes Konzept besser, überlegen ist. Ist das in Ihren Augen für Versuchsschulen nebensächlich?

Keineswegs! Diese Funktion halte ich ebenfalls für wichtig. Sie setzt aber voraus, daß man sich über die Kriterien verständigt, nach denen man «Überlegenheit» definiert. Faktum ist, daß es bisher keine empirischen Untersuchungen zum «Leistungsvergleich» z. B. der Laborschule als Versuchsschule mit Schulen eher herkömmlichen Zuschnitts gibt. Wollte man sie – etwa in der Nachfolge der

Vergleichsuntersuchungen über Gesamtschulen und Schulen des dreigliedrigen Systems aus den 70er und den beginnenden 80er Jahren (vgl. Fend 1982) durchführen, so müßte auf jeden Fall folgendes gesichert sein: Man dürfte nicht nur die relativ leicht operationalisierbaren, für die Schulen des überkommenen Systems meistens ausschlaggebenden, fachgebundenen «Leistungsziele» zugrunde legen, die an den «Endprodukten» der Lernprozesse gemessen und in Ziffernnoten formuliert werden, sondern müßte auch die darüber hinausreichenden, für die Laborschule (und andere innovative Einrichtungen) charakteristischen Ziele. Dazu gehören z. B. «Fähigkeit zur Planung und Selbststeuerung individueller Lernprozesse», «soziale Kontakt- und Kooperationsbereitschaft und -fähigkeit», «Selbsteinschätzungsfähigkeit und Selbstbewußtsein», «Fähigkeit zur Umstellung auf neue Lernbedingungen in beruflichen oder schulischen Anschlußeinrichtungen», «Argumentations- und Kritikfähigkeit sowie Fähigkeit, mit Fremdkritik produktiv umzugehen» usw. – Nehmen wir nun hypothetisch erstens an, es würden sich bei solchen Untersuchungen signifikante Unterschiede zwischen Schülerinnen und Schülern herkömmlicher Schulen und der Laborschule zeigen, die nicht auf unterschiedliche Ausgangs- und außerschulische Sozialisationsbedingungen, sondern mit hoher Wahrscheinlichkeit in überwiegendem Maße auf unterschiedliche Lernbedingungen, -angebote und -anforderungen der untersuchten Schulen zurückgeführt werden müssen. Und nehmen wir zweitens an, eine nennenswerte Zahl von Schülerinnen und Schülern herkömmlicher Schulen würde in einigen traditionellen Leistungsbereichen besser als Laborschülerinnen und -schüler abschneiden – ich unterstelle diese Annahme keineswegs als wahrscheinlich! –, während Laborschülerinnen und -schüler in jenen anderen Entwicklungsdimensionen deutliche Vorsprünge hätten. Dann würde sich die Frage stellen: Wie gewichtet man solche Unterschiede? Ich lasse die Frage hier unbeantwortet, merke nur an, daß sie die tatsächliche Kompliziertheit des Problems noch sehr vereinfacht. Gleichwohl kann das Beispiel zeigen, wie differenziert die Frage nach den Kriterien durchdacht werden muß und wie schwierig die methodische Anlage hinreichend aussagefähiger Untersuchungen sein würde, wollte man solche Projekte in Angriff nehmen.

Versuchsschulen und Bildungspolitik

Wir haben vorher von Adaptationen gesprochen. Nun sind Adaptationen durch Lehrer eine Sache, die Reaktionen von Bildungspolitikern eine andere. Hat die Laborschule eine bildungspolitische Wirkung, die für das Regelsystem von Bedeutung ist?

Wir sind uns ja einig: Sie sollte sie haben. Wieweit sie sie tatsächlich hat, ist für mich eine offene Frage. Das führt mich dazu, eine kleine Vorüberlegung einzubauen. Ob ein bestimmter Schulversuch eine breitere bildungspolitische Wirkung haben kann, hängt davon ab, welche Erwartungen diejenigen, die die bildungspolitischen Entscheidungen treffen, an jene Schule richten. Hegen sie die Erwartung, diese Versuchsschule müsse in relativ kurzer Zeit Rezepte entwickeln, die man dann allen oder vielen anderen Schulen empfehlen kann? Dann ist die Gefahr groß, daß eine Versuchsschule in ihren eigenen Intentionen entweder allmählich kaputtgemacht wird oder aber, daß folgende Reaktion eintritt: Weil die erwarteten Rezepte nach einigen Jahren immer noch nicht da sind, vielmehr «nur» Modelle, Exempla, Empfehlungen vorliegen, die nicht den Charakter von direkt anwendbaren Techniken haben, wird die Versuchsschule für die betreffenden Bildungspolitiker mehr oder minder uninteressant. Eine solche Erwartungshaltung bzw. die skizzierte Reaktion ist gewiß falsch, aber sie ist nicht gerade selten. Und ich habe den Eindruck, daß ein Teil der bildungspolitischen Entscheidungsträger in Nordrhein-Westfalen und ein Teil der Ministerialbürokratie von der Laborschule enttäuscht waren oder es noch immer sind, weil man offenbar jene falschen Ansprüche vertrat. Glücklicherweise gibt es, wie Sie und ich unter anderem aus der Tätigkeit des Wissenschaftlichen Beirats der Laborschule wissen, auch unter den Mitarbeitern des Kultusministeriums und weiterer Ebenen der Schuladministration hervorragende Ausnahmen.

Was antworten Sie, wenn Sie mit solchen Meinungen konfrontiert werden?

Nun eben: «Sie haben eine falsche Erwartungshaltung. Die Entwicklung eines demokratischen, humanen, kinder- bzw. jugendfreundlichen und gleichwohl leistungsfähigen Schulwesens läuft nicht so, wie Sie sich das offenbar vorstellen. Die Anregungswirkungen, die Anstöße, die von innovativen Schulen auf das ‹normale› Schulwesen ausgehen können, sind von anderer Art, und sie müssen in anderer Weise als bei der Anwendung von Rezepten adaptiert werden. Das kostet mehr Zeit, ist komplizierter und läuft nicht auf quasi technologischen Wegen.»

Auf unserem heutigen, auf deutsche und internationale Erfahrungen und Untersuchungen gestützten Kenntnisstand kann man folgendes Zwischenresümee ziehen: Sicherlich lösen Reformschulen bei etlichen Lehrerinnen und Lehrern, Lehrerinnen- und Lehrergruppen, bisweilen auch Mehrheiten eines Kollegiums direkte Nachfolgewirkungen aus: durch Hospitationen in solchen innovativen Schulen, durch Lektüre entsprechender Berichte, durch Präsentationen auf Tagungen oder in vergleichbarer Weise. Indessen: In der Mehrzahl der Fälle müssen selbst solche Initialzündungen, sollen sie in kontinuierliche Reformprozesse überführt werden sowie ganze Kollegien einbeziehen und eine größere Zahl von Schulen motivieren, durch eine geplante, längerfristig organisierte Verbreitungsstrategie ergänzt werden. Dazu gehören vor allem Moderatoren im Rahmen eines permanenten Beratungssystems, die «Organisationsentwicklung» an Schulen (vgl. Rolff 1993, Burkhard/ Holtappels 1992, Pfeiffer 1992), schulinterne und überregionale Lehrerfortbildung und, wenn irgend möglich, begleitende Schulentwicklungsforschung im Sinne beratender und unterstützender Evaluation. Solche Maßnahmen haben wir in der NRW-Denkschrift genauer beschrieben und empfohlen (vgl. Bildungskommission NRW 1995). Kurzum: Der Aufwand, der notwendig ist, um Folgewirkungen von innovativen Schulen gezielt zu ermöglichen und zu fördern, ist größer, als das bisher angenommen worden ist. Wenn Landesregierungen nicht bereit oder nicht in der Lage sind, diesen Aufwand mindestens im Sinne eines längerfristigen Entwicklungsprogramms aufzubringen, dann muß man, ein bißchen zugespitzt formuliert, «grob werden» und sagen: «Wenn ihr eine Alibischule oder einige solcher Schulen braucht, dann habt ihr sie ja. Wenn ihr jedoch nicht bereit seid, Folgewirkungen solcher Pionierschulen in die Breite des Schulwesens hinein langfristig zu planen, dann versprecht niemandem, daß ihr Schulentwicklung auf der Basis der Selbstaktivierung der Kollegien wirklich wollt.»

Geben Versuchsschulen der NRW-Bildungskommission Impulse?

Sie waren Mitglied der nordrhein-westfälischen Bildungskommission – die Denkschrift haben Sie ja gerade angesprochen. Ist es nicht so, daß sich in dem dort entworfenen »Haus des Lernens« sehr viele Arbeitsformen finden, die in der Laborschule seit langem praktiziert werden?

Das ist richtig. Es wäre jedoch zweckmäßig gewesen, wenn wir auf richtungweisende Reformschulen außerhalb und innerhalb Nordrhein-Westfalens, nicht zuletzt auf die Laborschule, direkter und nachdrücklicher hingewiesen hätten, als es tatsächlich geschehen ist.

Sehen Sie sonst noch Zusammenhänge zwischen der Laborschule und den Empfehlungen der «Denkschrift»?

Ja, der Sache nach etliche. Die Bildungskommission empfiehlt z. B. eine größere Selbständigkeit der Einzelschulen, eine Verlagerung von Entscheidungskompetenzen an die Basis – also «mehr Autonomie» oder «Teil-Autonomie». Ich denke, die Denkschrift hat hier starke Impulse für die Entwicklung von mehr Liberalität, mehr Flexibilität erfolgreicher und detaillierter als frühere Reformvorschläge in die öffentliche Diskussion gebracht. Dies wäre nach meiner Überzeugung nicht möglich gewesen, wenn wir uns nicht auf Erfahrungen in Schulen im In- und Ausland hätten stützen können, in denen eine solche «Autonomisierung» bereits gelungen ist. Und eine davon – eine besonders präsentable – ist die Laborschule. Dies zeigt mir einmal mehr die Unverzichtbarkeit solcher Versuchsschulen.

In der nordrhein-westfälischen Denkschrift ist außerdem sehr viel von der «Selbstevaluation» der künftig teilautonomen Schulen die Rede. Sie sind nun seit 1991 Mitglied des Wissenschaftlichen Beirats der Laborschule. Sie haben daher einen sehr guten Einblick in unsere Forschungsarbeit. Kann das, was wir da machen, ein Beispiel für die geforderte «Selbstevaluation» sein?

Ja. Das gilt zunächst für die erhebliche Zahl von Untersuchungsprojekten, die entweder in direktem Zusammenhang mit neuen fachlichen oder fächerübergreifenden Vorhaben durchgeführt wurden oder noch laufen. Sie sind, soweit sie ganz oder in wesentlichen Teilen abgeschlossen sind, teils in laborschuleigenen Schriftenreihen («Impuls», «Werkstatthefte»), teils auch in pädagogischen Zeitschriften oder Broschüren oder als Buchbeiträge veröffentlicht worden; sie wurden bzw. werden ja entweder von Lehrerinnen und Lehrern der Laborschule allein oder mit Unterstützung durch nicht-unterrichtende Forscherinnen und Forscher der Universität Bielefeld erarbeitet. Seit 1991 werden sie im Rahmen von «Forschungs- und Entwicklungsplänen» in der Planungs-, der Durchführungs- und der Abschlußphase mit dem Beirat diskutiert und von ihm begutachtet. Das gilt zweitens für die vorwiegend von Schulforscherinnen und -forschern der Fakultät in enger Tuchfühlung mit Lehrerinnen und Lehrern erarbeiteten langfristigen Forschungsprojekte, z. B. über Bildungsbiographien von Laborschülerinnen und -schülern – ich denke da an die Bücher von Kleinespel (1990) und Döpp/Kleinespel/Hansen (1996) oder an die gerade als Buch erschienene Untersuchung von Lübke (1996) über die Lernberichte in der Praxis der Laborschule.

Meines Erachtens muß aber auch eine Ergänzung der Selbstevaluation als wichtiges Element im Konzept der Laborschulforschung hervorgehoben werden. Der 1991 berufene Wissenschaftliche Beirat ist dafür ein gutes Beispiel: Er verknüpft die Selbstevaluation der Schule mit einem Korrektiv durch Personen, die nicht Tag für Tag in die Arbeit dieser Schule involviert sind, ihre Grundintentionen aber bejahen und deren Verwirklichung mit Sympathie und in «kritischer Loyalität» verfolgen. Diese Beiratsmitglieder können dabei ggf. Gesichtspunkte einbringen, die im Alltag der Schularbeit, in den Praxisprojekten und deren Untersuchung in Form der Selbstevaluation vielleicht nicht zur Geltung kommen oder die zur Steigerung der wissenschaftlichen Qualität dieser Evaluation beitragen können. Diese Kooperation von Selbstevaluation und Fremdevaluation sollte besser «ergänzende Evaluation und Beratung» genannt werden. Sie weiß sich mit den Grundintentionen der Schule und ihrem Selbstverständnis solidarisch, wahrt aber gleichwohl hinreichende Distanz. Diese Kooperation zweier aufeinander bezogener Evaluationsformen ist ein gutes Exempel dafür, wie verhindert werden kann, daß Selbstevaluation borniert oder Fremdevaluation zum Störfaktor in Innovationsproessen wird – oder in der Wahrnehmung von Lehrerinnen und Lehrern, Schülerinnen und Schülern und ggf. der Eltern so erscheint.

Lieber Herr Klafki, wir bedanken uns für diese «kritische Loyalität» in Ihrer Beiratsarbeit – und wir bedanken uns für dieses Gespräch.

(Das Gespräch mit Wolfgang Klafki führten Susanne Thurn und Klaus-Jürgen Tillmann.)

Anhang

Annemarie von der Groeben

Die Laborschule

Kurzportrait

Die äußeren Daten

Die Laborschule ist *staatliche Versuchsschule* des Landes Nordrhein-Westfalen und zugleich Wissenschaftliche Einrichtung der Fakultät für Pädagogik an der Universität Bielefeld. Sie umfaßt die Jahrgänge 0 (Vorschuljahr) bis 10 und hat insgesamt 660 Schülerinnen und Schüler (60 je Jahrgang). Sie ist in 4 Stufen gegliedert: Stufe I (Jg. 0–2), Stufe II (Jg. 3–4); Stufe III (Jg. 5–7), Stufe IV (Jg. 8–10). Die Laborschule ist eine *Angebotsschule*. Sie nimmt Kinder aus ganz Bielefeld mit fünf Jahren nach einem Aufnahmeschlüssel auf. Dieser gewährleistet eine Schülerpopulation, die der gesellschaftlichen Schichtung entspricht. Weitere Aufnahmekriterien sind: Ausgewogenheit der Geschlechter, Entfernung zwischen Wohnung und Schule, soziale Härtefälle. Die Laborschule ist als *Gesamtschule besonderer Prägung* konzipiert, als eine Schule für alle Kinder ohne jegliche Selektion nach Leistungen. Sie ist eine *Ganztagsschule*. Für die Kinder der Jahrgänge 0–2 (Stufe I) dauert der Schulvormittag bis 12 Uhr; bis 15.30 Uhr wird Nachmittagsbetreuung durch Erzieherinnen angeboten. Für die Schülerinnen und Schüler der Jahrgänge 3–10 beginnt der Unterricht um 8.30 Uhr und dauert an zwei bis vier Nachmittagen (nach oben zunehmend) bis 15 oder 16 Uhr. Der Dienstagnachmittag ist für Konferenzen vorgesehen.

Das Unterrichtsangebot der Sekundarstufe umfaßt neben dem Pflichtbereich auch einen nach oben hin zunehmenden Wahlbereich (bis zu einem Drittel der Unterrichtszeit), der die Voraussetzung für individuelle Lern- und Abschlußprofile bietet. Ihnen entspricht ein individualisierendes Beurteilungssystem, die «Berichte zum Lernvorgang». Erst ab Ende des 9. Schuljahrs erhalten die Schülerinnen und Schüler außerdem ein Notenzeugnis. Nach dem 10. (in Ausnahmefällen nach dem 9. Schuljahr) vergibt die Schule die für Gesamtschulen üblichen *Abschlüsse*: Hauptschulabschluß oder Fachoberschulreife, letztere bei entsprechenden Leistungen mit dem Qualifikationsvermerk, der zum Besuch der gymnasialen Oberstufe berechtigt.

Träger der Versuchsschule ist das Land Nordrhein-Westfalen. Sie untersteht dem Kultusministerium. Sie arbeitet in enger Kooperation mit der Wissenschaftlichen Einrichtung der Fakultät daran, neue Formen des Lehrens und Lernens zu entwickeln. Diese Arbeit wird von einem Wissenschaftlichen Beirat begleitet. Eine Gemeinsame Leitung koordiniert und steuert beide Einrichtungen. Die Schule wird von einem aus fünf Personen bestehenden Schulleitungsteam unter Führung der Schulleiterin, die Wissenschaftliche Einrichtung vom Wissenschaftlichen Leiter nach außen vertreten und geleitet.

Die pädagogischen Leitlinien

Schule als Lebens- und Erfahrungsraum: Die Laborschule möchte ein Ort sein, wo Kinder und Jugendliche gern leben und lernen. Sie möchte ihnen wichtige Grunderfahrungen ermöglichen, die viele von ihnen sonst nicht machen könnten. Leben und Lernen sollen, soweit dies möglich und sinnvoll ist, eng aufeinander bezogen sein. Der Unterricht folgt dem Prinzip, Lernen an und aus der Erfahrung (und nicht primär aus Belehrung) zu ermöglichen. Die Schule ist mit Lerngelegenheiten ausgestattet, die solches Erfahrungslernen begünstigen. Darüber hinaus versteht die Schule sich als In-die-Stadthinein-Schule, die die nähere und weitere Umgebung, die Natur, die Kommune, die Region als Lernmöglichkeiten in ihre Arbeit einbezieht.

Mit Unterschieden leben: Die Schule will die Unterschiede zwischen den Kindern bewußt bejahen und als Bereicherung verstehen. Daraus ergibt sich eine weitgehende Individualisierung des Unterrichts, die Rücksicht auf das unterschiedliche Lerntempo der Kinder und ihre individuell verschiedenen Bedürfnisse und Fähigkeiten nimmt. Laborschülerinnen und Schüler leben und lernen gemeinsam in leistungs-, teilweise auch altersheterogenen Gruppen. Die Schule will niemanden aussondern, es gibt auch kein «Sitzenbleiben» und keine äußere Leistungsdifferenzierung, an deren Stelle die Differenzierung der Angebote tritt.

Schule als Gesellschaft im Kleinen: Die Schule versteht sich zugleich als Gemeinschaft aller in ihr tätigen Personen, die einander in ihrer Unterschiedlichkeit akzeptieren und achten. Die Verhaltensweisen, die von erwachsenen Bürgerinnen und Bürgern unserer Gesellschaft erwartet werden, sollen hier im Alltag gelernt werden: das friedliche und vernünftige Regeln gemeinsamer Angelegenheiten. Solches Lernen geschieht durch Verantwortung und Beteiligung. In dieser «Gesellschaft im kleinen» lernen die einzelnen, für übernommene Aufgaben und zunehmend auch für den eigenen Lernweg verantwortlich einzustehen.

Stufung: Die Schule ist eine Brücke zwischen dem Leben des kleinen Kindes in der Familie und dem Leben des Erwachsenen in der Gesellschaft. Sie ist selbst in sich gestuft. Dieser Stufung entspricht auch die Gliederung des Lernfeldes. Die kleinen Kinder lernen ganzheitlich-ungefächert «am Tag entlang». Mit zunehmender Differenzierung des Lernens und der verschiedenen Zugänge zu seinen Gegenständen ergeben sich Erfahrungsbereiche, aus denen sich nach und nach gemäß der zunehmenden Spezialisierung der Lerntätigkeiten und -formen die herkömmlichen Fächer herausbilden.

Die vier Stufen und ihre Merkmale im Überblick

Stufe I (Jg. 0–2)

- Integriertes Vorschuljahr: Die Aufnahme der Kinder im Vorschulalter ermöglicht ihnen einen «sanften» Übergang vom Leben in der Familie zum Leben und Lernen in der Schule.
- Offener Unterricht in altersgemischten Gruppen: In den ersten drei Jahren leben und lernen die 5- bis 8jährigen zusammen. Die Kleineren lernen von den Größeren und nicht nur von den Erwachsenen. Jedes Kind lernt nach seinem eigenen Arbeitsrhythmus, ohne Zeit-, Leistungs- und Zensurendruck.
- Ganzheitliches Leben und Lernen «am Tag entlang»: Für die Kinder dieser Altersstufe gibt es keinen Stundenplan. Der Unterricht ist ungefächert. Der Tageslauf folgt einem Rhythmus, der den Bedürfnissen der Kinder Rechnung trägt. Spielen und Nach-draußen-Gehen kommen darin ebenso vor wie Lernen und Üben. Ruhe und Bewegung, Konzentration und Entspannung stehen in einem ausgewogenen Verhältnis.

Stufe II (Jg. 3/4)

- Offener Unterricht: Beim Lernen und Üben der Kulturtechniken werden den Kindern Angebote und Hilfen entsprechend ihren unterschiedlichen Fähigkeiten und Bedürfnissen geboten.
- Projekte: Ein großer Teil der Schulzeit dient dem ganzheitlichen, praktischen Lernen in Form von Gruppen- oder Jahrgangsprojekten, deren Ergebnisse öffentlich vorgestellt werden (Beispiele: Zirkusaufführung, öffentliche Lesung selbstgeschriebener Märchen und Geschichten, Theaterrevue, Film, Produktvorführung …)
- Spielerisches Lernen der ersten Fremdsprache: Alle Kinder lernen vom 3. Schuljahr an Englisch in altersgemäßer Form: spielend, agierend, kommunizierend …

Stufe III (Jg. 5–7)

- Lernen in Erfahrungsbereichen: Der Unterricht ist noch nicht in Fächer gegliedert, sondern in größere Einheiten, aus denen diese später hervorgehen: Umgang von Menschen mit Menschen (Sozialwissenschaft); Umgang mit Sachen: erfindend, gestaltend, spielend (Künste); Umgang mit Sachen: beobachtend, messend, experimentierend (Naturwissenschaft); Umgang mit Gedachtem, Gesprochenem und Geschriebenem (Sprache/n, Mathematik); Umgang mit dem eigenen Körper (Sport und Spiel).
- Angebotsdifferenzierung: An die Stelle von Leistungsdifferenzierung tritt an der Laborschule die der Angebote. Vom 5. Schuljahr an können die Kinder Französisch oder Latein als 2. Fremdsprache lernen. Französisch wird noch einmal ab Jg. 7 angeboten («Spätbeginn»). Parallel zur 2. Fremdsprache werden Kurse in praktischem Lernen angeboten. Alle Schülerinnen und Schüler können in «Wahlgrundkursen» ihre besonderen Fähigkeiten und Neigungen erproben und ausbilden.
- Projekte und Reisen: Der Unterricht in Erfahrungsbereichen und Fächern ist zum großen Teil zu übergreifenden, mehrwöchigen Einheiten zusammengefaßt, die oft Projektform haben. Im 7. Schuljahr machen alle Schülerinnen und Schüler eine 2wöchige Sportreise. Vorher haben sie in einem mehrstufigen Haushaltscurriculum die Grundlagen der Selbstversorgung gelernt.

Stufe IV (Jg. 8–10)

- Individuelle Abschlußprofile: Die Angebotsdifferenzierung in Wahl- und Leistungskursen erlaubt den Jugendlichen unterschiedliche Profilierungen. Als gleichrangige Angebote gibt es neben den klassischen «Hauptfächern» auch Technik, Sport, Kunst, Theater ...
- Einblicke in Arbeitswelt und Wirtschaftsstruktur: Laborschülerinnen und -schüler machen im 8.–10. Schuljahr drei Praktika: Im 8. Schuljahr sind sie drei Wochen in einem Produktionsbetrieb, im 9. in einem Dienstleistungsbetrieb, im 10. zwei Wochen

in einem Betrieb eigener Wahl und eine Woche in der Schule, die sie später besuchen werden.

- Semesterarbeiten: Laborschülerinnen und -schüler fertigen in den oberen Jahrgängen insgesamt drei größere theoretische oder praktische Arbeiten an. Die Wahl des Themas und eines betreuenden Erwachsenen sowie die eigenständige Ausführung gehören zu dieser Aufgabe.
- Learning for Europe: Laborschülerinnen und -schüler verbringen im 9. Schuljahr drei Wochen in einem europäischen Land, wo Englisch die gemeinsame Verständigungsbasis ist. Für weitere drei Wochen sind ihre Partnerinnen und Partner in der Laborschule. Die Schulen sind im Rahmen der Comenius-Stiftung miteinander vernetzt. Sie führen beispielsweise während des Austauschs gemeinsame Projekte miteinander durch. Darüber hinaus können Laborschülerinnen und -schüler auf freiwilliger Basis weitere Lernerfahrungen im Ausland machen (Arbeit mit polnischen Jugendlichen an einem gemeinsamen Ökologie-Projekt, Austausch mit einer Schule in Italien und der romanischen Schweiz).

Merkmale des Lebens und Lernens in der Schule

In der mittlerweile 22jährigen Geschichte der Schule sind ihre Gründungsideen und Prinzipien auf vielfältige Weise realisiert worden und bestimmen auch weiterhin die Richtung der Entwicklungsarbeit.

Leben in der Gemeinschaft

Laborschülerinnen und -schüler wachsen in unterschiedlichen, sich allmählich erweiternden Formen der Gemeinschaft auf. Die kleinste ist die der Stammgruppe. Daneben gibt es die des Jahrgangs, der Stufe, der gesamten Schule. Durch die Kombination von Pflicht- und Wahlunterricht lernen sie darüber hinaus unterschiedliche, teilweise altersgemischte Gruppierungen im Unterricht kennen. Mündigkeit und Verantwortung werden an der Laborschule nicht als Ziele verstanden, die in einer späten Zukunft zu erreichen sind, sondern als tägliches Lernpensum von klein auf. Das *gemeinsame Regeln gemeinsamer Angelegenheiten* gehört daher zum Schulalltag aller Altersstufen. Der Ort dafür ist die in der Regel täglich stattfindende Versammlung der Stammgruppe, seltener auch des Jahrgangs, der Stufe oder der gesamten Schule. Die Versammlung dient als Forum für Mitteilungen, Gespräche und Konflikte aller Art, wo Schülerinnen und Schüler täglich erfahren, daß und wie es möglich ist, gemeinsame Angelegenheiten friedlich und vernünftig miteinander zu regeln, wo sie lernen, den eigenen Standpunkt zu äußern und den anderer zu achten, nach Lösungen zu suchen und zugleich für ihre Überzeugung einzustehen.

Das Leben in der Schule und ebenso das Lernen ist auf *Verantwortung, Selbständigkeit, Kooperation* angelegt. Schon die Kleinsten übernehmen Aufgaben für die Gemeinschaft, die sie verantwortlich durchführen. Ebenso ist es für sie selbstverständlich, daß nicht alle das gleiche tun, sondern einzelne oder Kleingruppen an unterschiedlichen Aufgaben arbeiten, ihr Lernen in die eigene Hand nehmen und mit anderen zusammenarbeiten. Die Aufgaben der Größeren sind umfangreicher, und ihr Lernen wird zunehmend durch die Wahrnehmung sehr unterschiedlicher Angebote geprägt. Das Schulgebäude und -gelände läßt viele Möglichkeiten der Gestaltung zu. Das Gebäude ist darum als Großraum angelegt, in dem jede Gruppe ihren festen Platz, ihre Stammfläche hat und zugleich die Nachbargruppen wahrnehmen und mit ihnen Kontakt aufnehmen kann. So wird das Gebäude im Alltag als *Raum für die Gemeinschaft* erfahren, der an alle Beteiligten die Anforderung stellt, sich auch gemeinschaftlich zu verhalten. Die bauliche Gestaltung enthält nur ein Minimum an äußeren Vorgaben und fordert dazu auf, sich im Raum einzurichten, ebenso wie das Schulgelände viele Möglichkeiten der Nutzung und Bewegung zuläßt. Die Schule als *Lebens- und Arbeitsraum für Erwachsene und Kinder* stellt an diese zugleich die Anforderung, sich miteinander über dessen Gestaltung sowie über die Formen, Regeln und Rituale des Zusammenlebens zu verständigen. Die Arbeitsplätze der Lehrerinnen und Lehrer befinden sich im Großraum, in unmittelbarer Nachbarschaft der Stammflächen. Es gibt an der Laborschule kein Lehrerzimmer, an dessen Stelle ein offenes Café als Kommunikationszentrum tritt. Für Besprechungen in kleineren Gruppen steht lediglich ein Raum zur Verfügung. Konferenzen finden im Großraum statt. Die Einrichtung der Stammflächen ist den Bedürfnissen der Schülerinnen und Schüler angepaßt: Sie enthält jeweils Sitzbänke (für einen Sitzkreis), Arbeitstische und Stühle, Regale und verschließbare Schränke, darüber hinaus, je nach Altersstufe, Bücher und Spiele.

Die *Eltern* von Laborschülerinnen und -schülern haben über die üblichen Formen und Rechte der Mitwirkung hinaus zahlreiche Möglichkeiten, sich am Leben und an der Arbeit der Schule zu beteiligen. Sie können jederzeit im Unterricht hospitieren. Elternabende finden einmal im Monat statt, darüber hinaus gelegentlich Eltern-Kinder-Nachmittage, an denen die Eltern «live» erleben, was und wie ihre Kinder in der Schule gearbeitet haben. Viele Eltern beteiligen sich (selbstverständlich auf freiwilliger Basis) an der Unterrichtsarbeit: als Experten (z. B. im Rahmen der Berufswahlorientierung oder bei der Vermittlung bestimmter Techniken), an Projekten (z. B. an Bauvorhaben und anderen handwerklichen und/oder künstlerischen Tätigkeiten), an der Vorbereitung von Reisen, an der Gestaltung von Festen, als Ansprechpartnerinnen und -partner in Betrieben, Behörden oder anderen Einrichtungen der Stadt. Durch zahlreiche *Pausenangebote* wird den Bedürfnissen der Schülerinnen und Schüler Rechnung getragen: Sie können Sport treiben, musizieren, in der Werkstatt arbeiten oder in die Discothek gehen, in Ruhe lesen oder ihre freie Zeit mit Tieren verbringen, auf ihrer Stammfläche bleiben, draußen spielen oder auch das Schulgelände verlassen und selbstverständlich in der Mensa essen.

Mädchen und Jungen wachsen in der Laborschule von klein auf familienähnlich miteinander auf. Die Schule möchte die Heranwachsenden durch eine geschlechterbewußte Pädagogik bei ihrer geschlechtlichen Sozialisation behutsam begleiten und stützen. Sie hat unterschiedliche Formen entwickelt, Mädchen und Jungen getrennt und gemeinsam zu fördern: gemeinsamer Sportunterricht mit gelegentlich getrennten Kursen, ein gemeinsames Haushalts-Curriculum, veränderte Unterrichtsinhalte, z. B. im Deutsch- und Sowi-Unterricht, Mädchen- und Jungenkonferenzen und vieles mehr.

Die Schule versteht sich nicht als eine geschlossene Gemeinschaft, sondern vielmehr als eine «In-die-Stadt-hinein-Schule». Es gehört zu den Alltagserfahrungen der Kinder und Jugendlichen, daß das Umfeld der Schule, die Natur und die Kommune, in das Leben und Lernen einbezogen wird. Die Schule will ihnen auf diese Weise ein zunehmend bewußtes und verantwortliches *Hineinwachsen in die Gesellschaft* ermöglichen. Ebenso erfahren die Kinder von klein auf, daß und wie die Laborschule sich als eine *Schule in der Einen Welt* versteht. Sie hat Partnerschulen in Nicaragua, die durch die Arbeit aller unterstützt wird, sowie Partnerschulen im europäischen Ausland, zu denen Austauschreisen stattfinden. Sie ist UNESCO-Projektschule und macht sich somit die Ziele dieser Institution zu eigen.

Lernen an und aus der Erfahrung

Die Schule als Lebens- und Erfahrungsraum enthält *Lerngelegenheiten*, die nicht nur im Unterricht genutzt werden, sondern den Schülerinnen und Schülern auch während der Pausen zur Verfügung stehen: eine Holz- und Metallwerkstatt, eine Küche und ein Fotolabor, naturwissenschaftliche Labore, einen großen Schulgarten, einen «Zoo», in dem Kleintiere gehalten werden, eine ganztägig geöffnete Ausleih- und Präsenzbibliothek, drei Sporthallen, einen Gymnastikraum, eine Discothek, eine Projektfläche für den Kunstunterricht, einen Musikraum und einige Musik-Übungszellen. Auf dem Außengelände gibt es einen Spielplatz für die Kinder der Eingangsstufe, einen Bauspielplatz, auf dem Bretter und Werkzeug zur Verfügung stehen, und einen Gerätespielplatz (mit Schaukeln, Drehscheibe, Seilbahn). Einige Sporteinrichtungen der Universität (z. B. das Hallenschwimmbad) können mit genutzt werden.

Der *ganzheitlich-offene Unterricht* der Primarstufe ist eine dem Alter der Kinder gemäße Form, Leben und Lernen, Erfahrung und Belehrung miteinander zu verbinden. Dazu gehören der tägliche Morgenkreis, die Arbeitszeiten, in denen freies Schreiben eine große Rolle spielt, die tägliche Versammlung, die gemeinsamen Mahlzeiten, die vielen Bewegungsangebote (in den Wald gehen, Rollschuh laufen, Fahrrad fahren, Schwimmen …), zahlreiche Unternehmungen und Projekte (Theater spielen, die Umwelt erkunden, Reisen …).

Die *Erfahrungsbereiche* stellen demgegenüber eine erste Gliederung des Lernbereichs dar, die sich in den Tätigkeiten der Kinder allmählich herausbildet. Im Unterricht der Stufe III (Jg. 5–7), teilweise auch schon in Stufe II und noch in Stufe IV, herrscht diese Gliederung vor. Durch die Bezeichnungen – «Umgang mit …» – wird die Verbindung von Lernen und Handeln betont. Den Erfahrungsbereichen entsprechen Fächergruppen, aus denen sich mit zunehmender Spezialisierung der Erkenntniswege die Fächer herausdifferenzieren. Die Namen der Erfahrungsbereiche werden im Schulalltag durch kürzere ersetzt. Hier eine Übersicht über beide:

Umgang von Menschen mit Menschen	Sozialwissenschaft
Umgang mit Sachen – beobachtend, messend, experimentierend	Naturwissenschaft
Umgang mit Sachen – erfindend, gestaltend, spielend	Wahrnehmen und Gestalten (Kunst, Musik, Theater)
Umgang mit Gedachtem, Gesprochenem, Geschriebenem	Sprache, Mathematik
Umgang mit dem eigenen Körper	Sport, Gesundheit

Auch im *spezialisierten Unterricht* der Laborschule soll Erfahrung, soweit dies möglich und sinnvoll ist, an die Stelle von Belehrung treten. Gerade in Fächern, in denen kognitives Lernen überwiegt und Belehrung einen erheblichen Anteil hat, wird diese durch Anschauung und Erfahrung ergänzt. Dem dient beispielsweise das Prinzip der Integration: Die traditionellen Hauptfächer Deutsch und Mathematik werden weitgehend in den Sachunterricht einbezogen. Der Frühbeginn der Fremdsprachen (Englisch beginnt für alle im 3. Schuljahr, Französisch und Latein werden ab Jahrgang 5 angeboten) ermöglicht ein spielerisches Lernen, das später in reale Kommunikationssituationen im Ausland münden soll. Durch die Kurse im *Wahlbereich* wird allen Schülerinnen und Schülern die Möglichkeit geboten, vielfältige und unterschiedliche Lernerfahrungen zu machen, die zu einem individuellen Lern- und Abschlußprofil führen. In der Stufe III (Jg. 5–7) werden halbjährliche Wahlgrundkurse aus verschiedenen Bereichen praktischen Lernens angeboten. Darüber hinaus wählen die Schülerinnen und Schüler zwischen einer zweiten Fremdsprache (Französisch/Latein) und sogenannten Skill-Kursen, die auf das Erlernen nützlicher Fertigkeiten zielen. – In der Stufe IV (Jg. 8–10) erweitert sich das Wahl-Angebot: Außer den Wahlkursen wählen die Schülerinnen und Schüler Leistungskurse auf einem Gebiet, in dem sie sich über die normalen Unterrichtsstunden hinaus besonders profilieren möchten. Sie können dann beispielsweise außer den drei Wochenstunden in Englisch, Sport, Deutsch ... drei weitere belegen oder sich innerhalb eines Erfahrungsbereichs spezialisieren, etwa auf Ökologie. In den drei Jahren muß ein Leistungskurs für zwei Jahre belegt werden.

Das Prinzip des *altersübergreifenden Unterrichts* – in der Stufe I durchgängig, in den Stufen III und IV im Wahlbereich beibehalten – bringt eine veränderte Rolle der Lehrenden, zugleich ein hohes Maß an Selbstlern- und Lehrerfahrungen von Schülerinnen und Schülern mit sich: Jüngere lernen von Älteren. In den Wahl- und Leistungskursen kommt es vor, daß ältere Schülerinnen und Schüler eine Gruppe Jüngerer selbständig betreuen. Es gehört in allen Stufen zur Tradition, den Unterricht zeitweise auszusetzen zugunsten von *Projekten*. In der Eingangsstufe gehen solche Projekte oft aus Tätigkeiten im Schulleben hervor, die die Kinder besonders gern oder besonders intensiv betreiben. In der Stufe II (Jg. 3 und 4) ist die Projektmethode neben dem Üben der Kulturtechniken vorherrschendes Unterrichtsprinzip. Im fächerübergreifenden Unterricht der Stufe III können Projekte an die Stelle von Unterrichtseinheiten treten. In dieser Stufe sind, ebenso wie in der Stufe IV, Projekte häufig im Fachunterricht oder im Wahlbereich angesiedelt. In der jährlich stattfindenden Schulprojektwoche arbeiten die Gruppen aller Stufen an einem gemeinsamen Thema (Beispiel: «Erinnern, Umdenken, Handeln: 10 Jahre Reaktorkatastrophe von Tschernobyl).

Für die Schülerinnen und Schüler der Stufe IV (Jg. 8–10) gehören die drei *Praktika* zu den wichtigsten Lernerfahrungen. Im 8. und 9. Schuljahr verbringen sie je drei Wochen in einem Produktions- und einem Dienstleistungsbetrieb. Das zweiwöchige Betriebspraktikum im 10. Schuljahr, das sie sich selbst suchen, entspricht dem eigenen Berufswunsch. Darüber hinaus hospitieren die Jugendlichen eine Woche an der Schule, die sie nach dem Abschluß voraussichtlich besuchen werden. *Reisen* werden in allen Stufen und Jahrgängen jährlich durchgeführt und bilden in ihrer Abfolge ein gestuftes Reisecurriculum. Die Kinder der Eingangsstufe verlassen die gewohnte Umgebung für einen oder zwei Tage. In der Stufe II sind die Reisen Bestandteile größerer Projekte (Leben auf dem Bauernhof, am Meer...). In dieser Altersstufe findet auch eine erste internationale Begegnung in Form eines Austauschs mit französischen Grundschuldkindern statt. In der Stufe III wird im Zusammenhang mit den sich erweiternden Fahrten ein mehrstufiges Haushaltscurriculum absolviert. Auf diese Weise lernen die Kinder, sich beispielsweise während der zweiwöchigen Sportreise im Jahrgang 7 selbst zu versorgen. In der Stufe IV nehmen alle Schülerinnen und Schüler an einer dreiwöchigen Austauschfahrt in ein europäisches Ausland teil, in dem Englisch die gemeinsame Verständigungsbasis ist; davor oder danach sind die Partnerschülerinnen und -schüler für den gleichen Zeitraum ihre Gäste und die der Schule. Der Schwerpunkt der Abschlußfahrt ist in der Regel die Kultur eines anderen europäisches Landes, dessen Sprache für alle neu ist. Neben diesen Reisen der Stammgruppe gibt es freiwillige Angebote: ein Kunst- und Ökologieprojekt in Polen («NaturaMy») sowie weitere Austauschmöglichkeiten (Italien, Schweiz).

Tages- und Jahresrhythmus des Schullebens

Der *Schulalltag* soll in allen Altersstufen den Bedürfnissen der Kinder Rechnung tragen. Ruhe und Bewegung, Konzentration und

Entspannung sollen in einem ausgewogenen Verhältnis stehen. In der Eingangsstufe sind die Phasen des Tages im Sinne dieser Balance aufeinander abgestimmt: gleitender Unterrichtsbeginn, Morgenversammlung, Arbeitszeit, Frühstück (verbunden mit Bewegung an der frischen Luft), «große Versammlung», zweite Arbeitszeit. Der Schulvormittag endet um 12 Uhr. Die Kinder können bis 15.30 in der Schule bleiben, wo sie, zusammen mit den Erzieherinnen, gemeinsam essen, nach draußen gehen und in der Regel zwischen zwei Tagesangeboten wählen können. In der Stufe II (Jg. 3 und 4) dient die Morgenzeit in der Regel dem Üben der Kulturtechniken. Es folgen der Projekt- oder Sachunterricht, die Versammlung und das gemeinsame Essen. In den Stufen III und IV soll die Verteilung der unterschiedlichen Unterrichtsarten (Pflicht- und Wahlbereich, kognitiver und handlungsorientierter Unterricht) den Bedürfnissen der Schülerinnen und Schüler Rechnung tragen, ebenso wie die zahlreichen Bewegungs- und sonstigen Freizeitangebote während der langen Pausen (Frühstückspause 30 Minuten, Mittagspause 60 Minuten). Für alle Schülerinnen und Schüler vom 3. bis zum 10. Schuljahr gibt es eine feste Einteilung der Tageszeiten. Der Unterricht beginnt um 8.30 Uhr. Die Stunden dauern 60 Minuten und bilden zusammen drei Zeitblöcke. Nach dem ersten gibt es eine halbstündige Pause (10.30–11.00), nach dem zweiten die einstündige Mittagspause (13.00–14.00). Der dritte endet um 16 Uhr. Die wiederkehrenden Bestandteile des Schullebens sowie die von Jahr zu Jahr neu geplanten werden in einem *Jahresplan* festgelegt, der zu Beginn jedes neuen Schuljahrs erstellt und vom Kollegium verabschiedet wird. Er enthält neben den vorgegebenen Ferien- und Feiertagen die Daten, an denen der normale Unterricht für alle Jahrgänge oder für einige aussetzt zugunsten anderer Unternehmungen: Feste und Feiern, Exkursionen und Reisen, Praktika, Intensivphasen und Projektwochen, Austauschfahrten, Elternsprechtage und Ausgabe der «Berichte zum Lernvorgang». Diese Unternehmungen sollen im Schuljahr so plaziert sein, daß sich ein ausgewogener Rhythmus zwischen «normalen» Lernphasen und anderen Tätigkeiten ergibt. *Feste und Feiern* gehören zur Tradition des Schuljahres: die Einschulungsfeier für den neuen Jahrgang 0, die Übergangsfeier für die Kinder, die von der Eingangsstufe in das 3. Schuljahr und damit in

Haus 2 übergehen; der Adventsbasar, der in der Regel von der Stufe III (Jg. 5–7) veranstaltet wird; der Sport-Spieltag für die Stufen III und IV; die Entlassungsfeier für den abgehenden Jahrgang 10; die Eröffnungs- und Abschlußfeier anläßlich der jährlichen Schulprojektwoche; die Nicaragua-Matineen zur Unterstützung der Partnerschule. Daneben gibt es Feste und Veranstaltungen auf Jahrgangsebene (z. B. Projektvorführungen, Eltern-Kinder-Nachmittage) sowie die der Erwachsenen: den Kollegiumsausflug, eine gemeinsame Feier der «runden» Geburtstage, die Verabschiedung von Kolleginnen und Kollegen, die die Schule verlassen, ein Sommerfest. Für jedes Schuljahr werden zwei *Intensivphasen* von je einer Woche festgelegt. Die eine ist die gemeinsame Schulprojektwoche, die zweite die Reisezeit. Darüber hinaus können auf Jahrgangsebene weitere Intensivphasen für besondere Vorhaben vereinbart werden. Während dieser Zeiten setzt der normale Unterricht aus. Weitere traditionelle *Schulveranstaltungen*, die zu unterschiedlichen Zeiten stattfinden, sind: Ausstellungen von Unterrichtsprodukten oder Semesterarbeiten, Aufführungen, Tage der offenen Tür für interessierte Eltern, Kolloquien und Tagungen sowie zweimal jährlich der Besuch des Wissenschaftlichen Beirats.

Die Arbeit der Versuchsschule

Autonomie

Die Laborschule ist eine Versuchsschule mit einem zeitlich unbefristeten Entwicklungsauftrag. Diesem liegt die Hypothese zugrunde, daß an einer Schule mit repräsentativer Population und weitestgehender Gestaltungsfreiheit – bei größtmöglicher Transparenz aller Vorgänge und durchgängiger Rechenschaftspflicht – alle pädagogischen Probleme, die sich im öffentlichen Schulwesen stellen, zutage treten, dort gleichsam am Seismographen frühzeitig erkannt und exemplarisch bearbeitet werden können. Daraus resultiert das Selbstverständnis der Schule als einer lernenden Einrichtung; ihr Versuchsauftrag impliziert, daß sie als ein selbstreflexives System ständig an sich arbeitet. Diese innovative Arbeit basiert auf weitgehender pädagogischer Autonomie, die der Schule zur Erfüllung ihres Auftrags zugestanden wird. Sie gilt für die Lehrerinnen und Lehrer, die diesen Prozeß verantwortlich gestalten, ebenso wie für die Einrichtung als ganze. Solches Lernen durch Beobachten und Nachdenken, gegenseitige Beratung und Kritik, das auf die Gewinnung von Erkenntnis aus der pädagogischen Praxis zielt, setzt die Möglichkeit, *Fehler* zu machen, Fehler als Erkenntnisquelle zu nutzen, notwendigerweise voraus. Viele Ergebnisse und Entwicklungen der Schule gehen auf solche Fehler zurück.

Die *Schulleitung* der Laborschule, ein aus fünf Personen bestehendes Team, leitet ihr Selbstverständnis und ihre Leitungstätigkeit aus dem besonderen Auftrag der Schule ab. Auch sie versteht sich als fehlbar: Sie verzichtet konsequent darauf, eigene Vorschläge und Vorstellungen qua Amt zu verordnen, wenn das Kollegium ihnen nicht zustimmt; in solchen Fällen wird die Sache, um die es geht, an die Teilkonferenzen zurückverwiesen und nach erneuter Diskussion wieder vom ganzen Kollegium beraten und entschieden. Überzeugungsprozesse treten an der Laborschule an die Stelle von Machtstrukturen; verordnete Innovation «von oben» wäre kontraproduktiv in einer Schule, die auf pädagogische Autonomie und Selbstverantwortung der Lehrerinnen und Lehrer setzt. Die Schulleitung versteht sich somit primär als Teil des Kollegiums; Leitungsfunktionen werden vielfach delegiert und Entscheidungen der Schulleitung dem Kollegium gegenüber mit größtmöglicher Transparenz begründet. Sie versteht sich ebenso als pädagogische Schulleitung, die dem besonderen Auftrag der Schule verpflichtet ist und dafür sorgt, daß innovative Ideen und Impulse nicht Systemzwängen zum Opfer fallen, und insofern als Garant des pädagogischen und wissenschaftlichen Auftrags der Schule. Die Mitglieder des Schulleitungsteams sind fast immer ansprechbar, ihre Arbeit ist für alle sichtbar, sie sind in den meisten Arbeitsgruppen tätig, die Leitungsräume sind offen.

Die Autonomie der Schule äußert sich u. a. in einem hohen Maß an *Selbstverwaltung* in allen Fragen der Gestaltung der Schule und des Unterrichts. Das wichtigste Forum für die gesamte gemeinsame Arbeit, für Planung und Entwicklung, für Beratung und Kritik, für Diskussion und Entscheidung sind die *Konferenzen*. An der Laborschule gibt es neben den für alle Schulen geltenden vorgeschriebenen Formen (Lehrer- und Lehrerinnenkonferenz, Schulkonferenz) weitere Teilkonferenzen: die der Jahrgänge, die der Stufen, die der Erfahrungsbereiche (die den Fachkonferenzen an anderen Schulen entsprechen), die Pädagogische Konferenz sowie die Konferenz der Koordinatorinnen und Koordinatoren. Jeder Dienstagnachmittag ist für diese Konferenzen reserviert, die in einem jeweils für ein Schuljahr festgelegten Rhythmus tagen. Diese Konferenzen sind die wichtigsten Basisgruppen und Diskussionsforen für die innovativen Entwicklungsprozesse der Schule. Die Teilkonferenzen arbeiten den Gesamtkonferenzen zu und erhalten von diesen jeweils neue Impulse. Sie sind weitgehend autonom in der Planung, in der Strukturierung von Arbeitsprozessen und in Entscheidungen, die ihren Bereich betreffen. Darüber hinaus wird die Entwicklungsarbeit der Schule maßgeblich von *Arbeitsgruppen* gestaltet. Es gibt zeitlich begrenzte Arbeitsgruppen zu inhaltlich begrenzten Aufgaben und andere, die kontinuierlich tagen und arbeiten. Als Beispiele seien die Arbeitsgruppen zu den oben genannten Jahresthemen genannt. Kontinuierliche Arbeitsgruppen sind die UNESCO-Gruppe, die die Entwicklungsarbeit der Schule im Hinblick auf die Ziele der UNESCO vorantreibt, die Nicaragua-Gruppe, die sich die Pflege der Partnerschaft mit Schulen in Esteli zur Aufgabe macht, sowie der Bauausschuß, der alle Fragen der baulichen Gestaltung und Innenausstattung der Schule bearbeitet und Entscheidungen vorstrukturiert.

Pädagogische Entwicklungsarbeit

Die Laborschule ist gehalten, «neue Formen des Lehrens und Lernens und des Zusammenlebens in der Schule» zu entwickeln und die Ergebnisse dieser Arbeit in geeigneter Weise der Öffentlichkeit zu präsentieren. Im Zentrum ihrer Tätigkeit steht die *Arbeit an päd-*

agogischen Problemen. Alle Ergebnisse dieser Arbeit gehen auf Probleme der Praxis zurück, denen die Lehrerinnen und Lehrer nachgegangen sind und für die sie Lösungsmöglichkeiten entwickelt und erprobt haben. Die besonderen Bedingungen der Schule (repräsentative Schülerpopulation, Offenheit, Freiheit der pädagogischen Gestaltung, Ressourcen für Entwicklungsarbeit), die die Schule durch die Ergebnisse ihrer Arbeit rechtfertigen muß, begünstigen diese. Zu diesen mittlerweile gefestigten und in die Öffentlichkeit hineinwirkenden Ergebnissen gehören unter anderem: der individualisierende Unterricht in der Eingangsstufe, das Lernen in altersgemischten Gruppen, die Integration von Kindern mit besonderem Förderbedarf, die Projektmethode als Unterrichtsprinzip in der Stufe II (Jg. 3 und 4), fächerübergreifender Unterricht und Projektarbeit in den Stufen III und IV (Jg. 5–10), Formen und Möglichkeiten der Öffnung von Schule und des praktischen Lernens, Formen und Möglichkeiten der Binnendifferenzierung sowie die Angebotsdifferenzierung im Wahlbereich, ein System der individuellen Leistungsbewertung, Formen und Möglichkeiten einer geschlechterbewußten Pädagogik und vieles mehr. Probleme, an denen die Schule zur Zeit arbeitet, sind u.a.: Möglichkeiten und Grenzen des Einsatzes von Medien in der Schule, die Fortsetzung des Integrationskonzeptes in der Sekundarstufe, Möglichkeiten und Formen der Berufswahl- und Lebensorientierung angesichts steigender Arbeitslosigkeit, Weiterentwicklung von Formen sozialen Lernens der Jugendlichen (z.B. Betreuung von kleinen Kindern oder alten Menschen).

Eng mit dieser Arbeit an pädagogischen Problemen verknüpft ist die *curriculare Entwicklungsarbeit* der Schule, die sich u.a. als Curriculumwerkstatt versteht. Die Ergebnisse dieser Arbeit sind teils abgeschlossene Curricula (z.B. für den Frühbeginn in Englisch, Französisch und Latein), teils ausgearbeitete Unterrichtseinheiten und Curriculumelemente (z.B. für die Integration von Mathematik in den Sachunterricht, für Geschichte, für integrierten naturwissenschaftlichen Unterricht, für Theaterspiel im Fremdsprachenunterricht), teils dokumentierte Projekte, teils Übungs- und Arbeitsmaterialien. Die zukünftige Entwicklungsarbeit der Schule wird sich voraussichtlich auf folgende Schwerpunkte konzentrieren: (1) Fortsetzung der Dokumentation und Evaluation von Curricula, die in der Praxis entwickelt wurden und werden, (2) Entwicklung von Curriculumelementen und Gesamtcurricula, die Fachsystematik und individualisierende Arbeitsformen miteinander verbinden und aufeinander beziehen. Die curriculare Entwicklungsarbeit wird durch die regelmäßig tagende Konferenz der Erfahrungsbereiche koordiniert und gesteuert, die pädagogische von den Stufen und Jahrgängen. Darüber hinaus wird für jedes Schuljahr ein *Schwerpunktthema* festgelegt, das die Schule als ganze betrifft (Beispiele: Stufung, Freiarbeit, Leistungsbewertung). Die Arbeit daran ist ein die Teilkonferenzen übergreifender und auf sie zurückwirkender Diskussions- und Reflexionsprozeß des gesamten Kollegiums. Häufig ergeben sich daraus Anstöße für weiterführende Projekte im Rahmen des Forschungs- und Entwicklungsplans.

Schule und Wissenschaftliche Einrichtung

Charakteristisches Merkmal der Laborschule ist die Verbindung und wechselseitige Durchdringung von praktischer und wissenschaftlicher Arbeit, die durch die enge Kooperation der beiden gleichnamigen Teileinrichtungen unter einem Dach konstitutionell verankert ist. Die «Wissenschaftliche Einrichtung Laborschule» (WE) ist ein Institut der «Fakultät für Pädagogik» der Bielefelder Universität. Sie verfügt über einen eigenen Stellenplan (drei wissenschaftliche Mitarbeiter) und eigene Mittel – z. B. für studentische Hilfskräfte. In der WE arbeiten z. Zt. etwa zehn Wissenschaftler und Wissenschaftlerinnen der Universität mit, die meisten beratend in laufenden Forschungsprojekten. Der WE Laborschule steht der «Wissenschaftliche Leiter» vor. Er (bzw. sie) wird aus dem Kreis der Professoren der Fakultät für jeweils fünf Jahre gewählt.

Auftrag und Merkmale der Wissenschaftlichen Einrichtung sind im Grundlagenerlaß (1992) wie folgt festgelegt: Die Inhalte und Verfahren der wissenschaftlichen Arbeit werden durch den *Forschungs- und Entwicklungsplan* (FEP) geregelt, der die Arbeit der Wissenschaftlichen Einrichtung und ihre Kooperation mit der Schule für jeweils zwei Jahre festlegt. Im Rahmen seiner inhaltlichen

Schwerpunkte können Projektanträge gestellt werden, die sich vor allem an folgenden Leitfragen orientieren:

- Welche Entwicklungsprozesse sind so weit abgeschlossen, daß jetzt mit ihrer Auswertung und Aufzeichnung begonnen werden kann?
- Für welche Entwicklungsprozesse sind besondere Ressourcen erforderlich und warum?
- Welche Entwicklungsprozesse bedürfen einer wissenschaftlichen Evaluation?
- Welche Probleme der Praxis haben sich als so relevant und/oder komplex erwiesen, daß zu ihrer Bearbeitung die Hilfe der Wissenschaftlichen Einrichtung erforderlich erscheint?

Die *Formen und Verfahren der Kooperation* sind ebenfalls durch den Grundlagenerlaß geregelt. Für die Beteiligung der Lehrerinnen und Lehrer an der Arbeit der Wissenschaftlichen Einrichtung stehen besondere Ressourcen («Forschungsstunden») zur Verfügung. Die Projekte sind gegenüber der Schule, der Universität und dem Wissenschaftlichen Beirat rechenschaftspflichtig. Die *Gemeinsame Leitung* ist das Gremium, das beide Einrichtungen koordiniert und steuert. Zu ihren Aufgaben gehört die Aufstellung des Forschungs- und Entwicklungsplans und die kontinuierliche Begleitung und Beratung der Projekte.

Beratung und Evaluation

Die Evaluation von Entwicklungsprozessen ist ein integrierender Bestandteil des Versuchsschulauftrags. Ein Beispiel für eine kontinuierliche, vor allem von der Universitätsseite durchgeführte Evaluation ist die Abgängeruntersuchung. Seit 15 Jahren wird eine Befragung der Absolventinnen und Absolventen durchgeführt, die über ihren schulischen und beruflichen Ausbildungsweg und ihre nachträgliche Einschätzung der Laborschule Auskunft gibt. Im Zuge ihrer pädagogischen und curricularen Arbeit hat die Schule zahlreiche Formen und Möglichkeiten der **Selbstevaluation** entwickelt. Die Entwicklung und Evaluation von Curricula wird teilweise mit Ressourcen der Wissenschaftlichen Einrichtung gefördert. Ein wesentlicher Anteil dieser Arbeit wird jedoch von Lehrerinnen und Lehrern im Rahmen ihres normalen Deputats geleistet. Das gilt auch für die Evaluation von Teilergebnissen und/oder Hypothesen. Neuerungen, die von einzelnen Personen oder Gruppen entwickelt wurden, werden oft in mehreren internen Durchläufen geprüft, bevor sie für einen FEP-Projektantrag oder eine Aufzeichnung «reif» sind. Eine besondere Rolle bei dieser Arbeit spielen auch gegenseitige Hospitationen. Im Rahmen der Arbeit an den Jahresthemen werden, wenn dies von der Sache her erforderlich erscheint, Befragungen der Schülerinnen und Schüler oder der Lehrerinnen und Lehrer durchgeführt.

Der *Wissenschaftliche Beirat* ist das externe Beratungsgremium der Schule und der Wissenschaftlichen Einrichtung. Ihm gehören drei auswärtige Erziehungswissenschaftler und -wissenschaftlerinnen an (Ariane Garlichs, Kassel; Wolfgang Klafki, Marburg; Hilbert Meyer, Oldenburg), zwei Bielefelder (Dagmar Hänsel, Harm Paschen) und der Direktor des «Landesinstituts für Schule und Weiterbildung» (Peter Geldschläger). An den Beratungen des Beirats nehmen Vertreter des Kultusministeriums (Hannelise Hottenbacher, Ulrich Schmidt) und des Wissenschaftsministeriums (Bettina Jorzik) teil. Der Beirat tagt regelmäßig zweimal jährlich für je zwei Tage in der Laborschule. Er nimmt die Berichte der Projektgruppen entgegen, berät diese bei ihrer Arbeit und nimmt zu deren Ergebnissen Stellung. Dem Wissenschaftlichen Beirat und dem Kultusministerium berichten auch die Schulleitung und der Wissenschaftliche Leiter ausführlich über die Entwicklung im Beratungszeitraum.

Öffentlichkeitsarbeit

Die *Ergebnisse der pädagogischen und curricularen Entwicklungsarbeit* werden der Öffentlichkeit in geeigneter Weise präsentiert. Die Laborschule hat eine eigene Publikationsreihe (IMPULS), die mittlerweile (1996) mehr als 28 Titel umfaßt. Sie hat darüber hinaus eine Reihe von «Werkstattheften», in denen Arbeitsprozesse und deren Ergebnisse dokumentiert werden. Zahlreiche weitere Publikationen sind bei Verlagen erschienen (im Zeitraum 1990–1995 ca. 200 Titel). Zu ihnen gehören auch Curricula, die von Schulbuchverlagen übernommen wurden. In einem 5-teiligen Videofilm hat Hartmut von Hentig in Zusammenarbeit mit dem Audiovisuellen Zentrum der Universität Bielefeld die Theorie und Praxis der Laborschule dokumentiert. Weitere Filme und Exponate dokumentieren Projektergebnisse aus verschiedenen Stufen. Alle diese Publikationen können bei der Laborschule (Universitätsstr. 21, 33615 Bielefeld) direkt bezogen werden.

Die Rolle der *Laborschule im öffentlichen Diskurs* wird außer durch diese Ergebnisse maßgeblich durch die Beteiligung ihrer Mitglieder an der Arbeit anderer Einrichtungen sowie durch Kontakte zu diesen bestimmt. Für die Mitarbeit im nordrhein-westfälischen Landesinstitut sind häufig Laborschullehrerinnen und -lehrer im Rahmen der Lehrerfortbildung und/oder als Mitglieder in verschiedenen Arbeitsgruppen abgeordnet. In der Universität Bielefeld wirken Lehrerinnen und Lehrer der Laborschule durch Lehraufträge an der Lehrerausbildung mit. Kontakte mit anderen Hochschulen sind durch die Arbeit der Wissenschaftlichen Einrichtung gegeben. Partnerschaften und andere Formen der Zusammenarbeit mit anderen Schulen verbinden die Laborschule mit drei europäischen Ländern und einem Drittweltland. Besonders enge Kontakte bestehen zu einigen Gesamtschulen, zu Landerziehungsheimen sowie anderen reformpädagogisch arbeitenden Schulen. Die Schule sieht es als eine vorrangige Aufgabe an, einen konstruktiven *Beitrag zur Bildung der Lehrerinnen und Lehrer* zu leisten. Im Rahmen des Integrierten Eingangssemesters Primarstufe (IEP) der Fakultät für Pädagogik arbeiten regelmäßig Studierende des 1. Semesters in der Eingangsstufe mit und werden von den Lehrenden betreut. Darüber hinaus sind angehende Pädagoginnen und Pädagogen auf vielfältige Weise in die Arbeit der Laborschule eingebunden: durch Block- und Projektpraktika, durch freiwillige Hospitationen, im Rahmen des Referendariats. Zahlreiche junge Erwachsene absolvieren an der Laborschule ihr Anerkennungsjahr: angehende Erzieherinnen und Erzieher, Sozialpädagoginnen und -pädagogen, Sozialarbeiterinnen und -arbeiter. Sie sind aktiv an der pädagogischen Arbeit in jeweils einem Jahrgang beteiligt und betreuen darüber hinaus die gesamten Pausenangebote, die ohne ihre Mithilfe nicht in dieser Form realisiert werden könnten. Durch Seminare und andere Veranstaltungen in der Universität sowie durch Kurse im Rahmen der regionalen Lehrerfortbildung tragen Lehrerinnen und Lehrer der Laborschule darüber hinaus dazu bei, ihre pädagogische Arbeit, ihre Prinzipien und Ergebnisse an zukünftige Pädagoginnen und Pädagogen weiterzugeben. Jährlich kommen viele Besucherinnen und Besucher in die Laborschule, um «vor Ort» einen Einblick in deren Arbeit nehmen zu können. Ihre Ausstrahlung auf öffentliche Schulen beruht nicht zuletzt auf solchen Kontakten, die für die Laborschule eine große Bereicherung, im Alltag aber auch eine große Belastung darstellen.

Kosten

Die Laborschule ist, was ihre räumliche Ausstattung betrifft, nach dem Urteil von Fachleuten unterversorgt; ein Erweiterungsbau ist seit langem beantragt. Sie unterscheidet sich von anderen Schulen lediglich durch die besonderen Ressourcen für ihre Entwicklungsarbeit. Dafür stehen (über die «normale» Versorgung als Grund- und Gesamtschule) weitere 19 Lehrerstellen zur Verfügung, die sich wie folgt aufteilen: 6,5 für die Kooperation mit der Wissenschaftlichen Einrichtung, 5 für Pädagogische Unterrichtshilfen (Erzieherinnen, die die Kinder der Eingangsstufe am Nachmittag betreuen). Die übrigen 7,5 Stellen werden für die geringeren Gruppengrößen benötigt (15er Gruppen in der Eingangsstufe, 20er Gruppen in den Jahrgängen 3–10, 18er Gruppen im Wahlbereich). Die Lehrerinnen und Lehrer, die nicht an Projekten der Wissenschaftlichen Einrichtung beteiligt sind, unterrichten mit vollem Deputat. Für ihre Kooperation mit den Forschungsprojekten sowie alle anderen Aufgaben im Rahmen des besonderen Profils der Schule erhalten sie keine zusätzliche Entlastung.

Literatur

* Diese Schriften stammen von Autorinnen und Autoren, die im Laborschul-Zusammenhang arbeiten.

** Diese Schriften können über die Laborschule (Universitätsstraße 21, 33615 Bielefeld) bezogen werden.

Alexander, Frederic M.: *Der Gebrauch des Selbst*. München 1988

Alix, Christian: *Pakt mit der Fremdheit? Interkulturelles Lernen als dialogisches Lernen im Kontext internationaler Schulkooperationen*. Frankfurt a. M. 1990

Altrichter, Herbert/Posch, Peter: *Lehrer erforschen ihren Unterricht*. Bad Heilbrunn 1994

Anweiler, Oskar u.a.: *Bildungssysteme in Europa*. Weinheim/Basel 1996

Arbeitsgruppe «Schulverwaltungsreform» im Niedersächsischen Kultusministerium: *Schlußbericht vom 26. Juni 1996*. Manuskript. Hannover 1996

Auernheimer, Georg: *Einführung in die Interkulturelle Erziehung*. Darmstadt 1990

Baltz-Otto, Ursula: Öffnung von Fächergrenzen in Richtung «Bildung». In: *Bildung. Die Menschen stärken, die Sachen klären*. Friedrich Jahresheft VI. Velber 1988, S. 20–23

* Bambach, Heide: Freie Arbeitszeit oder: «... heut habe ich alle mit Mond angesteckt ...» Individualisierender Unterricht in einem 4. Schuljahr der Bielefelder Laborschule. In: *Die Grundschulzeitschrift*, Heft 1/1987, S. 48–54

** Bambach, Heide: *Tageslauf statt Stundenplan – Fünfzehn Jahre Erfahrungen mit individualisierendem Unterricht in der Primarstufe der Bielefelder Laborschule*. IMPULS (Publikationsreihe der Laborschule), Bd. 13. Bielefeld 1989

* Bambach, Heide: *Ermutigungen. Nicht Zensuren. Ein Plädoyer in Beispielen*. Lengwil 1994

* Bambach, Heide: Weder Gewähr noch Bedingung. In: *Die Grundschulzeitschrift 84*: Altersgemischtes Lernen 1995(b), S. 40

* Bambach, Heide: *Erfundene Geschichten erzählen es richtig. Lesen und Leben in der Schule.* Lengwil 1995 (a)

* Bambach, Heide: «Ihr lieben Violetten ...». Briefe an meine Stammgruppe. In: *Prüfen und Beurteilen. Zwischen Fördern und Zensieren.* Friedrich Jahresheft XIV. Velber 1996, S. 8–10

* Bambach, Heide: Von Zuneigungen und Rettungen. Wie Kinder in ihren Geschichten leben und sie miteinander voranbringen. In: Spitta, Gudrun (Hg.): *Freies Schreiben – Eigene Wege gehen.* Lengwil 1997 (in Vorbereitung)

* Bambach, Heide/Gerstacker, Ruth: Der Situationsansatz als didaktisches Prinzip. Die Entwicklung didaktischer Einheiten. In: Zimmer, Jürgen (Hg.): *Curriculumentwicklung im Vorschulbereich*, Bd. 1. München 1973, S. 154–206

* Bambach, Heide/Gerstacker, Ruth: «Ich bin fünf Jahre alt!» Bericht über eine didaktische Einheit aus der situationsorientierten Curriculumentwicklung. In: *Die Grundschule*, Heft 3/1974, S. 119–127

* Bambach, Heide/Rathert, Barbara: Zeit zum Ankommen. Ein gleitender Schulbeginn tut allen gut. In: *Die Grundschulzeitschrift*, Heft 99/1996, S. 16–19

Barnitzky, Horst: Abschaffung der Noten muß pädagogisch gewollt sein. Nicht alle verbalen Zeugnisse sind Lernentwicklungsberichte. In: *päd. extra*, Juli/August 1995, S. 9–11

Barnitzky, Horst: Ohne Noten oder mit Noten? Aktuelle Trends in den Bundesländern. In: *Prüfen und Beurteilen. Zwischen Fördern und Zensieren.* Friedrich Jahresheft XIV. Velber 1996, S. 130–135

Bastian, Johannes/Gudjons, Herbert (Hg.): *Das Projektbuch I. Theorie, Praxisbeispiele, Erfahrungen.* Hamburg 1994

Bastian, Johannes/Gudjons, Herbert/Schnack, Jochen/Speth, Martin (Hg.): Theorie des Projektunterrichts. Hamburg 1997 (im Druck)

Beck, Gertrud/Scholz, Gerold: *Beobachten im Schulalltag.* Frankfurt/M. 1995

Becker, Gerold: Berichte aus der Odenwaldschule. In: *Neue Folge*: 1/1985, S. 170/171.

Becker, Gerold/Kunze, Arnulf/Riegel, Enja/Weber, Hajo: *Die Helene Lange-Schule.* Erscheint 1997 in Hamburg

Becker, Hellmut: Zensuren als Lebenslüge und Notwendigkeit. In: Becker, Hellmut/Hentig, Hartmut von (Hg.): *Zensuren. Lüge – Notwendigkeit – Alternativen.* Frankfurt a.M./Berlin/Wien 1983, S. 11–32

Berichte und Zensuren in der Odenwaldschule. Schriftenreihe der Odenwaldschule Heft 21. Heppenheim 1960

Bielefelder Lehrergruppe: *Schule kann anders sein. Drei Versuche zu handlungsorientiertem Lernen in Hauptschulen und zur Arbeit im Lehrerteam.* Reinbek 1979

** Biermann, Christine/Büttner, Gerd/Lenzen, Dieter/Schulz, Gerhild: *Projektunterricht Körper, Ernährung, Gesundheit.* IMPULS (Publikationsreihe der Laborschule), Bd. 6. Bielefeld 1981

* Biermann, Christine: Koedukation bewußt gemacht. In: *Grundschule*, Heft 2/1985, Seite 34–37

* Biermann, Christine: Haushalts(s)paß für Jungen und Mädchen. Ein Projekt in der Primarstufe der Laborschule Bielefeld. In: Brehmer, Ilse (Hg.): *Erziehung im Patriarchat – Erziehung fürs Patriarchat?* Weinheim/Basel 1991, S. 125–135

* Biermann, Christine/Heuser, Christoph/Schütte, Marlene/Wachendorff, Annelie: *Abschlußbericht des Projektes «Mädchen- und Jungensozialisation an der Laborschule»* (3teilig). Bielefeld 1993

** Biermann, Christine/Schütte, Marlene: *Liebe, Freundschaft, Sexualität. Ein fächerübergreifendes Unterrichtsprojekt für die Jahrgänge 5/6.* IMPULS (Publikationsreihe der Laborschule), Bd. 27. Bielefeld 1995

* Biermann, Christine/Schütte, Marlene: *Verknallt und so weiter.* Wuppertal 1996

Biermann, Wolf: *Das Märchen vom kleinen Herrn Moritz, der eine Glatze kriegte. Meditation in der Grundschule.* Regensburg 1993

Bildungskommission NRW: *Zukunft der Bildung. Schule der Zukunft. Denkschrift der Kommission «Zukunft der Bildung – Schule der Zukunft» beim Ministerpräsidenten des Landes Nordrhein-Westfalen.* Neuwied/Kriftel/Berlin 1995

** Blohm, Walter/Lenzen, Klaus-Dieter: *Rencontre VHS* (20. Min., Farbe). *Decouverte VHS* (22 Min. Farbe) Laborschule/Audiovisuelles Zentrum der Universität Bielefeld 1991, 1992

* Bosse, Ulrich: Kinder in anderen Ländern. In: Hänsel, Dagmar

(Hg.): *Das Projektbuch Grundschule.* Weinheim/Basel 1986, S. 114–139

Böttcher, Wolfgang: Autonomie aus Lehrersicht, in: Daschner, Peter u. a. (Hg.): *Schulautonomie – Chancen und Grenzen.* Weinheim/München 1995, S. 55–82

Boyesen, Paul/Huber, Hans G.: *Eigentlich möchte ich... Leben zwischen Wunsch und Wirklichkeit.* München 1991

** Breidenstein, Georg/Kelle, Helga: Jungen und Mädchen in Gruppen: Die interaktive Herstellung sozialer Unterschiede. In: Lenzen, Klaus-Dieter/Tillmann, Klaus-Jürgen (Hg.): *Gleichheit und Differenz. Erfahrungen mit integrativer Pädagogik.* IMPULS (Publikationsreihe der Laborschule), Bd. 28. Bielefeld 1996, S. 52–63

Brinkkötter, Alois/Jahn, Klaus: Zur Arbeit mit LernEntwicklungs-Berichten. In: Röken, Gernot (Hg.): *Gesamtschule in Nordrhein-Westfalen. Die Reform geht weiter. Praxishandbuch.* Essen 1996

Brodtmann, Dieter: Gesundheitserziehung im Schulsport. In: *Sportpädagogik,* 5/1991, S. 16–23

Brügelmann, Hans: Lesen und Leben in der Schule. Vorwort zu Bambach (1994). Lengwil 1994

Brügelmann, Hans: Fördern durch Fordern. In: *Grundschulzeitschrift,* Heft 91/1996, S. 2

Buck, Peter/Kranich, Ernst-Michael (Hg.): *Auf der Suche nach dem erlebbaren Zusammenhang. Übersehene Dimensionen der Natur und ihre Bedeutung für die Schule.* Weinheim/Basel 1995

Buhren, Claus G.: *Community Education als innere Schulreform.* Dortmund 1994

Burk, Karlheinz: Grundschule mit festen Öffnungszeiten. In: Holtappels, Heinz Günter (Hg.): *Ganztagserziehung in der Schule.* Opladen 1995

Burkhard, Christoph/Holtappels, Heinz-Günter: Pädagogische Schulentwicklung als Aufgabe qualitativer Planung. In: Rolff, Hans-Gunter u. a. (Hg.): *Jahrbuch der Schulentwicklung,* Band 7. Weinheim/München 1992, S. 251–278

** Büttner, Gerd/Biermann, Christine/Ciesinski, Klaus-Dieter/Lenzen, Klaus-Dieter/Moenikes-Albrecht, Hiltraud/Schulz, Gerhild/Schwarte, Birgit: *Wiederentdeckung der Sinne.* IMPULS (Publikationsreihe der Laborschule), Bd. 11. Bielefeld 1983

* Büttner, Gerd/Lenzen, Klaus-Dieter/Schulz, Gerhild: *Einfach sprachlos. Interkulturelle Begegnungen zwischen Grundschulkindern in Deutschland und Frankreich.* Münster/New York 1995

Claussen, Claus/Christiane Gobbin-Claussen: Soziales Lernen in altersgemischten Lerngruppen. Auf der Suche nach Alternativen zur Jahrgangsklasse im Regelschulwesen. In: Fölling-Albers, Maria (Hg.): *Veränderte Kindheit – veränderte Grundschule.* Frankfurt 1989, S. 159–170

Cohn, Ruth: *Von der Psychoanalyse zur themenzentrierten Interaktion.* Stuttgart 1976

Dalin, Per: Ansätze schulinterner Evaluation im internationalen Vergleich. In: Landesinstitut für Schule und Weiterbildung (Hg.): *Evaluation und Schulentwicklung.* Soest 1996, S. 311–335

Daschner, Peter/Rolff, Hans G./Stryck, Tom (Hg.): *Schulautonomie – Chancen und Grenzen.* Weinheim/München 1995

** Demmer-Dieckmann, Irene: *Innere Differenzierung als wesentlicher Bestandteil einer integrativen Pädagogik. Beispiele aus dem projektorientierten Unterricht einer Integrationsklasse in der Primarstufe.* Bremen 1991

** Demmer-Dieckmann, Irene/Bambach, Heide/Baumann, Susanne/Fischer, Dorothea/Rathert, Barbara: *Auf dem Weg zu einer Schule für alle Kinder. Zwischenbericht über den Schulversuch «Gemeinsamer Unterricht» in der Primarstufe der Laborschule Bielefeld.* Werkstatthefte (Publikationsreihe der Laborschule) Nr. 7. Bielefeld 1996

* Deterding, Rita/Goetze-Emer, Brigitte/Walluks, Dagmar: Leben im Mitelalter. In: Hänsel, Dagmar (Hg.): *Handbuch Projektunterricht.* Weinheim/Basel 1997 (im Druck)

Deutsche UNESCO-Kommission (Hg.): *Handreichung für den interkulturellen Schüleraustausch.* Bonn 1990

Döpp, Wiltrud: *Die Ameise im Feuer.* Essen 1988

* Döpp, Wiltrud/Kleinespel, Karin/Hansen, Sylvie: *Eine Schule für alle Kinder. Die Laborschule im Spiegel von Bildungsbiographien.* Weinheim/Basel 1996

* Döpp, Wiltrud: Das Lehrer-Forscher-Modell an der Laborschule Bielefeld. In: Friebertshäuser, Barbara/Prengel, Annedore (Hg.):

Qualitative Methoden in der Erziehungswissenschaft. Weinheim/München 1997 (im Druck)

Duncker, Ludwig: Projektlernen kultivieren. Eine schultheoretische Ortsbestimmung. In: *Pädagogik*, Heft 7/8 (1989), S. 54–59

Duncker, Ludwig: Projekte im Sachunterricht. Didaktische Etüden für Schüler und Lehrer. In: Duncker, L./Popp, W. (Hg.): *Kind und Sache. Zur pädagogischen Grundlegung des Sachunterrichts*. Weinheim/München 1994, S. 145–160

Duncker, Ludwig/Götz, Bernd: *Projekt-Unterricht als Beitrag zur inneren Schulreform. Begründungen, Erfahrungen, Vorschläge für die Durchführung von Projektwochen*. Langenau-Ulm 1988

* Ehlers, Ulrich/Schluckebier, Dieter/Wachendorff, Annelie: Bau eines Labyrinths auf dem Schulgelände. In: Hänsel, Dagmar (Hg.): *Das Projektbuch Sekundarstufe*. Weinheim/Basel 1988, S. 215–229

** Eise, Mona/Groeben, Annemarie von der/Lenzen, Klaus-Dieter: *Das zwanzigste Jahr*. IMPULS (Publikationsreihe der Laborschule), Sonderband. Bielefeld 1994

* Emer, Wolfgang/Lenzen, Klaus-Dieter: Methoden des Projektunterrichts. In: Bastian, Johannes u. a. (Hg.): *Theorie des Projektunterrichts*. Hamburg 1997 (im Druck)

Enders-Dragässer, Ute/Schmidt, Petra/Fuchs, Claudia/Hark, Sabine: *Konzeptionsbericht zur «Interaktionsstudie»*. Wiesbaden 1986

** Engel, Gabi/Kaufmann, Monika/Krallmann, Kristina: Learning for Europe: SchülerInnenaustausch mit Großbritannien. In: Lütgert, Will (Hg.): *Einsichten: Berichte aus der Bielefelder Laborschule*. IMPULS (Publikationsreihe der Laborschule), Bd. 21. Bielefeld 1992, S. 88–111

* Everts, Gisela: Erfahrungen mit Projektunterricht. In: Lehrergruppe Laborschule (Hg.): *Laborschule Bielefeld: Modell im Praxistest*. Reinbek 1977, S. 300–320

Faulstich-Wieland, Hannelore: Bilanz der Koedukationsdebatte. In: Büttner, Ulrich, u.a. (Hg.): *GEW-Frauen: Koedukation, Texte zur neuen Koedukationsdebatte*. Frankfurt a. M. 1994, S. 84–98

Faust-Siehl, Gabriele/Garlichs, Ariane/Ramseger, Jörg/Schwarz, Hermann/Warm, Ute: *Die Zukunft beginnt in der Grundschule*.

Empfehlungen zur Neugestaltung der Primarstufe. Reinbek 1996

Feldenkrais, Moshe: *Bewegung – ein Weg zum Selbst.* München 1989

Fend, Helmut: *Gesamtschule im Vergleich. Bilanz der Ergebnisse des Gesamtschulversuchs.* Weinheim/Basel 1982

Fend, Helmut: *Vom Kind zum Jugendlichen. Der Übergang und seine Risiken. Entwicklungspsychologie der Adoleszenz in der Moderne.* Band 1. Bern/Stuttgart/Toronto 1990

Flaake, Karin: Geschlechterverhältnisse. Geschlechtsspezifische Identität und Adoleszenz. In: *Zeitschrift für Sozialisationsforschung und Erziehungssoziologie,* Heft 1/1990, S. 2–13

Flitner, Andreas: Wirklichkeitssinn und Möglichkeitssinn – Über Lehrerarbeit und Schulreform. In: Kalb, Peter (Hg.): *Unterrichten – und was sonst?* Weinheim/Basel 1990, S. 13–32

Frasch, Heidi/Wagner, Angelika C.: «Auf Jungen achtet man einfach mehr …» In: Brehmer, Ilse (Hg.): *Sexismus in der Schule.* Weinheim und Basel 1982, S. 260–278

Frey, Karl: *Die Projektmethode.* Weinheim 1995

Fuchs, Jochen: *Internationale Kontakte im schulischen Sektor. Zur Entwicklung und Situation des Schüleraustausches sowie der Schulpartnerschaften in der BRD* (Max-Planck-Institut für Bildungsforschung). Berlin 1993

Fuchs, Jochen: *Die bundesdeutschen UNESCO-Projektschulen und ihre internationalen Kontakte und Aktivitäten* (Max-Planck-Institut für Bildungsforschung). Berlin 1995

Furck, Carl Ludwig: Autonomie der Schule – Stellungnahme der Enquetekommission «Schulpolitik» der Hamburger Bürgerschaft. In: Lorent, Peter de/Zimdahl, Gudrun (Hg.): *Autonomie der Schule.* Hamburg 1993, S. 166–169

Gesundheitsförderung in und mit Schulen (GIMS): *Soester Thesen und Leitlinien zur Gesundheitserziehung und Gesundheitsförderung in Schulen.* IDIS Bielefeld 1992

Giesecke, Hermann: Wozu ist die Schule da? In: Fauser, Peter (Hg.): *Wozu die Schule da ist.* Eine Streitschrift der Zeitschrift Neue Sammlung. Seelze 1996, S. 5–16.

Glumpler, Edith: Sprachlicher Anfangsunterricht für ausländische und deutsche Kinder. Grundlagen interkultureller Kommunikation. In: Haarmann, Dieter (Hg.): *Handbuch Grundschule* Bd. 2. Weinheim/Basel 1993, S. 168–175

Göpel, Eberhard (Hg.): *Humanisierung des Gesundheitswesens – Berichte, Konzepte*. Offenbach 1979

Görlich-Kreitmann, Ruth: Das Indianerprojekt. In: Hänsel, Dagmar (Hg.): *Das Projektbuch Grundschule*. Weinheim/Basel 1986, S. 87–113

** Groeben, Annemarie von der/Hentig, Hartmut von/Kübler, Helga/Wachendorff, Annelie: *Strukturplan der Laborschule*. IMPULS (Publikationsreihe der Laborschule), Bd. 15. Bielefeld 1988

* Groeben, Annemarie von der: *Ein Zipfel der besseren Welt? Leben und Lernen in der Bielefelder Laborschule*. Jahrg. 5–7. Essen 1991

* Groeben, Annemarie von der: Die Fremdheit des Normalen. In: *Neue Sammlung*, Heft 3/1993 (a), S. 365–370

* Groeben, Annemarie von der: Gemeinsam lernen und individuell bewerten? Zum Umgang mit der Leistungsmessung in der Bielefelder Laborschule. In: *Pädagogik*, Heft 6/1993 (b), S. 26–30

* Groeben, Annemarie von der: *Die Bielefeld Laborschule. Eine Selbstdarstellung anläßlich der Ausschreibung des Sonderpreises der Bertelsmann-Stiftung «innovative Schule»*. Manuskript. Bielefeld 1995

** Groeben, Annemarie von der/Lenzen, Klaus-Dieter (Hg.): *Berichten und Bewerten II*. Werkstatthefte (Publikationsreihe der Laborschule) Nr. 6. Bielefeld 1997

Grundlagenerlaß für die Aufgaben und die Zusammenarbeit von Versuchsschule, Wissenschaftlicher Einrichtung, Gemeinsamer Leitung und Wissenschaftlichem Beirat v. 13.7.1992 (BASS 13–52 Nr. 51)

Gudjons, Herbert: *Handlungsorientiert lehren und lernen. Projektunterricht und Schüleraktivität*. Bad Heilbrunn 1994

Hahne, Klaus/Schäfer, Ulrich: Geschichte des Projektunterrichts in Deutschland nach 1994. In: Bastian, Johannes u. a. (Hg.): *Theorie des Projektunterrichts*. Hamburg 1997 (im Druck)

* Hänsel, Dagmar (Hg.): *Das Projektbuch Grundschule*. Weinheim 1986

* Hänsel, Dagmar: Projektunterricht als Veränderung von Lehrerin-

nen und Lehrern. In: *Die Grundschulzeitschrift*, Heft 38/1990, S. 32–35
* Hänsel, Dagmar: Lehrerbildungsreform durch Projekte. In: Hänsel, Dagmar/Huber, Ludwig (Hg.): *Lehrerbildung neu denken und gestalten*. Weinheim/Basel 1995, S. 165–175
* Hänsel. Dagmar (Hg.): *Handbuch Projektunterricht*. Weinheim 1997 (im Druck)
* Hansen, Sylvie/Nadolph, Heike: Anderssein im Lateinunterricht – wie geht das? In: Lenzen, Klaus-Dieter/Tillmann, Klaus-Jürgen (Hg.): *Gleichheit und Differenz – Erfahrungen mit integrativer Pädagogik*. IMPULS (Publikationsreihe der Laborschule), Bd. 28. Bielefeld 1996, S. 134–156
* Harder, Johanna: Rahmenüberlegungen zur Planung der Eingangsstufe an der Laborschule. In: *Schulprojekte der Universität Bielefeld*, Heft 4/1974, S. 13–85
* Harder, Johanna/Calliess, Elke: Beiträge zur Planung der Eingangsstufe an der Laborschule (Block I). In: *Schulprojekte der Universität Bielefeld*, Heft 4/1974

Hegele, Irmintraud: Fremdsprachenunterricht in der Grundschule – Ein Beitrag zur Erziehung für Europa. In: Haarmann, Dieter (Hg.): *Handbuch Grundschule*, Bd. 2. Weinheim/Basel 1993, S. 188–202

Heimvolkshochschule «Alte Molkerei Frille»: *Parteiliche Mädchenarbeit & antisexistische Jungenarbeit: Abschlußbericht des Modellprojektes «Was Hänschen nicht lernt ... verändert Clara nimmer mehr!»*. Frille 1988

Heistermann, Ira: Sporteinheit Basketball und Körpererfahrung zur Erweiterung sozialer Kompetenz bei Mädchen und Jungen. In: Ministerium für die Gleichstellung von Frau und Mann (Hg.): *Was Sandkastenrocker von Heulsusen lernen können*. Bd. 36, Teil II. Düsseldorf 1996, S. 22–38

Hellmich, Achim/Teigeler, Peter (Hg.): *Montessori-, Freinet-, Waldorfpädagogik: Konzeption und aktuelle Praxis*. Weinheim 3/1995

* Hentig, Hartmut von: *Die Schule im Regelkreis*. Stuttgart 1965
* Hentig, Hartmut von: *Systemzwang und Selbstbestimmung*. Stuttgart 1968
* Hentig, Hartmut von, u. a.: *Die Bielefelder Laborschule. Allgemei-*

ner Funktionsplan und Rahmen-Flächenprogramm. Stuttgart 1971

* Hentig, Hartmut von: *Schule als Erfahrungsraum? Eine Übung im Konkretisieren einer pädagogischen Idee.* Stuttgart 1973

Hentig, Hartmut von: *Was ist eine humane Schule?* München/Wien 1976

* Hentig, Hartmut von: Das Beurteilungssystem der Bielefelder Laborschule. In: Becker, Hellmut/Hentig, Hartmut von (Hg.): *Zensuren. Lüge – Notwendigkeit – Alternativen.* Frankfurt/Berlin/Wien 1983, S. 97–180

** Hentig, Hartmut von/Kätsch, Siegfried/Kosiek, Wolfgang: Die Laborschule an der Universität Bielefeld. Teil 3: *Britta, Lümmel und ein Labyrinth. Die Laborschule als Erfahrungsraum.* Bielefeld 1988 (Video)

* Hentig, Hartmut von: Der «forschende» Lehrer an der Laborschule. In: *Elternbrief der Laborschule Bielefeld.* Dezember 1989, S. 12–15

* Hentig, Hartmut von: *Die Schule neu denken. Eine Übung in praktischer Vernunft.* München 1993

** Hentig, Hartmut von: *Die Bielefelder Laborschule. Aufgaben, Prinzipien, Einrichtungen.* IMPULS (Publikationsreihe der Laborschule), Bd. 7. Bielefeld 1995

* Hentig, Hartmut von: *Bildung.* München 1996 (a)

* Hentig, Hartmut von: Die Schule zwischen Pflicht und Kür. In: «*Die Zeit*» vom 2. 8. 1996 (b), S. 34

* Heuser, Christoph/Kübler, Helga: Die Laborschule Bielefeld. In: *betrifft: erziehung,* Heft 9/1982, S. 50–56

* Heuser, Christoph/Kübler, Helga: Schüler/innenbetriebspraktika und Berufswahlorientierung. In: Hänsel, Dagmar/Müller, Hans (Hg.): *Das Projektbuch Sekundarstufe.* Weinheim/Basel 1988, S. 230–247

** Heuser, Christoph: Beurteilungen in den Stufen III und IV. In: Völker, Hella u. a.: *Die letzten drei Jahre – Abschluß und Übergang.* IMPULS (Publikationsreihe der Laborschule), Bd. 20. Bielefeld 1991, S. 115–151

* Heuser, Christoph/Wachendorff, Annelie: Erwerbs- und Reproduktionsarbeit – Forderungen und Vorschläge für ein Curriculum in der Sek. I. In: Hoeltje, Bettina/Liebsch, Katharina/

Sommerkorn, Ingrid (Hg.): *Wider den heimlichen Lehrplan. Bausteine und Methoden einer reflektierten Koedukation.* Bielefeld 1995, S. 143–162

** Heuser, Christoph/Wachendorff, Annelie: «Wie soll ich über meinen Beruf reden, wenn ich mir gar nicht vorstellen kann, so alt zu sein?» Zukunftsvorstellungen von Jugendlichen und ihre Thematisierung im Unterricht. In: Lenzen, Klaus-Dieter/Tillmann, Klaus-Jürgen (Hg.): *Gleichheit und Differenz. Erfahrungen mit integrativer Pädagogik.* IMPULS (Publikationsreihe der Laborschule), Bd. 28. Bielefeld 1996, S. 195–221

* Heuser, Christoph/Schütte, Marlene/Werning, Rolf: Kooperative Lernbegleitung von Kindern und Jugendlichen mit besonderem Förderbedarf in heterogenen Gruppen. In: Heimlich, Ulrich (Hg.): *Zwischen Aussonderung und Integration.* Neuwied 1997 (im Druck)

** Heymann, Ela/Hoppstädter, Uwe: Eine Schule für alle – eine Fahrt für alle? Zur «Pädagogik der Vielfalt» in Auslandsfahrten. In: Lenzen, Klaus-Dieter/Tillmann, Klaus-Jürgen (Hg.): *Gleichheit und Differenz. Erfahrungen mit integrativer Pädagogik.* IMPULS (Publikationsreihe der Laborschule), Bd. 28. Bielefeld 1996, S. 157–173

Hildeschmidt, Anne/Sander, Alfred: Der ökosystemische Ansatz als Grundlage für Einzelintegration. In: Eberwein, Hans (Hg.): *Behinderte und Nichtbehinderte lernen gemeinsam. Handbuch der Integrationspädagogik.* Weinheim 1994

Hoffmann, Reinhard: Autonomie und Systementwicklung. Erfahrungen aus Bremen. In: Daschner, Peter, u. a. (Hg.): *Schulautonomie – Chancen und Grenzen.* Weinheim/München 1995, S. 227–252

** Hollbrügge, Birgit/Kraaz, Ulrike: Englisch in der Grundschule – und was dann? In: Lenzen, Klaus-Dieter/Tillmann, Klaus-Jürgen (Hg.): *Gleichheit und Differenz. Erfahrungen mit integrativer Pädagogik.* IMPULS (Publikationsreihe der Laborschule), Bd. 28. Bielefeld 1996, S. 114–133

* Hollbrügge, Birgit/Kraaz, Ulrike: *Englisch nach der Grundschule. Bridging the Gap – mit Hinweisen für den Übergang von der Grundschule zu den weiterführenden Schulformen.* Berlin 1996

Holtappels, Heinz Günter: Mehr Zeit für Kinder! Pädagogische

Orientierungen für schulische Ganztagskonzepte. In: *Die Deutsche Schule* 84, Heft 2/1992, S. 150–166

Holtappels, Heinz Günter: *Ganztagsschule und Schulöffnung. Perspektiven für die Schulentwicklung*. Weinheim/München 1994

Holtappels, Heinz Günter: Zeitgestaltung und Schulqualität: Entwicklung der Lernkultur in «Vollen Halbtagsschulen» Niedersachsens. In: Holtappels, Heinz Günter (Hg.): *Ganztagserziehung in der Schule*. Opladen 1995

** Horstkemper, Marianne / Lintzen, Brigitte / Middendorf-Greife, Hedwig: Autonome Entwicklungsräume – Körperorientierte Arbeit mit Mädchen in geschlechtshomogenen Gruppen. In: Lenzen, Klaus-Dieter/Tillmann, Klaus-Jürgen (Hg.): *Gleichheit und Differenz*. IMPULS (Publikationsreihe der Laborschule), Bd. 28. Bielefeld 1996, S. 19–35

Hurrelmann, Klaus/Rosewitz, Bernd/Wolf, Hartmut K.: *Lebensphase Jugend. Eine Einführung in die sozialwissenschaftliche Jugendforschung*. Weinheim 1989

Hurrelmann, Klaus: *Familienstreß – Schulstreß – Freizeitstreß. Gesundheitsförderung für Kinder und Jugendliche*. Weinheim/Basel 1990

Ingenkamp, Karlheinz: *Die Fragwürdigkeit der Zensurengebung*. Weinheim 1989

Jacobs, Jan: *Tod und Leben großer amerikanischer Städte*. Berlin/Frankfurt/Wien 1963

Jung, Carl Gustav: Die Dynamik des Unbewußten. In: *Gesammelte Werke*, Bd. 8. Olten 1967

Kalthoff, Herbert: Das Zensurenpanoptikum. Eine ethnographische Studie zur schulischen Bewertungspraxis. In: *Zeitschrift für Soziologie*, Jg. 25, Heft 2. Stuttgart 1996, S. 106–124

Kilpatrick, William Heard: Die Projektmethode. Die Anwendung des zweckvollen Handelns im pädagogischen Prozeß (1935). In: Röhrs, Hermann (Hg.): *Die Reformpädagogik des Auslandes*. Düsseldorf 1965, S. 88–99

Kischkel, Karl-Heinz: *Zur Arbeitssituation von Lehrern*. Frankfurt a. M. 1984

Klafki, Wolfgang: *Neue Studien zur Bildungstheorie und Didaktik*. Weinheim/Basel 1985

* Kleinespel, Karin: *Schule als biographische Erfahrung. Die Laborschule im Urteil ihrer Absolventen*. Weinheim/Basel 1990

** Kleinespel, Karin/Meier, Ulrich/Reiche, Inka/Wischer, Beate: *Kontinuität und Wandel. Drei Analysen zu den Bildungserfahrungen und -perspektiven von Laborschulabsolventinnen und -absolventen*. Werkstattheft (Publikationsreihe der Laborschule) Nr. 3. Bielefeld 1995

* Kleinespel, Karin: *Schulpädagogik als Experiment. Zur Theorie und Praxis der Universitäts-Versuchsschulen in Jena, Chicago und Bielefeld*. Habilitationsschrift an der Universität Bielefeld. Bielefeld 1996 (als Buch: Weinheim/München 1997)

Knauf, Tassilo: Elemente einer Didaktik des gemeinsamen Unterrichts. In: AKILAB (Hg.): *Grundlagen gemeinsamen Lernens. Landesweite Ringvorlesung Integrationspädagogik*. Mainz 1995

Knauf, Anne: «Kleine Grundschule» in Brandenburg – eine Neuorientierung mit jahrgangsübergreifenden Stammgruppen. In: *Die Grundschulzeitschrift*, Heft 84/1995, S. 54

Knauf, Anne: Theorie und Praxis des Lernens in altersgemischten Gruppen. In: *Schulverwaltung*, Heft 5/96

Knoll, Michael: *Die Projektmethode in der Pädagogik von 1700 bis 1940. Ein Beitrag zur Entstehung und Verbreitung reformpädagogischer Konzepte*. Kiel (Diss.) 1991

* Knopff, Hans-Joachim/Rixius, Norbert (Landesinstitut für Schule und Weiterbildung NRW): *Gestaltung des Schullebens und Öffnung der Schule*. Soest 1996

* Kraaz, Ulrike: *English – What Fun*. Workbook 1 + 2, Lehrerhandreichungen 1 + 2. Berlin/Bielefeld 1991/1993

Krappmann, Lothar: *Soziologische Dimensionen der Identität*. Stuttgart 1971

Krappmann, Lothar: Der Beitrag der Sozialisationsforschung zur Entwicklung von Curricula im Vorschulbereich. In: Zimmer, Jürgen (Hg.): *Curriculumentwicklung im Vorschulbereich*. Minden 1973, Bd. 1, S. 76–91

Kroath, Franz: *Lehrer als Forscher*. Wien 1991

Kükelhaus, Hugo/Lippe, Rudolf zur: *Entfaltung der Sinne*. Frankfurt a. M. 1982

Kultusminister des Landes NRW: *Rahmenkonzept Gestaltung des Schullebens und Öffnung von Schule*. Düsseldorf 5/1995

Kultusministerium des Landes NRW (Hg.): *Schule ans Netz*. Düsseldorf 1995 (Informationspapier)

Kultusministerkonferenz (KMK) vom 8.6.1978, Fassung vom 7.12.1990: Europa im Unterricht. In: Schmitt, Rudolf, u.a. (Hg.): *Grundschule in Europa – Europa in der Grundschule*. Frankfurt a. M. 1992, S. 14–15 (Auszüge)

Laging, Ralf: Altersgemischtes Lernen. In: *Die Grundschulzeitschrift*, Heft 84: Altersgemischtes Lernen 1995, S. 6–13

Landesinstitut für Schule und Weiterbildung NRW (Hg.): *Lernen für Europa. Abschlußbericht eines Modellversuchs*. Soest 1995

Landesinstitut für Schule und Weiterbildung NRW (Hg.): *Evaluation und Schulentwicklung*. Soest 1996[2] (a)

* Landesinstitut für Schule und Weiterbildung (Hg.): *Social Sponsoring und Schule*. Soest 1996

* Lehrergruppe Laborschule: *Laborschule Bielefeld – Modell im Praxistest. Zehn Kollegen ziehen ihre Zwischenbilanz*. Reinbek 1977

Lemmermöhle, Doris: *Persönlichkeitsentwicklung durch veränderte Mädchen- und Jungenarbeit. Thesenpapier zur Tagung des Niedersächsischen Landesinstituts für Lehrerfortbildung, Lehrerweiterbildung und Unterrichtsforschung: Forum «Schule 2005»*. 1995

** Lenzen, Klaus-Dieter/Stüwe, Birgit: *Schulalltag in der Eingangsstufe der Laborschule. Eine Dokumentation*. IMPULS (Publikationsreihe der Laborschule), Bd. 3. Bielefeld 1982

** Lenzen, Klaus-Dieter (Redaktion): *Schulalltag in der Stufe II der Laborschule (3. und 4. Schuljahr). Eine Dokumentation*. IMPULS (Publikationsreihe der Laborschule), Bd. 12. Bielefeld 1988

* Lenzen, Klaus Dieter: *Theater macht Schule – Schule macht Theater*. Frankfurt 1990

** Lenzen, Klaus-Dieter: «Curriculumwerkstatt». In: Lütgert, Will (Hg.): *Einsichten. Berichte aus der Bielefelder Laborschule*. IMPULS (Publikationsreihe der Laborschule), Bd. 21. Bielefeld 1992, S. 69–87

* Lenzen, Klaus-Dieter: *Erzähl mir k(l)eine Geschichten. Literarische Ausflüge mit Grundschulkindern*. Weinheim/Basel 1993

* Lenzen, Klaus Dieter: *Spielen und Verstehen. Vier Lehrstücke über*

den Sachunterricht und die Arbeit mit Literatur, Film und Theater. Weinheim/Basel 1996

* Lenzen, Klaus-Dieter/Tillmann, Klaus-Jürgen (Hg.): *Gleichheit und Differenz*. IMPULS (Publikationsreihe der Laborschule), Bd. 28. Bielefeld 1996

Leo, Ludwig: Laborschule Bielefeld. In: *Bauwelt*, 2/1973 (64. Jg.), S. 72–81

* Liermann, Hildegard: *Kommunikation und Kooperation in der Laborschule*. Bielefeld 1996 (unveröffentlichtes Manuskipt)

Lorent, Peter de/Zimdahl, Gudrun (Hg.): *Autonomie der Schule*. Hamburg 1993

Lowen, Alexander: *Bioenergetik. Therapie der Seele durch Arbeit mit dem Körper*. Hamburg 1988

** Lübke, Silvia-Iris/Michael, Marianne: *Absolventen '85. Eine empirische Längsschnittstudie über die Bielefelder Laborschule*. IMPULS (Publikationsreihe der Laborschule), Bd. 19. Bielefeld 1989

* Lübke, Silvia-Iris/Wischer, Beate: *Absolventenstudien der Bielefelder Laborschule. Dokumentation der Fragebogenstudie zu den Bildungserfahrungen und Bildungsperspektiven von Laborschülerinnen und -schülern im 10. Schuljahr*. Universität Bielefeld 1993 (Manuskript)

* Lübke, Silvia-Iris: *Schule ohne Noten. Lernberichte in der Praxis der Laborschule*. Opladen 1996

Luhmann, Niklas: Takt und Zensur im Erziehungssystem. In: *Zwischen System und Umwelt. Fragen an die Pädagogik*. Hg. von Luhmann, Niklas/Schorr, Karl-Eberhard. Frankfurt a. M. 1996, S. 279–294

* Lütgert, Will: Die Fragwürdigkeit der Zensurengebung und die «Berichte zum Lernvorgang» der Bielefelder Laborschule. In: *Neue Sammlung*, Heft 3/1992 (a), S. 387–403

** Lütgert, Will: Forschung und Entwicklung an der Bielefelder Laborschule. In: Lütgert, Will (Hg.): *Einsichten. Berichte aus der Bielefelder Laborschule*. IMPULS (Publikationsreihe der Laborschule), Bd. 21. Bielefeld 1992 (b), S. 7–30

* Lütgert, Will: Soziale Kompetenzen – wer fragt nach ihnen? In: *Pädagogik*, Heft 6/1993, S. 35–40

Maikowski, Rainer: Gemeinsames Lernen in der Sekundarstufe I –

eine Standortbestimmung. In: Eberwein, Hans (Hg.): *Behinderte und Nichtbehinderte lernen gemeinsam. Handbuch der Integrationspädagogik*. Weinheim 1994

Marlow, Katharina: Keine Noten für NaSCH-Katzen. Wie Lernentwicklungsberichte in der Nachbarschaftsschule Leipzig entstehen. In: *Päd extra*, Juli/August 1995, S. 6–9

** Meier, Ulrich: Stabilität und Wandel in den Einschätzungen der Laborschulabsolventinnen und -absolventen. Eine vergleichende Längsschnittstudie. In: Kleinespel, Karin u. a.: *Kontinuität und Wandel. Drei Analysen von Bildungserfahrungen und -perspektiven von Laborschulabsolventinnen und -absolventen*. Werkstattheft (Publikationsreihe der Laborschule) Nr. 3. Bielefeld 1995, S. 12–28

Meyer, Hilbert: *Unterrichtsmethoden I, II*. Frankfurt a. M. 1994

Meyer, Meinert A.: Prüfen und Beurteilen in anderen Ländern. Beispiele aus Frankreich, Dänemark, England und den USA. In: *Prüfen und Beurteilen. Zwischen Fördern und Zensieren*. Friedrich Jahresheft XIV. Velber 1996, S. 80–83

* Michael, Marianne/Smit, Brunhild: *Die Summe der Erfahrungen. Tabellendokumentation zu den Bildungserfahrungen und -perspektiven von Laborschulabsolventinnen und -absolventen der 80er Jahre in der Sekundarstufe II*. Universität Bielefeld 1993 (Manuskript)

* Middendorf-Greife, Hedwig/Lintzen, Brigitte: Die Frau im Körper. Körperorientierte Mädchenarbeit während der Pubertät. In: *Pädagogik*, Heft 6/1996(a), S. 20–24

* Middendorf-Greife, Hedwig/Lintzen, Brigitte: Körperorientierte Arbeit zur Mädchenstärkung. In: Kaiser, Astrid (Hg.): *Frauen stärken – ändern Schule*. 10. Bundeskongreß Frauen Schule. Bielefeld 1996 (b), S. 153–157

Milani-Comparetti, Adriano/Roser, Ludwig O.: Förderung der Normalität und der Gesundheit in der Rehabilitation. In: Wunder, Michael/Sierek, Udo (Hg.): *Sie nennen es Fürsorge. Behinderte zwischen Vernichtung und Widerstand*. Frankfurt a. M. 1987

Ministerium für Schule und Weiterbildung des Landes Nordrhein-Westfalen (Hg.): *Weiterentwicklung der sonderpädagogischen Förderung in Schulen: Feststellung des sonderpädagogischen*

Förderbedarfs und Entscheidung über den schulischen Förderort. Düsseldorf 1995
Ministerium für die Gleichstellung von Frau und Mann NRW (Hg.): *Was Sandkastenrocker von Heulsusen lernen können.* Bd. 36. Düsseldorf 1996
Mohn, Reinhard: Ohne Freiheit keine Verantwortung. In: *Deutsche Lehrerzeitung* 4/1996
Mollenhauer, Klaus: Sozialisation und Schulerfolg. In: Roth, Heinrich (Hg.): *Begabung und Lernen.* Stuttgart 1968
* Nicaragua-Gruppe der Laborschule Bielefeld/Dritte Welt Haus Bielefeld (Hg.): *Schulpartnerschaft Laborschule und Las Praderas. Eine Dokumentation.* Bielefeld 1988
Oelkers, Jürgen: *Reformpädagogik. Eine kritische Dogmengeschichte.* Weinheim/München 1989
Oevermann, Ulrich: *Sprache und soziale Herkunft. Ein Beitrag zur Analyse schichtenspezifischer Sozialisationsprozesse und ihrer Bedeutung für den Schulerfolg.* Berlin 1970
Otto, Berthold: *Ausgewählte Pädagogische Schriften.* Paderborn 1963
Palzkill, Birgit: *Zwischen Turnschuh und Stöckelschuh. Die Entwicklung lesbischer Identität im Sport.* Bielefeld 1990
Perelman, Lewis J.: *School's out.* Dresden (TN/USA) 1995
Petersen, Peter: *Der Kleine Jena-Plan.* Weinheim 1980
Pfeiffer, Hermann: Eine notwendige Ergänzung der Schulentwicklungsplanung: Betroffene wirken bei der Rahmenplanung mit. In: Rolff, Hans-Günther u. a. (Hg.): *Jahrbuch der Schulentwicklung*, Band 7. Weinheim/München 1992, S. 279–298
Postman, Neil: *Keine Götter mehr. Das Ende der Erziehung.* Berlin 1995
Prengel, Annedore: *Pädagogik der Vielfalt.* Opladen 1995
Preuss-Lausitz, Ulf: Für ein neues Bildungsverständnis. In: *Pädagogik*, Heft 7–8/1988, S. 31–35
Preuss-Lausitz, Ulf: Mehr Zeit für Kinder. In: *Die Grundschulzeitschrift*, Heft 59/1992, S. 1
Preuss-Lausitz, Ulf: *Die Kinder des Jahrhunderts. Zur Pädagogik der Vielfalt im Jahr 2000.* Weinheim 1993
Probst, Holger: *Inventar Impliziter Rechtschreibregeln – vorläufiges Manual.* Marburg 1988

Projektgruppe «Nationale Strategie Gesundsein 2000» (Hg.): *Gesundsein 2000. Wege und Vorschläge*. Berlin 1986
Ramseger, Jörg: Lernprozesse differenziert beurteilen. Neue Anforderungen an die Grundschule. In: *Die Grundschulzeitschrift*, Heft 63/1993, S. 6–8
Reich, Wilhelm: *Charakteranalyse*. Hamburg 1971
* Reiche, Inka/Staffeldt, Thomas/Wischer, Beate: *Absolventenstudie an der Bielefelder Laborschule. Dokumentation der Befragung zu den Bildungserfahrungen und Bildungsperspektiven von LaborschülerInnen des Jahrgangs 1993*. Universität Bielefeld 1993 (Manuskript)
Reiche, Inka: Laborschulabsolventinnen und -absolventen in den weiterführenden Lernumwelten Schule–Beruf. In: Kleinespel, Karin u. a.: *Kontinuität und Wandel. Drei Analysen von Bildungserfahrungen und -perspektiven von Laborschulabsolventinnen und -absolventen*. Werkstattheft (Publikationsreihe der Laborschule) Nr. 3. Bielefeld 1995, S. 30–54
Reinhardt, Klaus: *Öffnung der Schule. Community Education als Konzept für die Schule der Zukunft?* Weinheim/Basel 1992
* Rieger, Maria: Sprache: Überlegungen zu einem Rahmencurriculum für den Fachbereich Sprache in der Laborschule. In: *Laborschule: Sprache – Bibliothek – Naturwissenschaften, Schulprojekte der Universität Bielefeld*. Heft 1/1973
Robinsohn, Saul B.: *Bildungsreform als Revision des Curriculum*. Neuwied/Berlin 1971
Röken, Gernot: Leistungsbewertung pädagogischer gestalten – oder die Notwendigkeit der Erweiterung um die Diskussion um die Leistungsbewertung an Gesamtschulen in Nordrhein-Westfalen. In: Röken, Gernot (Hg.): *Gesamtschule in Nordrhein-Westfalen. Die Reform geht weiter. Praxishandbuch*. Essen 1996, S. 137–174
Rolf, Ida P. u. a.: *Die Integration der menschlichen Struktur*. München 1989
Rolff, Hans-G. u. a. (Hg.): *Jahrbuch der Schulentwicklung*, Band 7. Weinheim/München 1992
Rolff, Hans-G.: *Wandel durch Selbstorganisation. Theoretische Grundlagen und praktische Hinweise für eine bessere Schule*. Weinheim/München 1993

Rolff, Hans-G.: Autonomie als Gestaltungs-Aufgabe. Organisationspädagogische Perspektive. In: Daschner, Peter u.a. (Hg.): *Schulautonomie – Chancen und Grenzen.* Weinheim/München 1995, S. 31–54

Rosenberg, Jack L.: *Körper, Selbst und Seele. Integrative Körperpsychotherapie.* Oldenburg 1993

Scheffel, Heidi/Thies, Wiltrud: Mädchen und Selbstbestimmung. In: *Sportpädagogik* 2/1989, S. 47–50

Scheffel, Heidi/Wäschle, Gisela: Körper-Raum für Mädchen und Jungen. In: *Feminin–Maskulin.* Friedrich Jahresheft VII. Velber 1989, S. 140–142

Schirp, Heinz: *Öffnung und Gestaltung von Schule – ein pädagogischer Ansatz.* Soest 1996

Schittko, Klaus: Lernentwicklungsberichte – pädagogische Funktion, Konzept und Weiterentwicklung. Erfahrungen im 5. bis 8. Schuljahrgang der Integrierten Gesamtschulen in Niedersachsen. In: *SchulVerwaltung NI,* Nr. 5/95, S. 103–107

** Schmerbitz, Helmut / Schulz, Gerhild / Seidensticker, Wolfgang (Hg.): *Bewegungen.* IMPULS (Publikationsreihe der Laborschule), Bd. 22. Bielefeld 1992

** Schmerbitz, Helmut / Schulz, Gerhild / Seidensticker, Wolfgang: *Mädchen und Jungen im Sportunterricht.* IMPULS (Publikationsreihe der Laborschule), Bd. 23. Bielefeld 1993

* Schmerbitz, Helmut/Seidensticker, Wolfgang: *Jungenarbeit – eine Chance für Koedukation.* Manuskript. Bielefeld 1996

** Schmerbitz, Helmut/Schulz, Gerhild/Seidensticker, Wolfgang: «Zusammen finde ich es trotzdem besser.» Erfahrungen mit getrenntgeschlechtlichem Sportunterricht. In: Lenzen, Klaus-Dieter/Tillmann, Klaus-Jürgen (Hg.): *Gleichheit und Differenz – Erfahrungen mit integrativer Pädagogik.* IMPULS (Publikationsreihe der Laborschule), Bd. 28. Bielefeld 1996, S. 36–51

Schmitt, Rudolf u.a.: *Grundschule in Europa – Europa in der Grundschule.* Frankfurt a. M. 1992

Schnack, Jochen (Hg.): *Gymnasiale Oberstufe gestalten.* Hamburg 1996

Schönwälder, Hans-Georg: Belastungen im Lehrerberuf. In: *Pädagogik,* Heft 6/1989, S. 11–14

Schröter, Gottfried: *Zensuren? Zensuren! Allgemeine und fachspe-*

zifische Probleme. Grundkenntnisse und neue Forschungsergebnisse für Lehrer, Eltern und interessierte Schüler. Baltmannsweiler 1981

Schule neu gestalten. Dokumentation zum Sonderpreis «Innovative Schulen». Gütersloh 1996

Schulz, Wolfgang: Die Perspektive heißt Bildung. In: *Bildung. Die Menschen stärken, die Sachen klären.* Friedrich Jahresheft VI. Velber 1988, S. 6–11

Schwarz, Hermann: *Lebens- und Lernort Grundschule.* Frankfurt 1994

Schwarzer, Christine: Lehrer als ein Bestimmungsfaktor curricularer Lernereignisse. In: *Handbuch der Curriculumforschung,* hg. von Hameyer, Uwe/Frey, Karl/Haft, Henning. Weinheim 1983, S. 387–398

Sielert, Uwe: *Jungenarbeit. Praxishandbuch für die Jugendarbeit,* Teil 2. Weinheim/München 1989

Steiner, Sepp: Das Leistungsprinzip als Glaubensbekenntnis. In: *Die Sozialistische Erziehung. Monatsschrift für die Bildungs- und Kulturarbeit der sozialistischen Bewegung Österreichs.* (4). Wien 1981, S. 99–102

Steinthal, Hermann: Über Zensuren. In: Becker, Hellmut/Hentig, Hartmut von (Hg.): *Zensuren. Lüge – Notwendigkeit – Alternativen.* Frankfurt/Berlin/Wien 1983, S. 33–53

Struckmeyer, Ralf: Altersgemischte Anfangsklassen – auf dem Weg zur Neugestaltung des Schulanfangs. In: *Die Grundschulzeitschrift,* Heft 84: Altersgemischtes Lernen 1995, S. 22–36

Stubenrauch, Herbert: Projektorientiertes Lernen im Widerspruch des Systems. In: Redaktion betrifft: erziehung (Hg.): *Projektorientierter Unterricht: Lernen gegen die Schule?* Weinheim 1976, S. 9–15

Suin de Boutemard, Bernhard: 75 Jahre Projektunterricht. In: Redaktion betrifft: erziehung (Hg.): *Projektorientierter Unterricht: Lernen gegen die Schule?* Weinheim 1976, S. 58–64

Terhart, Ewald u. a.: *Berufsbiographien von Lehrerinnen und Lehrern.* Lüneburg 1993

* Thurn, Susanne: *«... und was hat das mit mir zu tun?» Geschichtsdidaktische Positionen.* Pfaffenweiler 1993

* Thurn, Susanne: Ermutigungen – Lernen ohne Noten. Lernberichte

in der Sekundarstufe I. In: *Prüfen und Beurteilen. Zwischen Fördern und Zensieren.* Friedrich Jahresheft XIV. Velber 1996, S. 86–91

* Tillmann, Klaus-Jürgen (Hg.): *Jugend weiblich-Jugend männlich.* Opladen 1992

* Tillmann, Klaus-Jürgen: Kooperationsbereitschaft – Flexibilität – Kundenorientierung. Ein neuer Reformdialog zwischen Wirtschaft und Schule? In: *Neue Sammlung*, Heft 1/1994 (a), S. 137–148

* Tillmann, Klaus-Jürgen: Nicht auf bessere Zeiten warten. In: *Schule zwischen Routine und Reform.* Friedrich Jahresheft XII. Velber 1994 (b), S. 4–5

* Tillmann, Klaus-Jürgen: *Schulentwicklung und Lehrerarbeit.* Hamburg 1995 (a)

** Tillmann, Klaus-Jürgen (Hg.): *Laborschulforschung 1995–1997.* Werkstatthefte (Publikationsreihe der Laborschule) Nr. 2. Bielefeld 1995

** Tillmann, Klaus-Jürgen/Thurn, Susanne (Hg.): *Laborschule Bielefeld 1990–1994. Ein Arbeitsbericht.* Werkstatthefte (Publikationsreihe der Laborschule) Nr. 1. Bielefeld 1995

Titze, Hartmut: Überfüllungskrisen in akademischen Karrieren: Eine Zyklustheorie. In: *Zeitschrift für Pädagogik*, 27/1981, S. 187–224

Ulich, Klaus: *Beruf Lehrer/in.* Weinheim/Basel 1996

** Völker, Hella (unter Mitarbeit von Heuser, Christoph/Wucher, Gisela): *Die letzten 3 Jahre – Abschluß und Übergang – Dokumentation der Stufe IV der Laborschule.* IMPULS (Publikationsreihe der Laborschule), Bd. 20. Bielefeld 1991

** Völker, Hella: *Theater in der Schule – Schule des Lebens.* IMPULS (Publikationsreihe der Laborschule), Bd. 25. Bielefeld 1994

** Wachendorff, Annelie/Schütte, Marlene/Heuser, Christoph/Biermann, Christine: Wie Reden stark macht und Handeln verändert. Emanzipatorische Mädchen- und Jungenarbeit an der Laborschule. In: Lütgert, Will (Hg.): *Einsichten. Berichte aus der Bielefelder Laborschule.* IMPULS (Publikationsreihe der Laborschule), Bd. 21. Bielefeld 1992, S. 48–68

Warnken, Günter: Die «Volle Halbtagsschule» – Eine Herausforderung, Schule neu zu gestalten. In: *Die Deutsche Schule* 86, Heft 3/1994, S. 314–326

Weiland, Dieter: Lernentwicklungsberichte. 20 Jahre Praxis an einer Gesamtschule. In: *Die Deutsche Schule* 86. (1994), S. 272–287

* Werning, Rolf: *Das sozial auffällige Kind. Lebensweltprobleme von Kindern und Jugendlichen als interdisziplinäre Herausforderung*. Münster/New York 1996 (a)

* Werning, Rolf: Anmerkungen zu einer Didaktik des gemeinsamen Unterrichts für Kinder mit und ohne sonderpädagogischen Förderbedarf im Lern-, Leistungs- und Verhaltensbereich. In. *Zeitschrift für Heilpädagogik*, Heft 11. 1996 (b)

* Werning, Rolf: Lernen in heterogenen Gruppen. Perspektiven integrativer Pädagogik an der Laborschule Bielefeld. In: Arbeitskreis integrativer Lehrer-Innenausbildung (Hg.): *Integrative Pädagogik heute*. Aachen 1996 (c)

** Wildt, Michael: *Fahrpläne machen. Ein anwendungsbezogenes Unterrichtskonzept zum Thema «Lineare Funktionen»*. IMPULS (Publikationsreihe der Laborschule), Bd. 29. Bielefeld 1996

** Wischer, Beate: Von den achzigern in die neunziger Jahre: Die Einschätzungen der Laborschulabsolventinnen und -absolventen im Laufe der Zeit. In: Kleinespel, Karin u. a.: *Kontinuität und Wandel. Drei Analysen von Bildungserfahrungen und -perspektiven von Laborschulabsolventinnen und -absolventen*. Werkstatthefte (Publikationsreihe der Laborschule), Nr. 3. Bielefeld 1995 (a), S. 55–73

* Wischer, Beate: *Leistungsheterogenität an der Bielefelder Laborschule. Eine empirische Analyse der Absolventenbefragung unter dem Aspekt der Abschlußprognose*. (Manuskript) Universität Bielefeld 1995 (b)

** Wischer, Beate: Leistungsheterogenität an der Laborschule. Schulzufriedenheit und soziales Klima in der 10. Klasse. In: Lenzen, Klaus-Dieter/Tillmann, Klaus-Jürgen (Hg.): *Gleichheit und Differenz – Erfahrungen mit integrativer Pädagogik*. IMPULS (Publikationsreihe der Laborschule), Bd. 28. Bielefeld 1996, S. 222–235

Wocken, Hans: Sonderpädagogischer Förderbedarf als systemischer Begriff. In: *Sonderpädagogik*, 26. Jg., Heft 1/1996, S. 34–38

Zimmer, Jürgen: Überlegungen zur Legitimierung und Entwicklung vorschulischer Curricula in der BRD. In: Robinsohn, Saul B. (Hg.): *Curriculumentwicklung in der Diskussion.* Stuttgart/ Düsseldorf 1972

Zimmer, Jürgen: Ein Bezugsrahmen vorschulischer Curriculumentwicklung. In: Zimmer, Jürgen (Hg.): *Curriculumentwicklung im Vorschulbereich*. Minden 1973

Autorinnen und Autoren

Althoff, Gudrun P.: geb. 1953, Laborschullehrerin seit 1991.

Bambach, Heide: geb. 1940, Leiterin der Laborschul-Primarstufe, Laborschullehrerin seit 1973.

Biermann, Christine: geb. 1954, z. Zt. Lehrerin im Hochschuldienst an der Universität Bielefeld, Laborschullehrerin seit 1979.

Büttner, Gerd: geb. 1942, seit 1972 als Schulpsychologe an der Laborschule tätig.

Demmer-Dieckmann, Irene: geb. 1961, seit 1995 als Sonderpädagogin an der Laborschule tätig.

Deterding, Rita: geb. 1954, Laborschullehrerin seit 1982.

Döpp, Wiltrud, Dr. phil.: geb. 1941, Laborschullehrerin seit 1974.

Fischer, Gerd: geb. 1951, Laborschullehrer seit 1980.

Goetze-Emer, Brigitte: geb. 1952, Laborschullehrerin seit 1980.

Groeben, Annemarie von der: geb. 1940, Didaktische Leiterin der Laborschule, Laborschullehrerin seit 1976.

Hentig, Hartmut von, Dr. phil.: geb. 1925, emeritierter Professor für Pädagogik an der Universität Bielefeld, Gründer und erster Wissenschaftlicher Leiter (1974–1987) der Laborschule.

Heymann, Gabriele: geb. 1953, Laborschullehrerin seit 1981.

Hollbrügge, Birgit: geb. 1951, Laborschullehrerin seit 1979.

Hoppstädter, Uwe: geb. 1956, Laborschullehrer seit 1989.

Husemann, Gudrun: geb. 1950, Laborschullehrerin seit 1990.

Klafki, Wolfgang, Dr. phil.: geb. 1927, emeritierter Professor für Pädagogik an der Universität Marburg, seit 1989 Mitglied des Wissenschaftlichen Beirats der Laborschule, von 1989–1995 Leiter des Wissenschaftlichen Beirats.

Klaus, Eva: geb. 1953, Laborschullehrerin seit 1992.

Kleinespel, Karin, Dr. phil.: geb. 1958, Privatdozentin für Schulpädagogik an der Universität Bielefeld, wissenschaftliche Mitarbeiterin in der «Wissenschaftlichen Einrichtung Laborschule».

Knopff, Hans-Joachim: geb. 1935, Laborschullehrer seit 1972, teilabgeordnet an das «Landesinstitut für Schule und Weiterbildung» in Soest.

Kraaz, Ulrike: geb. 1950, Laborschullehrerin seit 1977.

Langelahn, Elke: geb. 1970, seit 1994 studentische Hilfskraft in der «Wissenschaftlichen Einrichtung Laborschule».

Lenzen, Klaus-Dieter, Dr. phil.: geb. 1946, Laborschullehrer seit 1976, z. Zt. wissenschaftlicher Mitarbeiter in der «Wissenschaftlichen Einrichtung Laborschule».

Lintzen, Brigitte: geb. 1953, Laborschullehrerin seit 1989.

Püls, Mechthild: geb. 1955, Laborschullehrerin seit 1991.

Sager, Jeanne: geb. 1959, Laborschullehrerin seit 1993.

Schmerbitz, Helmut: geb. 1943, Leiter der Laborschul-Sekundarstufe, Laborschullehrer seit 1975.

Schulz, Gerhild: geb. 1940, Laborschullehrerin seit 1978.

Schütte, Marlene: geb. 1949, Laborschullehrerin seit 1979.

Seidensticker, Wolfgang: geb. 1950, Laborschullehrer seit 1979.

Thurn, Susanne, Dr. phil.: geb. 1947, Leiterin der Laborschule, Laborschullehrerin seit 1978.

Tillmann, Klaus-Jürgen, Dr. paed.: geb. 1944, Professor für Schulpädagogik an der Universität Bielefeld, seit 1994 Wissenschaftlicher Leiter der Laborschule.

Völker, Hella: geb. 1942, Laborschullehrerin seit 1973.

Walluks, Dagmar: geb. 1954, Laborschullehrerin seit 1985.

Werning, Rolf, Dr. phil.: geb. 1959, Sonderschullehrer, seit 1994 wissenschaftlicher Mitarbeiter in der «Wissenschaftlichen Einrichtung Laborschule».

Wischer, Beate: geb. 1969, seit 1995 wissenschaftliche Mitarbeiterin in der «Wissenschaftlichen Einrichtung Laborschule».

Ziebell-Schrank, Christiane: geb. 1952, Laborschullehrerin seit 1992.

Zimmer, Brunhild: geb. 1950, Laborschullehrerin seit 1976.

Reihe Impuls:

Veröffentlichungen der Laborschule finden sich in Fachzeitschriften und in Büchern pädagogischer Verlage. Außerdem gibt die Laborschule eine eigene Buchreihe heraus. In ihr werden in unregelmäßigen Abständen größere Arbeiten aus der Laborschularbeit und -forschung vorgestellt.

Impuls 7
Hartmut von Hentig:
Die Bielefelder Laborschule. Eine empirische Antwort auf die veränderte Funktion der Schule (1990)
5,-- DM

Impuls 15
Annemarie von der Groeben, Hartmut von Hentig, Helga Kübler, Annelie Wachendorff:
Strukturplan der Laborschule Bielefeld (1988)
10,-- DM

Impuls 16
Annemarie von der Groeben
Laborschule in den Stufen III und IV (Jahrgang 5 - 10) - Ein Überblick in Fragen und Antworten (1989)
5,-- DM

Impuls 23
Helmut Schmerbitz, Gerhild Schulz, Wolfgang Seidensticker:
Mädchen und Jungen im Sportunterricht. Interaktionsanalyse und Curriculumentwurf (1993)
10,-- DM

Impuls 27
Christine Biermann, Marlene Schütte:
Liebe, Freundschaft, Sexualität. Ein fächerübergreifendes Unterrichtsprojekt für die Jahrgänge 5/6 (1995)
11,50 DM

Impuls 28
Klaus-Dieter Lenzen, Klaus-Jürgen Tillmann (Hrsg.):
Gleichheit und Differenz. Erfahrungen mit integrativer Pädagogik (1996)
13,-- DM

Impuls 24 (Sonderband):

Mona Eise, Annemarie von der Groeben, Klaus-Dieter Lenzen

Das zwanzigste Jahr. Laborschule Bielefeld (1994) (15,00 DM)

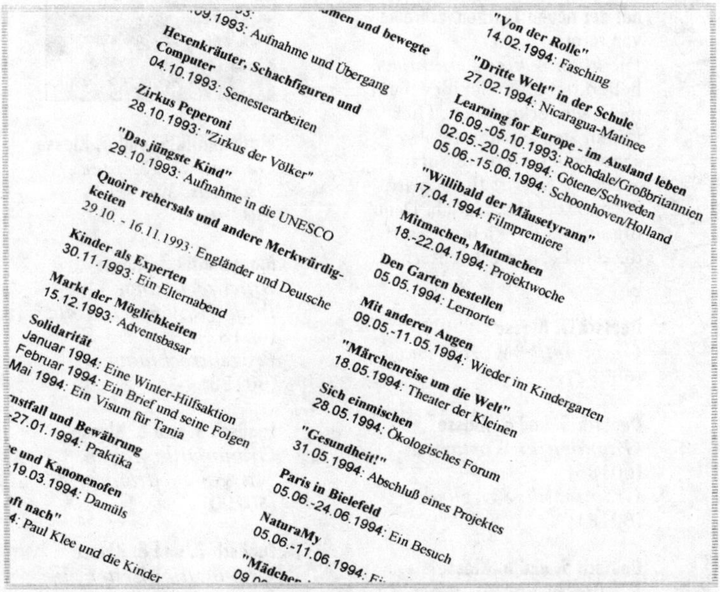

Von Anfang an gedacht als ein Lebens- und Erfahrungsraum, präsentiert sich die Laborschule in diesem Foto-Text-Band, wie sie in ihrem Jubiläumsjahr, dem zwanzigsten, tatsächlich war: Schülerinnen und Schüler agieren in verschiedenartigsten Erfahrungsräumen, auf Reisen, Theaterbühnen, in Skihütten, Projekte betreibend, lesend, spielend, handelnd, politisierend, malend, schreibend, fotografierend. Über ein ganzes Schuljahr hinweg verfolgen die AutorInnen Kinder, Jugendliche, Erwachsene auf ihren Wegen in und außerhalb der Schule. So entsteht das Portrait einer Schule: Chronik eines Schuljahres, festgehalten in Fotografien und Kurztexten.

Vor allem solche Ereignisse und Tätigkeiten werden in dem vorliegenden Band gesammelt und beschrieben, die zeigen, wie Leben und Lernen einander durchdringen, wie die Schule selbst der Verschulung entgegenwirken, wie also die allenthalben postulierte Öffnung der Schule konkret aussehen kann.